久 山　康 先生
（1986 年 1 月 23 日、撮影 清水 茂）

久山康先生 その思想と実践

『久山康先生　その思想と実践』刊行・編集委員会

関西学院大学出版会

上ケ原キャンパスでの早朝の祈り
（1986 年春、撮影 清水 茂）

はじめに

関西学院は二〇一四年に創立百二十五周年を迎えましたが、この年は私たちの敬愛する久山康先生の召天二十周年に当たります。この機会に、先生の生前を偲び、改めてその意義ある足跡を回顧することによって、関西学院の更なる創造的な将来展望を拓き、また私たち互いの生き方に対する指針にしたいという願いを込めて、同年夏に有志が集い、論考執筆、編集、出版費用の責任も負う刊行・編集委員会が発足、記念文集『久山康先生　その思想と実践』出版の準備を進めて参りました。

久山先生のご専門は哲学であり、二十冊を超える編著書と名講義、ゼミナールを通じて関西学院大学の思想研究の振興に大きく寄与されるとともに、キリスト教主義に立つ総合学園・関西学院の理事長・院長として五期十五年に亘り、難問の山積する中でその重責を担われ、わけても北摂三田に第二キャンパスを用意し、総合政策学部の開設をはじめ、二十一世紀に向けて関西学院が創造的な飛躍、発展を遂げるその基礎を備えられたのであります。

私たちは聖書的人間観に立ち、個人を英雄視し況んや神格化することを厳に戒めなくてはなりませんが、所謂

homageではなく、寧ろ久山先生自身をして語らしめ、その思想と実践を正しく評価し、先生の祈りとヴィジョンが持続的に継承されることを心底から望んで本書は編まれました。学院内外から数多くの玉稿が寄せられ、感謝に堪えません。しかし、諸般の事情により、出版が予定より大幅に遅れましたことを茲に深くお詫び申し上げます。

二〇一七年二月

『久山康先生　その思想と実践』刊行・編集委員会

目次

序 ——足跡・略歴・業績一覧

一　久山康先生の足跡

久山康先生は、一九一五（大正四）年八月十二日、岡山県津山にお生まれになりました。津山中学から旧制松山高等学校を経て、京都大学文学部にご入学、哲学を専攻され、一九四一（昭和十六）年三月同大学を卒業されました。学生時代を通じて、西田幾多郎、田辺元両博士の哲学思想とともに、キリスト教思想家キェルケゴール、とりわけドストエフスキーに深く傾倒され、一九四〇（昭和十五）年十二月一日、室町教会で麻生隆義牧師より受洗、キリスト者となられました。当時ほぼ同期の方々の中に、五十年に亙る友情を結ばれた武藤一雄、北森嘉蔵、東専一郎の各氏、すでに故人となられた山中良知、呉振坤、大島康正、森昭、矢内原伊作氏等がおられました。久山先生は、大学を卒業後引き続き大学院に進学され、西谷啓治先生のもとで研究に従事されましたが、一九四二（昭和十七）年十月、聖和女子学院（現聖和大学）の教授にご就任、一九四六（昭和二十一）年より三十八年間、関西学院で教鞭をとられました。関西学院に迎えられた年の秋、戸田寛子姉とご結婚、ご長男敦さん、ご長女和子さんに恵まれられました。

先生のご専門は哲学であり、多数の著述と名講義、ゼミナールを通じて関西学院の思想研究の振興に大きく寄与されるとともに、学校法人関西学院の理事長・院長として五期十五年に亙り、難問の山積するなかその重責を担って下さいました。

また学外に基督教学徒兄弟団、財団法人国際日本研究所を設立され、一九八二（昭和五十七）年にはキリスト教学校教育同盟の理事長に就任、加盟学校法人九十数校を擁するわが国のキリスト教教育界に対し大きな指導力を発揮されました。この間、久山先生は長年に亙る多大のご貢献により、米国南メソジスト大学ならびにカナダ・トロント大学ビクトリア・ユニバーシティより名誉学位（LHD, SLD）を授与され、また西宮市民文化賞、兵庫県文化賞、米国スカーレット大学大学院よりタワーズ・アワード、そして平成二年には勲二等旭日重光章の叙勲を受けられました。

久山先生の専攻領域は、キリスト教思想を基底とする実存哲学と京都学派を軸とする日本思想史の両面にまたがりますが、研究の焦点は「実存と宗教」という根本主題のもとに東西の宗教思想の新しい出会いの可能性を見出すところにあったと言えましょう。日本の近代化とキリスト教に関する研究において新しい地平を拓いたと言われる共同討議『近代日本とキリスト教――明治編』、同『大正・昭和編』『戦後日本精神史』『現代日本のキリスト教』を編集・出版されたのをはじめ、『自然と人生』『近代日本の文学と宗教』『文学における生と死』、さらに名著の誉高く、広く知識人や学生に愛読されました共同討議『読書の伴侶』、また『人間を見る経験』『ヨーロッパ心の旅』そして遺書『人に会う、自己に会う』など二十冊を超える編著書、「西田哲学と現代」をはじめ研究論文数十編、キェルケゴールの翻訳四冊にのぼるご業績に加え、現在通算四三七号を数えた主宰月刊誌『兄弟』、わが国の四大紙をはじめ種々の刊行物への寄稿論攷も多数にのぼります。大学の教壇における先生の大変魅力的な講義や演習と共に、ご著書を通じてその高い学識と豊かな思想性、あるいは文学や詩歌に対する繊細な感受性に触れ、決定的な影響を受けた学生、同窓は数知れません。先生はまた後進の育成にも行き届いた暖かい配慮をされ、哲学科の学生のみでなく、一般学生の読書研究を目的とする「土曜会」、さらに女性を対象とする二つの読者会を三十数年来結成し、熱心にその指導に当たられ、直接先生の学問的、人間的感化を受けられたお弟子の方々が前夜式にも、そして今日もこの告別式・葬儀に大勢参列されておられます。

久山先生の教育行政面でのご貢献については学内外を通じて周知のところであります。学内では、教職員組合長、宗教活動委員長、法人評議員、理事、常任理事など数々の要職を歴任、一九七四（昭和四十九）年には推されて学院の教学と経営を総括する理事長・院長に就任され、まず危機に瀕していた学院財政の建て直しを図られました。続いて教育・研究条件の向上、講義棟、学生会館、セミナー・ハウス、あるいは高等部の新校舎・チャペルなど二十棟におよぶ重要な施設の拡充・整備をされました。

さらに先生は、その高邁な精神、果敢なリーダーシップを遺憾なく発揮され、上ケ原キャンパスに加えて三田に第二校地を用意し、いよいよ今春（一九九五年）開設される総合政策学部、そして二十一世紀に向けて関西学院が創造的な飛躍・発展を遂げるその基礎を備えられたのであります。

学外におきましても、久山先生の常に時代を先取りする大局的なものの見方、現実を直視する鋭い感覚と余人の追随を許さない卓越せる指導的手腕が高く評価され、略歴に見られますように、文部省、私立大学連盟、兵庫県、西宮市、日本キリスト教学校教育同盟、国連大学、国立民族博物館など各方面から委嘱を受けられた要職は多数に上ります。このように久山先生は、わが国における高等教育と私学振興に大きく寄与されたのみならず、キリスト教精神文化の興盛にも貴重な貢献を果たされたのであります。

関西学院における務めを終えられてからの先生は、自由な時間が戻ってきたことを大変喜ばれ、財団法人国際日本研究所を中心に、読書会、研究会、講演会を主宰し、何よりもご自身の年来の課題であるドストエフスキーやキリスト教と仏教の折衝に関する研究を集大成することに意欲を燃やしておられたのであります。しかし、旧臘三十日、その日も朝からお元気だった久山先生は、午後二時四十分頃、ご自宅の二階寝室で倒れられました。救急車で県立西宮病院に運ばれ手当てを受けられましたが、午後四時六分、忽然として天に召されました。

「主与え、主取りたもう」。聖書のみことばをもって久山康先生の悠々たる高貴なご生涯をお偲び申し上げます。

（山内一郎、一九九五年一月二日、関西学院教会で執り行われた告別式における故人略歴）

二　略歴

大正	四年	八月十二日	岡山県津山市に生まれる
昭和	七年	三月	岡山県立津山中学校四年終了
	十一年	三月	松山高等学校文科乙類卒業
	十五年	十二月一日	京都室町教会にて受洗

十六年	三月	京都帝国大学文学部哲学科卒業
	五月	京都帝国大学大学院在学
十七年	十月	私立聖和女子学院教授
二十一年	四月	関西学院大学予科教授
	四月	基督教学徒兄弟団発足、代表となる
	九月	戸田寛子と結婚
二十四年	四月	関西学院大学文学部専任講師
二十六年	四月	関西学院大学文学部助教授
三十二年	四月	関西学院大学文学部教授
三十七年	九月	財団法人国際日本研究所理事長
四十四年	五月	学校法人関西学院評議員
	六月	学校法人関西学院理事
四十五年	十月	関西学院大学大学院文学研究科修士課程指導教授
四十七年	四月	キリスト教文化学会理事長
四十八年	四月	関西学院大学大学院文学研究科博士課程指導教授
	六月	西宮市自然環境保全審議会会長
	十月	学校法人関西学院常務理事代行
四十九年	二月	学校法人関西学院理事長・院長
五十年	六月	キリスト教学校教育同盟理事
五十二年	八月	西宮市自然環境保全審議会委員

	五十三年	九月	国立民族学博物館評議員
	五十四年	五月	アメリカ・南メソジスト大学より名誉人文学博士の学位を受ける
		六月	日本私立大学連盟常務理事
		六月	財団法人兵庫県文化協会理事
		七月	兵庫県公安委員会委員
		十一月	西宮市から西宮市民文化賞を受ける
	五十五年	四月	財団法人二十一世紀ひょうご創造協会理事
		十一月	私立大学審議会委員（文部省）
	五十七年	五月	学校法人聖和大学理事・評議員
		六月	キリスト教学校教育同盟理事長
	五十八年	三月	社団法人兵庫県私学振興協会理事
	五十九年	四月	関西学院大学名誉教授
		十一月	兵庫県から兵庫県文化賞を受ける
	六十年	五月	カナダ・トロント大学ビクトリア・ユニバーシティより名誉博士の学位を受ける
		十月	兵庫県都市景観形成審議会委員
	六十二年	五月	アメリカ・スカーレット大学院大学よりタワーズ・アワードを受賞
	六十三年	四月	関西学院理事長・院長を退職
		六月	財団法人国連大学協力会評議員
		九月	大学設置・学校法人審議会、学校法人分科会委員（文部省）
平成	元年	五月	学校法人明浄学院理事・評議員

	九月	学校法人修道学院理事・評議員
二年	四月	勲二等旭日重光章を受ける
六年	十二月三十日	午後四時六分永眠　享年七十九

三　著書、論文一覧

著書（論文）名　発行所　発行年　備考

『日本短歌集』（編著）　聖和女子学院　昭十九・十一

キェルケゴール『野の百合、空の鳥』（翻訳）　弘文堂　昭二十三・三（アテネ文庫）

キェルケゴール『愛は多くの罪を掩ふ』（翻訳）　弘文堂　昭二十三・十一（アテネ文庫）

『キェルケゴールの日記』（共訳）　弘文堂　昭二十四・六（アテネ文庫）

「道徳と宗教の聯関について」（一）　関西学院大学人文学会　昭二十六・二『人文論究』第一巻三・四号

「道徳と宗教の聯関について」（二）　関西学院大学人文学会　昭二十六・六『人文論究』第二巻一号

「信仰」　理想社　昭二十六・十『理想』第二〇九巻

「職業と信仰」　新教出版社　昭二十七・四『福音と世界』第一巻

『読書の伴侶』（編著）　基督教学徒兄弟団　昭二十七・四
「友愛」　創文社　昭二十七・五　『新倫理講座』第二巻
「キリスト者の愛国心」　新教出版社　昭二十七・十一　『福音と世界』第七巻九号
「ドストイエフスキイの世界観」　関西学院大学法学部学生会　昭二十八・七『礎』第七巻
『信仰の伴侶』（共著）　基督教学徒兄弟団　昭二十八・十二
「共産主義と宗教――ベルジアエノの所説について」　関西学院大学人文学会　昭二十九・九　『人文論究』第五巻三号
「人はなぜ宗教を求めるか」　創文社　昭二十九・十　『現代宗教講座』第一巻
「道徳と宗教の関係について――近代精神の展開に即しつつ」　関西学院大学人文学会　昭三十・五　『人文論究』第六巻一号
「道徳と宗教」　有斐閣　昭三十・六　大島康正編『道徳』
「現代日本の精神状況（共同討議）」　創文社　昭三十・八　『現代宗教講座』第六巻
「日本人の自然観」　新教出版社　昭三十一・二　『福音と世界』第十一巻二号
『近代日本とキリスト教　明治編』（編著）　基督教学徒兄弟団　昭三十一・四
『近代日本とキリスト教　大正・昭和編』（編著）　基督教学徒兄弟団　昭三十二・一
「現代における罪と悪」　筑摩書房　昭三十三・二　『講座現代倫理』第二巻
「無償の愛――ドストイエフスキイ」　毎日新聞社　昭三十三・三『毎日宗教講座』第三巻
「現代における道徳の基盤」　筑摩書房　昭三十三・十一　『講座現代倫理』第一巻
『狐は穴あり、空の鳥は塒あり』（共著）　基督教学徒兄弟団　昭三十三・十二

「プロテスタント」（論文）　明治書院　昭三十四・四　『日本文化史講座』第六巻
「明治末年の思想状況――アカデミズム哲学の形成」　筑摩書房　昭三十四・七　『近代日本思想史講座』第一巻
「大正期の思想的状況」　筑摩書房　昭三十四・七『近代日本思想史講座』第一巻
『キリスト教』（編著）　青木書店　昭三十四・十二『現代哲学全書』第十六巻
「罪の諸相」　新教出版社、昭三十五・四　『福音と世界』第十五巻四号
「日本精神史におけるキリスト教の位置」　新教出版社　昭三十五・十　『福音と世界』第十五巻十号
「日本文化をどう理解するか」　筑摩書房　昭三十六・六　『現代七つの課題』第七巻
「日本の近代化と伝統」　関西学院大学人文学会　昭三十九・四『人文論究』第十五巻一号
『戦後日本精神史』（共著）　基督教学徒兄弟団　昭三十六・七
「キェルケゴールとドストイエフスキイ」　関西学院大学文学部哲学研究室　昭三十六・十『哲学研究年報』第二号
『現代日本のキリスト教』（編著）　基督教学徒兄弟団　昭三十六・十一
『哲学入門』　基督教学徒兄弟団　昭三十七・四
『自然と人生』　基督故学徒兄弟団　昭三十七・九
『春夏秋冬』　基督教学徒兄弟団　昭三十七・十
キェルケゴール「野の百合、空の鳥」（翻訳）　白水社　昭三十八・十二『キルケゴール著作集』第十八巻
「現代日本人の精神構造」　経済往来社　昭三十九・四　『経済往来』第十六巻四号
『現代人と宗教』　理想社　昭三十九・四
「日本人のエートスを形成したもの――キリスト教」　人文書院　昭三十九・六　『講座哲学体系』第七巻

「人間を見る経験」　岩波書店　昭四十・十一　『西田幾多郎全集』月報
『近代日本の文学と宗教』　国際日本研究所　昭四十一・八　創文社
『落暉にむかいて』　基督教学徒兄弟団　昭四十一・八
「明治百年とキリスト教」　昭四十一・十一—昭四十二・三　『朝日新聞』
「ロマン主義」　読売新聞社　昭四十二・三　事典『現代を考える』
「現代日本の考察」　朝日新聞社　昭四十二・二　『朝日ジャーナル』第九巻
「いのちを見つめる」　主婦の友　昭四十三・一　『生死をこえるもの（一〇冊の本 第五巻）』
「西田哲学とキリスト教」　関西学院大学文学部　昭四十五・十一　『創立八〇周年関西学院大学文学部記念論文集』
「大正教養派」　学習研究社　昭四十六・五『日本と世界の歴史』第二十一巻
『文学における生と死』　国際日本研究所　昭四十七・三
「生死の機縁」（共同討議）　新人物往来社　昭四十八・五　共同通信社文化部編『日本人の風土』
『四季折りおりの歌』　国際日本研究所　昭四十八・九
「ニヒリズムからの脱出」　第三文明社　昭四十九・一　『第三文明』第一五五巻
「キリスト教と仏教の出逢い」　岩波書店　昭五十四・四　『文学』第四十七巻四号
「現代人の絶望を超えてゆくために」（対談）　日本経済新聞社　昭五十四・五　八木誠一編『現代にとって宗教とは
——対談・生きがい論を超えて』
「プロテスタンティズムと日本」（一）—（五）基督教学徒兄弟団　昭五十五・十—五十六・六『兄弟』二八四—
二四五、二八八—二九〇号

「キリスト教と大学」　日本私立大大学連盟　昭五十六・十二　『大学時報』第三十巻
「西田哲学と現代」　基督教学徒兄弟団　昭五十六・七　『兄弟』二九一―二九二、二九四、二九六号
「昭和初頭の思想状況」　基督教学徒兄弟団　昭五十七・五　『兄弟』三〇〇号
「田辺哲学の形成と西田哲学」　基督教学徒兄弟団　昭五十七・九―十一、十二『兄弟』三〇四、三〇六、三〇七号
「個人志向と世界志向の出逢うところ」　基督教学徒兄弟団　昭五十八・三　『兄弟』三一〇号
「自然教育について」　基督教学徒兄弟団　昭五十八・七『兄弟』三一三号
『人間を見る経験』　国際日本研究所　創文社　昭五十九・二
『夏目漱石』（共著）　理想社　昭和五十九年
『ヨーロッパ心の旅』　国際日本研究所　創文社　昭六十一・三
『夏目漱石とドストイエフスキイ　近代化と伝統』　国際日本研究所　創文社　平成二・六
『人に会う、自己に会う』　国際日本研究所　創文社　平成八・十二
他に『兄弟』（一―四三八号）、『クレセント』（一―二十五号）に掲載の多数の論考あり。

※本文中の表記・表現については、執筆者の原稿どおりを原則とし、一部不統一のままとしています。

第Ⅰ部　教育者・哲学者としての足跡

第Ⅰ部「教育者・哲学者としての足跡」は、第一章「信仰と思想」と第二章「久山先生の師と親友」からなっている。第一章は久山康先生の信仰と思想について四人の研究者がそれぞれ考察している。

まず（一）は、いつも久山先生の側にいてキリスト者としての久山先生をよく知る山内一郎さんが「キリスト者久山康先生」について述べられている。（二）はパスカルの研究者森川甫さんによって「久山先生とパスカル」の関係について考察されている。（三）は橋本淳さんによって「久山先生とキェルケゴール」を論述されている。（四）は倉田和四生が久山康さんのユニークな近代化論をとりあげ「日本の近代化と伝統」として論述した。

第二章はまず第一節では久山先生の二人の師（西田幾多郎、西谷啓治）と特別に親しかった二人の友人（河上丈太郎、山中良知）をとりあげた。ただし、西田幾多郎さんについては、久山さんは直接教室で指導を受けたわけではないが、久山先生が書かれた文章を読むと、他のいかなる人にもまして、西田幾多郎先生に対して論理的にも心情においても最高の敬愛を寄せていたことが知られるので、（一）西田幾多郎さんを師の第一に置いている。（二）西谷先生は優しいもう一人の指導教授であったが、久山さんと精神的にほとんど一体化しているように思われる。

（三）次の河上丈太郎さんは大正七年から関西学院教員として十年勤めたあと、代議士となり、社会党の委員長となった。久山さんと河上さんの交友関係は長いとは言えないが、とても親密なものであった。（四）山中良知さんは京都大学の後輩であるが、まことに無二の親友であった。

筆者にはこれだけの優れた師と友人を持ち得たことだけでも久山先生が大人物であったことを雄弁に物語っていると思われる。

なおその内容は久山先生自身の著書『人間を見る経験』と『兄弟』および「関西学院広報」から掲載させていただいた。

（倉田和四生）

第1章　信仰と思想

一　キリスト者久山康先生　山内一郎

二　久山康先生とパスカル　森川　甫

三　久山康先生とキェルケゴール　橋本　淳

四　日本の近代化と伝統　倉田和四生

第2章　久山先生の師と親友

一　西田幾多郎　久山　康　『人間を見る経験』四―十三頁

二　西谷啓治　久山　康　『兄弟』三三一号（一九八五）、三七七号（一九八九）、三九四号（一九九一）

三　河上丈太郎　久山　康　『人間を見る経験』（一九六五）一八九頁、一九九―二〇七頁

四　山中良知　久山　康　『関西学院広報』二十五号（一九七七）

第1章　信仰と思想

一　キリスト者久山康先生

久山康先生のご生涯は、一日一生、若き日より胸を患い、父上の突然の死を経験し、常に生死の問題に直面して辿られた真の「求道者」としての歩みであったと言えましょう。時として吐かれる完膚なきまでの他者批判も、その根底にご自身の究極的関心事からする鋭い洞察があってのことと思われます。先生は生前NHKのテレビ番組「こころの時代」に登場され、「人に会う、自己に会う」と題して一時間対談された折りにこのように語っておられます。

「私は、高等学校、大学の頃から、沢山の立派な師、先輩、友人に出会い、いろんなことを教えられて来ました。その人々との出会いを通して人生の方向を探り得たことを何にもまして感謝しているわけです〔……〕しかし、本当に自分の生命の中心を定めてくれるような『主に出会う』ということ、これは非常に珍しいことで、しかし一番大きなことだと思うのです〔……〕やはり最後は宗教的なところに落ち着いていけることが実は本当の自分自身に出会うことになる」、つまり「自分に出会うということも自分勝手にできることではなくて、何か大きなみ手に導かれて、本当に自己に会うということが与えられるのではないかという感じがするのです」と言われ、学生時代バプテスマを受けてクリスチャンになられた時のことをかなり詳しく話されています。久山先生は岡山県津山のご出身、旧制松山高等学校を経て京都大学で哲学を専攻され、一九四一（昭和十六）年に卒業されましたが、受洗はその前年のことです。「その頃は、胸を患っていたのが少しよくなっておりましたし、いよいよ大東亜戦争がはじまる頃でした。大抵の人は兵隊に取られていましたので、私も取られるかも知れないと思っていました。とにかく事態はそこまで来まして、そして一方ではドストエフスキーやキェルケゴールの作品が本当の生命の在り方を教えてくれているという気持ちが段々強くなってきたものですから、受洗の最後の決心をしたいと思い詰めるようになりました〔……〕そこで昭和十五年の十二月一日に室町教会で麻生隆義牧師から洗礼を受けました〔……〕その当時私は人生が空しいことはよく判っていましたし、キリストの愛ということも本で読めばわかるのですけれども、自分にキリストが救いを与えて下さるという感動を全身で生き生きと感知することが難しかったのですね。従って決断したくても簡単にできなかった。私は行き詰まって困っていたのですが、そのときにパスカルの『パンセ』、『瞑想録』という題で由木康さんによって訳されていたのですが、あれを読んでおりましたら、理性的に考え詰めていって信仰を持つということはできないと書いてありました。しかし同時に自己の力ではなく神の側のもよおしがなければ、信仰に入れないということも書いてありました。究極的に行き詰まっている人間がしたらいいことは、自分が憧れているようなキリスト教の信者がやったと同じことをやることだというのです。つまりそれ以上自分の力で模索するのをやめて、素直に教会に行って黙って水を頭にかけていただき、洗礼を受けなさいというのです。そうすれば自ずとそういう人と同じになれるのだと、パスカルは書いているのです。私も確かにそうだなあと思って洗礼を受けたわけです。立派なクリスチャンになることは難しいですけれども、とにかくようやくのことで決断をして、キリストの愛の中で新しく生きていこうと気持ちを定めたわけです」。

久山先生はその後引き続き京都大学大学院に進学され、西谷啓治先生ご指導のもとで研究に従事されましたが、関西学院に迎えられた一九四六年から三十八年間、文学部で哲学、日本思想史を講じ、一九七四年、推されて学院の理事長・院長に就任後、五期十五年の永きに亘り、難問の山積するなかその重責を担われました。

ご専門はキリスト教思想を基底とする実存哲学と京都学派を軸とする日本思想史の両面にまたがりますが、研究の焦点は「実存と宗教」という根本主題のもとに東西の宗教思想の新しい出会いの可能性を探究するところにあったと言えます。久山先生の旺盛な探究意欲の成果は、日本の近代化とキリスト教に関する研究に新しい地平を拓いたと評されるシリーズ『近代日本とキリスト教』（明治編、大正・昭和編、現代日本編）をはじめ、『自然と人生』『近代日本の文学と宗教』、さらに名著の誉れ高く、広く知識人や学生に愛読された『読書の伴侶』など、二十冊をこえる編著書、キェルケゴールの翻訳書四冊、研究論文約五十篇に結実し高い評価を得ていますが、ことに『文学』（岩波書店）に発表された「キリスト教と仏教の出逢い」（昭和五十四年四月）と題する論考は、先生の根本課題が終始西欧思想と日本ないし東洋の伝統精神、仏教の無（空）の立場とキリスト教の人格神の立場、この両者を対立ではなく、むしろいかに統合するかという問題にあったことを表す、そしてまたわが国におけるキリスト教の土着化という不可避的課題にも向き合う貴重な思索の跡を示すものです。

関西学院における教育行政面での卓抜な指導力と多大な貢献については周知の通りであります。久山先生はよく「春微庵」などご自分の見た夢について話され、私たちは先生から始終学院の将来に向けての大きなヴィジョンを聞きました。創造的な改革には絶えず反対が付きまといますが、先生は怯むことなく次々とヴィジョンを果敢に行動に移し実現され、危機に瀕していた学院財政の立て直し、総合体育館、法学部本館、文学部新館をはじめ、新学生会館、千刈セミナーハウス、同キャンプ場センター棟ならびに新キャビン、学生（啓明、成全、静修）三寮、講義棟（ＡＢＣＤ号館）、高等部新校舎、チャペルなど二十棟におよぶ教育・研究施設の建設・拡充、そして総合雑誌『クレセント』の創刊、ランバス・レクチャー、同奨学金の設置、国際交流の推進、さらに神戸三田の第二校地取得など、二十一世紀に向けて関西学院が創造的発展を遂げるその基礎を備えられたのであります。しかし私は、先生の高邁な理想、卓越せる力と働きの源泉は、朝毎の隠れた祈りの修行にあったと思います。

一九六九年九月初旬、あの大学紛争の最中、久山先生は「いま一番必要なのは祈ることだ」と呼びかけ、文学部裏のバラ園のベンチで小林宏、長久清両先生らと早天祈祷会を始められ、後に藤田允、橋本淳両氏も加わり、私もキャンパスの近くに仮住まいしていた最初の三年半だけ参加したのですが、久山先生は爾来春夏秋冬、雨の日も雪の日も休むことなく、二十五年間、晩年はただ一人で聖書を読み、祈り続けられました。毎日聖書を一章ずつ読むと三年半余りで創世記から黙示録まで読み通せますが、久山先生は実に四半世紀に亙り旧新約全巻を七回以上通読されたことになります。ご自身は「毎朝聖書を読み祈っていても、信仰を純化し、いのちの泉の在り処に到ることは容易ではない。ただ、毎朝早く起床することが習慣となって健康が保たれていることを感謝している」と謙虚に語られましたが、何人も容易に追随できない強靭な求道の意志の現れであり、愛唱賛美歌三〇一番「われ山辺に向かいて目をあぐ、わが助けはいづこより来る」がそのまま先生の証しでありました。先生が一九七四年関西学院の理事長・院長に就任された時、前任理事長の矢内正一先生（名誉中学部長）が挨拶の中で

「久山先生の優れた指導者としての力を認めない人はないと思うが、私は最近久山先生が学院の一隅で毎朝祈っておられることを知り、そのような先生が関西学院教育の責任者に選任されたことを何よりも喜び、感謝したい」と述べられました。

学院を退かれてからの久山先生は、よく「人生邂逅し、開眼し、瞑目する」という亀井勝一郎氏の言葉を前置きにして自分の歩まれた道を話されましたが、召天三日前の十二月二十七日、国際日本研究所で催されたクリスマス祝会での「出会い」と題する生前最後のご講話は、いつもより口調も滑らかで、幾度か聞いた内容が盛られていたにもかかわらず、聞くものみな魅惑され、二時間を越える時の経つのを忘れる程でした。お話の中で、久山先生はその秋ご自分が詠まれた歌を幾編か披露されましたが、私たちの心を深く打ったのは、よく知られたこの一句です。

「鵙《もず》よ鳴け、知り人すべて消えし世に」

その日も先生は、人生行路を辿る中で出会われ、すでに故人となられた敬愛する師や諸先輩、西田幾多郎、田辺元、西谷啓治、唐木順三、亀井勝一郎、橋本鑑といった方々の死生観について、また生前親交のあった原清、坂井忠雄氏らの面影や思い出を淡々と話されましたが、『兄弟』喜寿記念号（一九九二年七月）所収の「時は縮まれり」と題する一文の中で先生は書かれています。「死が迫っているというのは、私だけのことではない。すべての人に死は迫っている。私たちは一度切りの短い人生を、それぞれに生きているのである。私の身辺でも親しい人々が何の容赦もなく前触れもなく、次々に死によって姿を消してゆく。慟哭しても悲嘆にくれても、何の甲斐もない。一人の人の死によって私たちのところから大切なものが消えて行く。年老いて親しいものを次々に失ってゆくと、追憶の世界に自分の忘れ得ぬ人々、忘れ得ぬ事柄が移っていくのである」。したがって、「知り人すべて消えし世に」という久山先生の言辞からは、死という個人の終末を観念的に考えるのではなく、今生きているものがやがてみな消え去るという冷厳な事実を直視するリアリズムが感知されます。しかし「鵙よ鳴け」という この句の前半の意味するところは何か。歌心に欠け、詞藻に乏しい私にその真意を解く力はないのですが、普通に読めば、生者必滅、だからこそ今生かされているこの瞬間を力の限り誠実に生き抜く他はない。鵙だっていつまでも生き続けるわけではない。しかしあのようにキーキーと高く勢いよく鳴いているではないか、という意味にも解されましょう。だが私は、やはり久山先生が『兄弟』二九八号（『人間を見る経験』出版記念号）に「死について」書かれた文章の中にこの句を解く一つの鍵が見出されるように思うのです。

「私は芭蕉が死を凝視すること、無常を観ずることを至難の業として、死を賭してこれに立ち向かったその真摯さに畏敬の念を懐かずにはおれない。『野ざらしをこころに風のしむ身かな』という句に知られるように、病弱の身を押して屍を野にさらす覚悟で、かれは旅に出、その心眼を磨いたのである。それでは西洋思想、あるいはわれわれキリスト教徒の場合にはどうなるのであろうか。私は死の虚無感が被造物感に転ずることによって、その転換が行われるのではないかと思うのである。『われらは来たり、われらは去る。われらは自己を自ら作ったのではない。われらは桶の中の水の一滴にすぎない』。アウグスティヌスの『告白』の中のこの言葉はその転換を含蓄している。そして『告白』冒頭の言葉は、その転換された立場からの死の意味を明らかにしている。「人間は汝の創造の極微でありながら、汝を讃えようと欲する〔……〕汝はわれわれを汝に向けて造り給い、われわれの心は汝の中に休らうまでは安んじないのであるから〔……〕」「アウグスティヌスの言う『創造の極微』とは聖書的に言えば人間が塵から造られたものだということである。『主なる神は土の塵で人を造り、命の息をその鼻に吹き入れられた。そこで人は生きた者となった』。創世記二章七節には、このように記されている。

従って死とは『あなたがたはちりだから、ちりに帰る』（創世記三・一九）ということである。平素自己の恣意によって空中楼閣を描き、巨木化されていた自己の映像が、死の自覚においては一挙に崩れ去り、自己は塵としての真実の自己にまで実在化されるのである。そのとき人間には大いなる破滅感が生じるけれども、自己が極微の塵として創造の秩序の中に定位することは、荘厳な神の世界への転入を意味していて、神の賛美への激しい転換をもたらすのである」。そして久山先生は続いてドストエフスキーを引かれる。「私は『カラマーゾフの兄弟』の中に出てくるゾシマ長老の兄の回心のことをいつも思うのである。自由思想の影響を受けて神の存在を否定していた彼が、肺を患って余命いくばくもなくなったときに、病床で突然回心するのである。『神の小鳥、喜びの小鳥、どうか僕を赦しておくれ。君たちに対しても僕は罪過があるんだからね』『ああ、ぼくの周囲には、こういう神の栄光が漲っている。小鳥、木立、草原、青空。ああ、それだのに、僕だけが汚辱の中に生きながらえ、すべてのものを汚していた。美にも栄光にも、ぼくは全然気付かなかった』」。

このドストエフスキーの言葉は、久山先生が受洗の時の気持を語られた中でも引用されていますが、死の自覚が、創造の極微としての人間をして栄光漲る神の世界に転入させるという宗教的 confessio（アウグスティヌス）の脈絡に照らして、「鴫よ鳴け」という先生の表白が、福音書が伝えるイエスの「空の鳥を見よ」という呼びかけと根底で共鳴し、生死を超えた先生の辞世の備え、自然と一体となった神への賛美を意味すると言えば、読込みが過ぎるでしょうか。無論、このような死の自覚から神賛美への転換は直接無媒介的に生起するものではないゆえに、久山先生は、さらに「しかしこのような荘厳な創造の秩序に触れたときに、彼（ドストエフスキー）が自己の罪と汚辱を自覚していることが重要である。そこに東洋的思想との相違も見られるし、キリストの贖罪によって初めて神の世界に人間は定位し得るというキリスト教の主張も生ずるのである」と言われます。

久山先生は、始終「もはやわれ生くるにあらず、キリストわがうちにありて生くるなり」（ガラ二・二〇）という使徒パウロの言葉を引用し、しかも語句の解釈ではなく、むしろその真実を自分自身がどう生きるかを問い続けられました。最近私は『兄弟』誌の裏表紙に「残雪や頑なの性わが久しく」という先生自作の一句を読みましたが、人間の罪を撥無し、いのちの源なる神の創造の秩序の中に迎え入れて下さる媒介（仲保）者としてのキリストなしに何人も死の詛いより解き放たれ得ないことを先生は確証されたに違いありません。一昨年、キリスト教学校教育同盟から発刊された『日本キリスト教教育史　思潮篇』（一九九三年、創文社）は、久山先生が生前時間とエネルギーを傾注して纏められた最後の著作となりましたが、特にキリシタンの歴史を精査し「追補」として取り上げられたのも（同書五一二―五八四頁）、そこに「わが内なるキリスト」という重大な信仰の証しが秘められていることを正しく洞観された故であろうと思います。

朝毎の静かな祈りの行、書斎で打ち込まれた思索と著述、情熱を傾けて当られた名講義、土曜会、読書会、自然愛好会における暖かいご指導、あるいは十五年の永きに亘る関西学院の経営と教学の責任者、国際日本研究所の主宰者、あるいは日本キリスト教学校教育保育同盟理事長として発揮された果敢なリーダーシップ、すべては先生の「わが内なるキリスト」の清冽な証しでありました。

キリスト者久山康先生の悠々たる稀有な足跡はあまりに大きく、何人も容易に追随できないところであります。けれども先生が一途に探求された「死を生きる」という人生究極の課題を、思想面でも、実践面でも、先生に導かれ、先生と親しい交わりを与えられた私たちが、今それぞれの持ち場で継承し、生かされるかぎり、たとえいかに小さくても、良き実を結ぶ者でありたいと切に願うものであります。

「生きているのは、もはやわたしではありません。キリストがわたしの内に生きておられるのです。わたしが今、肉において生きているのは、わたしを愛し、わたしのために身を献げられた神の子に対する信仰によるものです」（ガラ二・二〇）

（山内一郎、「故久山康先生　召天一周年記念礼拝式辞」一九九五年十二月二十七日、於関西学院ランバス礼拝堂）

二　久山康先生とパスカル

一九八八年、千刈セミナーハウスを主会場に「パスカル『パンセ』セミナー」が開かれた。これは、東京大学で開催されたアジア初のポール・ロワイヤル学会に引き続いて行なわれた。パスカル研究の第一人者、ジャンメナール教授（現アカデミーフランセーズ・院長）、フィリップ・セリエ、パリ・ソルボンヌ大学教授をはじめ欧米、日本の研究者を前にして久山康理事長・院長は、日本におけるパスカルの受容について語られた。（『兄弟』第三七一号）

（一）キリスト教の伝統の乏しい日本で、パスカルが思想的に注目されるに至ったのは、第二次世界大戦勃発に刻々近づきつつあった一九二〇年代以後のことであります。『パンセ』の完訳の出たのは一九三八年のことでしたが、一九二六年にパスカルの思想を「パスカルにおける人間の研究」という題で、実存論的に解明したのは、京都大学の哲学科を出た三木清でありました。彼は最も優秀な学徒として一九二二年にドイツに留学し、ハイデルベルグ大学で一年間学んだ後、マールブルグに移り、『ハイデッガーのもとで研鑽を積みました。ハイデッガーの主著「存在と時間」"Sein und Zeit"の出版されたのは一九二七年でありますので、その思想形成の過程にあったハイデッガーから解釈学的方法（Hermeneutische Methode）を学び、日常性の分析や人間を「死への存在」（Sein zum Tode）として把握し、その根本的情態は不安（Angst）であるとする人間理解を学びました。そして同時にキェルケゴール、ニィチェ、ドストイエフスキイ、アウグスティヌスなどを読みました。彼は一九二四年にはパリに参りますが、そこでパスカルの『パンセ』を読んで心惹かれ、ハイデッカーの解釈学的方法でパスカルの思想を解明しようと思い付くのであります。こうして二年後に『パスカルに於ける人間の研究』が発刊されたのであります。それは日本人のパスカル理解を一新し、パスカルを日本の思想界の動きに直結して、パスカルへの関心を画期的に大きくしました。それは三木清という人物が当時の日本の思想の動きの一つの中心になっていたからであります。

（二）彼は日本の初めての独創的哲学者として尊敬を集めていました京都帝国大学の西田幾多郎博士の愛弟子でありました。西田博士は禅仏教の修道を基盤としながら、ドイツ哲学を中心に、ギリシャから今日に至る西洋哲学を豊かに深く吸収し、独自の弁証法的思想を形成していました。彼はヘーゲルの観念的弁証法（idealistische Dialektik）、マルクスの唯物論的弁証法（materialistische Dialektik）、に対してキェルケゴールの立場である質的弁証法（qualitatative Dialektik）、或は逆説弁証法（Paradox-Dialektik）をキリスト教とは異なり、仏教を基盤として形成した人でありました。従って禅仏教を基盤としながら、聖書は勿論、アウグスティヌス、アッシジの聖フランシス、パスカル、ドストイエフスキイ、キェルケゴールといったキリスト教の思想家に対して深い理解と共鳴を持っておりました。例えば、パスカルの立場に共鳴して述べた言葉があります。

(三)「我々の人格そのものが、深き自己矛盾でなければならない、唯我々は自己を否定して現実の世界の底に絶対者の声を聞くことによってのみ生きるのである。我々から絶対者に到る途はない。神は絶対に隠された神である。我々は行為によって物を見るという方向へ、何処まで行っても神に撞着するのではない。内と外と結び付く、唯我々は跪づいて祈りあるのみである。併し信仰は妄想や夢幻でないとともに単なる情操でもない。それは無限の活動でなければならない。」

(四)こういう立場を形成された西田博士の愛弟子であったので、三木清はパスカルにも深い関心をいだいたのでありましょう。彼はその書物において「人間を研究するものは幾何学を研究する者よりも、なお少数しかいない。」というパスカルの言葉を引いて人間の研究の重大性を説き、その人間はパスカルの言うごとく「無限に比しては虚無であり、虚無に比しては無限である。それは無と全との間の中間者である」として、「我々の壁は響きをあげてゆるぎ、地は深淵に至るまで口を開く」とパスカルの言葉を引いて虚無の深淵に差しかけられている人間の存在を顕わにします。

そして彼は「芝居は、他のすべての部分に於いて如何に美しいにせよ、その最後の幕は血腥い。人は終りに土を頭上に冠せかけ、そして永久にこの状態にとどまる。」このように述べて、死の鏡に映して人生を見る「死の見方」(Todesansicht)をパスカルの人生の見方として示します。彼はまたパスカルの有名な三つの秩序、身体(Korpus)、精神(E-sprit)、慈悲(Charite)について解説していますが、この三つの秩序はキェルケゴールの説いた美的(aesthetisshe)、倫理的(ethische)、宗教的(religiöse)という人生理解に大きな手引きを与えるものでした。そして三木清はパスカルの最後の宗教的立場について記述していました。

「イエス・キリストなしに世界は存続しないだろう、なぜならそれは破壊されていたか、若しくは地獄の如くであらねばならないだろうから。」「イエス・キリストなしに神を知ることは単に不可能であるばかりでなく、また無用である。」

（五）「イエス・キリストは凡ての目的であり、そこに凡てが向う中心である。彼を識るものは凡てのものの自由を織る。」

これは理性を超えた真理の立場であり、ヨーロッパではキリスト教の立つ立場、キェルケゴールやドストイエフスキイの目指した立場であります。そして日本では三木清の師であった西田幾多郎の立った立場であります。

ここにはパスカルの思想を通して東西の思想の交流があったことが知られるのであります。西田博士もパスカルの言葉と呼応するように、次のような言葉を最後の論文である「場所的論理と宗教的世界観」で述べられています。

「人格的なるキリスト教は極めて深刻に宗教の根源を人間の堕罪に置く。創造者たる神に叛いたアダムの子孫には原罪が伝わっている。生まれながらにして罪人である。故に人間こうしては、之を脱する途はない。唯、神の愛によって神から人間の世界へ送られた、神のひとり子の犠牲によってのみ、之を脱することができる。我々はキリストの天啓を信ずることによって救われると云うのである。生まれながらにして罪人と云うのは、道徳的には極めて不合理と考えられるであろう。併し人間の根柢に堕罪を考えると云うことは、極めて深い宗教的人生観と云わざるを得ない。既に云った如く、それは実に我々人間の生命の根本的事実を云い表わしたものでなければならない。人間は神の絶対的自己否定から成立するのである。その根源に於て、永遠に地獄の火に投ぜられるべき運命に在ったものである。」

ここには東西の思想の深い次元での呼応が見られるのであります。今後パスカルを通しての、この思想的呼応は、東西の思想の新しい相互理解の必須の時代にそれを開く一つの途になるのではないかと私は思うのであります。

この久山先生のスピーチが始まり、暫く経つと、今日のパスカル研究の優秀な研究者から、パスカル研究の第一人者たちにとって不適切ではないかという進言が司会者の筆者にあったが、私は久山先生のオリジナルなパスカル理解であると思い、長いスピーチを最後までしていただいた。メナール教授は「西欧の主要なすべての遺産を継承しているパスカルは、近現代の西欧だけでなく、今や東洋の日本とも対話するに至った」と述べられている（Sengari, 1990）。久山先生は由木康が関西学院の出身であることを紹介した後、三木清の名著『パスカルにおける人間の研究』を高く評価されている。人間の向死性の指摘に強く共感しておられる。三木清は「人間の向死性」に留まっているが、久山先生は先生の尊敬される師西田幾多郎に関して、「西田哲学とキリスト教」（創立八十周年関西学院大学文学部記念論集）を執筆し、西田幾多郎がその膨大な著作においてアウグスチヌスに次いでパスカルを多く引用しキリスト教を理解し思索を深められたことを指摘しておられる。西田幾多郎はその『日記』において、「座禅」という言葉がしばしば見出されるが、そこで思索を深められたことが推測されている。久山先生はただ単に思索するに留まらず祈りをもってイエス・キリストを求められた。パスカルは『パンセ』において信仰に入るには理性による追究、ミサに習慣的に出席することではなく神のみ前にまず跪き祈ることを述べている。久山先生はまさに、パスカルからこの祈りの姿勢を体得されたのではないだろうか。

（森川　甫）

三　久山康先生とキェルケゴール

デンマークの思想家キェルケゴール（Søren Kierkegaard, 1813–55）の名前が、久山先生の残された文章の中で数多く見出される。しばしばドストイェフスキィと併記して。キェルケゴールが、久山先生の人生とその内面史の流れの中で、どのような意義を占めていたのか、それを問うことがここでの課題である。

先生は、キェルケゴールに関して、狭い意味で専門研究者であろうとはされなかったように思われる。しかしキェルケゴールの著作を愛読され、そこでの問いに共感され、キェルケゴールの思想がその生と一体である生き様に深い感慨を覚えられたことは、まちがいない。だからこそキェルケゴールの名をしばしば語られ、その理解者・紹介者として立つことを喜びとされたであろう。キェルケゴールの問いは図らずも久山先生ご自身の問いであり、そこへと思いをひそませる精神の伴侶の一人として、キェルケゴールは先生の生涯を通じて寄り添ったと思われる。キェルケゴールだけでなく人間を見る場合、単に知的な好奇心からであるとか或は研究業績を飾るにすぎないような学徒と区別し、そこに己が実存を賭して問いを問い葛藤する人たちの「一途で対決的な研究」（『人間をみる経験』二十八頁）に対しては、しばしば十分な好意を示されたからである。橋本鑑のキェルケゴール研究に対して、また西田幾多郎や田辺元の哲学研究の場合にしても。

（一）キェルケゴールとの出会い

いつ、どのような機縁からキェルケゴールと出会われたか、事情を明かす整理された文章は見出せない。けれどもキェルケゴールの名が記される多数の箇所を読み返してみると、この実存思想家と結び合う久山先生の内面史がおぼろながら透かし見えてくる。

先生の周辺には、早い時期から「死」の影が濃い。母の死に直面されるのは、小学校二年生のときである（『人間を見る経験』二六四頁）。次にはご自身が死と向き合われる。旧制・松山高等学校に入学（ふたりの兄が進んだ道を先生も選び松山高校生となり二人の兄と等しく柔道部員となる）、まもなく喀血され、医師から絶対安静を命じられ、休学して津山の実家で静養される。感染が憚られ、家では離れの座敷で病臥されたが、その間《かん》に父親が急死される。敬愛する父の死に驚愕し、その人生観が震撼された痛哭の思いは、先生の文章に鮮やかである（「父の思い出」『人間を見る経験』二五五頁以下）。

父の死は、同時にご自身の結核の行く手にある虚無の深淵を見せつけ、不安に怯えられる――「死の恐ろしい虚無性に立ち竦《すく》む思いであった〔……〕人生とは一体何なのか」（『前掲書』二七四頁）、と。絶望が重たく圧しかぶさる――そのような「末期の目」（『落暉にむかいて』一六四頁）を持つ内面者だからこそ、その後にキェルケゴールと接する素地が培われたと思われる。

やがて、結核という業病から開放され復学されても問いは消えず、生きる道を探る読書遍歴が重ねられる――「読書らしい読書をしたことのなかった私が、初めて読書に惹《ひ》かれて、そこにこれからの生きる道を探るようになったのである」(『人間を見る経験』二七四頁)、そして「私にとって人生の真実とは、この死の虚無から眼をそらさないで生きるということであった」(同書二七八頁)。そこから道は、京都帝国大学文学部哲学科へと続く(昭和十一年に入学)。先生にとって哲学を学ぶことは、人生の問いを問う求道に他ならなかったからである――「私は京大の哲学科に入学はしたものの、もともと哲学を学問として研究しようというより、高校時代に出遭った父の死と突然の喀血で人生の意味が分からなくなったため、哲学科に暫く籍を置いて人生の方途を考えようというのが私の目的であった」(『人間を見る経験』三十頁)。

当時の京都帝国大学哲学科が醸す学風は、このような先生の心情を暖め、求めるものが何かに覚醒させ、人生の流れをセーレン・キェルケゴールへ、そしてさらにはキリスト教信仰へと導くことになる。〔もっとも入学してまもなく『キェルケゴール選集』(全三巻、改造社)を学友と共に読まれたが、「少しも分からなかった」(『人間を見る経験』三十一頁)、と。未だしも時が必要であった。〕

京都帝国大学哲学科の栄光を担った西田幾多郎は、すでに久山先生が入学される八年前(昭和三年)に定年退官していたが、大学から離れて思索に専念し、いわゆる西田哲学体系の構築に携わっている時期である。西田の謦咳はなおも濃厚に残り、哲学科の若い学生を直ちに魅了した。西田の人とその哲学を憧憬するだけに、西田哲学がキェルケゴールと最接近した「実践哲学序論」(初出は昭和十五年刊『岩波講座・倫理学第二冊』、西田哲学体系を構築する哲学論文集で発表されるのは翌昭和十六年十一月刊の『哲学論文集・第四』)を読み、感動される。当書で西田は、自らが構想する実践哲学の範例としてキェルケゴールを名指し、その主著『死にいたる病』から本文冒頭の名高い文章を引用しつつ、「実践哲学はかゝる立場に基礎附けられねばならない」とまで強調する。哲学研究に目覚めたばかりの久山先生にとって、尊敬する西田幾多郎の語が感銘深い（『人間を見る経験』九頁）。

久山先生とキェルケゴールとの出会いは、このようにしてであろう。だからそれは、単に知識としてではなく、虚無の深淵を覗き見た「末期の眼」を通す内面的な邂逅であったといえる。それが内面的な出会いであっただけに、同時にキェルケゴール思想の背後で立つイエス・キリストとの出会いを物語る瞬間でもあろう。人生が大きく動く！　昭和十五年十二月一日、京都・室町教会で受洗される。「私はキェルケゴールの思想と西田哲学との深い呼応の姿を見て、キリスト教への関心を一層深められたのである」（『人間を見る経験』五十―五十一頁）。言うならばキェルケゴールは、西田哲学とともに、またパスカルやドストイェフスキイら共々に、久山先生をキリスト教信仰へと伴った導師の一人となっている！

西田幾多郎の「実践哲学序論」は、西田哲学の体系において大きな意義を負い、マルクス主義・左翼運動に殉じようとする弟子たちからの批判に対し、太平洋戦争へと傾斜していく危機的な時局における西田哲学の回答であった。またここで認められるキェルケゴールに対する西田の積極的な評価は、日本におけるキェルケゴール受容史を加速させていく画期的な意義をも担う――そのような時間と場所で、キェルケゴールと久山先生の出会いがあったことは、西田の後任者・田辺元の場合と共に、久山先生にとってもわれわれキェルケゴール関係者にとっても、僥倖であったと言うべきであろう。

久山先生は、備えられた時間と場所において、キェルケゴールと実存的に向き合い、己が精神の伴侶となし、もっぱらその紹介者・理解者として活躍されていく。他方で研究は、大学時代からの畏友であり続けた武藤一雄の手で輝かしく開花する。友と友は、ここで互いに刺激し、啓発しつつ、その友情は死にいたる日までつづく――キェルケゴールを間《あいだ》にして。日本におけるキェルケゴール受容史を飾る、又とない情景である。

西田の後任者に挙げられた田辺元は、久山先生が直接に指導を受けられた主任教授である。ここでも教師と学生との幸せな邂逅が見られる。田辺教授の学問研究あるいは大学講義で見せる厳粛な姿勢、またその人間性から漂う真摯な風格は、哲学科の学生・久山康をとらえ畏敬の念をそそってやまない（『人間を見る経験』五十三頁以下）。田辺哲学の場合、昭和十八年十月二十一日の講演「懺悔道」以降、これまで以上に積極的にキェルケゴールをその思索の中へ摂取していくように思われる。そうした雰囲気の中で、久山先生とキェルケゴールとの関係がさらに深まるとしても、不思議でない。また事は、久山先生とキリスト教との紐帯が強まる内面史の展開とも相即する。「ことに先生〔田辺〕の関心が宗教に向って深まって行き、道元、親鸞、キェルケゴールの思想を講義で取り上げられ、その研究に全力を投入されたときには、益々私は関心を惹きつけられた」（『人間を見る経験』四十一頁）。

先生の記憶では、母御は胸を病み転地療養を重ねられ、母と子が睦びあう日々は少なかったといわれる。早くに母を失い、また敬愛する父が急死し、そのときご自身すら喀血をくりかえし、死の淵を彷徨《さまよ》うという「末期の眼」を強いられた方である。生きる意味を求める求道は、旧制高校生の読書遍歴から京都帝大哲学科の大学生へと続き、当時の哲学科の厳粛な学風（『人間を見る経験』一〇二頁）に育てられ、優れた恩師たちの薫陶にも浴し、今キェルケゴールへと逢着される。それだけに、キェルケゴールの人と思想との間に距離をおく歴史的客観的研究方法などは、疎遠でしかなかったであろう。だから世に言う研究者であろうとは望まれなかったに違いない。他方、盟友・武藤一雄のキェルケゴール研究を高く評価され、その鮮烈なほど眩しい成果にもかかわらずあくまで著者自身が謙る姿勢（「キェルケゴール研究の進展している現状に照らしてみるならば、キェルケゴール研究という名には値しないものであり」武藤一雄著『キェルケゴール』一頁）には十分な好感を寄せ、学友の成果を喜ばれ、国際日本研究所出版図書として同書を推奨もされた。

日本におけるキェルケゴール受容史において久山康先生は、狭義の意味で専門研究者としてでなく、キェルケゴールがキェルケゴールである魅惑的な本質、かの「末期の眼」を持つ者にのみ見えてくる内面世界を語る証人として、得がたい寄与を果たされた。

（二）久山康訳『野の百合・空の鳥』

キェルケゴールの宗教的講話『野の百合・空の鳥』の日本語訳者として、久山先生の名が知られる。翻訳は、橋本鑑の勧めがあってのことと述べられる。（当初は、はじめアテネ文庫として公刊され、ついで『キルケゴール著作集』十八巻に所収され、単独の書としても『兄弟選書』として出版された）。

詩人的思想家の風貌をこよなく伝える『野の百合・空の鳥』が、このところで又とない訳者を得たことは、日本人にとって何という幸運であったか。

先生は自然を愛し、関西学院キャンパスに銘木を植え自然環境を率先して整えられた。キャンパスを訪ねる人たちがその風美を称える。西宮・上ケ原キャンパスは甲山の山麓に位置するゆえんもあって、ここを数多く鳥たちが訪ねる。夏の休暇中など、鳥たちがいっぱいで、澄んだ鳴き声がこだまする。キャンパスを訪れる蝶たちの種類も多く、中には生息環境が保護されて良いような稀種までも目撃される。ここかしこで花がいっぱいに咲く

――しだれ梅・八重桜・水仙・日本すみれ・こぶし・もくれんに始まる季節の花々……秋を彩る紅い蔓珠沙華がそろうキャンパスの風情を誰が愛でるだろうか。先生のふるさと津山の牧歌的な自然風土が授けた感性であり、家業のかたわら花を愛し花を育てられた父親の姿も先生の詩情を育んだであろう。俳句をたしなみ歌も詠まれる。

キェルケゴールもまた自然を愛しみ、自然へと語りかけ、こだまして返る自然の声を内面に聴きとり、思想へと紡ぎあるいはまた遥かな祈りへと結ぶ。著者と訳者のふたりの息遣いは、呼応するものがあったであろう。呼吸がともどもに弾む。

キェルケゴールで見られる著作活動の「二重性」、すなわち一般著作と併行して一連の宗教的講話集が存在する意義について、先生は明瞭に理解しておられる。そしてキェルケゴールの著作活動全体あるいはその思想の展開において、宗教的講話集が肝要であり、日本人はこれらを一段と読みキェルケゴール思想の深奥に触れるべきであることを強調される。当時にしても、今日においてまでも、宗教的講話集（あるいは日誌・遺稿集についても）日本での扱いが未だなお旧態に留まり、だからして日本人のキェルケゴール理解が偏重する現状を憂うとき、久山先生はここで先へと進んでおられる。その時点で、どこでこのような理解へと達せられたか、不思議にすら思う。

著者と訳者の呼吸がそろう、見事な息遣いを久山康訳から味わってほしい！

苦痛の中から詩人に願望が生れる。そしてこの願望、この燃えしきる願望は、人の心を美酒にもまさって喜ばすのである。――或は春の初花にもまさって、或は昼に倦《う》みはてた人々が夜を憧れて、喜び迎える宵の明星にもまさって、或は夜が明けそめて人々が別れの挨拶を目くばせする夜明けの明星にもまさって、人の心を喜ばすのである。詩人は永遠性の幼児である。――永遠性のもつ真摯さを欠いてはいるが。詩人は鳥や百合のことを思って涕泣《ていきゅう》する。そして詩人は涕泣することによって涙の中に宥《なだ》めを見出すのである。(『兄弟選書』訳書十一―十二頁、『キルケゴール著作集』十八巻、百七十九頁)。

百合と鳥とが歓びを教えている〔……〕夜が白み、鳥が朝早くその日の歓びに目覚めるときに、何という歓びがあることであろう。また〔……〕日が傾き、鳥が嬉々としてその塒《ねぐら》に急ぐときに、何という歓びがあることであろう。そして永い夏の日には何という歓びがあることであろう。〔……〕露が降《お》りて、百合に生気を与え、涼しくなって憩《いこい》につくとき、何という歓びがあることであろう。百合が浴《ゆあみ》したあとで、最初の日射しに快く身を乾すとき、何という歓びがあることであろう。そして永い夏の日の歓びはどうであろう。〔……〕百合を眺め、鳥を眺めてみよ。(『兄弟選書』訳書六十五―六十六頁、『キルケゴール著作集』十八巻、二二六―二二七頁)。

キェルケゴール『野の百合・空の鳥』は、やがては訳者を変えて再訳本も現れ出るであろう。しかし「久山訳」はそれとは別に、日本のキェルケゴール受容史において特別な位置を保ち続けることであろう。

(三)　結びに

キェルケゴールと向き合う先生は、「末期の眼」を持ってである。人生いかに生きるかを問い続ける主体的実存的な対決姿勢を尊ばれる。哲学することは、生きることであり、人生の悲哀を生きぬいて生の意味を追求する求道であった。そのようにして捉われたキェルケゴールを語られる。

人と思想を見るとき、このような実存的視座について評価される。それを活写される先生の瑞々しい文章が魅惑的である。西田幾多郎を語る先生の筆致が冴えるのも当を得ている。あの緊迫した時間と場所にわが身をさらし実践哲学を構想する真摯な姿勢に感動し、そこで結び合うキェルケゴールを愛しまれる。あるいはまた田辺元が、懺悔道から「死の哲学」へと、親鸞ともどもキェルケゴールを摂取する苦闘を眼前にしておられる。そのようなキェルケゴールを、久山先生もまた凝視し、呼吸される。だからここでもキェルケゴールと結び合う日本人として、作家・椎名麟三や畏友・武藤一雄とともに、最大級の評価が橋本鑑に捧げられる――「橋本さんはすぐれたキェルケゴールの研究家であったが、その研究態度は学問的客観性を重んずるとともに、実存的にキェルケゴールに肉薄する真実無比なものであった」(『落輝にむかいて』二十五頁)。

今このようにキェルケゴールと繋がる久山先生の足跡を追うとき、あらためて思う――日本人が日本人としてキェルケゴールを読み学ぶことは、どのようなことか、と。

(橋本　淳)

四　日本の近代化と伝統

久山康さんは広い社会経済的視野のもとに日本の近代化を研究してきわめてすぐれた業績を残し、卓越したキリスト教的歴史観に到達していた。

そこに至るため、久山さんは夏目漱石をとりあげ彼の論文や作品を素材にしながら西欧に比べると百年以上も遅れて近代化の波にさらされた一人の日本人が神経衰弱に苦しみながら、これと格闘することによって漱石は遂に「自己本位」の生き方を確立したものと見ている。しかしその漱石といえども世の非合理に打ち砕かれてニヒリズムに陥ったが、やがてこれを見事に克服し最終的には「則天去私」という東洋思想に回帰した跡を考察した。

次にロシアのドストイエフスキイの思想の研究に取組んだ。そこに展開された西欧の近代化も次第に神を失っていったためヒューマニズムが崩壊し、ニヒリズムが蔓延するようになるが、ニヒリストの心に湧く純粋な生命衝動の爆発的な働きによって、ニヒリズムの底を割り、荘厳な宗教的な世界が開示されたのである。このような西欧の近代化において人々がたどったプロセスに学ぶことによって、遂に久山さん自身が確信してキリスト者となったのである。

（一）　夏目漱石における「近代化と伝統」

近代化とは前近代社会の生活様式を近代社会のそれへと変化させる社会変動のことである。そして社会変動を考える場合、変動の基本的原因を経済に求め、その展開を研究する方式（マルクス主義変動論）があるが、これとは逆に、心理的要因を重視するもの、精神的要因を重視する考え方もある。

久山康は日本の近代化を考察するにあたって、心理的・精神的要因を重視し、まず夏目漱石の近代化を取り上げる。

キリスト教徒としての久山康はつぎにドストイエフスキイの研究に進んでいく。ヨーロッパでは合理化の進行によって次第に神を失ったためヒューマニズムの崩壊がみられニヒリズムが蔓延するが、絶望した人々は生命衝動をバネにして救いを神に求めてキリスト教に到る。

以上の研究をすすめた上で久山康は「日本の近代化と伝統」について詳論している。

明治維新以降の日本人の西欧文化の受容は西洋諸国が狙っていた日本の植民地化の危機を回避する必要に迫られて為された国家改革運動であり、日本が独立を保持するための必須の条件であった。

そこでまず軍事力の強化が緊急の課題となり、その為に産業化が推進され、資本主義化が普及した。そしてそれに関連して各種の社会制度、学問、思想などさまざまな文化が受容された。明治六年には豊臣秀吉以来厳禁されて来たキリスト教の伝道も黙認された。

(1)　外発的近代化の苦悩

ところでヨーロッパでは十六世紀にまず宗教（窮極的価値）改革が先行して遂行され、その後、十八世紀後半になってイギリスを先頭に産業革命が進行したものであるから、これらの変革は西欧でも社会に衝撃を与えたものの、個人の価値構造に決定的な打撃を与えることはなかった。しかし日本の近代化は十九世紀後半に始まった

「外発的近代化」であったから、価値構造と産業構造の変化が諸外国から同時に襲ってきたわけである。その結果、必然的に伝統的価値が破壊され、精神の混迷と頽落が生まれたのである。英文学を専攻したためいち早く西欧文化の荒波にもまれた漱石は生来鋭い感受性を備えていたから強度の神経衰弱に見舞われたが、久山さんによると、それは西欧の文化と自己の中にある伝統的価値との思想的葛藤によるものであり、彼の思想の主体性、実在性を証明するものであった。そして漱石は病める魂のもつ意義を自覚し、その原因を日本の近代化の外発性にあり、自らの伝統的価値と学習する事柄に含まれている価値との葛藤によると理解していた。ところで当時の漱石の心境はあたかも霧の中にいる孤独な人間のようで、先が見えず立ち竦《すく》んでいたという。彼はこの不安を抱えたまま大学を卒業し、松山の中学で教え、次いで熊本の（旧制）第五高等学校で教鞭をとったあと、不安を解消しないままロンドンに渡った。そしてロンドンでは狂気の人と間違われ、日本からも帰国せよとの電報をもらった程であった。

（2）自己本位の立場へ

しかし幸いなことに漱石はロンドン滞在中に「他人本位」から「自己本位」への、すなわち「受動的」から「積極的」への姿勢の転換に成功し新しい境地を切り開くことによって「めまい」の解消に成功した。人情、習慣、さらに国民の性格も違う日本人が外国人と意見を異にするのは当然であるから自己に忠実に自分の思想を形成することが必要であることを悟った。こうして自信と安心を得たのである。

このような日本人の精神のあり方の転換には日露戦争によって日本がロシアに勝利した事実が国民に自信を回復させるのに幸いしたと漱石が指摘しているのは興味深い。

こうして漱石は自己の主体性を確立することによって「外発的開化」を「内発的開化」に似たものに転化し、創造的な近代化への道があることを確信した。

（３）ニヒリズムによる近代的自我の崩壊

漱石は「自己本位」の立場を確立したことによって精神の混迷から抜け出すことはできたものの、実際に外発的開化の中に生活してみるとその激流に揉み砕かれ、挫折感を味わい深刻なニヒリズムに陥入ることになる。

漱石はこのように近代化に苦悩する人間の姿を二つの三部作（「三四郎」、「それから」、「門」・「彼岸過迄」、「行人」、「心」）の中で生々しく描いている。今、「行人」のごく一部をたどると、主人公の一郎は妻の愛も引き出すことができず、さらに妻のみではなく友人に対しても家族に対しても深い疑念を抱くのみである。かれは自分の周囲が偽りでとりまかれていると考えており、底知れぬ孤独と不安の中で「死ぬか、気が違うか、それでなければ宗教に入るか」、この三つしかないという結論に到達するのである。ここではじめて一郎は宗教に真正面から撞着することになる。

（４）伝統的思想への指向

久山さんは漱石の『心』に太宰治の『人間失格』に見られる陰惨なニヒリズムがまとわりついていないのは何故かと問い、それに対して、この作品を書いていたとき漱石は倫理の崩壊のただ中で、それを回復させるため宗教への接近があったためであると自答している。修善寺大患を転機として、漱石の宗教への接近があったためであると考えられる。これは修善寺の大患を転機として、漱石の宗教への接近が一段と進み、宗教的体験が次第に熟しつつあったのだという。

漱石の作風は『道草』から大きく変わったと言われている。『道草』では人生を一点に絞ることなく、自己への偏執を可能な限り離れ、ありのままの自己の生涯をありのままに描くことを意図したものとなっていると久山さんは見ている。『道草』の次に執筆され、未完に終わった『明暗』はその自伝の枠を破って人生そのものまでに拡大し、それをまた有りの儘に描き出したものであるが、ここに至ってはじめて漱石は一種の自在の境に到達したと、久山さんはみている。この境地は「天に則って私を去れ」という訓しとされている。

漱石は西洋文化にいち早く接し受容することに努めたがそこに安住できず東洋思想という伝統に回帰したのである。久山さんは文学評論家としても一家をなした人であった。ことにキリスト教文学については極めてすぐれた業績を残している。その出発点をなしたのは漱石の研究であった。それは近代化という荒波にもがき苦しむ人間の心のひだまで深くわけ入ってなされた論評で深く重い試みである。そしてその深さと鋭さが生まれてくる由縁は久山さん自身が旧制高等学校時代に大喀血をして生きる望みを失ないかけている時、さらに重ねて父の急死に遭遇したため絶望の淵に立たされたという体験があったからに違いない。久山さんは漱石の作品を読むとき、自らの人生を追体験しながら読み、そこから自己の決断を書いているところから迫真の記述となったのであろう。

（二）　ドストイエフスキイにおける近代化と宗教

（1）久山先生とドストイエフスキイ

久山先生は「ドストイエフスキイの魅力」の中で「私は兎に角、ドストイエフスキイの作品を通して、自分の心に芽生えていたニヒリズムをその究極の深さにおいて開示されるとともに、その底を割って開かれる雄大荘厳な宗教の世界に出逢わされたのである。これは私の生涯にとって決定的な意味を持つ事柄であった」（『兄弟』三七六号、三十一頁）と述べている。久山さんにとってドストイエフスキイの作品研究は自身の運命との格闘であった。

（2）西欧におけるヒューマニズムの崩壊

ドストイエフスキイ二十四歳の時の処女作『貧しい人々』は西欧のロマン主義によって高揚された若い魂と悲惨なロシアの都市細民の現実との矛盾が生んだ悲惨な悲劇の表出であると言われているが、その四年後、彼が二十八歳の年、ペトラーシエフスキイ事件に連坐して逮捕され、死刑の宣告をうけシベリアに四年の流刑となり、そのあと四年間の義務兵役を経験した。シベリアから帰還後に「虐げられた人々」、「死の家の記録」、「地下生活者の手記」を発表したが、これによって彼の魂は激変する。

久山さんによるとこの魂の変容は西欧的ヒューマニズムが崩壊しニヒリズムが生み出されて偏在することに他ならず、また、当時の社会主義運動への決別の宣言であった。そしてそれは西欧近代精神への離別とひそかにロシアの国民的根源への回帰をもたらしたという。

（3）ヒューマニズムの崩壊とドストイエフスキイ

久山さんのドストイエフスキイの研究によると「彼のヒューマニズムへの批判は既に『虐げられし人々』の中に見られる。それは人間の人道主義的努力ではいかんともし難い人間主体の非合理的情欲と世界の中の不義非道の剔抉として描き出され、そこではワルコフスキィとネルリの姿を借りて、シルレル的ヒューマニズムのニヒリズムへの没落の必然性の示唆が行われているのである」(『近代日本の文学と宗教』九十二頁)。

この世の非道の中に無惨に亡びゆく人々の事実を凝視している間にかれの魂自体が転身をとげる。そして主体を支えていた道徳律も反射的に崩れ去るのである。

久山さんによると「罪と罰」は三つの曲節として捉えるのが適切であるという。第一節は非合理的な現実とそれに基づくヒューマニズムの崩壊、第二節は非合理な現実に即して虚無主義的人間主体の出現、第三節は虚無主義的主体の自己崩壊とキリスト教による救済である。

まず一節のヒューマニズムの崩壊についてみると、ソーニャは父の失職によって経済的基礎を失ない一家の生計のために苦しんだ末に純潔を捨てる。このように「出口のない現実の矛盾は悲惨でその底知れぬ暗黒に改めて眼を見開かせ容易なヒューマニズムの自己陶酔によって処理し難い深淵が人生に巣食っていることを知らせる」(『近代日本の文学と宗教』一〇〇頁)のである。また人間主体は永久に燃え続ける情欲の制御し難い強烈さに直面して、遂に人間には善を遂行する能力が存在しない事を知る。

次に二節のニヒリズムについては「苦悩する人類への烈しい同情が、その極限において一転して虚無主義を生み出す」(『近代日本の文学と宗教』一〇二頁)ものとみている。「この世には究極において善悪もない、道徳もない、神の審判もない。してみると、すべては許されているのだ。これがドストイエフスキイの『罪と罰』において行った、先ず第一の人生探求の帰結」(『近代日本の文学と宗教』一〇二頁)であった。久山さんよると「道徳と神へ反逆し、すべては許されていると確信し、虚無的な絶対的自由を確認しようとして、自己崩壊したラスコーリニコフは死去して墓場に憩うことができると思われるが、ドストイエフスキイによれば、絶望者にはその抜け道も閉ざされているという。何故なら人間には理非を絶した純な生命衝動がその魂の奥底に潜んでいて、末期に臨めば臨むほどに純粋に強く発動するからである。」（『近代日本の文学と宗教』一一二頁）。こうしてニヒリストは墓の中にある憩いさえ永遠に奪われているのであり死ぬ希望さえなく、臨終の苦悶の無限に繰り返される悲惨な状態にあるからである。

（4）救いとしてのキリスト教

第三は虚無主義的主体の崩壊とキリスト教による救済である。それではこのニヒリストは何処かに救いに向けての血路を開くことはできないのか。

「ところがこのニヒリズムは進退両難の破滅のなかで、ただキリスト教信仰にむかってのみ、開かれた血路を有しているというのがドストイエフスキイの揺るがぬ確信であった。」（『近代日本の文学と宗教』一一四頁）。

ニヒリストの極悪人ラスコーリニコフは絶望的苦脳にもがき苦しんだ果に、敬虔な信者のソーニャに頼んで聖書ヨハネ伝一一章のラザロの復活を読んでもらう。

こうして聖書に近づいたラスコーリニコフはソーニャに心を許し自らの殺人をも告白し、逆に彼女に勧められて、遂には警察に罪を自首して、シベリアに流刑された。

ところがラスコーリニコフはシベリアにおいて一層虚無感に捉えられ苦悩に襲われたがその窮状を打破するためには、流刑場における他の流刑者から受ける衝撃が必要であった。それは彼に従ってシベリアに渡った信心深いソーニャが「情け深えお母ア」と慕われていることであった。またかれは病床でみた夢によって烈しく魂を震憾させられる。

その夢において、「彼は不意に何者かによって掴まれ彼女の足元に投げつけられた。かれは泣いて彼女の膝をかき抱いた。彼女はひどく驚いて死人のように真蒼になった。彼女はその場からとび上がって、ぶるぶる震えながらかれを見た。が直ぐにその瞬間に彼女は一切を理解した。彼女の眼の中には無限の幸福が閃いた」（『近代日本の文学と宗教』一二三頁）。この夢のあと初めてラスコーリニコフは自分のなかにソーニャの心の泉が湧き出るのを経験するのである。

久山さんはこの事態について「ドストイエフスキイはラスコーリニコフの悲痛な非常人の思想実験を通して、近代ヒューマニズムの孕んでいる暗い運命であるニヒリズムの行方をそしてまた神を離れた近代的自由の含んでいる深淵のごとき問題性を前人未踏の極所にまで追求して冷徹無比な把握を示すとともに、ニヒリズムのジレンマの中にあって、近代的人間に残されている唯一の血路をキリスト教において示した」（『近代日本の文学と宗教』一二四—一二五頁）と説明している。ニヒリズムに捉えられた人はキリスト教によってはじめて救われるのである。

最後にドストイエフスキイはとても重要なことを示唆している。それはロシアの果たす役割の重要性である。すなわち近代化に遅れたが故に近代精神のもつ人間主義の死毒に禍されること少なく、原始教会の純粋な信仰を受け継いでいると考えられたロシア正教の中に近代主義克服の原理を見出し、ロシア国民こそ近代的世界の破滅を救う救世主的な使命を担うものであるとの信仰を強く表明している」（『近代日本の文学と宗教』一二五頁）のである。

深いニヒリズムに捉えられていた久山さんはこの体験をもとにキリスト教に自らを投げかけたのである。

（三）　日本の近代化と伝統

（一）で述べたように、久山さんはまず夏目漱石の論文と作品の研究を通して漱石の近代化論を知った。日本の近代化は機械技術だけでなく価値体系も同時に受容したため、伝統と受け入れた価値が葛藤して神経衰弱に悩まされたが、暫くして「自己本位」の態度を確立することによって自信を取り戻した。しかし、その後現実の生活の中で世の非合理に痛みつけられて自己崩壊に陥る。ここで漱石が求めたものは東洋の思想の「則天去私」であった。

次に研究に取り組んだドスイトイエフスキイの場合には、神のない西欧ヒューマニズは結局破綻して深刻なニヒリズムに陥る。そこには底の知れない虚無と孤独だけがある。極悪人のラスコーリニコフは信者ソーニャを通じてキリストに近づき救われるのである。

このことに確信を得て、久山さんもキリスト教信者となったのである。

（1）　近代化と伝統の並存

久山さんは日本の近代化と伝統について考察をすすめている。

1　カール・レヴィットの指摘

久山さんはカール・レヴィットが「近代日本はそれ自体が生きた矛盾である」という指摘に注目しその原因はどこにあるのかと自問する。

久山さんによると西欧の近代化が能動的内発的であったのに対し日本近代化は外的原因によって強制されたもので、異質的な西欧近代の精神と技術を直接日本の社会に受容しようとするものであった。異質的なものの共存もそこに根本的な原因があるとみている。

2　ライシャワーの近代化論

久山さんは日本の近代化についてのライシャワーの見解を評価している。ライシャワーによると日本はまず西洋の軍事力の重要性を認め、増強に努めた。次に政治経済の変革の必要性を認め全般的工業化計画を実行している。そのために必要な人材の育成のための教育機関の充実に着手した。

ライシャワーは日本の近代化が成功した原因として

①日本は古来から隣国から文明を輸入した経験があり、西洋から学ぶことの重大さを知っていた。

②日本は長く中国に劣等感を抱いて来たので民族的自覚を発展させていたこと。

③幕末は封建時代の最後で、すでに資本主義の芽を蔵していたので新しい制度を採用しやすかった事、長子相族制が次・三男を世（都市）に駆り出し、政治指導者や企業家達が容易に得られた。また封建主義と仏教から禁欲主義が生まれプロテスタント倫理に似た信念を育てていたこと。

さらにライシャワーは次の二つを付け加えた。

④日本の新政権は王政復古の政策によって古代の神話につながる天皇制的支配体制をとったから伝統に深く繋がっていた。これが近代化と伝統が併存する根本原因である。

⑤次に経済の原蓄過程が国内の農民の収奪によってすすめられた。そして醇風美俗として強調されたり育成されたのが天皇制と家父長制の家族制度とを繋ぐ忠孝一本の道徳思想であり、これは義務教育を通して国民に

徹底されたから、近代日本において伝統の生きる国民的地盤となったのである。

（２）近代化のふくむ伝統否定

久山さんが述べるように近代化はそれ自身のなかに伝統否定の作用を持っている。それは合理主義や実証主義が超越的神秘主義的存在を否定し、宗教的倫理的精神を破壊するからである。そこで近代化が伝統を破壊する様相を分析する必要がある。

①功利主義による伝統の破壊

久山さんは伝統破壊の波として、功利主義、自然主義、共産主義、プラグマティズムをあげている。

近代化による伝統破壊の第一の波は功利主義である。西洋で合理主義が道徳と宗教を切り離した時ベンサムの功利主義が生まれた。日本でも福澤諭吉は個人の幸福と道徳を一致するものと考え自己の利益を計ることを許した。そしてこれが資本主義の利益の追求を公認する結果となり、さらに富国政策に結びついた。しかし久山さんによると功利主義は自己を規制する超越的な原理を持たない為実質的には利己的な幸福主義に陥るとみている。

近代化によってもたらされたイギリス生まれの功利主義は日本の古来の古い道徳を融解していった。

②自然主義による伝統の破壊

次に日露戦争の直後に西欧の世紀末思想を迎え入れるという形をとって思想界を風靡したのが自然主義であった。

自然主義の作家は紅葉や露伴の封建的文学を否定し、真の文芸を主張したが、その行きつくところは生物学的な人間の現実暴露の実践であった。そして決定的な打撃を受けたのは儒教を核心とする旧道徳だったのである。

それまでなお社会的規制力として働いていた旧道徳力に基づく生活感情をこれが根本的に破壊したのである。

③マルクス主義による伝統の破壊

伝統破壊の第三の波はマルクス主義である。大正六年に起こったロシア革命の余波として全世界にたかまった革命運動の波にあふられながら、国内の社会矛盾の激化を地盤として、大正末期から昭和初期にかけて思想界を風靡した。マルクス主義は社会科学的立場に立ち、新しい発展史観に基づいて一切の思想を裁断し、革命的実践を歴史の必然であり、ヒューマニズムの至上命令と主張した。

マルクス主義はこれまで反撃にさらされることのなかった天皇制に対しても攻撃をしかけた。すべて反動的なイデオロギーとして批判した。このマルクス主義のもつ「世界観的完結性と価値基準の一元的な明確さは、大正期の思想的多様の生んだ無政府状態に悩む人々に自己の拠るべき不動の立脚点を初めて示すものと思われた。」(『近代日本の文学と宗教』二六七頁)。さらに世界の問題と戦う「革命運動家の献身的活動があり、その窮極的勝利を保証するかのようなロシア革命の成功と世界的な革命運動の昂揚と前進があって、終末的空気を盛り上げた」(『近代日本の文学と宗教』二六七頁)のであるから、そこにはあらがい難い社会的雰囲気がかもしだされた。これは知識人の良心を深く捉えて、実践への意欲をあおったと久山さんは述べている。

このようなわけで「日本最初の独創的哲学として、大正・昭和にわたって知識人の尊敬をあつめてきた西田哲学に対する一般の関心の消滅も、社会認識の希薄なその観想的観念性を衝いた左翼的批判によることころが多かったことを思えば、マルクス主義の伝統破壊の力の大きさを知りうる」(『近代日本の文学と宗教』二六八頁)というのが久山さんの結論である。

興味深いことに和辻哲郎博士はマルクス主義の行為について「結果を打算せざる彼らの勇敢、死を見ること帰するが如き彼等の犠牲的精神、全体の権威に対する従順な、殆んど盲目的とも言うべき服従、それらは戦国の武士に現れた行為の仕方と何処が違うであろうか。徳川初期の切支丹の運動が示した日本的特性もまた同様であった。それはヨーロッパ人にとっては驚異の的であったが、しかし日本の武士の振舞ひから見れば別に変わったものではない。同じく死を恐れない態度が新しい信仰と結びついたまでである」（『近代日本の文学と宗教』二七二頁）と指摘している。

④プラグマティズムによる伝統の破壊

昭和三十一年のスターリン批判以降マルクス主義は急速に衰退し、代わって新しい近代化の波はプラグマティズムであると久山さんは指摘する。久山さんによるとそれは「技術文明の躍進の波に乗って人類の生活に浸透しつつある思想ならぬ思想である」（『近代日本の文学と宗教』二六八頁）と言える。そして「アメリカ的民主主義の基盤をなす思想として移植され、戦後の政治形態とともに普及したので、その影響は甚大」（『近代日本の文学と宗教』二六八頁）であるとみる。しかしそれは「人間観が有機体説を出でず、その価値観が功利主義を離れない」（『近代日本の文学と宗教』二七〇頁）ものであるという。また、久山さんによるとその弱点は「日常性の論理として、また平常時の論理としては、その有用性を発揮するけども、一度、人生の危機が、また社会の危機が訪れると、その論理の限界に直面する」（『近代日本の文学と宗教』二七〇頁）という。

それは「現在の危機においていかなる働きをなし得るか、さらに科学的で公平な仮説的主張のために忠誠を誓い、生命を投げ出す人間が果たして存在するか」（『近代日本の文学と宗教』二七一頁）と疑問を呈してる。したがってこの思想は伝統を破壊するが、現実の歴史を担う思想とはなりえない。

（3）近代化のなかの伝統への復帰

次に久山さんは近代化のただ中における伝統への復帰について考察している。

復帰の主体は近代化を経験した知識人に限定される。その経路は二つあるという。一つは西欧化のなかにありながら、それが異質的であるため、改めて伝統に帰着する場合、もう一つは近代精神そのものの持つ問題に目覚めて、近代精神の克服を伝統の中で実行しようとする場合である。

1　第一の例

久山さんは第一の場合については和辻哲郎の『日本精神史』のなかに三つの例を見出している。

①一の例は「明治十年代の盲目的な西欧化主義に対して、明治二十年以降に西鶴が復興し日本画が推奨され、歌舞伎芝居が栄えて来たというようなことも、右の如き事情を社会的に反映したもの」（『近代日本の文学と宗教』二七六頁）とみている。

②第二次近代化の人たちは青年時代から既に西洋文化に接し吸収しようとした。しかしこれらの人達も晩年には少年時代の支那古典の教養に復帰した。

③第三次の欧化主義者たちは生まれた時から欧化主義の中にあった人達であるが、これらの人達も不惑を超える頃から伝統的なものに眼を見開いてくる。

久山さんによると「生理衝動にも似た押さえることのできぬ伝統への復帰は異質的文化の土着化がいかに困難であるかを示す」（『近代日本の文学と宗教』二七七頁）ものである。

次に久山さんは具体例として木下尚江をとりあげている、彼は明治三十年代にキリスト教社会主義の闘士として活躍した人であるが晩年には一転して隠遁して東洋思想に復帰した。原始の生命を求めて天理教を訪ね、西田天香に近づき、遂に岡田虎次郎に出会って、その静坐法に帰依したのである。

2　近代精神の危機の克服――夏目漱石と西田幾多郎

次に久山さんは「近代精神の問題性に目覚めて近代精神の克服を伝統精神への復帰においておこなおうとした思想家として」(『近代日本の文学と宗教』二七八頁) 夏目漱石、森鴎外、西田幾多郎をあげている。

①夏目漱石　最初に西欧の文芸思想と接した文学者――夏目漱石や森鴎外等において体験された。なかでも狂気とも思える程に悩み、全くの孤独のなかで近代的自我の病根を深く見つめていった漱石も最後には「則天去私」という東洋思想にたどりついたのである。

②西田幾多郎　また京都大学で哲学を研究し、日本で初めて独創的哲学を生み出したと言われる西田幾多郎もまたそのような思想家の一人であったといえよう。西田の哲学が大正から昭和にかけて多くの心ある青年を魅惑して止まなかったのは、近代的自我のはらむ矛盾を鋭く凝視し、これと取り組むという魂の格斗を誰よりもまして真剣に遂行したからと久山さんはみている。

西田の「純粋経験」はまさに彼の深い禅体験から得られたものであることはよく知られている。久山さんは禅のみが科学と矛盾することのない世界で唯一の宗教であると考えている。

(4)　知識階級の民衆よりの遊離

久山さんは最後に知識階級の民衆よりの遊離の問題について究明している。

①日本の知識階級は近代化の実質的担い手であった。他方民衆は国家の原蓄の対象であり軍事力を構成する強兵であった。両者の間には物の考え方、行動の仕方に大きな隔たりがあった。

②久山さんによるとこの両者は互いに異邦人的関係にあり、同じ伝統に繋がる生き方心情の連続はなかったという。

③日本の知識人はかつて中国の物質文明と精神文化をともに受け入れたが、ヨーロッパの場合には「和魂洋才」というわけで、まず物質文化を受け入れた。久山さんによると、日本の「知識人」は西洋化しながらも同時に、西洋人の持つ思想の基盤を持たないで、西洋人に対しても異邦人になったのだという。

④久山さんによると知識人と民衆の遊離の解消は「知識階級の伝統喪失が反省され、次に民衆の近代化からの脱落が是正されて、伝統に即した近代化が行われるとき初めて可能になる」（『近代日本の文学と宗教』二八二頁）と述べている。ところが現実には知識階級には伝統喪失も自覚がない上に民衆がなお伝統的な慣習に立っているため一向に事態は改善に向かっていない。

⑤事態の究明のためには社会科学的研究もなされているが、十分の成果を上げてはいない。そこで知識階級と民衆を結合させるためには社会科学的方法のみでは不可能であると久山さんは断定する。それに成功するためには社会科学の限界が反省され、智識階級そのものの主体的深化が行わなければならないという。その為には一方において知識階級が西欧文化の伝統的基盤にまで自らを深めることが必要であるだけでなく、他方では民衆のなかにその残像の保たれている日本の伝統をもさらに純化して探求することが同時に試みられることが必要であると述べている。

その具体化のためには「東西文化の真の交流の中で知識階級が新しい自己形成をするということであろう。それは困難をきわめる問題ではあるが、日本の近代化となるためには、どうしても直面せざるを得ない問題だと思われるのである。」（『近代日本の文学と宗教』二八六頁）と結論している。

このような真摯な思いのもとに創られたのが西宮市仁川に設けられた「国際日本研究所」であった。ここでは西谷啓治先生を中心にして日本の伝統が真摯に探求された。

久山さんはドストイエフスキイの足跡を追体験して自らキリスト者となった。久山さんの近代化論は自らの信仰をかけた体験であるだけに精緻で迫真性をもち説得力を備えたすぐれた分析といえよう。

五　結び――一神教か多神教か

久山先生は一九九二年に出版された『日本キリスト教教育史』の最後に「切支丹時代のキリスト教」について書いており、日本の十六世紀の切支丹の活動について詳述している。しかしこれはあくまで中世のことである。しかし日本の多神教的宗教的風土が成立したのは古代であった。

日本人の宗教（観）は多神教的性格であり、ユダヤ教、キリスト教のように一神教ではない。日本には奈良時代に生まれ藤原時代に完成した、カミ（祖先崇拝の信仰）とホトケ（仏教）を共存させる「本地垂迹説」や「神仏習合」という独特の神学が存在する。そこで大部分の日本人はカミと仏が同居していることにも驚かないし、クリスマスを祝いながら、正月には神社に参っても平気である。

久山先生は、当然この事実を誰よりもよく知っていた筈であるが、何故か「近代化のなかの伝統への復帰」のなかでも、日本宗教の多神教的性格についてはふれていない。

久山先生は「国際日本研究所」を創り、多くの外国人の宣教師を集めて、日本へのキリスト教の伝統と日本の伝統を研究したが、残念ながら成功しなかったと嘆息している。
筆者の見方によると、若し外国人宣教師に日本の宗教が多神教的であることをよく理解させることができれば、効果的な成果を収めることができたのではないかと想像している。

（倉田和四生）

第2章　久山先生の師と親友

一　西田幾多郎

私が京都大学の哲学科に入学したのは昭和十一年のことなので、西田幾多郎先生が定年で退かれてから八年の年月が経っていた。従って先生の講義を伺い、先生の謦咳に接することはできなかったが、先生は老のまさに到らんとすることなど念頭にない趣きで、その思索活動はいよいよ盛となり、『一般者の自覚的体系』（昭和五年）、『無の自覚的限定』（昭和七年）、『哲学の根本問題』（昭和八年）、『哲学の根本問題続篇』（昭和九年）などの主著があいついで刊行され、昭和十年からは『哲学論文集』がおおよそ二年に一冊の割合で出はじめていた。しかも哲学科の先生の多くが西田門下か、あるいは西田先生を畏敬しその影響を受けておられる方々であったので、私たちにとっても先生は、おのずから関心の中心をなしていた。

丁度その頃、文学部の助教授をされていた高山岩男先生が、『西田哲学』（昭和十年）という解説書を書かれ、これが一般によく読まれていた。当時の西田哲学の流行には、満洲事変以来の戦争の接近という暗い危機的な時代意識が反映していた。近代的な教養や知識では乗り越えることのできない生死の問題が、自己の現実の問題として迫るとき、禅体験の上に西洋の哲学思想を豊かに摂取して形成された西田哲学は、知識人の注目を集めたのである。

高山先生は西田先生の愛弟子の一人であり新進気鋭の学究であったが、難解な西田哲学を先生の理解の中で解体し、これを体系的に再構成するという方法で解明されていた。そしてこれが難解をもって聞える西田哲学への入門書として、多くの人々に読まれたのである。先生はこの『西田哲学』の好評のなかで、さらに意欲的に『続西田哲学』を執筆されていた。私たちはその執筆のさなかで、先生にお願いして読書会を開いて頂いたのである。森昭君、大島康正君、武藤一雄君、東専一郎君その他八、九名の純哲の学生が出席して、その頃出た『哲学論文集』の第一と第二を読んで頂いた。

私はこの会を通して西田哲学の思想構造について僅かながらも眼を開かれたが、そういう概念的な理解とは別に、西田先生の文章を読んで深く心を打たれるものがあった。それは凄じい精神的苦闘を経て来た人の逞しい生命の息吹きが、どの文章の行間にもこもっていたからである。私は伝え聞く先生の若い頃の打坐一途の求道生活の熾烈さに打たれ、随筆集の中にこもる孤独でしみじみとした人生の凝視に心をひかれ、論文集の根底に流れる醇乎たる生命の律動と、随所にちりばめられた深刻な人生体験に、息をのむような思いをいだいたのである。そして先生の写真を見ては、その気力の充実した毅然たる静謐さに、生死を超えた人間の顔とはこのようなものかと、感じ入りもしたのである。

その頃先生は大学のすぐ北の田中飛鳥井町に住まわれていたので、悠然と杖を引いて散策される先生の姿に接することがあった。私は或る秋の日の午後、関田町から電車に乗られた先生と同乗したことがあった。無雑作な和服の着流しで竹の杖を持たれ、空席があるにも拘らず坐ろうともされず、入口の近くの窓に身を寄せて立たれていた。強度の近眼のためでもあったろうか、時折り面を上げられると、その眼光がギョロリとしていて、頬の筋肉に動かぬ感じがあり、人生の深みを凝視している人の勁い寂けさが漂って、何としてもこの世になじまぬ面魂だと思ったのである。

私は一瞬、高山の頂きに棲む鷲が人里に舞い下りて、羽を休めているような強い印象を受けた。そしてゴーリキが『回想』の中で、トルストイはたった今、遠い処から、言語も思考も習慣も異にした遠い処から、来たばかりだという印象を屢々与えた、と書いていたのを思い出したりした。

私は父の死と自己の病いによって心の傷手を受け、死の不安に促されてドストイェフスキイやキェルケゴールといったキリスト教の思想家に心をひかれていたのであるが、そういう私にとって、西田先生は身近に目撃することのできた唯一の宗教的実存であった。そして現代のような無宗教の時代に、先生のような方が多くの人々の尊敬を一身に集めて生存しておられることは、私に宗教的世界の実在性を実感させてくれる大きな力であり、激励であった。私はドストイェフスキイの『白痴』の中で、ナスターシャがムイシュキンの深い宗教的人格に打たれて、「私は初めて人間を見ました」と叫ぶ箇所に感動したことがあったが、西田先生のことを思いながら、そのナスターシャの言葉を思い出したのである。

そしてその上に西田先生が『善の研究』以来キリスト教に深い共感を持たれ、殊に私の傾倒していたドストイェフスキイの愛好者であったことは、私の大きな喜びであった。先生の論文にはドストイェフスキイの名が屢々出てくるけれども、先生によって持ち出されると、彼の思想がその核心において躍動しながら迫ってくるのに心を打たれたのである。『哲学論文集』第三の「人間的存在」にもドストイェフスキイの思想が取り上げられているが、結論的にこう記されていた。

「私は是に於てドストイェフスキイの小説を想起せざるを得ない。彼の問題は人間とは如何なるものであるかであつた。而して彼はそれを深刻に徹底的に追求した。『地下室の手記』の主人公の云ふ如く、直情径行の人はすぐ憤激した牡牛のやうに角を下に壁に打当る。併し自由のない所に人間はない。科学は自由意志などといふものはないと云ふが、人間は数学の公式でもなければオルガンの音栓でもない。『罪と罰』の主人公は高利貸の老婆を殺した。併しそれは金を取る為でもなく、それによつて人を救ふ為でもなかつた。唯、ナポレオンの如く強者にはすべてが許され得るか、自由を試すためであつた。然るに彼は一匹の虱に過ぎないことが明になつた。『カラマーゾフの兄弟』に於て有名な大審問官の云ふ所も、之に外ならない。ドストイェフスキイは人間をその極限に於て見た、その消点（vanishing point）との関係に於て見たのである。ニイチェも人間をその極限に於て見た。併し彼はドストイェフスキイと反対の立場から見たのである。上に論じた如く、作られて作るものの頂点として、人間は絶対の鉄壁に打当る所に、真の人間があるのである。そこには唯二つの途がある。ラスコーリニコフの如く神なくして生きられるかといふ娼婦ソーニヤに頭を下げて新しい生命に入るか、然らざれは『悪霊』の中のキリロフの云ふ如き人神への途である。ニイチェの超人の理想は正にそれである。併し私は思ふ、彼の永劫廻帰の思想は、超人の立場から彼自身が自ら越えることのできない深谷に臨んだことを示すものではなからうか。侏儒は云ふ、すべて真直ぐなるものは偽である、すべて真なるものは曲つて居る、時そのものが円であると。永劫廻帰の立場からは、超人も何時かは侏儒とならなければなるまい。月高く犬は吠ゆ（Vom Gesicht und Rathsel）。」

私はこういう西田先生の言葉にも、信仰への決断を促す声を聞く思いをもったのである。

その頃哲学の主任教授であった田辺元先生もまた、宗教に対して強い関心を持たれ、その力のこもった名講義を通して道元や親鸞やキェルケゴールなどの宗教思想を、熱誠をこめて対決的に深く解明された。そしてそのことは、私の生涯の感銘であったが、ただ先生が私の心の向っているキリスト教を、神話的思考の残滓を止めた「有」の立場として簡単に批判されたことは不満であった。私は田辺先生の探求心の逞しさに驚嘆しながらも、先生がその時々に志向される自己の論理の形成に役立つものだけを種々の思想家から抽出され、その思想家の生命を宿されることの乏しいのを感じずにはおれなかった。そして田辺先生に比して東洋思想を身を以て生きられることの深い西田先生が、キリスト教を一層深く理解されていることがうれしかったのである。従って西田先生が昭和十五年八月、岩波講座『倫理学』第二冊に書かれた「実践哲学序論」（『哲学論文集』第四所載）という論文でキェルケゴールの『死に至る病』を絶讃され、次のように述べられているのが、私の感動を呼んだ。

「キェルケゴールの『死に至る病』は、その根底となって居る考がキリスト教であり、論じ方はパトス的であるが、我々の自己の深い内省的分析として、極めて深酷に徹底的と云はざるを得ない。何処までも我々の自己を突詰めたものである。由来、哲学には此の如き自己と云ふものの深い内省を欠いて居る。従つて道徳に於て自己を否定すると云つても、その根源が明かでない。実践と云つても、真に歴史的実践を考へて居るのではない。すべて唯意識的自己の立場から考へて居るに過ぎない。」

そしてこの論文にはまた次のような言葉が記されていて、私の心を打った。

「キリスト教の信仰は、母はマリヤ、ヤコブ等の弟にして、現に我等と共に居る大工の子が神であると云ふにあるのである。之を信ずるか信ぜざるか、そこに躓きがあるのである。思弁哲学も神人と云ふことを考へる。併してそれは神と人間との現実に於ての同時存在から抽象してのことである。併しキリスト教に於ては、我傍に居る個人が神であると云ふのである。神人の関係に同時存在の場面が属して居るのである。そこにキリスト教的躓きの特色がある。それは絶対のパラドックスである。第三者によつて措定せられた自己は、実は此のパラドックスによつて成立して居るのである。此のパラドックスは理解することはできない。キリスト教的なものは信ぜられねばならない。面してかかる真理の顕現は知的自己を越えたものなるが故に啓示と考へられるのである。コギト・エルゴ・スムではなくして、キリスト教的には汝が信ずる如く汝はあると云ふべきである。」

「キェルケゴールがキリスト教的信仰の特徴として掲げる『汝の側に立つものが神である』といふ神人のパラドックスも、単にキリスト教的信仰の特徴ではなくして、実は絶対矛盾的自己同一として歴史的世界成立の根本的事実でなければならない。此処に哲学と宗教との根本的事実に於ての一致があるのである。」

私はその頃西田先生を夢にまで見たことがある。私は北白川小倉町の下宿から歩いて十五分余りの瓜生山の林の中に、空家になっている家を見つけて、それを借りていた。そして朝ごとに出かけて聖書を読んだり、黙想をするのに用いていた。家賃は月五円で、六畳と四畳半の二部屋があったが、破れていた硝子戸の硝子を百枚ほど入れかえ、電気がついていないので大きな蠟燭を買ってきて立て、床の間にはキリストの絵を額に入れて置き、聖書とともにアッシジのフランシスの『小さき花』や『完全の鏡』、スポルジョンの『朝ごとに』『夕べごとに』などを置いて読んでいたのである。布団も下宿から運んで、時折りは夜を過すこともあった。近くに将軍地蔵があったが、全く無人の林の中で淋しい処であった。しかしそれだけにまた静かな処でもあった。

この家に何か名前をつけたいと思って色々考えてみたが、どうも適当な名前が思い浮かばなかった。聖書を何遍も繙いているうちに、聖霊は風の如くという言葉があることから「風聲庵」という名が心に浮かんだが、どうも落着かない感じがした。そういう或る日のこと、夢で西田先生に庵の名前をつけて頂いたのである。

ふと気がつくと、西田先生が下宿の前の静かな道を歩かれていた。いつもの和服姿で竹の杖を持たれて歩かれていた。私は二階の窓からその姿を眼にしたとき、衝動にかられたように外に飛び出し、一度も個人的にお目にかかったこともない先生に、寄って頂けませんかとお願いした。先生は黙って肯かれて二階に上って下さった。そして六畳の部屋の真中に坐られた。私はうれしくて堪らなかったのであるが、何を話してよいか分らなかった。先生は黙ったままであった。私も先生の前に坐ったままで暫く時が経ったが、この沈黙の時を破るため、私はふと思いついて、「先生、瓜生山の林の中に家を借りて黙想に使っているのですが、何か名前をつけて頂けませんか」と言った。すると先生は「紙を」と言われた。私が巻紙をお渡しすると、すぐ筆で静かに書いて下さった。差し出された巻紙を見ると、「春微庵」と書かれていた。私は「ああ、成程」と思い、「素暗しい名前だな」と思った途端に眼が覚めた。「春微庵」などという名前は、それ迄一度も念頭に浮かんだことがなかっただけに、不思議な気がしてならなかった。しかし静寂の中で生命の微かな芽生えを育まれようとして瓜生山に家を借りた私の気持にふさわしい名だなあと思って、とてもうれしかったのである。

私はその頃先生の愛弟子の方々とは余り親しくはなかったので、この夢については話すことはなかったのであるが、西田先生が昭和二十年六月七日突然逝去された後、敗戦後しばらくして親しくなった高坂正顕先生にその夢のことを申し上げたことがあった。ところが先生は「なぜもっと早く話さなかったのですか。西田先生にお話すれば、よろこんでその名を額に書いて下さったのに」と残念がられた。

また戦後十数年を経た頃、西田先生の愛弟子の一人である鈴木成高先生と湯河原の宿に泊る機会があって、夜寝ながらその話をしたことがあった。すると、先生は急に向き直って、「それは君の何歳の時のことですか」ときかれた。「二十五歳頃のことです」と言うと、「へえ！」と驚かれて、「春微庵なぞという名は、西田先生とか狩野直喜先生とかといった年配の漢学の素養のある人の発想にぴったりの名で、君の頭に宿ったりすべき筈のものではない」と、ひどく真剣な顔付で言われた。そしてその言葉が自分でも少しおかしかったのか、一転して「君は起きているときよりも寝ている時の方が頭が働くのではないか」と笑われた。毒舌で聞える鈴木先生のことなので、私も笑ってしまったのであるが、こういう夢を私が見たということは、先生には不思議であり、羨しくもあるのだろうと、私はうれしかったのである。

私は西田先生の短歌も好きだし、書も素晴しいと思う。私は長年待望の末、西谷啓治先生に連れていって頂いて、西田先生の令嬢静子さんにお目にかかり、先生の書を譲って頂いた。その一つには晩年の雄勁な筆致で、「わが心深き底あり喜びも憂の波もとゞかじと思ふ」という歌が書かれている。この歌は大正十二年の作で、親友鈴木大拙先生の説明によると、先生が大きな心の転機を迎えられたときの歌だという。私はこの書を眺めていて晩年の漱石のことを思い出した。

漱石が「則天去私」を説明して、先刻までつぶらな眼をしていた娘が、唐紙を開けて入ってきたとき、不意に一方の眼が眇になっていても、ああ、そうかと、心静かに眺められるようになったと語ったのは有名であるが、その心境はこの歌の「喜びも憂の波もとゞかじと思ふ」という心境と通じているのではないかと思ったのである。そしてこの非情は、一転すれば慈悲として輝くものであり、無我、無心の絶対否定的側面の表現ではないかと思うのである。

私は青春の時期に西田先生によって真実の人間を見る経験を恵まれたけれども、その後は先生の学統を最も深く継承されている西谷先生の指導を受ける好運を与えられ、西田哲学への関心を一層深めてきたのである。

（久山康「西田幾多郎」『人間を見る経験』一九六五、四―十三頁）

二　西谷啓治

（一）

「神を知ることから神を愛することまでは、いかに遠く隔つていることか」というパスカルの有名な言葉がある。私はこの言葉の真実にいつもこころを打たれる。思想の根底である宗教的生命をただ知的に理解して思想を構成する人は多いけれども、宗教的生命をまず自己に宿して、その上に思想を形成する人は極めて少ない。西谷先生の恩師西田幾多郎先生は「余は禅を学の為になすは誤なり。余が心の為め生命の為になすべし。見性までは宗教や哲学の事を考へず」と、若き日の日記に記されているけれども、この牢乎たる信念が創造的な西田哲学を生んだ。私が西谷先生に私淑するのは、その生き方、その思想形成の方法が、期せずして西田先生の信念と全く一致しているからである。

しかしこのような信念は、思想への知的関心によって起るのではなく、人生に対する懐疑、煩悶によって起るものである。私はその点で西谷先生が中学時代に経験された人生体験が、先生の思想形成の起点となったと思う。

「当時の自分は、身辺に起った色々な事柄のために、極度の苦悩に苛まれてゐた。自分の一番根本の奥に、どうにも仕様のない絶望が蟠居してゐて、一切が嘘で空虚に見え、心の内面には限りない索漠の風が吹いてゐた。さういふ状態にあつた私は、漱石のうちに同じ様な苦悩の聲を聞き、自分の内奥に於ける神経の顫動《せんどう》に響きを通はせてくる、同じ様な神経の顫動を感じた。また、さういふ苦悩や絶望を克服する唯一の道として、世を超脱せねばならないことも、何時のまにかに教へられた。そして漱石ではそれが哲学的な態度や禅的な心境といふものとして現はれてゐたから、自然とそれらのものにも注意を向けるやうになった。その後二、三年して西田先生に近付き得たそもそもの機縁が、そこに胚胎したといつてよい。」（筑摩書房刊西谷啓治『西田幾多郎』五―六頁・創文社刊「西谷啓治著作集」第九巻十七頁「わが師西田幾多郎先生を語る」）

私は先生の生涯の歩みについて友人とともに何回かにわたり話を伺ったことがある。能登の宇出津の旧家の家業を捨て、小学校一年生の先生を伴って家族ごと上京された父君が、先生の十五才のとき肺結核で逝去されたこと、先生も早稲田中学を首席で卒業されながら、父君と同じ結核に罹られ、高校進学を一年間断念されたこと、そういう悲痛な体験が重なって、人生の根本問題を呼びさまし、先生に絶望の経験を強いたこと、しかしその苦悩が漱石の苦悩と響きあい、その共感のなかで漱石の志向した超脱の道に先生の関心が動き、そこに西田先生との出逢いが生じたこと、そういう事情を私たちは知った。

先生は著作集第十一巻の『禅の立場』の緒言で、漱石と西田先生を通して禅に近づいて行かれた経過を詳述されている。

「私が初めて禅といふものの存在について知り、それに漠然と関心を持つやうになったのは、中学の上級から高校（いづれも旧制）にかけての時期で、ごく若い年頃のことであった。その際、特に決定的だつたのは、その頃熱心に読んだ夏目漱石の小説、例えば『草枕』や『門』『行人』や『こころ』、『明暗』等を通しての影響であった。漱石自身がその心底に禅に対する関心を深く蔵し、自ら鎌倉で参禅する経験をもつたこと、また、晩年に於ける「則天去私」の提挙や多くの漢詩作品を通して、禅の境地への憧れを表現していたことなど、すべて衆知のことである。その漱石の文学や評論から私自身が禅への関心を唆られたのには、私の個人的な境遇を通して、私自身の心底に大きな問題を抱へていたといふ事情もある。それはともかく、漱石の作品には、私自身の心に直接響くものがあって、他人事として読み流すことが出来なかつた。――そこから高校へ進んだ頃には、鈴木大拙先生の著作を含めて禅に関する様々の書物を乱読した。そして西田幾多郎先生の『思索と体験』に触れて、いはば深い森のなかで迷路にさまよっていた自分に一つの光が射し込んで来たとでもいふような、心の転換を経験した。そんなわけで、西田先生に師事するために京都の大学に入学したのであるが、そのときには哲学といふものを自分の一生の仕事とする気持はまだなかった。その意味では、禅の問題・禅との係わりに関して言えば、それはそれまでと同じく、哲学以前の場での係わりであった。禅に対する関心は、京都へ来てからもなほ活きていたし、禅の文献や広く仏教についての書籍をいろいろ読むことも続いていた。併し、哲学科の学生として西洋哲学の勉強を進めている間に、おのづから哲学を自分の専門とするやうな気特になり、大学を卒業してからも、哲学を教える職務が自分の生活の道になって来たわけである。」

この文章を通して先生の人生経験の基盤であり、思想形成の起点となっている事象を、私たちは理解することができるのであるが、先生の西田先生体験というものが、日本の思想史にも稀な素晴らしい出逢いであったことを思わずにはおれない。それについて先生の一、二の文章を引用しておきたいと思う。

「西田先生の『思索と体験』を読んだことが、結局私の一生の方向を決定することになつた。当時一高の学生であつた私は、一学年と二学年の間の暑中休暇を（その時分は九月が学年の初めであつた）、臼井二尚君に誘われて、信州にある同君の家で過した。休暇の終りに東京へ帰って来て、家へ向ふ途中、四谷鹽町あたりの本屋でたまたま先生の本が目に触れたのである。西田先生の名が弘く世間に知られるやうになったのは、倉田百三氏の『愛と認識との出発』が出てからだつたと思ふが、その当時この事はまだ出ていなかつた。『善の研究』の岩波版もまだ出ていなかつたと思ふ。先生の名前はまだ一般に知られておらず、私も全然聞いたことがなかつた。ただ本の標題に高校生らしい魅力を感じて、買つて帰つたまでである。『思索と体験』の前半には、「論理の理解と数理の理解」を初めとして純粋に哲学的な論文が載つているが、家へ帰って読み初めてみると、それらはどうにも歯が立たなかつた。それまでにそういう種類のものは全然読んでいなかつたからでもある。それに反して後半にある随想的な色々の文章には、深く心を打たれた。単にそれらが、それまで私の読んだ如何なるもの、私の接した如何なる人にも増して、親しく感ぜられたといふだけではない、もつと質的に違つた、あたかもそれらが私自身の魂の内面から出たものであるかのやうな感じを受けた。勿論、自分でさういふものが書けたであらうといふ意味ではない。ただ、ほかの人が書いたもののやうな気がしなかつたのである。その後自分の書いたものを見ても、それらのすべてが必ずしも当時先生のあの文章に対して感じた程に自分自身に親しい感じを与へたとは言えない。それは不思議なやうであるが、考へて見れば自然なことであるかも知れない。誰でも本当に自己自身であることはさう容易に出来ることではなく、それが出来ない間は、他の人が自分自身よりも自分に近いといふことはあり得ることである。若い時にさういふ、自分自身よりも自分に近いやうな人に出会ひ得るといふことは、人生における最も大きな恵みであり幸福である。そのことによつて、現実の自分をずつと抜け出た一層高い自己の影像が、外の鏡のうちに映し出されて自覚される。勿論そういふ一層高い自己の影像は、単なる可能性であつて、それが実現されるためには、そこに様々な問題が起きるであらう。併しさういふ、より高い自己を反映するやうな何ものかに出会ふといふことがなければ、人生は多くの人々の場合のやうに、あたかも平野を往き来するやうなものに止つて、山坂を登るやうなものにはならないであらう。人生における垂直線の方向は自覚されずに終るであらう。自分を登高へ誘ふもの、自分にとつて自分自身に至る道になるもの、真実の意味で師であり得るものに出会ふといふことは、稀有な仕合せである。私一個としては、たまたま『思索と体験』を手にしたといふことによつて、そういふ仕合せに廻り合つたといふ感を深くもつのである。」

これは著作集第九巻『西田哲学と田辺哲学』のなかの「わが師西田幾多郎先生を語る」の一節であるが、先生が西田先生の講義を聴講されてどのような精神の震撼を経験されたか、この論文の全面に感銘深く詳細に記されているのである。

「先生は大抵三十分くらいおくれてはいつて来られる。講壇に立つと暫くは口籠つたやうな低い声で訥々と話され、それから壇上を歩き初められる。話に熱がはいつて来ると、歩いたり手を動かしたりする先生の動作も、顔の表情も、どこか我を忘れたやうなものになつてくる。言葉は荷電されたやうになり、話は時として稲妻のはためくやうな趣を呈してくる。先生の講義は普通の意味で纏まつたものではなかつた。論理的な順を追ふて話を積み上げて行き、全体として或る纏まった考え呑み込ませる、といふやうな遣り方ではなかつた。内に色々な思想が犇《ひしめ》き合つて一時に出口を求めているかのやうに、一つ言葉が途中で切れたままで新しい言葉が初まるというやうなことも度々あつた。だから普通にノートするなどは到底出来ない。その代り、聞いている者は我知らずインスパイヤーされた。私はいつも、ちようど偉大な音楽を聞いている場合のやうに、時には心の底を何ものかに打たれるやうな、時には翼にのせられて高く翔けるやうな気がした。実際、先生の講義は霊感を与へる講義であつた。先生の講義を聞いてゐると、天空の強い閃光が一瞬視界の全体を照らすのにも似て、先生の話される全体が直覚的に摑めたやうな気持に時々なつた。勿論、その捉へた思想を言つて見ろといはれたら簡単には言い表せなかつたであろう。また恐らく根本まで捉えたわけでもなかつたであらう。併し恐らく誰でも、言い表し難い何ものかを捉へたやうな、心を（或ひは眼を）開かれたやうな感じを多少なりにもつて教室を出たであらう。先生

の講義はそういふ種類の講義であつた。」（前掲書二十三―四頁）

こういう激烈な西田先生体験は、「禅による己事究明が哲学的研究に鍵を与えるものとなる」という西田先生の信念の正しさを先生に痛感させるとともに、単に西洋哲学の研究では満たされないものを先生の心に惹起したにちがいない。

先生は西田先生の無二の親友であり、早くよりその著書に親しまれていた鈴木大拙先生の紹介で、大学を卒業された頃には鎌倉の円覚寺の古川堯道老師を訪ねられたが、先生は京都に居住されていたので、その後相国寺の山崎大耕老師に就いて参禅され、通算二十年に及ぶ長い年月参禅を続けられたという。そしてこの参禅が先生に新しい境地を開き、西田哲学を継承される先生の哲学の立場を拓いたのである。

そのことについて先生は私たちに次のような話をされたことがある。

「ヘーゲルなどを読んで論文を書いていると、自分の問題の究明、己事究明の問題となかなか結びつけず、思想は思想だという形が残った。本ばかり読んで頭で理解していても、そのこと自身が根本に空虚を残している感じがして、足が地に着いていない感じがだんだん強くなった。蠅がガラス戸にぶっつかっているのを見て、自分が蠅に非常によく似ていると思った。蠅はガラス戸の外が見えている。それでそこに行こうとすると、ガラス戸にぶっつかる。それが坐禅をしているうちに、ガラス戸であったものがガラス戸でなくなった。目の荒い網のようになって時々抜けて行けるようになった。」

（久山康『兄弟』三三一号、一九八五）

（二）

しかし西田先生は禅による己事究明を第一のこととされながらそれに止られないで、むしろそこから湧出する精神力をもって西洋哲学の研究をされ、「悪戦苦闘のドキュメント」と書かれたような思想的苦闘のうちから新しい哲学体系を樹立された。西谷先生が参禅を始められた時に、「禅は禅、哲学は哲学として、両者を軽々しく雑ぜないように」と戒められたというが、そういう決意でこそ新しい哲学は生まれたのであろう。

西田先生は明治、大正と近代化の進展に伴って次々に流入してくる西洋哲学を広く深く摂取され、禅の基礎体験を哲学の原理に脱化して、独自の哲学に形成されていったが、その思想創造の渦に巻込まれながら、西谷先生の思想形成は始まるのである。

先生は大正十三年に大学を卒業され、第三高等学校などの講師をされた上で、昭和十年に京都大学文学部の助教授に就任された。西田先生はこれより先、昭和三年に定年退職されていたが、京都に在住され、後継者の田辺元先生との間で激しい思想論争を起こされていた。そのため京都の哲学は両先生を二つの焦点とする楕円のような形で、激しい論争の渦のなかで旺盛な発展を遂げてゆき、やがて昭和十年を過ぎる頃になると、西田門下の先生方の処女作があいついで出版された。昭和十五年に出版された西谷先生の『根源的主体性の哲学』は、その代表的作品であった。

この書物の緒言には「『われ在り』ということの究極の根底は底なきものである。吾々の生の根源には脚を著けるべき何ものも無いといふ所がある、寧ろ立脚すべき何ものも無い所に立脚する故に生も生なのである、そしてそういふ脱底の自覚から新しい主体性が宗教的知性と理性と自然的生とを一貫するものとして現れて来る。大体そのやうな見方が本書の基霄にある」と書かれている。そこにはいよいよ禅を基盤とし、西田哲学を継承する西谷先生の哲学が誕生しているのである。

この書物の冒頭には「ニィチェのツァラツストラとマイスター・エックハルト」という題の論文が載っている。これは昭和十三年、ハイデッガーのいるフライブルク大学に留学中に書かれたものであるが、神の死を説くニィチェと、霊のうちにおける神の誕生を説くエックハルトが、ともに自我性の枠を破り、対象的な神の観念をも越えて無理由に生命そのものとして生きる立場として説かれている。通常共通性の認め難いニィチェとエックハルトの間に共通するものを発見されたのは、只管打坐による脱底の自覚から新しい主体性を確立されようとする先生の禅体験よるものであった。

このような西洋思想に対する認識は、昭和二十四年に刊行された『ニヒリズム』におけるニィチェ論によってさらに進展する。ニィチェは近代科学の急激な発展に伴って、科学的で無神論的な思想状況の進むなかで、かれが早くから懐いていた思想を、「ヨーロッパのニヒリズム」という表現で焦点化した。ニヒリズムというのは、最高の価値が価値を剥奪され、目標が失われ、何のためにという問に対する答えが欠如することであるが、ニィチェはニヒリズムの到来を来るべき二世紀の歴史として『権力への意志』では鋭く予言している。

西谷先生はこのニィチェの歴史的洞察を詳しく紹介され、ニィチェがニヒリズムの生起する心理的状態として三つの形態を挙げていることを説明される。第一は世界の生成流転に何か或る根本的な目的を考えていた目的観が幻滅に終わったこと、第二は世界のあらゆる出来事が一つの全体として、体系的な統一を持つものだという信念が崩壊したこと、これに対して第三に生成流転の世界全体を虚妄と判断し、この世界の彼岸に或る一つの世界を、真実なる世界として虚構する立場が出現したこと、そしてこの第三の立場がプラトニズムと接合したキリスト教的世界だというのである。こうしてキリスト教は、彼岸的な真実の世界を立てることにより、世界内在的に生成の世界のなかだけでは、幻滅に陥らざるを得ない目的と統一性とを、超越的な背後世界から再び基礎付けた。ここに高い意味での形而上学とキリスト教的モラルが樹立されることになるが、その虚構をキリスト教が長年月かかって養った「誠実」が剔抉《てっけつ》して、正体を暴露するというのである。そしてそこにニヒリズムを徹底してニヒリズムを超克するという「積極的ニヒリズム」が主張される。それは『ツァラツストラかく語りき』で語られるように、十年に及ぶ山上の孤独な生活のなかで、突然新しい生命の湧出を心に経験して、踊るような足取りで再び人間の世界に下向してゆくツァラツストラの変貌と連なっているのである。「これが生であったのか。さらばよし、いま一度！」というツァラツストラの心の叫びのように、そこにはニィチェの「運命愛」や「永劫回帰」の思想の誕生がこもっているのである。

西谷先生はこのニィチェのニヒリズムを解明され、その西洋思想に対する全面的決定的な批判と超克の道を注目されて、そこに禅の空の立場に奇しくも近接した思想を見守られる。そしてニィチェを通して西洋思想を仏教思想に接続させる一つの切点を作ろうとされているように思えるのである。

ところで西谷先生の関心を持たれた西洋哲学者をみると、西田先生と極めて近似している。アリストテレス、プロティノス、アウグスティヌス、エックハルト、デカルト、カント、シェリング、ヘーゲル、ニィチェ、キェルケゴール、ベルグソン、ハイデッガーと、古代から現代に至り、さらに哲学者以外ではアッシジのフランシスやドストイエフスキイも加わっている。

しかし思想の受容の仕方を見ると、西田先生が自己の思想体系の構成に必要な哲学を直覚的に洞察して、その核心を成す思想を摂取されるのに対して、西谷先生でも西田先生同様、主体的選択の強い研究でありながら、思想史的観点に立っての客観的研究という面が強い。これは両先生の間に三十歳という年齢の差があり、西谷先生が大学を卒業された頃には、哲学史の研究が個々の人物へと深まっていたからでもあろうが、同時にニィチェの研究でも言ったように、西洋の思想史の行方を見極め、それを自己の禅的思想に繋いで、東西の思想を一本化した新しい哲学の形成を目指されたことにもよると思われる。こういう壮大な構想は西田先生の哲学に蔵されていた萌芽が、西谷先生に到って姿を現したとも思われる。

先生は昭和二十年代の終わり頃から、先生の円熟した独自の思想の展開を中心の関心事とされるようになった。昭和三十六年に出版された『宗教とは何か——宗教論文集Ⅰ』には、「宗教とは何か」、「宗教における人格性と非人格性」、「虚無と空」、「空の立場」、「空と時」、「空と歴史」という六つの論文が含まれているが、それは先生が五十四歳を迎えられた昭和二十九年から二、三年のうちに書かれたものである。そしてこの書物は、昭和六十一年に刊行された『禅の立場——宗教論文集Ⅱ』とともに、先生の主著とも言うべきものと思われる。その一部はユネスコにおいて英訳され、欧米の学界の注目を浴びている。

（三）

さて、私が西谷先生の『正法眼蔵講義』の解説にあたって、その成立事情を説明する前に、先生の思想形成の過程をやや詳しく述べたのは、この講義が仏教研究の専門の学者とか禅門の師家によって行われたものでなく、西洋哲学研究の第一人者と目されている学者の講義であり、同時に人生への懐疑、煩悶のなかで、夏目漱石によって禅への関心を触発され、さらに西田先生の著書に感動して、京都大学に入り、先生に師事して、自らも只管打座に励み、真に先生の血脈を継承する自己の哲学を樹立された方の「正法眼蔵講義」であったので、この講義成立までの思想的事情をまず説明することが、解説の第一の任務と思ったからである。

西谷先生のこの講義は、西宮市仁川五ケ山町にある国際日本研究所において昭和四十年から五十三年まで六十五回にわたって行われ、キリスト教学徒兄弟団発行の月刊誌『兄弟』の一三一号（昭和四十一年十月号）から二七〇号（昭和五十四年四月号）にかけて、七十一回にわたり掲載された。

このキリスト教学徒兄弟団というのは、太平洋戦争直前に京都大学文学部の哲学科に学んだ武藤一雄、北森嘉蔵と私の三人が中心となり、敗戦直後の昭和二十一年三月に創立した団体であった。惨めな敗戦によって社会思想の昏迷は一時に激化したが、敗戦は予測されぬことでもなかったし、爆弾によって国土が焦土と化してゆくなかで、京都大学の哲学の方向は一層実存主義的、宗教的色彩を強くして、道元や親鸞、ニィチェ、キェルケゴール、ハイデッガーなどが論議の中心となった。私たちはその只中で生活してきたので、戦後キリスト教の会を作ったときにも、思想問題が中心の問題となった。

私たちは団体を創立すると間もなく、機関誌として月刊雑誌『兄弟』を発行したが、数年後には戦後の新しい人間の形成をもとめて『読書の伴侶』とか『近代日本とキリスト教』、『戦後日本精神史』といった共同討議による書物や、その他私たちの書物も次々に出版した。共同討議に西谷先生、高坂正顕先生、猪木正道氏、亀井勝一郎氏、椎名麟三氏、それにキリスト教界の先輩や友人に参加して頂いた。

そういう研究活動の進展のなかで、「近代化と伝統」ということが次第に中心テーマとなっていった。幸い日本の産業は急速に復興し、急激に発展して、生活は豊かになっていったが、同時に科学的で唯物的な考え方が社会を支配し、宗教、道徳、芸術の源泉である伝統との関係が薄れていった。この問題を解決するためには、科学技術の進歩を促し、生活の近代化をはかるとともに、伝統の力の回復に力を注いで、人間性の完成をはからねばならないと考えさせられた。その上交通、通信機器の進歩と貿易の拡大によって、国際化が急進展してきた。そしてそのことは各国民の交流を盛んにし、相互の伝統の理解を必至としてきた。そこにも近代化と伝統の問題が生じてきた。

こういう時期に西谷先生が定年退職された。昭和三十八年のことである。そのとき私の心に、先生を指導者にお願いして研究所がつくれないものかという夢が生まれてきた。大学卒業後先生には特に親しくして頂いていたからである。

その夢を私が漏したとき、高坂先生は反対されて、西谷先生を迎える研究所なら京都大学の近くに創設すべきだと言われた。私も尤もな話だと思ったが、西谷先生は私の夢を、それも面白いと承知して下さった。私は思いがけない事態の進展に驚いて、友人たちに協力を求め、私の勤めている関西学院の近くに家屋を購入し、兵庫県から財団法人の認可を受けて、昭和三十七年に国際日本研究所を設立し、先生に所長になって頂いたのである。

先生は月に一回の予定で来講し指導して下さった。先生の講義の外、私たちの研究会や読書会、英語教室なども開いたが、先生はニィチェの『悲劇の誕生』、西田先生の『善の研究』を講読して下さった上で、昭和四十一年二月からは先生の思想の根幹となったように思われる道元の『正法眼蔵』の講義をして下さったのである。聴講する者は研究所に所属する関西学院や近くの大学の教授と学生を中心に、若い男女の人を加えて、約四十名の人が聴講した。なかには西田先生の郷里石川県宇ノ気町から来られる会社員の人もあった。私は講義を傾聴しながら、控え目な態度で淡々と話されている先生が、道元に対し実に深い理解を持たれていることに感嘆した。私のような仏教に理解の乏しい者には、極めて難解な『正法眼蔵』の章句を、快刀乱麻を断つような鮮やかさで、実に明快に説明されるだけでなく、文章の行間に脈打つ道元の生命の鼓動の伝わってくるような講義であった。

先生は西有穆山《にしありぼくさん》の『正法眼蔵啓迪』と澤木興道の『正法眼蔵弁道話提唱』の二冊を、参考文献として勧められたが、先生は禅の古典である『臨済録』、『碧巌録』、『無関門』をはじめ中国、日本の禅書に通暁されていて、当時すでに筑摩書房の『禅家語録』の編集者となられ、『寒山詩』の解説をされ、同書房の『仏教文学集』では大応、夢想、大燈、寂室の詩偈の解説をされていた。この詩偈の解説について先生をこよなく敬愛し兄事されていた唐木順三氏が「西谷氏の力量驚くべきものがある」と絶讃されていたが、そういう先生の蘊蓄を傾けての「正法眼蔵講義」であったのであるから、それが道元の生命を活現してみせる程のものであったとしても、驚くことでもなかったのであろう。

しかしそれだけでなく、先生の西洋哲学やキリスト教への類稀な深い造詣から、自由自在に東西の思想を比較検討して説明頂いたのは、他の何人からも聴くことのできぬことであって、教えられるところが極めて多かったのである。

講義は夜七時から三時間近く行われるのが常であったが、先生は宿泊されたので、講義の後も質疑応答がされ、楽しい歓談の時が続いた。先生は学究としては極めて厳格な方であるが、禅家の風が加わっているためか、毅然たるなかに春風駘蕩たるところがあり、又無欲恬淡《てんたん》で颯爽たるところがある。そして自然を愛し芸術を愛し、人に対しては年齢、性別、職業、国籍にかかわりなく、親しみを交され、誰からも敬愛される方である。私たちは講義を通して仏教の真諦を教えられるとともに、先生との交わりを通して人生の至福を享受したのである。

この講義は雑誌に掲載されたときから多くの人々の関心を集めたが、たまたま筑摩書房編集部の人々の目にとまり、当時の社長竹之内静雄氏の来訪を受けて、筑摩書房での出版を慫慂《しょうよう》される仕儀となった。私たちは国際日本研究所での出版を予定していたのであるが、筑摩書房で出版されれば、その方が先生の重要な講義が広布されるだろうと考えて、そのように取りはからって頂いたのである。

講義はテープに収められていたが、それを原稿に移す困難な作業は、熱心な聴講者であった研究所の会員佐々木徹君が担当してくれた。初めの頃は先生の高弟である京都大学の上田閑照教授に目を通して頂いていたが、後には佐々木君が原稿に移し、理解困難な箇所は先生にお聞きするようにした。佐々木君は関西学院の経済学部を卒業し、文学部の哲学科の大学院に学び、今は追手門学院大学の教授をされているが、佐々木君の篤い尽力によって、先生の講義は美しい四冊の書物となったのである。佐々木君はこの書物の編纂の仕事を通して西谷先生の思想に理解を深め、昭和六十一年には『西谷啓治――その思索への道標』という一冊の書物を法蔵館から出版するまでに、思想の成長を遂げたのである。

私は先生を小さな研究所の所長になっていただいて労苦をおかけしたことを申訳なく思っていたが、先生の哲学の源泉となった禅の思想を、先生自らによって語って頂いた講義が、今回美しい書物として完成し、先生の哲学への手引が作られたことを喜ばずにはおれない。先生もこの出版をたいへん喜んでくださったが、私たちの喜びも大きいのである。なお私は禅の立場から関心をもたれてきた先生の夏目漱石論に興味をひかれて、京都大学出身の北山正迪氏とともに数回にわたって先生から漱石について話を伺ったことがある。それはＮＨＫのテレビ番組で放映されたり、また雑誌「理想」に二回にわたり掲載された。私はそれを通して先生の漱石論が、禅体験の全くない一般の理解に較べ、核心をつくものと思われた。これも原稿の大半が完成しているのでいずれ出版したいと思っている。ただかえすがえすも残念だったのは、大学紛争の末期である昭和四十九年から十五年間、私が関西学院の理事長・院長を勤めたため、業務に忙殺され、研究所の運営が停滞したことである。その結果『正法眼蔵』の講義をはじめ他の研究も中断したものが多かった。しかし本年の四月から自由を得たので、研究を再開して、西谷先生の思想の研究も第一の仕事にしたいと思っている。

（久山康『兄弟』三七七号、一九八九）

（四）西谷先生を悼む

やむをえざることとは思えど西谷先生いま逝き給う天に哭する能面の翁のごとき静かなるおもてとなりて眼を閉じ給う

私の敬愛する京大の名誉教授西谷啓治先生が、十一月二十四日の朝、吉田山山麓の自宅で静かに九十歳の生涯を終えられた。私は大学以来五十年にわたり先生を第一の心だのみにして生きてきた。それは先生が日本を代表する哲学者であっただけでなく、人生問題に苦悩された上で、それを克服され、真実のいのちを生きておられる方であったからである。

私は昭和十一年に京大の哲学科に入学したが、それは哲学という学問を学ぶためではなく、高校時代に胸を患い父の死に遭い、人生の方途を見失ったためであった。西田哲学で有名な京大の哲学科にでもゆけば、何か道が開けるかも知れないという思いからであった。当時西田先生はすでに定年退職され、田邊元先生が後任となられていたが、私は西田先生直系の西谷先生に出会って、私の念願の達せられる思いを持ったのである。

先生も中学時代に父を喪い胸を病み、高校時代には人生への懐疑と煩悶に陥り、それが機縁で夏目漱石に親しまれるようになった。漱石が同じような苦悶を作品に示していたからである。しかし、漱石は人生への絶望を克服する道として禅に心を向けた。そのため先生も禅に関心をよせられるようになり、それが西田先生との出逢いの準備となったのである。

先生は一高在学中に西田先生の『思索と体験』を読まれ、そこに自己自身に至る道となるもの、真の師を見出され、西田先生を慕って京大の哲学科に入学された。西田先生の書物には坐禅によって体得された高次の生命の脈動がこもっていたからである。

先生は大学卒業の頃から、先生の葬儀のあった相国寺の山崎大耕老師について参禅され、二十年にも及ぶ年月坐禅を続けられた。

私はある時先生に坐禅の意義について聞いたことがある。すると先生は、こう答えられた。

「ヘーゲルなどを読んで論文を書いていると、自分の問題の究明、己事究明の問題となかなか結びつかず、思想は思想だという形が残った。本ばかり読んで頭で理解していても、そのこと自身が根本に空虚を残している感じがして、足が地についていない感じがだんだん強くなった。蠅がガラス戸にぶつかっているのを見て、自分が蠅に非常によく似ていると思った。蠅はガラス戸の外が見えている。それでそこに行こうとすると、ガラス戸にぶつかる。それが坐禅をしているうちに、ガラス戸であったものがガラス戸でなくなった。目の荒い網のようになって、時々抜けて行けるようになった。」

そして先生は、キリスト教にみちびかれていた私に、「われすでに生くるにあらず、キリストわれにありて生くるなり」というパウロの言葉をどう思うかと問われ、それを禅的に言えば「身心脱落、脱落身心」という道元の言葉になると、話して下さったこともある。私が西谷先生に傾倒したのは、この転身の体験を基盤にして哲学体系を創られたからであった。

先生の研究対象は、現在創文社で刊行中の著作集二十六巻に見られるように、アリストテレス、アウグスティヌス、エックハルト、カント、ヘーゲル、そしてキェルケゴール、ニイチェ、ドストイエフスキィ、ハイデッガー等々と、誠に広範囲にわたったが、しかも、先生はそれらの思想家を驚くべき理解力をもって歴史的客観的にその核心まで解明され、さらに進んで批判的に吸収止揚されて、自己の思想形成の糧とされた。

たとえば、先生は、神の死を説いたニイチェが、近代科学の発展によって現実の世界の外に背後世界を構想するプラトン的キリスト教的思想の必然的に崩壊することを見抜き、その解体による虚無化の中に、それをそのまま受容する「運命愛」という「積極的ニヒリズム」を発想していることを明かにされる。そしてそれは「ニヒリズムを通してのニヒリズムの超克」という現代の根本問題の提示であり、仏教の「空」の立場に近似するものと説かれた。

このようにして西洋哲学の行方を見定めながら、禅という、特定のドグマを持たぬ宗教の自覚を基盤として、先生の哲学を展開された。『宗教とはなにか』と『禅の立場』はそれである。それらは昭和三十年代から五十年代にかけて書かれたが、先生は同時に日本の禅僧の詩偈や寒山詩、そして芭蕉についての卓越した解説も書かれた。私は西宮（兵庫県）に研究所を創り、先生に六十五回にもわたる「正法眼蔵講義」をして頂いたが、西洋思想との対比の中で道元の思想が根本から解明されたのは、日本で初めてのことであった。これは筑摩書房より四分冊になって発刊されている。

西谷先生の思想はこのように東西の思想の深い媒介の中で形成されたものであるだけに、今日海外の学会で注目をひきつつあるが、国際化の急激な進展によって、先生の思想は次第に重要性を明らかにするに違いない。

（久山康『兄弟』三九四号、一九九一）

三　河上丈太郎

神戸にはかつて河上先生の教えを受けた関西学院の同窓生を中心として、丈門会という先生を慕う人々の会がある。先生の存命中には、年に数回先生を囲んで会を開いていたが、先生の歿後も会を続けて、末子未亡人や、令息民雄さんを中心として例会を開いている。その会に私も招かれて、先生について講演を依頼された。この稿は、そのとき話したことを基として、かなり手を加えたものである。

（久山康「河上丈太郎」『人間を見る経験』一九六五、一八九頁）

「アナトテの予言者」と題する演説は、明治四十三年十月、一高の連合演説会で行われたもので、後に大日本雄弁会編『青年雄弁集』に収められたものである。先生の二十一歳のときの演説であるが、そこには熱烈なキリスト教理想主義の信念がこもっている。

「我笛ふけども人おどらず、これ予言者の悲哀である。一粒の麦地に落ちて死なば、多くの実を結ばん、これ予言者の光栄である。」これが冒頭の言葉であるが、先生がエレミヤを崇拝されたのは、エレミヤが「四十年の生涯を亡び行くイスラエル民族の為に捧げ、血と涙を以て故国を憂い、叫べども聞えず、笛吹けども民躍らざる悲哀と栄光の中にエホバの祭壇に全生涯を捧げし、犠牲の予言者」だったからである。エレミヤは十九歳にして万国の予言者という偉大荘厳な使命を神より受けたが、性柔和で謙遜なかれは、これを固辞した。この謙遜がまず称揚される。「野心によりて築かれ、虚栄によって構造せられしものは余の要求ではない。消ゆるも可、朽つるも可、唯だ謙遜によりて立てられしものに、真正の尊敬と賞讃の冠を与へたい。」こう述べられている。そして雄弁がイスラエル予言者の尊い武器であったことが説かれる。「雄弁は人の声に非ず、人工的の蓄音器に非ずまことに神の声である。……雄弁は地の者に非ず天の者である。Human にあらずして divine である。予言者の叫びは常にこの雄弁である。」こう言われている。

私はこれを読みながら、たしかに真の雄弁は神の声であると深く共感した。そして実は内村鑑三のことを思ったのである。私は十数年前に、労働者の大会で話す清水幾太郎氏の演説を聞いて、あまりに話の調子がよすぎて、真の迫力に乏しいのを痛感したことがある。そのとき反射的に内村鑑三の演説のことを思った。そして自分に少しの余裕もなく、神の前で全身を傾けて行う真情の吐露のみが雄弁なのだと思ったのである。私は今度河上先生のこの演説を読んで、二十一歳でこういう自覚をもたれていた先生に感心したのであるが、先生の「絶叫型」と評された後年の演説の原因はここにあったのだと思ったのである。先生の演説が常に真率なものでありながら、どこか抽象的観念的な性格をもっていたのは、神の前に立って、神の言を国民に伝え、その悔い改めを迫る予言者の雄弁の性格がそこにこもっていて、それがキリスト教と全く関係のない日本の議政壇上においての政治演説として発揮されたとき、やや場違いの絶叫と聞えたのではないかと思ったのである。

しかし当時の資本主義の躍進に伴う実利主義の横行の中で、エレミヤの愛国の至情は、先生にとってその師表とすべきものであった。

「国家と結婚するという人があるが、エレミヤの如きは其の優れたる真正の意義に於て、国民と結婚せし人である。現代の如きは唯『金』のみの問題である。『パン』のみの問題である。成功者とは、右手に算盤をもち、左手に貯金帳を抱いてゐる人である。金は悪いとは言はぬ。然し金もいらぬ位も要せぬ、子孫の為に美田を買はずと、一世に超越した人を要求するのである。人生の価値は算盤哲学ではないのである。」

こう言って、人間の生活というものにはHappinessの外にBlessdnessのあることを述べられている。

そして「愛国は正義の声でなくてはならぬ。愛国は永遠に生きんとする努力の声でなくてはならぬ。エレミヤの声は正に此の愛国である。国民に阿る叫びではない、国民を導くの声である」と述べられている。そして「余がエレミヤを追想して其の偉大を嘆美するも、真の政治家永遠に生きんとする生命の宣伝者予言者の現出を欲する小さき要求である。全日本国民の人格的努力が宇宙の実在の人格的生活に触れ、大弦小弦相調和する時、初めて国民の不窮の大使命を遂げ得るのである。願くば諸君尊き日本をして永遠の生命に捧げてHigher Japanを作り、わが歴史をしてeternityよりeternityに渡るdrive scriptureたらしめよ」と結ばれている。これを見ると、すでに若冠二十一歳の一高のときの演説に、其後の先生の一生の方向が示されているのを思わずにはおれない。

私は一高で新渡戸先生の感化を受けた人々が内村鑑三の門に入ったのに対して、立教中学の頃から内村先生に惹かれ、内村先生を自己を作ってくれた三人の人の一人に数えながら、なぜ直接に弟子入りしなかったのか、いつも不思議に思う。しかしこれは他の人々が一高の頃に初めてキリスト教に接したのに対して、河上先生が父君を通して幼少の頃からキリスト教会に接しておられ、受洗は二十歳のときに行われたが、それまでに教会に深く結びつけられていたので、無教会の内村先生に接近できなかったのかとも思われる。そして内村先生の武士道的キリスト教と河上先生の下町的キリスト教の間には、体質の異なる点もあったのではないかと思うのである。

河上先生は明治四十四年九月東大法学部に入学されたが、大学では高野岩三郎教授の指導を受けられた。ゾンバルトの『近代資本主義』の輪読会に出て、好学心をそそられ、大学時代には弁論部にも関係せず、勉強に集中された。この高野岩三郎教授は、日本の近代的社会政策、社会主義思想研究の開祖であり、兄高野房太郎が労働運動の草分けだったことから、労働運動にも理解をもち、大正九年に東大を辞してからは、大原社会問題研究所の所長、会長をした人である。この高野ゼミには櫛田民蔵、大内兵衛、森戸辰男氏ら錚々《そうそう》たる人物がいて、河上先生のキリスト教的人格主義に、社会主義的色彩が加るに至ったのである。しかもこれとは別に、河上先生の父君は信仰の友であった本間俊平氏を介して、鈴木文治の友愛会の初代評議員であったことを思えば、河上先生と社会運動とは家庭的にも親近関係にあったのである。

こうして大正四年東大を卒業された先生は、暫く立教大学や明治学院の講師をされた後、大正七年三月関西学院に就任された。箱根山を越えられたのはこのときが初めてだったというが、その翌年メソジストの監督平岩愃保氏の四女末子氏と結婚された。

私は数年前夫人から『むら雲のかなた』という自伝の書を頂いて一読したが、その中には先生との結婚の一部始終が書いてあって、興味をひかれた。ツルゲーネフの『その前夜』をお互に読んでいて話がはずんだという話や、先生がその中のエレーナの日記の一節、“To be good is great but to do good is greater”という言葉に感銘を受けたという話をされ、夫人が「善良である事は偉大である。しかし善を行なう事は更に偉大である」ということがモットーなら、何になろうとされているのか心配になったといった話が出ている。こういう人生の理想や不安が語られる愛というものは美しい。

しかも結婚された後には、お二人とも「ゴンドラの歌」が好きで、先生はマンドリンを学生から借りてきて、二人が弾けるように、週二回出張教授を頼んだという楽しい話もある。「ゴンドラの歌」というのは、吉井勇作詞、中山晋平作曲の「いのち短し　恋せよ乙女　紅き唇　あせぬ間に　熱き血潮の冷えぬ間に　明日の月日はないものを」というあの歌である。これは束の間の青春の讃歌であるけれども、ゴンドラによって、ヴェニスに想いを馳せ、西洋風の青春の美しい恋を思い浮かべながら、自分たちのつかの間の青春をためらわず燃焼させようとする願いが、多くの若人の共感をそそったのであろう。もちろん、ここでは恋に限るわけではなくて、自分の束の間の一生を何かの理想に打ち込んで、悔いのない人生を送ろうという気持でもあったのだと思う。

もう十年余り前になるが、黒沢監督の作った「生きる」という映画があった。志村喬の主演で、ある町の民生課長が癌になって死んでゆく物語だった。胃癌だと知った途端、この中年の課長は絶望して、今迄の凡帳面な生活を崩してしまうが、やがて絶望と孤独の底で決意して、死ぬ迄に一つでも市民のために、よいことをしようと思い立つ。子供たちの遊び場のない貧しい市民の念願であった、小さな遊園地をかれは造ろうとする。上司の反対も異常な熱意で押し切って、とうとうそれを造りあげる。そして夜その遊園地に行って、雪のふりしきる中でブランコに乗り、ゴンドラの歌を唄う。「いのち短し　恋せよ乙女……」つぶやくように低く唄うその歌が胸に沁みた。そしてそこで倒れて死んでしまう。

私もこの歌が大変好きなのであるが、先生夫妻がこれを愛好されたのには、明治の理想主義の心情というものがあったのだと、私は思うのである。

先生は関西学院に二十九歳から三十八歳まで、約十ケ年間勤務され、学生を心から愛された。そして授業の傍ら、賀川豊彦氏たちによって設立された大阪労働学校にも十年間奉仕し、神戸に政治研究会の支部を設けて支部長となられたりして、次第に社会運動に接近してゆかれた。そして昭和二年の秋、関西学院を辞して、弁護士を開業し、日本労農党に入党して、翌三年の第一回普通選挙には神戸から立候補して見事に当選されたのである。

河上先生は「私が政界に身を投じた理由は、民衆の幸福と、政治の倫理化に貢献するためであった」と後に言われたけれども、代議士に初めて成られた年が三十九歳であり、十五歳のとき富士山に登って、政治家に成ることを誓われてから二十四年の歳月が過ぎていた。

それにしても象牙の塔から政界に乗出すことは、並大抵の決心ではないが、それを可能としたのは、やはり明治時代の理想主義だったと思う。それは個人の内面的自覚に立ち、人格主義の立場に立ちながら、しかもそのなかに儒教の経世済民の志を温存していて、社会と遊離した個人主義に走ることを許さなかった。そこにはすでに幸徳秋水事件や、それにつぐ社会思想の弾圧があって、啄木をして時代閉塞を嘆かせたけれども、それでもなお大学教育を受けた人々には、国家社会を背負う気概もあり、その道も開けていて、いわゆるオールド・リベラリストのおおらかな人道主義が育ったのである。これは大正期以後の社会から疎外された知識人のニヒルな個人主義と全く異なるところである。そこには個人と社会との断絶の体験を、つまりニヒリズムへの挫折を経験したことのない近代的ヒューマニズムがあり、河上先生の場合、キリスト教によってそれはさらに実践的ヒューマニズムに具体化されていたのである。

性格的な内面性への志向と、政治への責任感とは先生においては分離されていなかった。むしろ両者は相即していたのである。それは自分の嗜好を越えた神の意志によって結合されていたのである。アナトテの予言者エレミヤの俤がそこにあったのである。先生がこれから七十六歳に至るまでの四十年に近い政治的生涯の中にあって、聖書を一刻も手離されず、国会議事堂においても、同信の代議士とともに祈禱会を開かれたというのは、そのことを証している。

しかし私は最後に、この先生の政治的生涯の背後に、末子夫人の協力と推進のあったことを思わずにはおれない。先生の政治への情熱に優るとも劣らぬ夫人の政治への情熱があったのである。かつてお二人の結婚が先生の父君の反対で難航したとき、芝の易者が二人の合性を保証して急転直下話が進んだことが、『むら雲のかなたに』に記されている。「私が木の性、お前が火の性、しかもわれわれの合性はめつたにない程の合性で、火の性が木の性をたきつけて二人のもつて生まれた運は一緒になることによつて、素晴しい運勢になるのだ、とはうまい事を言ってくれたものだ」と先生の語られるところがある。木の性と火の性とは易者もよく見たものだと思う。この火の性の夫人が先生のたえざる推進役であった。私はそれを晩年の先生の生活の中で実見した。先生の政治家としての生涯には、明治末年に形成されたオールド・リベラリスト的理想主義に加えて、末子夫人のキリスト教女性としての強い推進力が加っていたことも忘れてはなるまい。しかしそれはともあれ、権謀術数の激突している暗い日本の政界に、浄らかな理想主義の灯を掲げた一人のキリスト者の政治家が出現したということは、決して小さな事柄ではないのである。ことに社会運動が唯物論の手中に落ち、社会の革新と深い意味での人格の尊厳の自覚が、両立しがたく思われる今日、個々の人の人格を心から畏敬された先生のキリスト教的社会主義は、将来を照す一つの炬火でもあるのである。

（久山康「河上丈太郎」『人間を見る経験』一九六五、一九九—二〇七頁）

四　山中良知

晴天の霹靂という言葉がありますが、山中君の突然の死は、まさしく晴天の霹靂のように私たちを打ちました。六月三日の朝、学院のランバス・チャペルで毎週金曜日に行われている早天祈祷会に出席しましたところ、いつも出席する山中君の姿が見えませんでした。何か所用のために欠席したのであろうと思っていましたところ十一時過ぎになってお宅から秘書室に電話があり、朝から山中君の行方が分からないのでという問い合わせがありました。山中君と特別親交のあった西岡秘書室長は学院の各所を探した上、心配して山中邸まで出かけたのでありますが、やがて山中君が甲山の山麓の山道で、早朝マラソンのままの運動着姿で死去していたという報知を涙ながらに携えて帰りました。私たちは思いもかけぬ出来事に、暫く声もなく立ちつくしてしまいました。私たちは遺体の収容されている西宮警察署に直ちに赴きましたが、そこにはすでに亡骸となった山中君が、仮設の霊安所に空しく横たえられていて、私たちを取返しのつかぬ絶望に陥れたのであります。

山中君は最近体の調子が良く、今日は血圧が一四六と八七だったと学院の保健館で晴れやかに私に語ったのは四日前の月曜日のことでした。保健館長の稲葉先生とことに親交のあった山中君は、稲葉先生を信頼し、週二回は血圧を測ってもらい、細心の注意を払っていました。それは数年前から軽度のものではありましたが、高血圧症にかかっていたからであります。

山中君の死後判明したことでありますが、山中君は保健館によって健康管理をするだけではなく、さらに健康法を求めて早朝のマラソンを昨年の春から実施していました。仁川高丸の自宅から三キロ程の甲山の山麓へ毎日のようにマラソンを行っていたのであります。私はそれを仄聞して、年齢からいっても健康からいっても無理だからしないようにと強く止めましたが、「いや、散歩しているだけだ」と言って、それから私にマラソンのことは一切言わなくなりました。私と同じ意見だった稲葉先生にも夫人にも、散歩と称していましたが、学院の幾人かの友人にはマラソンによる健康法を勧めていたのであります。

しかしこの山中君の意志的な健康への努力には、学院への使命感と私への友情、そして病弱な夫人への深い愛がこもっていました。それを思うと、私が山中君の死を早めた思いをいだかずにおれないのであります。

私が山中君を知りましたのは、昭和十五年、京都大学の哲学科においてでありました。彼は私よりも四年おくれて高知高等学校から京都大学に入ってきました。私は当時信仰を求めて御所の西にある室町教会に通っていましたが、山中君もまたその教会に席を置き、私たちはそこで知りあったのでした。今から三十七年も昔のことであります。

山中君は高知教会の副牧師であった田中剛二先生に導かれて入信し、熱心で純潔なカルヴィニストとして生きていました。私も十五年の暮れには受洗に導かれましたが、それから山中君との親しい交わりが与えられたのでした。私たちは教会で毎週、聖書研究会を開き、月の初めの一週間は早天祈祷会を開きました。私たちは信仰の問題を語りあいながら緑の樹々に囲まれた御所を横切って、吉田山の麓の下宿まで帰るのが常でした。この交わりを通して私たちは互いに多くのものを与えられましたが、山中君はカルヴァンの研究とともに、哲学ではカントの研究に熱心に親しんでいました。しかし時局は急速に悪化し、翌昭和十六年には大東亜戦争が勃発し、十七年五月には山中君は召集を受け、重砲隊に配属されて満州に学徒出陣をしたのであります。そして敗戦後二年余りシベリヤに抑留され、帰還したのは二十二年の晩秋のことでありました。この絶望的な敗戦と抑留生活の中で山中君を支えたのは、深い信仰であり、また彼と結婚を約した一人の女性への愛でありました。山中君は二十三年の秋、京都大学を卒業するとともに、翌年には名古屋近郊の医家の出である後藤五百子さんと結婚し、程なく新設された善通寺の四国基督教学園に赴任してゆきました。

私たちは敗戦直後、この未曾有の窮乏と混迷の中にある日本の中にあって、キリスト教の信仰によって新しい道を見い出そうとして、京都大学当時のキリスト者の友を糾合して、キリスト教学徒兄弟団を結成し、『兄弟』

という機関誌を発行しましたが、山中君はシベリヤより帰還するとともに直ちに入会し、善通寺にいた十年間も夏の修養会には毎年熱心に参加してくれました。この会はやがて仁川五ケ山に事務所を作り、国際日本研究所を併設しましたが、山中君はその最も熱心な理事の一人でした。山中君が私たちのいる関西学院に移ってきましたのは、昭和三十五年、社会学部の創設されたときのことでありました。社会倫理学を担当して、熱心に研究と教育に励み、四十二年には『理性と信仰』という著書によって学院文学部より文学博士の称号を授与されました。この学位論文の標題が示しておりますように、山中君の哲学の主題は理性の立場の意味と限界を明確にしつつ信仰に基づく哲学の立場を打ち立てるということにありました。彼はカルヴィニストとしてカルヴァンの立場を基本としながらも、アウグスティヌス、ルター、カントなどにも深い関心と理解とをもっていました。

そういう山中君でしたので、敬愛する田中剛二先生の牧会される六甲の神港教会で、長老として熱心で厳格な教会生活を行いました。それが山中君の生活の基盤でした。日曜日の朝の礼拝はもちろん、週日の夜の祈祷会にもしばしば出てゆきました。どんなに忙しい学院の仕事が押し寄せても、彼はこの教会中心の生活を崩しませんでした。私たちは彼の生活の中に現代に生きるカルヴィニストの強く鮮かな姿を認めずにはおれませんでした。

またそういう信仰の篤い山中君でしたので、学院のキリスト教教育についても真摯な熱情を傾けました。山中君自身キリスト教の講座を持ったこともありますが、新設された社会学部の礼拝運営の中心となって熱心にこれを推進し、多く学生の集まる立派な礼拝の伝統を打ち立てました。そして山中君は学生に信仰に基づく並々ならぬ信愛の心を示しました。

山中君は広島県呉市の旧家に育ちましたが、その性格には古い日本人のもつ男らしく暖かい純情とカルヴィニズムから来る単純一途な真実さをあわせ持っていました。しかも山中君の言行には絶えず巧まざるユーモアが附随していて、人の心を綻《ほころ》ばせずにはいませんでした。従って山中君と交りを与えられた者は、家族も親族も友人も学生も、山中君に対する深い親愛と信頼とを寄せるのが常でした。家庭では病弱な夫人を助け、実に細やかで美しい配慮を行いましたが、教会でも、社会学部でも本部でも山中君は暖かい友情を数多く作り出しました。ことに大学紛争の嵐の吹きすさぶこの十年近くの大学において、山中君は社会学部長として雄々しく紛争に立ち向かっただけでなく、男らしく暖かい友情の絆を、教職員・学生の間に数多く作り出しました。そのことは山中君の突然の死がもたらした教職員・学生の悲しみの深さ広さによって、いま私たちの痛切に感じ取っているところであります。それは種々の新聞の記事ともなって報ぜられました。山中君の逝去の翌日の神戸新聞には次のような記事が出ました。

「この日は午前八時四十分から社会倫理学の講義が行われる予定だったが、今まで無断で休講などしたことがなかった教授だけに学生たちも『先生に何かあったのだろうか』と心配していたが、昼過ぎ、知らせを聞くと肩を落として泣き出す女子学生もいた」。

また同日の読売新聞は「『信仰と研究一筋の人』と教職員や学生の信望も厚かっただけに、知らせを聞いた学院内は悲しみに包まれ、社会学部チャペルで黙祷をささげる学生も多かった」と伝え、また「大学紛争のときには、学生との団交の席上で安易な妥協や迎合はせず、つねにスジを通し、それがかえって学生の信頼を集めた」と報道しました。さらに神戸新聞の読者欄にも「いい先生でした」という見出しで、教会で家族をあげて山中君の世話になったという一人の若い主婦が、教会葬のとき主人があんなに泣くのを初めて見たという記事が出ました。「棺を蓋って事定まる」と昔から言われますけれども、山中君の急逝は、山中君が人々の心にどれだけ深く広く生きていたかを、改めて私たちに深く認識させています。

山中君はキリスト教界からも篤信の学者として深く尊敬され、神戸の改革派神学校やルーテル神学校に迎えられて、長年にわたって講義を行っていましたが、また母校の京都大学においても先輩である武藤一雄教授の依頼を受けて、講義に赴いていました。しかし山中君がこの三年間全力を傾注して助けてくれたのは、学院本部の私の仕事でありました。

今から考えますと、この三、四年間の学院の歩みも別に取り立てて言うほどのこともない平穏無事の時であったようにもみえます。しかし学生紛争に加えて生じた学院の未曾有の財政危機を乗り切る仕事は、力のない私にとって大きな重い課題でした。しかし神は祈りに応えて思いに優る多くの人々の強い協力を与えられ、学院は今や一つの危機を切り抜けて、百周年に向っての新しい創造の歩みを始めようとしております。しかしここまで事態が進展しましたその推進力の一つの源泉が、山中君にあったことは、学院で知らぬ者はありません。

山中君は、私が院長に就任しました四十九年二月には、関西学院評議員会で理事に選考され、その秋には理事長・院長補佐となって、柏井先生、石原先生、久保先生たちとともに新しい学院執行部の重い責任を荷なってくれました。山中君の篤い協力には三十年を超える長い年月の友情の結晶がそこにありましたけれども、同時に学院を神の支配のもとに発展させようという使命感がこもっていました。そして山中君の真実な友情は、学院本部においても理事会においても、大きな相互信頼と学院への熱情を醸成してくれました。

山中君は学問が好きであり、学生が好きでありました。そのために大半の時間を必要とする身でありながら、理事としての仕事、ことに私の補佐としての仕事のために、どれだけ労苦してくれたか分りません。理事会、常務委員会はもちろん、組合との団交に、執行部会に、そしてまた組織検討委員会での例規集の改編に、人事諸制度の検討に、キャンパス委員会にと、表に出ぬ陰の仕事も数多く引き受けて、私と一心同体となり、実に熱心に事に当ってくれました。山中君はまた伯楽をもって自ら任じ、有能な人材を学院に集めることにも強い熱意を示しました。

しかし、学部の授業の外に背負ってくれたこの労苦が、学院を推進する大きな力とはなりましたが、同時に、山中君の死をもたらす一因であったことが思われて、取り返しのつかぬことを行った悔いが、いま私の心を噛んでおります。そして、それとともに、これから学院の新しい創造に向かう苦楽を山中君とともに分かつことのできなくなったことが、私に言い知れぬ虚しさを湧かせています。しかし、山中君の死は、私にいま山中君の愛読したアウグスティヌスの『告白』の中の言葉を思い出させ、人生の究極の姿を目前に浮び出させます。「われらは来り、われらは去る。われらは自己を自ら作ったのではない。われらは桶の中の一滴にすぎない」。「人間は、汝《かみ》の創造の極徴でありながら、汝を讃えようと欲する。汝は人間を呼び起して、汝を讃えることをかれの喜悦となし給うた。汝はわれわれを汝に向けて造り給い、われわれの心は汝の中に休らうまでは安んじないのである」。

私たちは数日後、遺族の方々とともに山中君の倒れた甲山の現場に参って祈りを捧げました。そこは仁川の上流が渓谷となって流れる橋の袂で、正面に甲山の翠薇が美しく望まれる場所でした。山中君は、あの「山辺にむかいてわれ眼を挙ぐ」という讃美歌が好きでしたが、その通りの眺めでした。山中君は、甲山の美しい山道は、「地の果てまで」続く思いがすると友人に語っていたということですが、天国に続く道となってしまいました。

旧約聖書創世記五章一節には、エノクの死のことが記されています。「エノクは神とともに歩み、神が彼を取られたので、いなくなった」。山中君も神が召されましたので、私たちより一足早く地上から姿を消しました。私たちは山中君を喪った淋しさ、虚しさに堪えがたい思いをもっています。しかし、私たちはこの悲しみを越えて、山中君が立派に人生を生き抜いて神の御許に還ったことを讃えるとともに、山中君のような立派な友人を与え給うた神に感謝しなければならないと思います。そして同時に神の許し給う限り、力を協せて山中君の愛したこの学院の発展のために努力しなければならないと思います。

私はいま神の御許にある山中君の御霊の上に心から平安を祈るとともに、山中君が深い思いを残して去りました奥様はじめ、御遺族の方々の上に、神の御守りと御慰めの豊かならんことを、心よりお祈りしたいと思います。

（久山康「故山中教授の御霊の平安に祈りを捧げる」『関西学院広報』第二十五号、一九七七）

第Ⅱ部　関西学院「第三の創造」を目指して

久山康先生は一九七四年から八九年、十五年にわたり関西学院理事長・院長を兼務して学校法人のガバナンスにおける多方面な改革を推進した功績者である。この時期は戦後日本の経済急成長のさなかであり、新しい人材を育成するために大学は変革を期待されていた。しかし学院は一九六〇年代の未曾有の大学紛争の結果まさに存亡の危機に置かれていた。この事態に直面して久山理事長は、どのような理念をもって一連の法人の組織改革、財政再建、キャンパス環境の美化、建造物の整備、三田キャンパス校地の取得という大事業を執行したかについて詳細に叙述することにする。久山先生の諸改革が、学院の歴史と発展にどのような意義をもつかについての評価は分かれているが、われわれは久山先生の業績を高く評価する。

第Ⅱ部各章の題目について、各執筆者は当初の編集委員長を務めた山内一郎名誉教授との打ち合わせのうえ、担当項目を決めて執筆した。山内名誉教授自身は学院の歴史の中でこれまで詳細が明らかでなかった学院創設者W・R・ランバス博士の信仰と開拓者の精神の実践について、久山先生たちによる再発見の経緯、多くの学院教職員を引率してその生誕地パールリバー教会への巡礼の旅を感動的に描いている。

一九六〇年代の大学紛争の時に久山先生は、関学を守る会の教職員と学生の指導者として紛争に対処した。紛争によって荒廃したキャンパスの復活、破産状況に陥った学院財政の再建、建造物群の構築に対する陣頭指揮について、萬成博名誉教授が考察している。石田三郎名誉教授は久山理事長による学院財政の再建の実態を会計学的に裏付けている。関学の海外大学との交流の推進および学院の広報活動の充実について森川甫名誉教授と真鍋一史名誉教授が企画担当者として記述している。

学院の百二十五年の歴史における三田新校地の購入に対する久山康理事長の功績については、見解の相違もあって残念ながら正確な情報が伝わっていない。われわれはこの問題の真相をすべての人に理解してもらいたいと念願している。現代大学としては狭隘となっていた上ケ原キャンパスに対して、理事会は早くから兵庫県が開発した用地の購入案を決定したが、大学長と大学評議会は、数年の長きに渡り理事会案に反対を続けた。小林昭雄名誉教授（当時宗教総主事）と倉田和四生名誉教授（当時院長代理）は、「三田キャンパス建設と二十一世紀への展望」と題する信頼できるドキュメントを起草している。久山康理事長が逝去して二十年が過ぎたが、執筆者はこのドキュメントによって久山康理事長の学院に対する大いなる遺産が正当に評価されることを望んでやまない。

（萬成　博）

第1章　理事長・院長就任にあたって

一　理事長・院長就任に際して　久山　康「K・G・TODAY」二十号（一九七四・四・六）より転載

二　新院長に聞く――祈りにつつまれた関西学院に　久山　康「KGカレント」十六号（一九七四・四・十）より転載

第2章　創立者W・R・ランバスを再発見し、留学基金を設け、記念講座を開く

一　創立者ランバスの再発見　山内一郎

二　ランバス精神を思う　久山　康　映画『パールリバーから地の果てまで』テキスト（一九八〇）

三　ランバス留学基金の創設　萬成　博

四　ランバス記念講座の開設　萬成　博

第3章　広報委員会・企画調査室の設置と役割

第1章　理事長・院長就任にあたって

一　理事長・院長就任に際して

さる（一九七四年）二月七日に開催の学校法人関西学院理事会で選出され、同十四日付で理事長・院長に就任した文学部教授・久山康氏は「就任に際して」と題する次の一文を寄せた。

今回図らずも理事会によって私は理事長・院長に選任されましたが、八十五年の輝かしい歴史をもち、一万六千人の学生、生徒、六百人の教職員、七万五千人の同窓をもつ学院の経営と教学の責任を担うことを思いますと、自分の無力に深い恐れと不安をいだかずにはおれません。しかも経営と教学の両面にわたって困難の山積している今日の学院の状況を思いますとき、その感を一層深くするばかりであります。しかし、学院に在職して二十八年を経過し、学院に対して深い感謝と愛着をいだいている私としては、微力をつくして任務に当たるより外に道はありません。

私は学院の歴史の特色はキリスト教と国際性と自然環境の美しさの三点にあると思い、その個性を今日の時代に発揚することが、私たちに課せられた使命であると思っています。

学院のキリスト教教育の精神は、ベーツ院長によって提唱されたMastery for Serviceという言葉に要約されてきましたが、今日国内では人間関係の断絶が深刻な問題となり、国際的には日本人の利己的な経済進出が厳しく批判されていますとき、「奉仕への練達」ということは、個人的にも民族的にも生存のための唯一の現実的原理であることを示しており、他の学園にない学院教育の使命の大きさを痛感させられるのであります。

また学院は米加ミッションの宣教師と日本人有志の祈りによって創設された学園として、創立当初より国際的であることを特色としてきましたが、今日世界を舞台として活躍する日本人の活動状況に即して、この特色は新しい展開を必要としているように思われます。世界に広く門を開き、世界の学園と交流を持った学院の実現、それが学院の発展の一つの方向でなければならないと思います。

次に学院に学ぶ人々で学院の自然環境の美しさに讃美の思いをもたぬものはいないと思います。この自然がチャペルの清らかな歌声とともに、青春の美しい回想となって、その人の生涯につきまとい、人生への清純なよろこびの泉となっている人々は多いのであります。今日都市化による自然の破壊と公害問題を通して自然の意味の再認識されつつあります時、イエスの「野の百合、空の鳥を見よ」という言葉や「造化にしたがいて日時を友とす」という芭蕉の言葉の真意を体して、学院はその恵まれた自然環境をさらに整備し、千刈や青島、立山、戸隠などの学外施設も拡充して、自然教育を自覚的に学院教育のなかに組み込む作業を始めるべきではないかと思います。

何れにしても私たちは学院の新しい創造と発展のために全力を結集しなければなりません。皆様が自由な創意と温かい協力を寄せて下さいますよう心からお願い申します。

（久山康「K・G・TODAY」二十号、一九七四）

二　新院長に聞く――祈りにつつまれた関西学院に

（一）　組織の改革

――この度、院長に就任された久山先生に、今後の関西学院のあり方、先生御自身の抱負を伺いたいと思います。毎日お忙しいことと思いますが、先生はお体のほうはいかがですか。

久山　ありがとうございます。体の方は至って元気です。

――ところで、先日の神戸新聞に、関学の新しい組織改革（院長と理事長は同一人物が兼任し、経営とキリスト教教育の最高責任者となり、学長は教学に専念するという経営と教学の分担）のことを〝お家騒動〟と書いてありましたが。

久山　あれは興味本位に書かれたもので、事実を歪曲する点が多く、学院の実情を伝えるものではありません。今回の改正は懸案として残されていた法人組織について慎重審議の結果行なわれました。昭和四十四年五月七日に小寺学長代行によって出された「関西学院大学改革に関する学長代行提案」にもその問題提起はあったのです。

――関西学院の組織の問題については、多くの学生はほとんど知らないと思うのですが。

久山　理事長というのは学院全体の経営に責任をもっているのです。しかし、今まで理事長は非常勤で、月に一回の理事会に出席するだけで、実質は、院長がその責務を代行していました。学長は、大学の教育に関する責任者です。院長は大学、高等部、中学部を含む総合学園関西学院の長としてキリスト教教育について全体的な指導を行なう任務をもっています。そして院長も学長も職責上の理事として経営の責任をもつのです。

昭和四十四年五月に、「学院組織研究委員会」が発足し、前後二十数回にわたる討議の結果、同年十二月に答申書を提出しました。この答申書では、従来の院長と学長の併存は、ややもすれば教学の統一的運営に支障をきたす恐れがあり今般の大学紛争に際して、紛争激化の原因となったことを指摘していました。そして院長職の廃止と、教学の最高責任者を学長ひとりにすることなどが提案されました。

――たしか関西学院の場合、学長にはいわゆる「クリスチャン条項」は適用されていないと聞いていますが、その場合、大きな問題が起こるのではないのですか。

久山　そうです。答申書では学長にキリスト者が選出されない場合には、学長の任命によるキリスト者の副学長を置くということが提案されていました。しかし、院長にのみキリスト者の条項が付せられていて、学長、理事、評議員には何の制約もないというのは、日本のキリスト教主義学園では例をみない自由な制度なのですが、院長職を廃止して学長を従来のままの規定にとどめるというその答申案は、たとえ副学長に特別の条項を設けたとしても色々問題があります。つまり、学院の建学の精神を明確にし、堅持する姿勢に欠け、世俗化の波に洗われ、無性格の教育機関に堕する危険性が十分あるわけです。

――学園紛争の原因が組織にあるとみるか、あるいは組織をこえた所にあるとみるかということも重大なポイントになってくるように思われますが。

久山　学園紛争は世界的現象ですね。ここに見られる思想の混乱と急進化は、近代の解体現象を示すものです。その背後にひそむニヒリズムの克服という問題においても建学の精神の意義が一層高まっているときに、それを曖昧にする組織の変更はとるべきではないという意見が出た。それにまた、理事長は非常勤であり、経営の実際上の責任は院長がもっていたんです。しかし、その上に院長職を廃止して学長ひとりが教学と経営の責任を担うことは、責任が重すぎ、経営も消極的になりがちで、発展性に乏しいという批判が出たのです。

――その後の「組織研究委員会」の動きはどうだったのですか。

久山　昨年の二月と三月に、小寺教授が学長と院長に選挙されたんですが、小寺院長は、年来の懸案である組織問題に決着をつけると言われ、八名からなる「組織担当理事の会」が発足しました。その結果、昨年九月の理事会において採択され、十月の評議員会で満場一致をもって決定されたのが、今回の組織改革なんですね。

その要点はこういうことです。第一番目として、建学の精神を組織の上でも明確な形で堅持し、学院が世俗化の波のなかで個性のない学院となることなく、キリスト教主義教育の使命達成のため、長い歴史をもつ院長の職制を存続させるということ、そして第二に理事長が院長を兼任して、経営とキリスト教主義教育の最高責任者となり、学長はできるかぎり教学に専念できるようにする。そして、理事長の補佐として経営を推進する常務理事を置く。そして理事会の執行機関である常務委員会では、院長が議長に、職務上理事である学長が副議長になることにより、教学と経営の十分な協力と統一をはかるということがあげられます。そして理事長が院長を兼ねるということから、従来の院長公選をやめ、理事会による選任になりました。しかし院長公選の廃止によって、理事長・院長の選任が教職員の意志と離れないよう、選出母胎である評議員会ならびに理事の構成に、教職員の意見を従来以上に反映する改革を行う配慮もされています。そして第三には職員の役割を重くし、総務部長、財務部長を職員より選ぶとともに、同窓の評議員の数を増やし、教員、職員、同窓の三位一体的協力の上に学院の運営を置こうとしたことです。大体この三点が今回の改革の要点としてあげられますね。

――小寺前学長が辞任されたのは？

久山　理事会は、昨年九月に組織改正を決定した時点で、小寺教授に新しく理事長、院長就任を要望しました。しかし、小寺教授は新しい組織の責任は新しい人物が担うべきだと考えられ、自分は学長として全面的に協力するということになったのです。そして、その後、学長として任務を続けておられましたが、新しい組織の発足にともなって後進に道を譲られたという次第なんです。

（二）近代の克服

――キリスト教の衰退が世界的に叫ばれていますが、キリスト教主義大学の院長として、どう思われますか。

久山　今日のキリスト教は、残念なことに確かに力がなく衰退しています。しかし同時に近代の思想もまたその問題性を露呈しているのが現代です。ですから本来のキリスト教の持つ力を回復して、現代の問題解決に当たらねばなりません。

――先生はよく、「近代の克服」ということを言われますが、どういうことなのでしょうか。

久山　「近代の危機」とか「西洋の危機」といったことは、西洋では明治維新より前から叫ばれていることです。それが今日誰の眼にも明らかになりました。神を否定し、人間中心的な科学技術によって自然を支配し、豊かな社会を作ったことをよろこんでいた人間に自然は死をもって迫っています。この公害問題一つとって考えても近代の危機ということはのっぴきならぬところまできています。そして神を失ったところから生ずる最高価値の喪失は「何のための人生か」という問への答えを失わせ、ニヒリズムを蔓延させています。ニヒリズムの到来を予告したニイチェの言う通りの事態です。

――非常に大きな問題ですね。

久山　近代を克服するものはキリスト教以外にはない。これはドストイエフスキーの信念でしたが、だからといって独善と偏狭に陥ってよいということではないのです。安易な熱狂主義者であってはいけない。熱狂主義者は自分の主義・主張を絶対化し、一切相手を理解しようとはしない。しかし現代のもつ問題性を客観的に理解し、ともに悩み、ともに道を求めるということが必要なのではないでしょうか。その点、さめた熱狂主義者でなければならないのです。豊かで、静かな心を持ち、自己宣伝や他の思想のむやみな排除に堕することなく、広く相手を理解していく、真なるものはかくれていても世に現れる。おのずとかぐわしい香りは伝わっていくものなのです。そういう人には自然と人が集まってくる。イエスがそうではなかったですか。自由人とはそういう人をいうのでしょうね。

――キリスト教主義大学における教育との関連で「さめた熱狂主義者」とはどういうことなのかお話しし

ていただけますか。

久山　それは関西学院における教育は信仰に固く立った純粋なキリスト教でなければならないと同時に開かれたキリスト教でもなければならないということですね。広く学問を尊重し他の思想の良さを知る必要があります。そして、その中で問題を探究しかつそれを乗り越えて行くことができなければならないと思うんですね。

（三）　国際性豊かに

――先生は、関西学院の個性を今後どう生かしたいと思っておられますか、その抱負をお聞かせ下さい

久山　学院の個性は、大きく分けて三つあると思うのです。ます第一は、キリスト教精神。私はこれを、すでに出来上がったものとして出発するのでなく、学院がこれを目標として追求してゆくものとしなければならないと思います。そして生きたキリスト教を甦えらせて、これを伝えたいですね。

第二は、国際性ということです。米・加・両国のキリスト教徒の祈りに支えられて発展した学院は、初めから国際性をもっています。また、第四代の院長、ベーツ博士の言葉で「マスタリー・フォア・サービス」という、建学の精神をあらわしたモットーがありますが、奉仕のための練磨ということは、自己を乗り越え、他者中心であるということです。これは都市化の波の中で人間関係の失われている今日、個人の新しく生きる道を示しています。

それに最近、田中首相が東南アジアを訪問したとき激しいやじと反対デモに歓迎されましたが、それ

は、日本の企業や商社の悪どいもうけ主義によって引き起こされたと言えますね。自己のためにのみ、あるいは日本のためにのみ生きる人は、国外では相手にされず、ひんしゅくを買うだけです。個人と民族が存立しうる原理、それが「マスタリー・フォア・サービス」なのです。

今後は、関西学院の国際性を生かし、広く諸外国の大学と交流するとともに、実際に他民族のために奉仕する心をもった青年を育てなければならないと思います。そして、第二は、自然環境の美しさです。自然の美しさは神の栄光をあらわすものです。関西学院は日本の大学の中でも指折りの自然環境の美しい大学です。自然は生命の根源であり、人格形成のため欠かすことのできないパートナーだと思っています。この自然教育を進めたい。

――最後に、院長として、先生が一番大切にしたいと思っておられる事は何でしょうか。

久山　私が関西学院でなすべき一番の大きな仕事は関西学院を祈りの学園にするということです。祈りは神との出会いであり、祈りなくして、キリスト教たりえない。祈りなくして、キリスト教的な仕事をいくら数多くしても、それはまがいものにすぎない。発想の根本に祈りがなければなりません。世俗的な発想であってはいけないのですね。私は、院長・理事長の重責に堪えうるものではありませんが、祈り求めてゆけば神が備え導いて下さると思っています。

――どうも今日は、わざわざ、お忙しいところ時間をさいて下さいましてありがとうございました。

（久山康インタビュー「KGカレント」十六号、一九七四）

第2章　創立者W・R・ランバスを再発見し、留学基金を設け、記念講座を開く

一　創立者ランバスの再発見

学院創立者ウォルター・ラッセル・ランバスは、慶応の福沢諭吉、早稲田の大隈重信、あるいは同志社の新島譲など、教科書に出てくる明治の先覚者たちとは異なり、日本の社会では殆ど無名に近い人物である。明治以来日本に渡来した、たとえばアメリカ長老派のヘボン式ローマ字で知られるヘボン（James Curtis Hepburn）、バラ（James Hamilton Ballagh）、あるいはオランダ改革派のフルベッキ（Guido Herman Fridolin Verbeck）、ブラウン（Samuel Robbins Brown）、聖公会のウィリアムズ（Channig Moore Williams）司教、これら他教派の宣教師たちと比べても、ランバスの場合は関西学院を創設した一年後に離日、結局日本滞在が四年あまりという短期間であったこともあって、一次資料が殆どアメリカにあり、その全体像が長い間知られないままであった。

筆者がビショップ・ランバスに関心を抱いたのは、今から半世紀以上前に遡る。大学院神学研究科に進んだ夏、経済学部の山崎治夫宗教主事がチャプレン室の書棚からW・ピンソン著『ランバス』の原書 William W.

Pinson, *Walter Russell Lambuth, Prophet and Pioneer*, Cokesbury Press, 1924. を取り出して「これを是非翻訳して学院内外に紹介したい。君、夏休み返上になるけれど下訳を作ってもらえないか」と言われたので、当時の神学部成全寮に約三週間泊り込み、ねじり鉢巻で大学ノート三冊に拙い日本語の下訳を用意した。それを基に山崎先生が新書版『地の果てまで――ランバスの生涯』(啓文社、一九六〇年)を出版されたが、これに先行して、関西学院に関係のある部分を中心に山崎ドラフト全体から抜粋する形で第六代今田恵院長執筆になる『関西学院創立者ランバス伝』(一九五九年)が創立七十周年記念出版として刊行された。これら数少ない文献を基に、創立九十周年(一九七九)に久山康院長の提案と肝いりでランバスの生涯を描いた記念映画『パール・リバーから地の果てまで』(From Pearl River to the Ends of the Earth)が製作・公開された。その紹介パンフレットに久山院長が寄せた「ランバス精神を思う」と題する一文をここに再録する。

(山内一郎)

二　ランバス精神を思う

関西学院は昨年九十周年を迎え、その記念として創立者W・R・ランバス先生の生涯を四十五分の映画に収めた。私はそのため昨年五月には半月余り、映画製作委員長の水谷昭夫教授や山内一郎教授、ブレイ教授とともにアメリカに出張し、撮影を依頼した卒業生で電通の伊志峰君を監督に、撮影担当のロン・ミルヴィックというアメリカの青年、それに助手の渡辺さんという若い女性と一緒にアメリカ南部の各地にランバス先生の足跡を辿った。

私は初めて南部ミシシッピー州の州都ジャクソン郊外にランバス家の故郷パール・リバーを訪ねたとき、今日なお草深いこの地からランバス先生のご両親が二十四歳と二十一歳の若さで、地の果てのように遠い上海まで万里の波涛を越えて、百二十余年も昔の一八五四年（明治維新より十四年前の安政元年）に伝道に行かれたことに、今更のごとく驚かされたのである。それは未知の中国の人々の救霊のための献身という純一な目的のための決断であり、祈りに導かれた冒険的な行動であったことを痛感させられたからである。

学院の創立者であるランバス先生は上海で生まれ、アメリカで神学と医学を学ばれた後、二十三歳で新婚のメリー夫人（十九歳）とともに上海の父母のもとに赴かれたのであるが、これは父母の献身の純乎たる反覆であった。私は改めて学院創設の源泉を目撃する感動をもったのである。私はこの感動を私たちだけのものに止めるべきではないと考えて、昨年八月には関西学院の海外諸大学視察旅行団の七十名に近い教職員とともに、再びパール・リバーを訪れ、林の中にあるランバス家ゆかりの教会で、ランバス家の親戚縁者の方々とともに礼拝を行い、先祖の方々の眠るすぐ近くの墓地に詣でたのである。それは関西学院九十年の歴史の中で初めてのことであったが、同行の人々はこの旅行で最も感動した場所であることを語りあい、学院の建学の精神にじかに触れる経験をした歓びを胸に秘めて帰ったのである。私たちがランバス先生の生涯を映画にしたいと考えたのは、実はランバス先生のご両親からランバス先生に貫流しているキリスト者魂を、今日の学院に甦らせるためであったが、撮影の途上で私たち自身深い感動に捉えられたのである。

いま日本は東洋の小さな島国から脱却して世界の中で生きねばならない大きな転換期を迎えている。戦後の経済的発展は、この小さな島国を米ソにつぐ国民総生産を有する国に成長させ、あわせて全世界に進出する「経済大国」とした。しかし日本が世界の中で世界の人々とともに生きてゆくためにこれから最も必要なのは、世界のために生涯を賭けて奉仕されたランバス一家の精神である。私は学院の教育の基本をランバス精神の復興におかねばならないと思うのである。

ランバス先生の父君は、ランバス先生が帰国された翌年、明治二十五年に神戸で逝去され、神戸の外人墓地に葬られているが、母堂は帰米後令嬢ノラ夫妻のおられた中国に渡り、明治四十二年に召天されて上海の外人墓地に葬られた。そして離日後、メソジスト教会の監督としてメキシコ、ブラジル、アフリカ、シベリア、中国と世界伝道に生涯を捧げられたランバス先生は、大正十年横浜で亡くなられ、中国のノラ夫妻に引き取られて、母堂の墓地に葬られた。しかしこの夏、神学部のブレイ教授夫妻の中国旅行による調査によって、お二人の墓地は革命後の二回にわたる移転工事の過程のなかで、無縁の墓として喪われてしまっていることが明らかになったのである。

学院創立者の墓がもはや地上にないということは、私たちに深い悲しみを湧かせずにはおかないが、同時にその国籍は地上になく天上にあるというキリスト者の生き方をまざまざと私たちに直視させるのである。

私は、この映画がランバス精神を多くの人々に伝えることを願うとともに、当初よりこの映画の製作に協力して下さった人々、またその後の撮影と全体の完成のために優れた力を傾倒された鈴村監督をはじめ多くの人々に対して深甚なる感謝を捧げるものである。

（久山康「ランバス精神を思う」関西学院創立九十周年記念映画テキスト『パール・リバーから地の果てまで』一九八〇）

三　ランバス留学基金の創設

関西学院の若い研究者には海外留学の機会は乏しかった。ランバス留学基金の創設は、学院教職員と研究者に対して、早い時期に海外留学に出る機会を与えた。久山康理事長・院長は開設の動機を、つぎのように語る。

「若い研究者のために留学制度を作るつもりです。これはランバス先生のキリスト教精神を継承する人材を育てることを趣旨として、ランバス留学基金という名称になるでしょう。数年中に二億円ぐらいの基金を募金したいと思っています。そして大学院修了から若い大学のスタッフぐらいまでの中から選抜して、二年間を原則として留学する制度です。毎年四、五人留学させれば十三年先の百周年までには、五十人前後の若い人が育つわけで、将来学院を代表して国際学会で活躍できる人材も輩出するのではないかと思っています。これは一九七七年から実施するつもりです。」『国際交流と大学』（関西学院編、一九七七）

久山先生は卓越した大学経営者であり、直ちに実行に移した。一九七七年二月十日の理事会に議案第一五三号「関西学院ランバス留学基金規程」を提案した。第二条に目的を定め、「ランバス留学基金は、関西学院の創設者ランバス院長のキリスト教精神を継承して、世界への奉仕、また関西学院の教育に貢献することのできる人材を養成するため、関西学院の内外より将来性のある志望者を募り、これを選抜して海外に留学させること」とする。期間は原則として二カ年とした。施行細則を定め、一九七七年二月十三日から施行されることになった。速きこと風の如き意思決定であり、久山先生の高邁な理想が躍如としている。これが学院における高度な学術を身につけた人材の育成に貢献することとなった。

ランバス留学基金は創設時には二億円であった。久山理事長は、基金の出資を学院教育振興会における一般寄付金に求めた。発足当時、毎年の留学費用の支給は基金の利息で運用したが、金利の下落と共に基金運用は困難になり、バブル経済の崩壊後は、毎年寄付金より基金への繰り入れが行われており、二〇一三年現在の基金額は六億六千五百万円に達している。毎年二名ないし四名の学院の若手教員、研究員、職員のエリートが、ランバス留学者に選抜されて、アメリカ、カナダ、イギリス、フランス、ドイツ、スイス、オーストラリア、イスラエル、アジアの諸大学や研究機関における二年間の海外研究に出発した。

ランバス留学基金を開設してから、すでに三十七年が経過した。研究と教育の国際的人材を育てるという久山理事長の構想が、学院にもたらした成果を省みるには、充分な時を経たと思う。理想はどのように実現したであろうか。

第一回ランバス留学の一人に選ばれた平松一夫商学部教授（二〇〇一―〇八年学長）は、国際会計学会の会長（二〇一二―一三年度）に就任する栄誉を受けた。そしてランバス留学なくして今日の自分はないと次のように、述懐した。

「専任講師一年目にランバス留学に応募し、米国シアトル市ワシントン大学経営大学院に留学した。始めは情報会計学（コンピューター会計学）をアメリカ会計学会長ミュラー教授より指導をうけた。加えて同教授より多くのアメリカ会計学の研究者を紹介された。同大学はアメリカの大学における国際会計分野の先端的拠点であったので、私の関心は情報会計学から国際会計学に自然に移った。この分野の超一流教授であり、後にアメリカ会計学会長となるローラー教授の指導を得る機会に恵まれ、共同研究も実施した。同教授より推薦を受けて、二十年も後に、私はアメリカ会計学会副会長に任命されました。〔……〕さらに今年（二〇一三年）二月には国際会計学会の会長に選出されました。」

これは文字通り、久山理事長がランバス留学基金を開設して、国際的な影響力のある研究者を育成するという夢を実現したものといえる。現在は、関学商学部の現役教授として、国内多国籍企業の会計監査を指導すると共に、国際会計学会のための活動に多忙をきわめている。学長在任中に大学院に司法研究科と経営戦略研究科を開設している。

この傑出した学長経験者である平松教授に、久山理事長の行った学院の改革事業についての評価を私が尋ねたところ、即座に次のように答えた。「桁違いの大学経営者です。久山先生の行った事業計画には常に高邁な理念が込められている。建造物は誰でもできるが、理念を入れるのは難しい。先見の明をもつ得がたい人格である。」

第二回のランバス留学者に、杉原左右一前関学学長がいる。商学部教授・学部長・統計学者である。数理統計学を専攻する若き助教授として、アメリカ・カリフォルニア州スタンフォード大学経済学部大学院に一九七八―八〇年に留学した。最先端の統計理論に挑戦するには、日本の大学環境では限界があった。ここで多変量時系列モデルにおける統計理論の開発に携った。杉原学長は「二年間のランバス留学の研究は私にとって計り知れない経験であった」と述べている。留学中に、久山理事長が率いる六十余名の学院海外大学視察団の一行がスタンフォード大学を訪問した折り、その案内役を務めた。

杉原学長は任期中（二〇〇八―一一）に、学院の歴史に残る画期的な事業を実行した。森下理事長・グルーベル院長・杉原学長の指導体制のもとで、二十一世紀学院の在り方を示す「関西学院新基本構想」をまとめ上げた。森下理事長はこの新大学発展の具体的展開を、大学長と執行機関に求めた。

杉原学長は、学院を再び発展の軌道に乗せた。二〇〇八年に、大学は従来の社会学部社会福祉学科を再編成して、日本の大学において最新にして最大規模の人間福祉学部を開設した。さらに二〇〇九年には、創設者ランバス夫人が百二十年前に女子教育を目的として創設した聖和大学との法人合併に基づき、幼児教育と小学校教育を実習することのできる教育学部を開設し、幼児教育と初等教育を含む学院教育体系が整備された。

二〇一〇年には、久山理事長が、開設を熱烈に希望していた「国際学部」の新設を上ケ原キャンパスに実現した。この学部の構想と大学院を指向するカリキュラムは、インテンシブな語学教育と海外地域研究を内容としており、杉原学長は、国際学部こそ学院教育の歴史が目指してきたものであり、その設立は遅きに失したとしても、早すぎることはないことを強調した。三十年前の久山理事長の国際学部の基本構想に、現行のカリキュラムの細目が織り込まれていることに、われわれは驚嘆を覚える。

久山康理事長が、ランバス留学基金を創設した目的は、キリスト教精神を継承する若き人材を育成することにあった。**打樋啓史教授**（現社会学部宗教主事）は、二〇〇二年に英国ロンドン大学キングスカレッジ文学部神学・宗教学研究科に、ランバス留学生として、博士課程に入学した。彼の研究課題は日本のキリスト教神学にたいして挑戦的テーマで、原始教会から現代にいたるまで、礼拝の核をなす聖餐の意義を古代教会史に遡って解明し、現代的意義を捉えなおす試みで、その成果が期待される。

ロンドン大学はイギリス国教会（アグリカン）に属して、キリスト教聖餐儀礼の研究における権威ある教授と貴重な文献を保有する世界の枢要な研究拠点である。ここで打樋教授は、キリストの最後の晩餐におけるパンとワインをキリストの体と血として弟子たちと共食する儀礼から始まり、原始教会、ローマ帝国の迫害下の地下の集会、中世、近世におけるキリスト教会と信徒の間の聖餐儀式の歴史的な推移を、ギリシャ語やラテン語の文献を用いて、驚くほど緻密に研究した。この研究成果はロンドン大学に提出する学位申請論文としてほぼ完成段階にあるが、私はその梗概を読む機会があり、大きな共鳴と感動を覚えた。キリスト教神学における儀礼に関する宗教社会学史の研究書として待望される。

彼はロンドン大学における留学経験を、次のように述べた。

「毎週、パンとワインを戴く聖餐の典礼に参加した。聖書の言葉よりも聖餐の儀式に参加して、キリストへの一体感を深めることができるようになりました。またユダヤ教、カトリック教、聖公会、他の英国プロテスタント諸派の大学院生と交わり、広い視野からキリスト教を考える事ができるようになり、関学に帰ってきてからは宗教教育において新しい提案ができるようになりました。世俗化した時代の中でキリスト教の存在意義を考えることができるようになりました。私がこの道を切り開くことが出来たのは、久山康理事長のキリスト教人材の育成への信念に負うところが大きいと思います。」

ランバス留学基金は、これまで三十七回、合計九十名の留学生を世界の有力な大学に送り出してきた。彼らはほとんどが出身学部に復帰して、研究において重要な成果を挙げ、大学各部門における要職に就任している。大学院生として留学した人は、全国の国公私立大学において活躍している。事務職員の留学者は、学院の国際交流を担当する管理者となっている。最近の傾向は、女性大学院生のランバス基金の留学者が増加していることを、ランバス留学者一覧は示している。

グルーベル院長は、現在、ランバス留学基金の運営の責任者である。その成果について、次のように語った。

「ランバス留学のことは、個人的に良く聞いている。彼らは海外留学が専門の研究分野において大きな成果を挙げる機会を与えただけでなく、かれらの人生に転機を与え、人生を豊かにしてくれたことを感謝していた。これまでの人生に無かった経験を留学によって得ている。海外大学に出発する留学者にたいして、ランバス留学経験者と座談の場を設けてランバス留学の心構えを伝えるようにしている。ランバス留学者には三十六歳という年齢制限があるが、最近は、選考委員の間でポスト・ドクターないし大学院生を選ぶ傾向がある。出来るだけ留学中に、海外大学において学位を取得することを奨励している。ランバスと名のつく留学者には、冒険心とチャレンジ精神が求められる。」

私は未来を見据えて、若き関学研究者を養成するために、ランバス留学基金を創設した久山康理事長の熱い想いが、時を経て余りにも見事に実現していることに深い感銘を覚える。学院の歴史と未来にたいする大いなる遺産である。

（萬成　博）

四　ランバス記念講座の開設

学院創設者ランバス博士の名前を冠する記念講座の開設は、学院史に名を残す事業である。久山理事長は一九七八年に学院千刈キャンプ場の隣接地に千刈セミナーハウスを建設して、国際学術交流の場を設けた。開館記念講演の講師として、米国ハーバード大学名誉教授のタルコット・パーソンズ博士に白羽の矢をたてた。当時、同教授は、関学社会学部長の倉田和四生教授の招きで、大学院において、一九七八年秋学期に客員教授として学院宣教師館に滞在していた。「現代アメリカ社会の危機と宗教の役割」と題するセミナーには、全国より理論社会学や宗教社会学を専門とする百二十名の大学教授と研究者が集合した。世界における宗教の役割の変容と対立をめぐるセミナーの討議では、日本の社会学史に残る宗教社会学に関する理論的・実践的な論争が展開された。その記録は学院図書館に保存されている。パーソンズ教授は、このセミナーの半年後に西ドイツ・ニュールンベルグ市において客死したので、彼の関学における講演は二十世紀社会学界巨人の最後のメッセージとなった。
一九七九年には、学院創設九十周年を迎えた。久山理事長は、ランバス記念講座の開設を実行した。講座の主旨を自ら起草して、「日本は近年経済的発展をとげて先進国の仲間入りを果たしましたが、これからはあらゆる面で、世界における日本の新しい歩みを必要とします。そのような時、世界的視野にすえて奉仕されたランバス博士の精神を継承してゆくために、ランバス記念講座を開設いたします。毎年一回、関西学院に海外から講師を迎えて、教職員、学生、卒業生さらにコミュニティーのために、これを開きたいと思います」と記した。
記念講座における講師は、日本と米国の現代史に名を残した大学研究者である。講座の詳細記録は、学院図書館にビデオとテープレコーダーに保存されている。ここには概要のみを列挙する。

第一回　ランバス記念講座（一九七九年六月二十八―三十日）
講師　エドウィン・O・ライシャワー（在日本米国大使・ハーバード大学教授）
学内講演「日本の近代化の歴史的特質」（中央講堂）
「日本の近代化の挫折」（中央講堂）
神戸市民講座「現代世界における日本の役割」
千刈セミナー「現代世界における日本の役割」

第二回　ランバス記念講座（一九八〇年五月二十六―二十九日）

講師　エズラ・ボーゲル博士（ハーバード大学東アジア研究センター教授）
学内講演・神戸市民講座・千刈セミナー　「今日の世界・明日の日本」

第三回　ランバス記念講座（一九八一年六月二十三―三十日）
講師　ロバート・N・ベラー博士（カリフォルニア大学教授・宗教社会学）
学内講演　「日本の近代化と宗教の役割」
神戸市民講座　「現代人と宗教」
千刈セミナー　「市民宗教と社会改革」

第四回　ランバス記念講座（一九八二年五月十九―二十二日）
講師　スジャ・トモコ博士（東京・国連大学長・インドネシア国出身）
学内講演と千刈セミナー　「グローバリズム、地域主義と文化の相剋」
神戸市民講座　「アジアの共存と日本の役割」

第五回　ランバス記念講座（一九八三年十二月五―七日）
講師　エンディミョン・ウイルキンソン博士（ＥＣ委員会・東南アジア代表）
学内講演　「二十一世紀における新しい力――日本と東アジアの急成長」
神戸市民講座・千刈セミナー　「世界的視野、地域主義と文化の相剋」

第六回　ランバス記念講座　（一九八四年六月十二―十四日）

講師　ハーバート・パッシン博士（米国コロンビア大学社会学教授）

学内講演「戦後日本の教育改革とその問題点」

神戸市民講座「国際化時代における日本の教育」

千刈セミナー「世界に貢献する日本の教育」

ランバス記念講座は、学院の建学の精神、未知の世界へのチャレンジという学院が取り組むべき課題をわれわれに示している。これからの学院の歩みにおいて、ランバス博士の精神は永遠である。私はランバス記念講座が復活されることを願ってやまない。

（萬成　博）

第3章　広報委員会・企画調査室の設置と役割

一　企画調査・広報委員会創設の意義と成果

（一）　設置目的

一九七四年、久山先生は理事長・院長に就任されると企画調査・広報委員会を設置されましたが、『大学とは何か――世界の大学・日本の大学・関西学院』の「序」の中には次のように述べられている。

「学院が今日直面している教育的課題は、複雑多岐にわたり至難のものばかりであります。そしてこれを解決してゆくには、人材の育成と財政的裏付と時間とが必要であります。そのことを心におきながら百周年に向ってその発展の歩みを進めなければなりません」とまず目的を記し、さらに「私はその基礎作業の開始として、学院の各方面の構成員による自由な研究・討議の場を設定し、学院の向うべき方向を探求したいと考え、ここに『関西学院を考える』というシリーズの発行を企画しました」とその方式について述べている。

（二）　職務内容

理事長・院長就任後に設置された広報と企画調査の活動を任務とする機関である。各学部、高中部から主として長期外国留学を経験した三十代の教員でいわば理事長・院長の若きブレインであった。

理事長・院長の下に院長補佐（水谷昭夫、山内一郎、森川甫、渡辺泰堂、真鍋一史など）職が設けられ活躍した。

（1）学院広報誌『クレセント』の発刊に関わった。

（2）北摂校地購入の広報活動の推進。

（3）『大学とは何か』『国際交流と大学』『学院財政』の編集。

（4）千刈セミナーハウスの行事計画についての意見を上申した。

（5）海外諸大学視察旅行の実施計画立案し実行した。

以下、右記の諸項目について記述する。

（三）　業務の展開

(1)『クレセント』発行

院長補佐のうち水谷昭夫教授はもっぱら『クレセント』誌の編集・刊行に携わった。優れた学識、教養を備え、卓越した同教授は、他に類例を見ない学院広報誌を発行し、学院の躍進を計り、実行する理事長・院長の優れた片腕の役割を果たした。また、水谷教授は学院外より大河内氏を招き、編集などの大きな助けを得た（第Ⅱ部第3章参照）。

巻頭言　世界的時代を生きるために　海外諸大学視察旅行

今、激動のなかに世界的時代が到来しつつあることは、誰の眼にも明らかであります。電波と航空機が世界の距離を一挙に縮小しています。世界は従来のイデオロギーの対立に加えて、技術革新の波に乗る生産の躍進と各国の経済的競合、そして解放された国々での激しいナショナリズムの抬頭、先進工業国と開発途上国との間の南北問題、そういう経済、政治、思想文化の錯綜する関係のなかで、世界の国々はその存立をかけて互に連繫し対立し、変転きわまりない状況を作りだしています。

この激変する世界のなかで、日本は資源をもたぬ経済大国として自己の進路を開拓しようとしております。日本がここ十年来自由主義国のなかでアメリカにつぐ国民総生産をあげているということは、資源の輸入において、また製品の輸出において、世界に深く依存していることを示しており、そのことは日本のかつてない経済的繁栄のうちに、たえず危機の動いていることをもあわせて物語っています。

学院の創立九十周年を記念して創設されたランバス記念講座の第一回講師として招聘したハーバード大学のライシャワー教授も、日本はいま幕末維新の時と同じような転機、また危機に直面していると話され、それはまた世界の直面している同じ状況と連関していることを語られました。日本が今「島国日本」から「世界の日本」に急速に発展しつつあるそのなかで、大きな試練に出逢っていることは、否定できないところであります。

たしかに今日の日本の産業は、驚異的な発展を遂げています。造船において世界の半ばを占め、カメラはドイツを、時計はスイスを抜き、テレビ、オートバイも世界一、自動車や鉄鋼もアメリカと覇を競い、合成繊維、セメント、それにコンピューターなど世界の上位を占める産業が続出し、欧米の企業を圧倒しつつあります。

そしてこのような日本経済の躍進は、貿易関係での商社の海外進出をもたらしただけでなく、生活の豊かさから来る日本人の海外旅行の急増をもたらせ、昭和二十五年に僅か八千九百人にすぎなかった海外渡航者の数が、四十二年には二十七万人、五十二年には三百十五万人、そして五十四年には四百万人を突破しました。四百万といえば一億一千五百万の総人口からいって、ほぼ二十九人に一人という割合であります。

そして日々のテレビも新聞も、そして雑誌や書物も、海外のニュースをふんだんに提供して、国民の意識は急速に国際化してきました。この趨勢は今後止るどころか、急速度に高まってゆくにちがいありません。

しかし、世界への日本のこのような進出は、初めに述べましたように、国際的な対立抗争のなかでの進出でありります。前途に困難と危機の伴っていることは言うまでもありません。すでに日本の商品の圧倒的な進出に対して、欧米では激しい摩擦が生じ、非難と反撥の生じていることは周知の通りであります。それは各国の企業を危機に追いやり、労働者の失業を増大し、経済の破綻をもたらすからであります。あの自動車産業の強大を誇ったアメリカさえ、日本の自動車輸出の自己規制を求め、また日本の自動車産業のアメリカ誘致や資本と技術の提携を求めているのも、最近の事実であります。

このような情勢の進展は、今までのように日本で生産された商品を海外に輸出するだけでは済まないことを、次第に明らかにしつつあります。日本から資本と技術と人間を海外に送り、その民族の歴史と生活習慣を理解し、現地の人々と協力して産業をおこし、共存と共栄をはかるという在り方が、世界から求められているのであります。従来の帝国主義的経済進出はもちろん、軍事力を伴わぬ経済力のみの進出も、一民族中心のエゴイズムの枠を越えないかぎり、世界に受けいれられることは次第に困難となってゆくにちがいありません。

このような重大な国際状況のなかで、私は学院の創設者ランバス先生、並びにその一家の人々の身をもって示されたキリスト教精神の重要さを、いまさらのように思わずにはおれません。

私たちは創立九十周年を祝った昭和五十四年の夏、海外諸大学視察旅行の途次、ランバス先生の故郷であるアメリカ南部ミシシッピー州の州都ジャクソンの近郊、パールリバーの地を訪ねました。そこは今日なお草深い田舎でありましたが、そこからランバス先生のご両親が、二十四歳と二十一歳の若さで、地の果てのように遠い上海まで、万里の波涛を越え、百三十五日を費やして、明治維新よりも十四年前の安政元年、つまり一八五四年に伝道に赴かれたということに、私たちは深く驚かされました。それは未知の中国の人々の魂の救いのための献身という純一な決断であり、危険きわまりない人生行路に身を投ずる決意であったことを痛感させられたからであります。

ランバス先生は上海で生れ、アメリカの大学で神学と医学を学ばれた後、明治十年二十三歳で新婚のメリー夫人十九歳を伴って上海の父母のもとに赴かれました。これは父母の献身の純乎たる反覆でした。そして明治十九年には中国伝道から日本伝道に転ぜられ、ご両親とともに神戸に着任されました。こうして関西学院はランバス一家の篤い祈りのなかで明治二十二年に創設されたのであります。

ランバス先生は四年余りという短い在日期間の後帰国され、やがて南メソジスト教会の監督としてメキシコ、ブラジル、アフリカ、シベリヤ、中国と世界伝道に六十六年のその生涯を捧げ尽くされました。

私たちが深い感動を覚えるのは、ランバス先生ご一家の墓所が、世界の各地に散在していることであります。

父君はランバス先生が帰国された翌年、明治二十五年に神戸で逝去され、神戸の外人墓地に葬られました。母堂は帰米後令嬢ノラ夫妻の伝道地、上海に渡られ、明治三十七年そこで召天され、外人墓地に葬られました。ランバス先生は大正十年宣教師会議のため来日中、横浜で亡くなられ、中国のノラ夫妻に遺骨は引き取られて、母堂の墓地に葬られました。ランバス夫人とその令息令嬢の墓所はナッシュビル郊外にあります。しかしその後調査しましたところ、上海のランバス先生と母堂の墓地は、革命後墓地の移転のなかで、無縁墓として喪われていることが分りました。

学院創立者の一家の墓所が、日本、中国、アメリカと遠く離れて散在するだけでなく、創立者の墓がもはや地上にないということは、私たちに深い驚きと悲しみとを湧かせます。しかし同時にそのことはキリスト者の国籍は地上にはなく天上にあるという生き方を、私たちに直視させずにはおきません。

私は世界の人々のために生涯を捧げられたこのランバス精神こそ、第四代院長ベーツ先生が提唱され、学院のスクール・モットーとなった“Mastery for Service”の真髄を示すものだと思います。そしてその精神こそ世界的時代に生きる日本人の道標であると思わずにはおれません。

私たちは学院の建学の精神とその歴史的展開をめぐって何回か共同研究を行い、また今日の世界の状況と各国の大学の実情をたずねて海外の視察旅行を行いました。また「ランバス記念講座」を創設して、海外の代表的学者の日本論をも聞きました。いまその記録のなかから文章を集めて「クレセント」の特別号を作製しました。これを通して、新しく学院に学ばれる学生、生徒諸君が、そして父兄の方々が、時代の問題と学院の教育について理解を深めていただければ幸いであります。

（『クレセント』入学臨時号、一九八一）

（2）北摂校地購入問題

理事長・院長より北摂校地購入の説明を受け校地開発と新学部開設の計画を聴き、その計画推進のため意見を上申した。大学評議会、各学部教授会がほぼ毎年反対決議をするなかで北摂校地購入と新学部開設の必要性を教職員に説明し説得に務めた。また兵庫県と関西学院大学との間で北摂土地の購入決定が遅れるなか、兵庫県の実務担当者との意見交換も行なった。（第Ⅱ部第7章参照）

（3）『大学とは何か』『国際交流と大学』『学院財政』の編纂

新学部開設の準備として『大学とは何か――世界の大学・日本の大学・関西学院』『国際交流と大学』『学院財政』の三部作が出版された。特に前記二書は他大学の新学部開設研究資料として利用されたと言われる。しかし関西学院大学では国際学部も芸術学部も実現されなかった。

久山先生は右記〈関西学院を考えるシリーズ〉三部作それぞれに核心に触れる重要な「序」を付しておられる。

『大学とは何か―世界の大学・日本の大学・関西学院』序

関西学院は昨秋創立八十五周年を迎えましたが、百周年を眼前にして新しい発展と飛躍を行なうべき課題を負わされているように思われます。今日、時代は大きな転換期に直面しており、これに対応して学院の教育と研究は、根本的な改革を通して建学の理想と使命を時代に向って発揚することが、必要となっているからであります。

今日の時代の新しい大きな特色の一つは、世界的時代が到来していることであります。世界は一つの有機的連関のなかに組み込まれており、研究も教育も国際的交流のなかにおいてでなければ発展が不可能な状態にまで立ち至っています。これに対して関西学院の体制を整えることは、重大な課題であります。

しかしこの世界的時代の到来は、世界のいずれの民族にとっても例外を許さない共通の情勢でありますが、日本にとってはそれはさらに特別の意味をもっています。それは日本人が世界を住み家とし、世界のために生きるべき時代に入ったことを意味しているからであります。戦後の日本の経済発展が世界に日本を進出させたというだけではなく、資源の乏しい経済大国である日本は、資源ナショナリズムの台頭する今日の世界情勢のなかにあって、益々世界とともに生きるほかに存立の道のないことを明確に認識しつつあります。戦前の軍事力による他民族支配、戦後の経済力による世界進出が、決して日本民族の繁栄をもたらすものでないことが自覚されてきた今日、日本に残されている道は、他の民族のために生きることによって自己の存立をはかるという道義的生き方のみであります。そしてこの民族の生き方は教育の力によって開かれるものであり、関西学院が建学の精神としている"Mastery for Service"のキリスト教精神は、それを目指すものであります。今日ほど、学院の精神の発揚が日本民族にとって必要とされている時はないのであります。

関西学院は、明治二十二年にアメリカの南メソジスト教会のランバス監督によって創立され、アメリカとカナダのミッション・ボードの協力によって発展してきた学校でありますが、学院の歴史を彩る国際性というのは、他の民族の救いのために祈り、そのために生涯を捧げて仕えるという国際性であり、今日の日本民族に欠けた、しかも最も必要な精神であります。この精神を振起し、この使命実現のための具体策を探求すること、これは学院の最も重大な課題であります。

また今日の時代の根本的な特色の一つは、近代世界が決定的な解体期に入っていることであります。近代の徴標である科学・技術による自然支配が、豊かな社会をもたらすかに見えたその時点で、公害問題が人間の生存を脅かし、資源の枯渇が人類の不安を呼ぶようになりました。そして都市化の波は自然環境を破壊しただけでなく、人間関係を解体し、断絶の時代をもたらしました。しかも科学的で唯物的な物の考え方の普及と浸透は、人間の内面の世界を破壊し、宗教、芸術、道徳などの伝統と無縁の人間を作り出して、方向のない価値の多元化のなかに、魂の故郷を喪失した時代の虚しさを拡大しています。このままでは近代の人間解放の輝かしい歴史も、悲惨な人間解体に止めがたく傾斜してゆく様相をさえ呈しております。しかも資本主義社会の矛盾のなお克服されないなかで、共産主義社会の問題性も露呈しているのが、今日の世界の状況であります。数年前より先進工業国に勃発した大学紛争の嵐も、この解体の時代のかもし出す精神的混乱と苦悩の一つの表現であります。

こういう解体の時代、模索の時代のなかで、近代化と伝統の新しい綜合を成就し、魂の故郷を見出し、自然に対しても人間に対しても生じている断絶を克服して、深い生命の連帯を回復することは、宗教的基盤において初めて可能なことであり、それはもちろん一朝一夕に達成することのできない困難を含んではいますが、キリスト教精神を根柢とした学院教育の大きな使命であります。

また今日の時代の特色の一つは、高等教育の大衆化ということでありましょう。戦前十万に足りなかった大学生の数は、今日百六十万に達しております。そして学院も一万四千名に及ぶ大学生を擁しています。多元化した価値観をもち、多様化した志向をもつこの多数の学生に対して、稔りのある対応を行いつつ、その志向を深めて、創造的な人格の確立をはかることが、いかにして可能であるかということを、探求しなければなりません。そしてそこには今日重視されている小集団教育や自然教育も必要でありましょうし、教育工学と呼ばれている教育方法の近代化も必要となることと思われます。また受験教育の弊害の批判されている今日、それを免れた中学部、高等部をもつ綜合学園としての学院は、十年一貫教育の成果を挙げて、学院の理想とする人間形成をいかにして実現するかを、十分に検討しなければなりません。

さらに今日の社会では「生涯教育」ということが、問題となってきました。生活に初めて余暇の生み出されつつある時代、しかも解体の混迷の深まりつつある時代にあっては、私たちの生涯は自己教育の期間であり、学院はこの社会の要請に応えるものでなければなりません。そういう意味では学院は、学生、生徒と教職員の構成する教育の共同体であるだけでなく、同窓にも父兄にも、さらにまた地域社会の人々にも開かれた教育の機関であることが必要となっております。〔以下略〕

（久山康「序」『大学とはなにか――世界の大学・日本の大学・関西学院』一九七五）

『私学財政と学院の歩み』序

関西学院は本年創立八十五周年を迎えましたが、百周年を眼前にして新しい発展と飛躍を行うべき課題を負わされているように思われます。今日、時代は大きな転換期に直面しており、これに対応して学院の教育と研究は、根本的な改革を通して建学の理想と使命を時代に向って発揚することが、必要となっているからであります。

今日の時代の新しい大きな特色の一つは、世界的時代が到来していることであります。世界は一つの有機的連関のなかに組み込まれており、研究も教育も国際的交流のなかにおいてでなければ発展が不可能な状態にまで立ち至っています。これに対して関西学院の体制を整えることは、重大な課題であります。

〔…中略…〕

しかしこの第二集は、先生方の研究論文や報告が中心となり、シンポジウム中心に全体を構成した他の二集とは、内容の少し異なったものになりました。しかし大学紛争以来、院長代行、学長代行として、また院長、学長として学院の教学と経営の責任的地位におられた小寺先生が、同時に日本私立大学連盟の「私学財政委員会」の委員長として、長年の経験と研究調査の上に立って書かれた文章を寄せて頂き、この春まで財務副部長であった町永先生が、日本の私学と最も類似性の大きいアメリカの大学の事情を紹介して下さったことは、問題の理解に広い展望を与えるものであります。また財政学専攻の山本先生は「学院財政の歩み」について詳細綿密な調査をして下さいましたが、こういう試みは初めてのことで、学院の財政問題理解に欠くことのできない貴重な論文だと思われます。この外「関西学院財政白書」のダイジェストも掲載しました。シンポジウムについては先年財務部長補佐を勤められた石田先生と山本先生に発題をして頂いた上で、学生部長、総務郡長、院長事務取扱いなどの要職をともに経験された武藤、玉林両先生に加って頂き、広報委員の若い人々を中心に行いました。

しかしこのシリーズの企画と実行と完成は、院長補佐の山内一郎君を中心に、若い広報委員の先生方の熱意と献身的な協力によっていることを思い、心からの感謝を捧げざるをえません。またグラビア頁の編集に当って下さった総務部の小黒勝利氏に対しても謝意を表わしたいと思います。私はこのシリーズの編集に当りながら、学院の多くの若い人々の友情を得、その清新な人格と学院教育に対する熱情に接して、改めて深い感銘を受けるとともに、学院の総力を結集することができるならば、百周年へ向っての学院の発展は、期して俟つべきものがあると、希望を大きくさせられました。

もちろん、これらの論文や討議の内容については、種々の異論を持たれる方もあると思います。そういう方々に対しては新しいシンポジウムの場を作って討議をさらに進展させたいと考えております。

なお、学院は昨年より学院組織の改革を行いましたが、これは教学と経営の責任を分担しつつ、一層積極的に時代の課題に応え、学院教育の発展を計ろうとしたものであります。しかし理事会は経営を担当するとはいえ、綜合学園の経営を行うのでありますから、今日の教育と研究の課題について現場の先生方とともに十分調査、研究を行い、その任務の遂行に少しでも遺漏のないようにと願っております。このシリーズの発行もその意図に基づくものでありますが、これが学院の未来を開く一つの鍵となることを祈るとともに、学院を構成するすべての方々の御協力と御支援を切に願ってやみません。

（久山康「序」『私学財政と学院のあゆみ』一九七四）

『国際交流と大学』序

今、世界的時代が到来していることは、誰しも日々の出来事を通して痛切に認知しているところである。世界のどの一角で起こったことでも、即日ニュースとなって世界全体に伝わり、世界にさまざまの反響を呼び起こし、さまざまの影響を与える。世界は政治、経済、文化のすべての面において密接に連関しながら、しかも政治、経済、文化のすべての面で多元化し、鋭い対立を生み出している。協調と共生よりほかに生きる道がないにもかかわらず、対立は拡がり、その深刻さを加えている。

そういう混沌を秘めて激動する世界情勢の中で、日本は資源のない経済大国としてその世界を自己の生活空間として生きなければならなくなっている。日本が島国として世界の一隅に孤立して生存しうる時代は、すでに遠い以前に過ぎ去っていたけれども、今日ほど世界を知り、世界と交流し、世界と共生してゆくことが、つまり世界に開かれた日本となることが必要となった時代もない。明治以来日本は民族の一大変貌期を経験したといわれてきたけれども、そういう意味では明治以来の日本人の一大変貌について、さらに新しい民族の変貌の時代に入っているといってもよいのではなかろうか。

経済が先行して日本はすでに世界の日本になっている。しかし、日本人の島国根性はいまだ払拭されておず、世界の中で世界のために生きる新しい日本人はまだ形成されてはいない。高度の技術と広い教養の上に新しいモラルを兼ね備えた日本人の形成は、日本の未来を拓く鍵であり、教育立国ということが今日唱えられ始めているのは、そのためであろう。

この世界に開かれた人間の形成という課題は、教育の全分野・全過程を通じての今日の重要課題であるが、その中で最も深い関係をもっているのは、大学教育であろう。そこではこの課題に応えるための根本的な研究と教育が行われうるだけでなく、また実際的な国際交流もそこで実現することができるからである。

私たちはこの時代の課題に対して基礎的な検討と調査を試みてみた。国際交流の理念と歴史的事例を第一部としたのは、この問題を皮相な時流に乗った問題としないで、歴史を貫いて今日に至った人類の問題として自覚したかったからである。第二部ではしかし今日の大学で企画され実施されている国際交流の実態について、できうるかぎりの調査を行った。そして第三部「今後の課題」では、一私学関西学院で今後何を為すべきか、また何を為しうるかについて検討した。このうち第一部と第三部の検討と調査は、学院内の若い同労者たち、ことに外国留学の経験をもつ人々を中心として行ったが、第二部の調査はもっぱら社会学部の助教授真鍋君と学院の企画調査室の主任石井佐兵衛君の労苦によって遂行された。

そしてこれら学院内の教職員の共同作業に加えて、この問題について豊かな経験と深い洞察、また高遇な抱負をもたれている前文部大臣の永井道雄氏及びアジア財団日本代表J・L・スチュアート氏――氏の御親父はメソジスト教派の宣教師として来日され、学院の姉妹校である広島女学院の院長をされた方であり、氏は神戸にお生れになられた方である――国際文化会館の専務理事で、東京大学名誉教授前田陽一氏、文部省科学官で、前日本ユネスコ事務総長の西田亀久夫氏の四氏に特別に時間をさいて頂いて、お話を伺い、これを収録させて頂いた。

それぞれお忙しい方々が貴重な時間をさいて、大変示唆に富んだ御意見を示して下さった御厚意に対しては、衷心より感謝している。

この書物は「関西学院を考える」というシリーズの第三集として学院の広報委員会で編集したものであるが、第一集『大学とは何か――世界の大学・日本の大学・関西学院』、第二集『私学財政と学院の歩み』の編集と同じように、広報委員の文学部教授水谷昭夫、同助教授津田静男、社会学部助教授真鍋一史、法学部教授三浦澄雄、経済学部助教授山本栄一、宗教センター主事田添禧雄、神学部教授山内一郎の諸君を中心に、実に三十六名の主として若手教授、さらに同窓で世界学生奉仕団の総主事藤田允君の協力を得て完成された。

シンポジウムは五十年八月に第一回を開催して以来、五十二年一月に至る期間に九回これを開いた。第二部は真鍋君の担当で、五十年の六月から企画調査室の石井君、日隈君ともども東京に出張調査したり、全国の大学に対してアンケート調査を行ったりして、五十一年の夏にはまず完成した。これには真鍋君の尋常一様でない熱情と努力が注がれたが、真鍋君はこれを完了するとともに五十一年九月にはヘブライ大学に留学していった。次に第三部が完成した。これは幾回かのシンポジウムの各人各様の発言を、三浦君が整理し編集したもので、ここまで纏めるのに要した三浦君の労力は大変なものであった。最後に第一部が残ったが、国際交流についての歴史的な事例について専門の各教授の協力を得て、何回か話を聞き、それを圧縮し、かつ全体に適合した形のものにすることに努力したが、各歴史的事例の興味にひかれて、全体のテーマから逸脱しそうになって、編集が極めてむずかしかった。この第一部の編集は水谷、津田両君が当り、山内、田添両君が協力された。そしてその間に前永井文部大臣のお話や東京の方々のシンポジウムの原稿の完成も行われた。速記の通覧、訂正ということも分量が多ければ大変な労力を要することであるが、これを快く引受けて御協力下さったそれらの方々の御厚意に対して深謝している。すべてテープから原稿に起す作業、原稿の整理、督促、校正などは、石井、日隈、花田など企画調査室の諸君の手で行われた。これも並大抵の仕事ではなかった。

この書物の編集の期間は丁度二年連続の学費改定の時期であり、その作業と重なって広報関係の人々の労苦は重かったが、しかし、二年間にわたるこの書物の作製を通して、私の深い感動を覚えたことは、学院の若い教職員の人々の実に熱心な協力であった。大きな転機を迎えている日本の教育に対して、そしてまた学院教育の未来に対して、若い人々の抱いている熱い祈念と逞しい推進力に、私は心を打たれ、励まされたのである。

この書物はシリーズの第一集、第二集と同じように、学院の全教職員、全学生、生徒、父兄、同窓会役員など、一万七千人を越える学院の全構成員に頒布して、ともに学院の将来を考えて頂く資料としたいと思っている。そしてこれを契機に学内の討論をさらに進めて、そこで纏められた計画を学院の力を結集して実現したいものと願っている。

もちろん、この討議や調査では不充分の点も多いであろう。これは学院内外の識者の御批判を仰いで、さらに補正し充実したいと思っている。しかしとにかく、この書物が今後の学院の教育と研究の路線を確定する上で、一つの道標となりうることを信じ、これに参加、協力下さった方々へ心からの感謝を捧げたいと思う。

（久山康「序」『国際交流と大学』一九七七）

（4）千刈セミナーハウス

学生のゼミ、教職員の研究会、国内外の学会活動、同窓父兄の集会、教会などの研修会のために、自然豊かな千刈の地にセミナーハウスが建設された。（第Ⅱ部第6章参照）

(5) 海外諸大学視察旅行

グローバル化国際化時代を迎え学院の教育行政を担う職員を養成することが急務であった。職員を一人ずつ留学させても成果は望めなかったので、まとめて世界の主要大学でセミナーを開設した。このような一カ月にわたる世界一周の画期的な視察旅行が二度にわたって実施された。この視察旅行の参加者は旅行前に毎週一回研究会を持って参加した。また、視察旅行後レポートを提出し報告書を作成した。

(森川　甫)

表1　海外諸大学視察旅行日程表

日数	月日	曜日	都市名	摘要
	7月22日 A班出発	日	大阪 発 成田 モスクワ 着	大阪空港(国内線)集合　6：30
1	23日 B班出発	月	大阪 発 成田 モスクワ 着	大阪空港(国内線)集合　6：30
	A班待機		モスクワ	高等教育所見学

以下7月24日～8月14日はA・B班とも同じ

日数	月日	曜日	都市名	摘要
2	24日	火	モスクワ	モスクワ大学訪問　レーニン廟 クレムリン内部、トレチャコフ美術館
3	25日	水	モスクワ 発 フランクフルト ハイデルベルグ 着	フランクフルト着後、ハイデルベルグ大学訪問
4	26日	木	ハイデルベルグ 発 フライブルグ コンスタンツ 着	フライブルグ大学訪問
5	27日	金	コンスタンツ 発 チューリッヒ ベルン ジュネーブ 着	コンスタンツ大学訪問　ベルン大学訪問 ジュネーブ大学訪問
6	28日	土	ジュネーブ	モンブラン登山
7	29日	日	ジュネーブ 発 パリ 着	ルーブル美術館
8	30日	月	パリ	印象派美術館　(午前) ベルサイユ宮殿(午後)
9	31日	火	パリ	シャイヨー宮、ノートルダム、カルティエ・ラタン パリ大学訪問(午前) 大学都市見学、ユネスコ本部訪問 モンマルトル(午後)
10	8月1日	水	パリ 発 ロンドン 着	パリ(午前中自由行動)
11	2日	木	ロンドン	オックスフォード大学見学
12	3日	金	ロンドン	イートン校見学
13	4日	土	ロンドン	大英博物館、ウェストミンスター寺院、バッキンガム宮殿、 ロンドン塔
14	5日	日	ロンドン 発 ボストン 着	ハーバード大学訪問　(午後) マサチューセッツ工科大学訪問(〃)
15	6日	月	ボストン	ボストン大学(セミナー)
16	7日	火	ボストン 発 トロント 着	トロント市内見学(午後)
17	8日	水	トロント	トロント大学(セミナー)
18	9日	木	トロント 発 ナイアガラ バッファロー アトランタ ジャクソン 着	ナイアガラ瀑布
19	10日	金	ジャクソン 発 ダラス 着	パールリバー.チャーチ訪問
20	11日	土	ダラス	S.M.U.(セミナー)
21	12日	日	ダラス 発 サンフランシスコ スタンフォード 着	カリフオルニア大学バークレー校訪問(午後)
22	13日	月	スタンフォード	スタンフォード大学(セミナー)
23	14日	火	スタンフォード	サンフランシスコ市内見学
24	8月15日 A班	水	スタンフォード 発 サンフランシスコ シアトル アンカレッジ	
	B班残留		スタンフォード	オプション
25	16日 A班	木	大阪 着 (成田経由)	
	B班		スタンフォード 発 サンフランシスコ バンクーバー	
	17日 B班	金	大阪 着 (成田経由)	

二　キャンパスに新風を吹き込んだ雑誌メディア『クレセント』の刊行

（一）『クレセント』の十二年

（1）異例の大学刊行物

一九七七（昭和五十二）年十二月十四日。関西学院通信『クレセント』は創刊された。

報道、解説、評論、実用や娯楽を含む総合雑誌といわれるものとはいささか趣きを異とする。その内容を瞥見すると、日本をとりまく世界の状況や日本人の海外渡航を含む経済・社会全般の国際化の足音、宗教を含む海外の社会状況や民族の歴史、地誌、人物紹介やその業績、教職員による自著の紹介や専門領域の研究成果の平易な解説、キリスト教界で指導的な役割を果たしている著名人や牧師、信徒の告白や消息さらにその意見、さらに識者、著名人、教職員、同窓からの随筆、学生・生徒の活動などが多彩に織り込まれ、いずれも品格が感じられる文章でありながら平易な表現が心がけられている。グラビアはもとより可能な限りの図表表示や写真やイラストによる視覚化も図られており、今日で言うところのビジュアル化をいちはやく実現している。各巻B５版百五十―二百四十頁（カラーグラビア十―三十頁を含む）の堂々たる体裁であった。創刊三号目からはＩＳＳＮ番号（国際標準逐次刊行物番号）を取得。これによって世界的に認知された雑誌として、加盟している国からＩＳＳＮ番号によって検索や内容閲覧が可能となる。ちなみに関西学院通信『クレセント』の番号はＩＳＳＮ＝０３８８６―３２３９である。

誌名の『クレセント』は学院の校章〝新月〟を意味している。たとえ今は不完全であっても、完成を目指して絶えず向上し進歩して行こうという教育理念を表現したものであった。創刊から十二年後には創立百周年を迎えようとする時にあたり、激動する社会情勢と新しい時代の要請に応えうる関西学院を築こうとの熱い想いが込められたものであった。

創刊号の巻頭で、久山康理事長・院長は「孤独の群衆を超えるもの」と題して次の一文（一部省略）を寄せている。

今日の私たちの生活は、大都市周辺の密集した家並みのなかで行われておりながら、しかもその実体においては、周囲の人びとの生活と断絶した孤独な生を営んでいます。「孤独なる群衆」と呼ばれる通りの生活であります。

この現代の固い孤独の壁を破って、喪われている人間性を回復すること、それは今日の切実で重要な問題であります。

しかし同時に、今日ほど日本がめまぐるしく変化している時代もありません。思いを超えた経済成長の急進展は、日本を「世界のなかの日本」に変貌させてしまいました。もはや世界を離れて日本民族の生きる道はなくなりました。激しい生存競争の渦巻くなかで、資源の乏しい経済大国日本の生きる道は、世界の諸民族との共存のモラルを確立するより他にないようにみえます。

この新しい人間性の回復と世界と共存するモラルを確立するためには、関西学院の建学の精神であるキリスト教教育が日本民族の試練にこたえるべき時代が到来しています。しかもそれを教職員と学生・生徒の間だけでなく、同窓、父母を加えた学院の生涯教育の展開において、果たすべき時が到来しています。

と記しており、クレセントの創刊は新しい時代の要請にこたえるものであることを端的に伝えている。

当時、私立大学では優秀な学生を可能な限り多く求めようとする〝競争〟の時代を迎えていた。多くの大学が大々的な宣伝をする時代となっていた。そのための媒体として〝入学案内〟というような冊子をはじめ、なかにはテレビやラジオを通じて学生募集のための広報活動を盛んにするという状況が現われていた。そのような広告ではなく、大学出版界では本来の役割である学術発信の場として各種の出版物の刊行を古くから実施している。紀要をはじめ多くは学術的な内容に終始していたが、時代が下るとともに、それにあきたりることなく文芸や評論を織り込んだ雑誌形態の出版も散見されるようになった。明治中期以降には早稲田大学文学科の機関誌としての『早稲田文学』（坪内逍遙を編集者として一八九一年創刊）、慶應義塾大学の文科の機関誌『三田文学』（森鴎外を顧問、永井荷風を主幹として一九一〇年創刊）などが公刊されている。しかし、これらは文学作品発表に限られたものであり、特定の専門領域の延長線上のものだとも言える。しかもある時期には大学ではなく、出版社からの発行となっているものもあった。その後、多くの人に知られている慶應の『三田評論』、東海大学の『望星』などは今も書店で販売されている。いずれも大学の下にある出版部門が編集発刊業務を行っている。さらに、羽仁もと子が創刊した『婦人之友』は女子教育の場である自由学園を母体としたものであったし、服飾や栄養を専門領域とする学園からはそれぞれの専門雑誌が店頭を飾っている。いずれも月刊、または隔月間、季刊の雑誌である。そして、これらの出版は大学から刊行されたものではあるが広報、宣伝のためのものではない。学園の存在を世に知らしめる格好のメディアとしての役割を果たしてはいるものの、入学生募集のための広告ではないのである。このような状況のなかで『クレセント』は生まれた。

『クレセント』の執筆者や登場人物は関学関係者に限らず、活動を続ける経済人や文学者や芸術家など全国の多様な、しかも一流の人士がインタビューや対談、執筆に応じ〝教育・教養雑誌〟としての内容と体裁を具備したものであった。さらに『クレセント』は教職員、大学生の父母には無料送付された他、中高生には各自に持ち帰らせるなどした。その他阪神間の書店や百貨店の書籍売場でも頒価で販売。また一九八五（昭和六十）年以降には延べ三十六回にわたり同窓会支部総会の会場で同窓生に贈呈、定期購読の募集を行い約五百名の予約を得ていた。

『クレセント』は学生・生徒募集や学園宣伝のためでなく、商業誌ではカバーしきれない分野を建学の精神を具現化するというコンセプトのもとにつくられた稀有の〝雑誌〟と言う評価も得た。毎号関西学院を描いた作品が表紙を飾った。時には日本画家東山魁夷画伯や都路華香画伯の作品が表紙を飾ったこともあった。また全巻を通じて国画会の須田剋太画伯の力強い筆致の淡彩や素描を寄せていただき、これを本文カットとして挿入した。

創刊から十二年後の一九八九（平成元）年三月十四日発行の最終刊まで計三十二巻（別冊二巻および入学臨時号五巻を含む）に至るまでの間、年間二—三巻の出版を続けたわけだが、その間の平均発行部数は各号二万—二万五千部。直接経費である印刷製本費は年間四百—五百万円。郵送費も年間五百万円。そのすべては父母の組織である教育振興委員会によって賄われていた。印刷と製本は創刊から終巻にいたるまで大阪のタカラ写真製版が担当した。

（2）雑誌刊行への期待と経緯

「雑誌を発行しよう」という想いは久山康理事長・院長の心にあった。

久山先生はキリスト教兄弟団という組織で月刊『兄弟』という機関誌をすでに刊行しており、雑誌メディアがいかに大きな役割を果たすのか、充分な認識があったものと思われる。雑誌という形態は物理的にも精神的にも〝重すぎず軽すぎず〟まさに中庸をいくものである。さらに発行人や編集人の考えが全面に表出される。嫌でも応でも主宰者の思考や美学が覆い隠せず現れてくるものである。その存在はまるで一人の人間の生き様を写し、存在を世間に明らかにし、自らを広くに問うという側面をもっており〝無名性〟で事柄は成就しないのである。雑誌というものが、発行人や編集人が公的な存在や発言者としての航跡を残すものであり、組織の意思を素早く的確にしかも平易に楽しく表現できるものだということを久山先生は熟知していた。〝難しいことを易しく、易しいことを深く、深いことを愉快に、愉快なことを真面目に表現する〟ことを可能たらしめるには雑誌という形態は非常に有効なわけだ。先の〝難しいことは……〟という一句は、ある戯曲・小説家のものに手を加えたものだが、この真意は芸術家のみならず教職にある者や表現者としてのすべての人間に必須のことではなかろうか。そうでなければ多くの人の上にたつ指導者としての機能は半減されてしまうことも承知だったのであろう。

時代は激変の只中にあり、学園をとりまく環境は常に緊張を持続し奮励努力することなしに前進することは不可能であった。まず、関西学院をどうするのか。「現状のままであっていいはずはない」との観点から生涯学習に資するため父母にも高等教育や研究成果の一端を伝える必要があった。さらに大切なことは、建学の精神の基本を啓発し指導するとともに将来ビジョンを推進していくための理解を得なくてはいけないことである。それは若い人たちを教化するのみでなく、同窓、父母までを巻き込んだものでなくてはならないのだ。その上で具体的な未来図を描くことに到達しなければならない。国際化はすでに兆しを見せ、情報化はとば口にさしかかっていた。何としてもこの現況を一刻も早く構成員すべてに知らせ、理解を促し、併せて協力を仰がねばならない。理事長に就任以来の切羽詰った気持ちが雑誌創刊に踏み切らせたものと言えるだろう。

一九七六(昭和五十一)年四月十九日。この日久山康理事長・院長は雑誌創刊の構想を初めて公にした。それは当時理事長・院長の諮問機関として組織された広報・企画調査委員会の席上ではなかったかと思われるが、残念ながらその記録は現存しない。後に編集長に就任した水谷昭夫文学部教授の話では、創刊の数年前。おそらく二年前の一九七五(昭和五十)年頃から何らかの出版を意図したふしがある。それが雑誌という形態に固まっていったのは、水谷教授を含めた有為の人たちの強力な提言があったのではなかろうか。水谷教授は日本の現・近代文学を専門としているが、その視野と活動範囲は幅広い。文芸一般と言ってしまえば身も蓋もないが、キリスト教文学を中心として小説(現代の私小説から時代小説を含む)、古典文学、伝統芸術(演劇、芸能)、音楽、美術、デザインにまで興味と関心を持ち、それを素早く自分のものにし、創作したりアレンジできるという特異な才能に恵まれていた。もっとも日本の古典や芸能や易学については、生家の薫陶によるものが根底にあろうかとも推測されるが、大学で教鞭を執る傍ら時代小説をものし別の雑誌に掲載されたこともある。オーストラリアへのただ一度の渡航機会で出会った先住民アボリジニーの建国説話を飜訳し豪華な絵本にしたり、少児に馴染む〝いろはカルタ〟の現代版を作ったりもした。〝カルタ〟の読み札は教授自身、取り札の絵は喜美子夫人の手になるものであった。学院建学初期の卒業生久留島武彦の自伝を映像化し、自らその解説者として画面に登場もしている。太極拳を舞い気功や風水に通じ、レストランへ行けばソムリエやシェフを煙に巻く通暁ぶりを語る。そのどれにも嫌みがなく、専門家や碩学に好感されるのは、もはや天賦の才としか言いようのないものであった。

当然、書籍や出版事業についても興味とともに深い造詣を持ち続けていた。教授の指導と推挽《すいばん》によって著名な出版社に勤務し編集者として業績を残している子弟が多い。さらに新聞記者や編集者にも知人は多く、それらの世界についても興味津々であった。その面での研究は怠りなく、久山康理事長・院長就任にともなってその意を素早く察知するとともに、労力を厭わず惜しみなくアイデアを提供していた。「この人を得ずして、あの出版は全うできなかった」という声は今日でも耳にするところである。

一九七五年十月十八日　水谷教授の知己であった雑誌編集経験者を広報・企画調査委員会に招聘し、雑誌編集と出版についての基本を学ぶ。

一九七七年一月三十一日　次年度の検討課題として雑誌刊行を採りあげ、先述の水谷教授、丹治恆治郎法学部教授、犬石隆夫広報室長の三名を担当委員とする。併せて、山内一郎神学部教授、森川甫社会学部教授、田添禧雄宗教センター主事、石井佐兵衛企画室主任を編集員とし、編集長には水谷教授、事務局として企画室、学院の責任者である久山康理事長・院長を発行人と定める。

六月十三日　他大学の類似出版物を収集・検討。

六月十八日　久山康理事長・院長が教育振興委員会に出向き、雑誌刊行に係る経費の寄付依頼をおこない、その承認を受ける。

六月二十七日　雑誌についてのアンケート調査実施。新雑誌名を関西学院通信『クレセント』と決定。既存の広報冊子名『関西学院通信』(『父母通信』改題)を踏襲したが、これは以前からの読者である父母への理解と馴染み易さに配慮したものだ。

七月二十七日　この日以後、原稿依頼開始。新雑誌表紙のイメージ・チェック、創刊号企画の検討、採択などの会合開催。創刊号巻末の編集後記には「公式の編集会議だけで二十回。小さな打ち合わせを入れると百回はこえるという、まことに大変な労働であった」と水谷編集長は記している。

八月八日　理事会に企画内容提出。

十月三十一日　グラフィック・デザイナー田口吉延氏提出のタイトル・ロゴや表紙デザインを採択。以後、具体的な編集作業に入る。

この間、〝一九七七年度には創刊号のみを発刊〟とすることや、そのための細かいスケジュールを検討。学外の雑誌編集経験者も数十回にわたり編集打ち合わせに参加。学内の編集実務や事務は企画室の花田司専任職員が主担。彼は編集作業だけでなく会議記録や各種企画の準備、さらに販売のために阪神間の書店への新刊搬入や定期購読者に対する請求や領収業務の一切を執り行った。つまり小さな出版社の事務を一人で担ったのだ。校正や出稿の繁忙期には専任アルバイト職員や学生アルバイトの協力も得た。創刊号発刊直前の十二月十二日には広報室の専任職員二名も編集担当者として参画することが決められた。雑誌刊行に際してのこのような体制は、発刊までに行った在京著名大学の出版部門を歴訪しての調査・見聞を参考にした。なお、学外の雑誌編集経験者は創刊号発刊翌年の四月から関西学院に雑誌編集専業職員として就任している。

以後、『クレセント』刊行については、その企画段階や作業経過、また販売や贈呈、印刷・郵送などの経理処理に関することなどすべてを広報・企画調査委員会に報告、または検討課題として上程している。この過程で、年間二巻の発刊とすること、また原則として原稿執筆料は支払わないこと、さらにインタビュー出席や取材協力費も支払わないこと等が取り決められた。このようにして雑誌発刊はスタートしたのである。

（3）千二百余名にのぼる誌面登場者

執筆陣や登場人物の数はなんといっても現そして旧の学内教職員と同窓生が圧倒的に多いが、内外の著名人の参加も多く仰いでいる。幅広く参加者を求めたのは、発行人、編集人そして編集委員会や広報・企画調査委員会メンバーの意向を体したものだ。学内の智恵と助力だけでなく、海外の識者はじめ国内の政官界、経済、文化芸術など各層有識者の協力と支援を積極的に仰ぎ、それらの方々の叡智から少しでも多く深く学び取ろうという積極的な姿勢の現れであった。本稿執筆のための事前調査に当って既刊号全巻の登場者名を見るだけでも、その規模と広がりと人数の多さにこの雑誌がかつての学園の出版広報といった範疇を超えた、まったく新しい雑誌形態の刊行物であったことがあらためて理解できる。

企画の骨格を成しているのは、発行人である久山康理事長・院長の発案や主宰による企画である。久山先生は多忙な校務の間を縫って学内外の識者の意見を謹聴するとともに、学院の目指すべき方向について丁寧に語り、縷々説明し、よき理解を広くに求める姿勢に徹していた。対談、座談会、インタビュー、シンポジウムなど直接に面談する機会を通して相互交流の実は上がり、広範な人びとへの理解が進められたのだった。久山先生は話が長い。伝えたいことの中心点を語るのに、一つの項目に通常二十分はかけられていた。同じ主題による会議や会合に役職上幾度も出席を求められた人たちは一様に、まったく同じ句を繰り返し聞かされる長口上に辟易としたことだろう。しかしそれは、新しいことを成し遂げたい一心からのものである。構成員の意識改革を進めるには、幾度も語り続けられることで、その熱意と主張の概要の理解は浸透するものである。先生の言葉は易しく的確であり文章と同様に格調高いものであった。先生の専門は哲学である。ともすれば抽象的な理論に終始するのではないかと思う大方の想像に反し、すぐれて合理的な思考によってデータや図表、指標を駆使して説明に供し、説得力と実行への意思を感じさせるものであった。そのデータ収集や作図は石井佐兵衛企画室主任が一手に引き受けた。また、雑誌の意図を鮮明に表わし、より見やすい誌面作りを実現するために本文やグラビアなど全誌面のレイアウトは出版専業職員が担った。このようにして〝手に取り易く、愛着が持てる〟誌面充実がはかられたのであった。招いた人士は元総理を含む国内の政治家・自治体首長や経済界の指導者、また文部省高官や国公私学の学長ら、さらに文系理系を問わず内外の碩学たちであった。目次から検索する限りでも六十八名もの多くの人が発行人と直接面談して意見を交わしている。また編集人の専門は日本文学であり、あわせて敬虔なクリスチャンということもあって、著名な作家や評論家とのインタビューが多い。その数は二十八名にのぼる。発行人や編集人の参加する企画以外の講演や対談、座談会にも外国人をまじえる四十七名の他、学生対象や教職員の研修、地域の市民に開放された講演会での講師は国内・外の学識経験者、文芸家、経済人、芸術家など六十九名を迎えている。

さらに、論文やドキュメント、紀行や評伝などの文章や写真の寄稿をはじめ海外からの英文による寄稿もあった。談話を得て編集担当者が文章化したものもある。特に関学創立九十周年記念号や『クレセント』創刊二十号記念には予想外の多くのメッセージを得た。寄稿者総数は百八十三名。政財界、国内外の著名大学学長や海外在住の卒業生、多くの研究専門家、小説、評論、音楽、映画、運動、芸能界など広範な領域からの賛同を得た。

その他の執筆者としては、随筆：百九十二名。キリスト教関係企画：延べ七十二名。地域研究関係企画：四十三名。文学関係：三十四名。専門研究及び調査関係：五十一名。私の新著紹介：延べ二百五十七名。父母・学生・生徒・同窓・事務職員：延べ百二十五名。学生活動：七団体を採りあげ、ルポルタージュとして掲載した。

これらとは別に『クレセント』誌の特徴である美しいグラビアにも多くの人からの写真や原稿が寄せられてい

る。グラビアは関学の美しいキャンパスを紹介したものが中心だが、千刈セミナーハウス開館、千刈キャンプ創設三十周年記念と施設整備完成、学生会館完成、ランバス博士の故郷訪問、カーター前大統領の來学、欧米諸大学視察などのトピックスや特別の企画もあった。連載企画で特筆することは、第二号から最終刊までの間に写真と文章で綴った「聖地紀行」である。二十一回の連載をいただいた善養寺康之氏は東京在住の写真家で、海外特にキリスト教遺跡や巡礼の道程を歩き、その光景を記録している。キリスト生誕から今日までの聖地の姿を写すと同時に、現在かかえている問題点までを記した貴重なものである。同様に二号から最終刊に至る表紙裏を飾った「学院の草花」は、キャンパスの庭園と樹木育成と管理を掌握していた小林啓一氏による樹木と草花の選定とエッセーによるものだ。関学は、かつて週刊『朝日ジャーナル』誌（一九六三年十一月二十四日号「大学の庭」）で永井道雄氏によって「私が知るかぎり、関西学院は日本でもっとも美しい大学の一つである」として紹介されたことがあった。その美しいキャンパスを造り上げた功労者の筆頭として記憶される人物が小林氏だ。母堂も学院に奉職され、氏自身も学院には幼い頃から親しみと愛着を持っていた。学内には四百種を超える樹種の木々が茂り、訪れる野鳥も数十種を数える。卒業生が学院を思うとき、類希なる自然の装いを学生時代に体感したことをいつまでも心に刻んでいる。小林氏は園丁たちの先頭に立って学院の自然を守り育てただけでなく、学生活動のひとつであった「自然愛好会」のメンバーにも多くを指導している。メンバーの一人は「炎天下の芝刈り、木々の剪定、二十メートルもある高木に乗っての枝打ち、消毒、育苗。こうした作業を指揮、監督しているのが小林啓一さん。彼の植木、園芸に関する知識は言うまでもなく、永い学院生活のなかで、関学の自然のあるべき姿を理解し、その実現に深く関わっている。われわれにとって兄貴と呼ぶに足る存在だ」と記し、ヒゲの小林とかムッシュ・コバヤシと呼んで兄事していた。学内だけでなく校園のいたるところで学ぶことは多かったのだ。

俳句を吟じ、スケッチ・ブックを片手に淡い色彩で自然を描き、素直な文章もよくする文人でもあった。手塩にかけた樹木や草花にさりげない短文を添えて紹介した「学院の草花」を待ち受けていた読者は多い。

『クレセント』誌の美しい誌面とグラビアに多大の貢献をなしたのは、学院のオフィシャル・フォトグラファーである清水茂氏。在学時には写真部に所属。卆後、学院広報の仕事を経由して『クレセント』創刊にともない活動の場を拡げた。写真研究のためにアメリカへの二年間留学というブランクはあったが、本文写真は言うに及ばず、グラビアページで学院の美しい自然を活写し続けている。その膨大な作品群から写真集「学院の四季」を上梓した。また同時に『クレセント』発刊業務の間隙を縫って製作した「絵はがき」や「カレンダー」はじめ、千刈セミナーハウス開設十周年記念誌や新学生会館完成記念写真パンフレット等、彼の作品なしには語れない。本文写真については清水茂氏の他、幡谷康明、木村修、河原雅夫、榊本勇助、三澤ユタカ、高見清、辻村耕司、矢田晃氏など、また、東京取材時には山本紀之氏の協力を得ている。本文カットは須田剋太画伯、元永定正画伯はじめ、学院職員であった中條順子、浅沼彩子、戸田隆、江本章子、今崎恵美さんたちの協力による。

表紙絵については学院を描いたものを中心とした。ほとんどは学院所蔵のものだが、一部画業を専らとする方の作品提供を仰いだ例もある。ランバス先生が牧師として最初に就任したパール・リバー教会を描いたものなど作者不詳のものも数点ある。ここに作者名を列挙しておく。定方未七朗（号・塊石）。堀口泰彦。小林泰次郎、藪本憲治（描きおろし）、中村季右（デザイン）、小金丸勝次、東山魁夷、児玉幸雄、石川晴久、神原浩、T・YOKOTA、青山政吉、都路華香、直原玉青、芳賀龍雄、田中吉光、吉原治良、大石輝一、段垣直樹。

(4)幻を見る力

久山先生が学院の理事長として経営の任に就いたのは、学費問題を端緒とする〝学園紛争〟の末期である。荒廃した学院を復興するための学費収入安定を図り、時代の進展にあわせるために多くの理事、教職員、同窓、父母、学生の理解と協力を得て、紛争で荒廃し手つかずの状態だった学院の諸施設を整備した。

『クレセント』最終号となった第二十五号に「現代を生きるということ」と題して久山先生の一文がある。そこには、「過去十年間、関学では何の教育改革も行っていない。昭和三十五年に社会学部、翌年に理学部を創設したが、すでに三十六年を経て学部増設の話(学科については昭和三十八年に文学部仏文科、昭和五十三年に社会学部社会福祉科が増設)は皆無である。これには驚きを超えて恐怖の念すらいだく」とある事務職員の報告を引いた後、概略次のように記している。

〝軍事力をもって他民族を支配しても、結局は自己中心という自然的なあり方を是正して他民族とともに生きる立場にふかまらない限り、真の発展はありえないのである。学院創立者ランバス先生一家の人びとが南米やアフリカ、中国そして日本でおこなわれた献身と奉仕とは、今日の日本の範となるものであろう。〟このように国際化への基本的スタンスを示し、併せて個人の内面的深化のための芸術への関心までを説いている。さらに、〝理事長・院長としての責任をもった十五年前の二万八千坪の建物は五万三千坪にまで増加した。八万三千坪余の上ケ原校地に対して十万六千坪の北摂の新校地を準備した。法的に学部や学科の新設が不可能な上ケ原校地の限界を超える新時代の教育計画が可能となった〟。そして最後に、多数の理解者、協力者そして学院に連なる人びとへの謝意を表わした後、〝真の贅沢というものは一つしかない。それは人間関係の贅沢だ〟というサン・テグジュペリの言葉を引用し、新約聖書「ヘブル人への手紙」から「行く先を知らないで出て行った」という言葉に出会って思いを決したことや〝「地にて旅人、また寓《やど》れる者」という言葉が今も心に響いている。〟と記している。

末尾の一文を抜粋しておく。

私たちの地上の旅は短い。「無常迅速」を説く仏教的伝統に育まれてきた私たちには、その思いがことに強い。私はよく織田信長が桶狭間への出陣の間際に、舞い且つ誦《うた》ったという幸若舞「敦盛」の一節を思い出す。『人間五十年、下天のうちをくらぶれば、夢まぼろしのごとくなり、ひと度、生を受けて、滅せぬもののあるべきか』という言葉である。学院の生活は私たちすべてのものから束の間に消えてゆく、そして人生そのものも私たちとともに消えてゆく。

人はお金による力（＝財力）と規則による力（＝権力）を得て大を成し得る。しかし、それだけではよき指導者として多くの上に立つ人間にはなり得ない。財力、権力が殖《ふ》えるとしても、それだけで大事は成就しない。さらに大切なものがある。それは〝幻をみる力〟であろうか。ビジョンを描き得る幻を見ることができるかどうかが問われているのである。『クレセント』創刊号巻頭グラビアのタイトル「見ることをまなぶ――リルケ」は水谷昭夫編集長によれば、「これはある意味で雑誌全体の主張にも共鳴する」としている。「情報文化または俗悪な劇画志向のなかで清澄な視線をたもち、退廃していく活字文化に人間らしさや自然の美しさを見ることを通して、そこに新しい息吹をそそぐことにある」と言うのだ。そして私たちは〝目に見えるもの〟だけを追うものではない。ときとして〝見えないもの〟を見る。それは幻であるかも知れない。だが、その幻に〝血肉を付与し〟

具体的な〝夢〟に仕上げ〝ビジョン〟として提示する力量を持つ者が真の指導者ではなかろうか。

『クレセント』最終刊発刊直前の一九八八（昭六四）年十二月二日。編集人・水谷昭夫教授急逝。最終刊発行の一九八九（平成一）年三月十四日から十七日後の三月三十一日、発行人・久山康理事長・院長退任。この日、北摂校地は学院所有のものとなる。翌日から学院創立百周年記念事業開始。

（大河内敏弘）

第4章　学園紛争の収拾とガバナンスの確立および財政の安定化

一　久山先生の学生紛争への対処

関西学院大学における学生紛争は、一九六〇年代の終わりに数年にわたり、学院を襲った過激派学生による政治的、思想的な革命運動である。この紛争によって、学院は精神的にも財政的にも、深刻な損傷をうけた。大学紛争は省みると、理由の乏しい幻想の革命騒動であった。しかし社会や大学の危機管理に重要な教訓を残したと言える。

学生紛争は最初に、東大や日大などの関東の大学で勃発したが、関西では関学が全共闘の拠点攻撃目標に選ばれた。全国大学に拡大した全共闘運動の司令塔は、羽仁五郎（西洋史学者・極左思想家）であった。彼は、一九六八年十一月二十二日午後関学を訪問して、中央講堂において、「中世イタリアのボロニア大学においては、学生が大学の主人公であり、教授を任命する人事権を持っていた。学生諸君は大学の主権者である」という主旨のストライキ煽動演説を行った。彼は大学を社会主義革命の拠点とする革命運動の総首謀者であった。彼は大学教授と政府を罵倒し、反日共系暴力学生の暴力行使を賞賛した。全共闘学生が魔術に罹ったよう聞き入っている様子に、私は恐怖を覚えた。社会革命運動において、煽動家が大衆を動員する場面に私は遭遇した。学院における学生のストライキは、この講演を機に一挙にエスカレートした。学院の全学部校舎は封鎖された。講義は出来なくなり、全共闘学生は学部長、学長、院長を糾弾集会の場に引き出し、いわゆる学生裁判にふした。全共闘学生による校舎や教室の物理的破壊の損害は大であった。しかしそれ以上に、古武彌正学長の心労による入院と辞職および小宮孝院長の学院紛争の半ばにおける辞職は、学院の歴史における。痛恨の不幸である。

私が初めて、久山康先生を身近に感じたのは、学院紛争の激化した一九六九年一月末極寒の夜半、学院中央芝生に立つ先生の姿であった。中央講堂の中では、覆面ヘルメットと鉄パイプで武装した多数の全共闘派学生がひしめき、壇上の関西学院小宮孝院長ひとりを取り囲み、学費値上げ撤回をはじめとする彼らの諸要求を暴力的に迫っていた。鬼気の迫る状景であった。二夜、連続二十四時間に及ぶ全共闘の脅迫に耐えて、小宮孝院長が彼らの要求の全項目を、英雄的に拒否していた。中央講堂の外で、久山康先生は、ひしめく全共闘学生に対してひとりで対決している小宮院長の安否を案じて、厳冬の中で祈るように深夜に至るまで佇んでいた。私たちはその姿に感動を覚えた。久山先生は、学院の教職員と学生の間に自然発生的に形成されてきた、関学を守る会の中心となって、正常な大学機能を復活させることを祈った。

関学の危機と小宮院長の試練は続いた。二月上旬に関学全学部の一九六九年度入学試験を予定通り実施することを決定した。学長が不在のため、小宮院長が自ら入学試験実行委員長を務めた。関学全共闘学生は外部の大学全共闘学生を動員して過激な暴力手段をもって入学試験粉砕の挙に出た。小宮院長は兵庫県警機動隊に警備を依頼した。学院キャンパスは激しい戦場となったが、入学試験は奇跡的に成功した。小宮院長の関学存続のための正当であり適法な意思決定にも関わらず、学内には言論の府である大学構内に、国家権力の導入に反対するという治外法権の思想が根強く、教授の多くが冷淡な目を向けた。小宮院長は院長職を辞した。学院教職員が集合した辞職会見の場において、小宮院長は「私の手は汚れている」といった時に、慰留する声は弱かった。私は全共闘学生の暴力から、学院の存続と一般学生の授業を受ける権利を守るために、自分を犠牲にして大学混乱の責任をひとりで背負った小宮院長の意思決定は崇高であると思った。私は学院教職員の多くが、正常な価値判断を失っていると思い、深く失望した。

それから五年が経ち、久山康先生が理事長・院長に就任した。着任早々、学院を辞職した小宮孝先生に対して、関西学院名誉院長の称号を贈呈した。小宮先生は十年間の院長在職の間に、社会学部と理学部を創設し、ランバス記念礼拝堂、第一学生会館、体育館を開設した。敬虔なキリスト教の信者として学院に今も活躍する宗教活動委員会を遺した。小宮孝先生に対する名誉院長の称号は、学生紛争の危機に臨んで、一身を犠牲にして、大学を救済した功責に報いるためである。これまで名誉院長の称号拝受者は、吉岡美國先生とベーツ先生の二人のみである。私たちは学院の建学の精神と価値判断力が未だ失われていないと思った。

（一）　久山先生の大学紛争への対処

学生紛争において久山先生は関学を守る会の中心にいた。日本の全大学を巻き込んだこの紛争は、一九六〇年の日米安保騒動に端を発した大学を舞台とする政治思想的な革命運動であった。学院においても思想的に対立する教授と学生の間の深刻な骨肉の争いとなった。先生は『兄弟』という雑誌において六十八―六十九年まで、十二回にわたり、大学紛争の背景と紛争の実態を主題とするシンポジュームを開催して、大学紛争の本質を解剖する貴重な記録をのこしている。

久山先生は一九六〇年代の学生運動の底流に、近代社会のもつ人間性の喪失にたいする若者たちの抗議の行動であることは認識していた。また当時の大学管理機構における教授会中心の古い体質に、大学人としてかなり批判的であった。しかし大学紛争についての情報を、自ら積極的に収集していたので、この紛争は、たんに学費改訂に反対する純粋な学生運動ではなく、学外の政治勢力によって動かされる、大学を解体するという革命運動であることに早くから気づいていた。

この革命運動の主体は、日本共産党民主主義青年同盟（民青）に反対して分派した極左過激派集団である。彼らは第二次大戦後、日本の思想界を支配した社会主義を信奉する大学教授や知識人に煽動され、大学を拠点とする革命運動の前衛となった。久山先生はこの学生運動が社会的基盤のない行動であることを見抜いていた。彼らは戦術として大学教授を直接に攻撃せず、大学理事長、院長、学長に標的を絞って、学費値上げ、学生処分などの問題に反対し、学生による大学自主管理を要求した。関学では古武彌正学長と小宮孝院長に的を絞り攻撃して、辞職に追い込んだ。小宮院長の大学キャンパスにおける全共闘学生の暴力を排除する警察力の導入の意思決定は、院長の正当な責任の行使であるにも拘わらず、当時の学内教授の意見は分裂しており、学部教授会、大学評議会、理事会も紛争解決に有効な意思決定をすることができなかった。

（二）　学長代行提案の内容とその結果

小寺先生が学長代行に就任して院長代理を兼任した。三カ月に及ぶ上ケ原キャンパス全面封鎖の下で、新しい大学像を教職員と学生に示し、大学改革の構想を全学集会において訴え、全共闘学生を、兵庫県警二千名の力によって、キャンパスから排除した。そして大学の研究と教育と学生行事を正常に復帰させた。しかし代行提案の内容に示されている大学改革の理念と政策は、学生の暴力や破壊的手段は否定しているものの、学院の建学の精神、教育の主体、教育政策を逸脱しており、全共闘学生の掲げた主張に同調するものとなっている。

学長代行提案において大学改革の理念とした大学像は、建学の精神は堅持するとしているが、大学統治の方針は、大学の構成員である教員、職員、学生を対等の立場とする民主的自治の原則であった。しかも学長代行提案の具体的内容は、学生の暴力を排除するに国家権力をもちいない、学生は大学の意思決定プロセスに権利として参加する、学生は学費の改訂に異議申し立てと拒否権を有する、学生は学長選挙権を有する、学院と大学の管理については、理事長をもって法人の最高責任者とし、学長は教学の最高責任者とする。院長職は廃止するなどである。この提案によれば、学院の経営責任は、理事長と理事会にあるが、その権限は教授や学生の民主的自治に委ねる主旨となっている。私たちはこの提案を読んで、学院の寄付行為に規定するガバナンスに違反すると思った。この理念と政策は、日教組の大学改革提案であるかと疑った。

この提案は、関西学院の憲法である寄付行為に規定する職務と権限の遂行を、国の大学設置基準に基づいて、理事会・大学評議会・学部教授会が運営する従来の組織構造・意思決定の方式に矛盾するばかりでなく、この代行提案の内容の多くは、実際に大学の運営において実行することができなかった。提案されている学生たちによる自主管理に基づいて、学部カリキュラムを運営した大学の例もあるが、実施不可能であった。もちろん関学のどの学部においても実施例はない。

さらに小寺学長代行の時期は、年十数パーセント以上の経済成長に伴う物価高騰が起こった。他の大学は、物価の上昇と給与水準の増加に伴い、学費を上げたが、学院では学費改訂に学生に拒否権を提案しているので、学費値上げができなかった。教職員の給与は公務員給与水準をなんとか維持したが、大学の活力の源である研究費、教育費、管理費は、五年間にわたり据え置かざるをえなかった。インフレ経済の下でデフレ緊縮財政を取った関学は、関西や関東の有力私立大学の中で新しい時代の要望への対応に遅れていた。私は当時社会学部長を勤務しており、この財政政策の結果を具に経験した。若手有為の教員が外部大学に転職するのを止めることができなかった。学院の財政を維持することが困難になり、小寺学長は辞任した。私は大学の教学の責任者である学長が、学院経営を統括する院長代理を兼任して、学院全体の経営と財政の責任を負う制度には、限界があることを痛感した。

小寺学長代行は、学生紛争への対処において学長と院長の職務機能において重複があったために、法人の意思決定に不都合が起こったことを理由として、院長職の廃止ないし理事長への一体化を提案した。この件を理事会において審議した矢内正一理事長は、学院理事長が院長職を兼任することを決定した。この寄付行為改正によって、学校法人関西学院の教学と財政の意思決定の権限と責任は理事長と理事会にあることが明白となった。久山康先生は学院史において初めて理事長にして、院長職を兼任し、二つの職責を一体的に遂行した。

久山先生は、学生紛争の最中、一九六九年六月に学院理事に任命され、以後七四年に理事長・院長に就任するまで、学院理事として経営に参加したので、学生紛争によってもたらされた学院の経営と教学における危機がどこにあるかを十分に知ることができた。幸いなことに久山理事長・院長が在任した時期は、日本の社会と大学が有史いらい初めて豊かな経済を享受する時代にさしかかっていた。久山理事長の責任と役割は、紛争によって著しく低下していた学院の経営と財政力を再建して、新しい時代の大学の役割と政策を確立することにあった。

二　学院第三の創造にむけて

（一）　久山理事長・院長は学院の第三の創造にむけてガバナンスを確立した

久山先生は、二十八年間の関学勤務と五年間の学院理事を経て、一九七四年に第十七代学院理事長・院長に就任した。学院史において始めて、専任の理事長が院長を兼任した。就任の挨拶において、「八十五年の歴史、一万六千人の学生・生徒、六百人の教職員、七万五千人の同窓生をもつ学院の経営と教学の責任を担うにあたり、学院の特色はキリスト教と国際性と自然環境の美しさの三点にあると思います。その個性を今日の時代に発揚することが、私たちに課された使命であります」と述べ、学院の精神の継承とその発展を内外に声明した。

第一に、関西学院の内外に学院の進むべき方向をしめした。『大学とは何か――世界の大学・日本の大学・関西学院』（一九七六年）の序文において、久山先生は、「関西学院は昨秋創立八十五周年をむかえましたが、百周年を眼前にして新しい発展と飛躍を行うべき課題を負わされているように思われます。今日、時代は大きな転換期に直面しており、これに対応して学院の教育と研究は、根本的な改革を通して建学の精神と使命を時代に向けて発揚することが、必要となっています。今日の時代の新しい大きな特色の一つは、世界的時代の到来していることであります。世界は一つの有機的連関のなかに組み込まれており、研究も教育も国際的交流のなかにおいてでなければ発展が不可能な状態にまで立ち至っています。これに対して関西学院の体制を整えることは、重大な課題であります」と述べ、並々ならぬ改革の意思を鮮明にした。

第二に、学院統治機構・理事会を改革した。一九七〇年代の時代は、大学に新しい科学知識と高度の技術をもつ多くの若い人材を求めていた。しかし関学を含め日本の大学は、この新しい時代の社会の要望に対応できなくなっていた。既成の大学の統治構造は、学生紛争に適切に対処できなかっただけでなく、急速に進歩した日本の産業界の要望する高等教育人材を養成する使命に十分に対応することができなくなっていた。このギャップを満たすために、久山理事長は学院の改革の最初に、学院法人組織の構造改革を実施した。理事会人員を十三名から、二十五名に倍増した。従来のキリスト教会、教育界、学術代表に加えて、学院同窓の経営者、関西財界の指導者を理事に迎えて、産業界の革新的な知識と経験を、学院経営の分野に取り入れた。

理事会の執行機能を強化するために、従来、教授が兼任していた総務部長・財務部長に代えて、専任の事務職幹部を任命した。事務職員に理事職に昇任する機会を開いたことは、職員に職務への責任と意欲を喚起した。財務部長に美濃部道照氏、広報室長に犬石隆夫氏、国際交流室長に藤田允氏を任命した。三者はそれぞれ銀行、新聞社、国際ＮＧＯの経歴を持つ、同窓ベテランである。学院の執行スタッフ部門は新しい時代を迎えた。

第三に、学院の再建ための政策を立案した。理事長として久山先生は、学院経営の戦略的部局として、常務理事を置き、企画・調査・広報・国際交流の部門を新設し、これを学院経営のための企画部門とした。中堅・若手の職員は、学院の難局に処するための有効な情報を収集した。調査室は学院活動情報を、他大学情報と合わせて適確・迅速に伝達した。企画課は関学各学部のベテラン、中堅、若手の研究者、同窓生、学外専門家、延べ七十四名からなる大シンポジュームを、一九七四、七五年の二夏にわたり、開催して、『大学とは何か――世界の大学・日本の大学・関西学院』（一九七六）、『私学財政と学院の歩み』（一九七五）、『国際交流と大学』（一九七七）の三部作（延べ約千頁）を編纂・出版した。久山先生は全シンポジュームに参加し、専門家の意見を聴取して、意見および討論を必ず総活し、そこから導き出される政策を述べている。これらの三部作は関学最初の総合調査報告書（教育白書）となった。そして久山理事長は、この調査報告書を、学院百周年に向けて「新しい創造のための指針」および「学院財政の再建のための道標」とした。

第四に、久山理事長は学院内の人事、財政、行事の情報を教職員と学生に伝達する広報を充実した上で、学生の父兄、同窓生および社会や企業にむけて、『クレセント』（一九七七―八九年）と題する雑誌を発行して、関西学院の対外広報誌とした。創刊号は、久山理事長が司会して、〝日本を取り巻く経済環境の変化の中で、これからの日本の教育システムはどうあるべきか〟を学内外理事と学部長四十一名が討論した。学院新学部検討がなされ、新しく理事になった芦原義重氏（関電社長）の発言は、大学改革にとって現在でも貴重な英知である。

第五に、破綻に瀕していた学院財政の建て直すため、「私学財政と学院の歩み」（一九七四）を教授、職員が周到な共同調査をして、長期的な学院財政政策を作成した。その内容は、欧・米・日本の大学における教育費は誰が負担しているかを調査したもので、ことに当時、アメリカの大学において頻発していた財政危機と学院財政の戦前・戦後の歩みを調査した。これが関西学院財政白書である。この報告に基づいて、学院財政の再建を紛争の余塵の中で進めた。

一九七四年二月、久山先生が理事長に就任した時、学院の財政状況は経常会計（教職員の人件費、教育・研究経費などの経常的な費用を単年度ごとにまかなう会計）と建設会計（複数年度にわたる計画期間会計）を合わせると、七三年度の一億二千万円の赤字決算に続き、七四年度予算においても、三億八千万円の不足金が見込まれる状態であった。学院財政は崖淵に立っていた。しかし当時、日本の経済成長は著しく、年率十五％に達しており、人件費と物価は急上昇していた。学院が教職員給与額の参考としていた七四年度人事院ベースアップ勧告は、遂に二十九・六四％になった。関学は学費額を六九年度水準に据え置いていたので、その窮状は容易に想像できる。学院財政の立て直しに直ちに着手すべきであった。しかし久山理事長は学院の財政の主たる財源である学費の改訂の方法に訴える前に、国庫助成、寄付金などの他の方法を、精力的に模索した。

第六に、国庫助成と寄付金の募集に奮闘した。私立大学に対する国庫助成の運動は、これまで私大教授会連合という大学教授組合が主体となって、主として野党である社会党議員への陳情の方法で行われていた。これに対して、久山理事長は、私大連盟の理事者として、田中角榮総理大臣および奥野文部大臣に面会して、私立大学の財政に対する国庫助成の増額を政府に要請した。この面会において、田中首相は議員立法よりも政府案として国庫助成を申請することを示唆した。そこで久山理事長たちは、自民党文教部会長西岡武夫代議士、自民党私学助成に関するチーム座長塩野潤代議士に面談して、私学助成予算の増額を直接に要請した。さらに久山理事長が発起人となり全関西私立大学国庫補助促進同盟総決起大会を大阪市において一九七四年十月に開催した。地元大臣や多くの議員が出席したこの大会に、関学からも多数の教職員が参加した。この年度の補正予算と翌年度の本予算において学院経常収入十五％の補助金を取得した。

大蔵省の文部省予算の所管者に私立学校国庫助成予算の増額を直接に交渉している。しかし国による私立大学人件費の助成には限界があることも知らされた。理由は、当時、三十％の大学進学者しかも裕福な家庭の子弟のために、税金をこれ以上当てることはできないということであった。国は私立大学に対する助成として、大学の人件費の補助よりも、私学の研究設備の強化と補助に重点を置いていることを知らされた。そのため久山理事長は、日本私学振興財団に学院の大型電算機設備などの研究設備の補助申請に方針を変更した。

久山理事長は、父兄会、同窓会、企業の寄付金の募集も積極的に働きかけた。学院教育振興会長を関西経済団体連合会会長芦原義重氏に委嘱した。寄付のための同窓会や父兄会の募金集会に学部長も頻繁に参加した。努力の甲斐があり、七四年度を境に寄付金額は倍増した。寄付金は学生への奨学金や海外大学との交流プロジェクトにあてた。

学院は創立以来、アメリカおよびカナダ合同教会ミッションボードからの宣教師派遣によって大きな財政的援助を受けてきた。しかし大学紛争の頃には、宣教師派遣は著しく減少していた。久山理事長は当時社会学部長であった私が、トロント大学において世界社会学会議に出席することを申し出たとき、その際、カナダ国トロント市カナダ・ミッションボード本部を訪問して、カナダ宣教師の関学への派遣を要請する任務を私に託した。この願いは受け入れられ、ロイド・グレハム教授夫妻が、社会学部に社会福祉学教授として、復帰することになった。夫妻は紛争後の社会学部の再建に大きく貢献した。グレハム教授はトロント大学と関学の間の教授および大学院生の交換の新しい道を拓いた。

企画調査部の情報収集と広報の働きと共に、新設の国際交流課は藤田允氏が、国際交流資金と海外人材交流のネットワークを活用して、欧米の大学との交流協定に留まらず、中国、インドネシア、シンガポール、韓国などの大学と交流協定を締結した。久山理事長は学院財政が困難な時期においても積極的に国際交流を進める準備をした。

第七に、学費改訂を情報公開と広報活動によって解決した久山理事長が、就任早々に決めたことは、学院理事会、常務委員会、大学評議会、各学部教授会の決定事項を全面的に公開することであった。そして三年余の間、経費節減の理由で休刊していた「関西学院広報」を復刊した。復刊一号には、教職員組合に、一九七四年の給与改訂において、昨年度の人事院勧告における給与改定率（二十九・六四％）を学院に適用すると約束している。久山理事長は七四年十一月に「学院財政白書」において、学院の経常収入と支出の全ての項目の金額を明らかにして、七五年度からの学費改訂が不可避であるとの学院会計の現状を公開した。そしてインフレの下で数年間にわたり据え置かれていた研究費、教育費、管理費の増額の必要性を説明している。建設会計について、現在の施設の維持補修、老朽校舎の改築についても、建築費の高騰するなかで、設備拡張費をそのまま維持すれば、将来計画は困難になることを率直に記している。

財政白書の末尾に今後二年の見通しを、以下のように示している。「収入の面では国庫助成は不確定、支出面では人件費、諸物価の変動の激しさのため経常会計の長期見通を立てることは至難のことですが、学院会計における一九七七年までの二年間の見通しは、七四年度決算が五億円の借入金となる。現状を維持すれば七五年度の支出増加をできるだけ少なくしても、累積不足金は二十億円、七六年度末は三十三億円、七七年度末には四十七億円に達する。」この試算は、学院の財政を確実に破産に導くことになる。そこで学費値上げを決心した。さらに私立大学が固有の建学の理念を貫くには、学院は独自の努力をしなければならないと結論した。

学費改訂の理由は、新しい時代に向けた学生と院生の教育を充実することにおいた。教授に対しては研究プログラムを推進することにした。国際交流を活発化するために学院独自の海外留学制度を設けることにした。国立大学に比べて学院は教職員が少ないので教職員を増加する必要を認めた。戦前に建てた校舎と施設は、老朽化が進み狭隘化しているので、補修と増築しなければならない。国庫助成の大幅な増額が期待できない現状では、学院の存続と発展には、学費の改定が必要であることを、久山理事長は自らの文書で学生諸君に率直に訴えた。

一九七五年度入学生の学費は、文科系学部授業料を八万円から十五万円へ、理学部を十二万円から二十二万円に、さらに七六年度には文科系学部授業料を二十二万円に、理学部を三十三万円に連続して大幅に引き上げた。七七年度以降の学費は、激変する経済状態に適合するように、各年次の新入生を対象として、物価の上昇にスライドする方式で、学費を自動的に値上げする方法を採用することにした。すなわち七七年以降の新入生にたいし、前年度の人事院の実質アップ率を基準とする学費改定を行って学院財政の回復をはかるとともに、教育・研究条件の改善の資金とした。

この学費改訂は設備拡張費を含め、驚くほど大幅であった。久山理事長は学院財政の危機を脱するために、やむをえない措置であることを、学生一人ひとりに直接に文書によって説得した。一般学生も父兄も、関学受験生も、合理的に判断して、これを受け容れた。しかし一部の学費改訂に反対する過激派学生は、学費改定白紙撤回と大衆会見を理事会に要求して、学年末定期試験を粉砕するために、今回も暴力的に全校舎を封鎖する挙に出た。これに対して久山理事長は、「学生の良識ある判断を望む」という文面を再度送り、文筆によって暴力を排除することに成功した。当時の学長西治辰雄教授は心労によって病に倒れられるという、われわれにとって痛恨の事態も決して忘れることはできない。しかし学院の大幅な学費改定案は全て実行された。久山理事長の学院経営における大きな成功の第一歩となった。学院の財政報告書は、一九七五年と七六年には経常収支の赤字を記しているが、それ以降、学院は黒字経営を復活して、経営は安定し、関学は新しい発展の軌道を着実に歩むことになる。久山理事長は学院財政の再建を計画的にかつ積極的に推進した。

第八に、久山理事長は多くの建造物を遺した。十五年間の理事長在職中に久山先生は、毎年、学院の主要建造物の増築を行った。就任時には二万八千坪の建物面積を四万三千坪に、ほぼ倍増した。学院のキャンパスは、ベーツ院長の構想で、ヴォーリズが設計し、竹中組が建築した傑作である。青い空のもと甲山の緑に映える赤い屋根とアイボリーの色彩を帯びたこの建築群は、我々の心の故郷である。しかし、スパニッシュ・ミッション・スタイルのこの建造モデルは、第二次大戦後に三十年にわたって、逐次、建造された、学部校舎、教室棟、研究館、学生会館には生かされなかった。その設計は戦後のそれぞれの時代を代表する建築の技法を採用しており、学院原風景との調和が次第に失われた。時とともに、関学人は上ケ原キャンパスにおける新旧の建造物の併存に違和感を抱くようになった。

久山理事長は、一九七六年に法人理事会内に長期計画委員会を設け、長期建設計画を審議させた。キャンパス建造物の全体不調和の原因は、建築請負業者が建築の施工ばかりでなく、建物設計をも担当していたことに気づいた。そこで久山理事長は、ヴォーリズ設計における日本の第一人者である内藤徹男設計技師を探し出し、所属する日本設計（株）に設計を、そして建築の施工を竹中工務店（株）に分離して発注した。もちろん、学院の財務部と施設部は、設計にも、建築にも厳密な公開入札を実施した。学院の建造物の発注における設計と建築の分離は、入札にしばしば起こる談合を抑止することができた。いらい今日まで学院の全建築物は、ヴォーリズ設計に統一されており、学院の有形建造文化をわれわれに与えている。

一九七七年	総合体育館竣工	四、九〇五平方メートル
一九七八年	法学部本館	三、六〇〇平方メートル
一九七八年	千刈セミナーハウス	四、一七七平方メートル
一九八一年	理学部新実験棟	三、八二七平方メートル
一九八二年	情報処理研究教育センター	一、三八九平方メートル
一九八二年	学生寮四棟の新築建替	四、七五三平方メートル
一九八四年	千刈キャンプ新センター棟	三、二一三平方メートル
一九八四年	新学生会館（地上三階地下二階構造）	二一、〇〇〇平方メートル
一九八五年	文学部新館	九一四平方メートル
一九八六年	学生サービスセンター	三、〇〇四平方メートル
一九八六年	第二教授研究館増築	一、二六〇平方メートル
一九八九年	講義棟A号館	三、四一四平方メートル
一九八九年	講義棟B号館	六、八六六平方メートル
一九八九年	講義棟C号館	三、二一一平方メートル
一九八九年	高等部校舎・礼拝堂	一六、七二七平方メートル

これらの建造物のなかで一九八四年竣工の新学生会館は、久山理事長の建築への思いをよく表現している。学院キャンパスにおけるヴォーリズ設計建築物の傑作である。設計は日本設計（株）、施工は大林組（株）と熊谷

組（株）である。巨大な複合的な学生会館である。面積は二万平方米をこえ、地上三階、地下二階構造、地下には競泳・練習用のプールも備えている。これまでキャンパスの各所に散在していた学生自治会施設、運動部施設、文化部施設、生協施設、学生食堂、業者食堂、書籍販売施設を全て収容した。この会館の開設によって、関学生の課外活動と生活施設の水準は一挙に向上した。当時、日本の大学の経営者や学生部は、欲求不満の学生の紛争や運動に悩まされていたので、関学の新しい学生施設の充実を参考するために見学に訪れた。久山理事長は学費と設備拡張費を引き上げ、体育館、セミナーハウス、キャンプ場施設、学生就職部を収容する学生サービスセンターなどの学生のための施設を充実することに力点を置いてきたが、これによって学生に十分に還元したといえよう。後年、平松一夫学長は、久山理事長の業績について、「建物は誰にでもできるが、久山先生の建造物には理念がこもっている」と感想を述べている。

第九に、学院創設百周年記念事業と寄付の募集を行った。一九八九年に学院は創立百周年を迎えることになった。久山先生は、理事長として、第五期目を迎えた八七年四月定例理事会において、「関西学院創立百周年記念事業委員会」を設置した。

第一回の記念事業委員会において、久山理事長は、「私たちは百周年を期して建学の精神を振起し、時代の求める人材の養成に努めなければなりません。私たちはそのために新しい教育を探り、施設の拡充を図ってまいりましたが、百周年をむかえて遥かに未来を望み、神の啓示のもとに新しい飛躍を冀求しているのであります。」と語り、記念事業の内容は、一、大学教育研究施設（講義棟A・B・Cの三棟）、所要建設資金約三十一億円、二、高等部新校舎並びに高中合同礼拝堂の建設、所要資金約三十五億円、三、教育・研究助成基金、所要資金（貸与奨学金の基金積立、並びに国際交流基金積立、所要資金、十二億円、その他記念行事の所要資金三億円である。所要資金合計八十一億円のうち、募金目標額四十億円、残額は自己資金とした。

募金趣意書は、一九八八年七月に百周年記念事業委員会会長久山康および同記念事業募金委員会委員長原清氏の名で、関学教職員、同窓生、在学生父兄、各界企業法人と団体に送付された。この趣意書は学院内外に、大いなる共鳴と協賛を呼んだ。私はこの年に三十五年の学院教授生活を終え退職した。学院の歴史と未来への思い篤く、同僚教職員とともに寄付をした。募金芳名録は関学人の思いを記している。記念募金報告書は、法人寄付千百七十五件三十億円、個人寄付六千五百五十二名および学院教育振興会募金個人寄付・法人寄付計七億円、団体寄付百八十一件二億円、合計四十億円を達成していた。寄付事業が目標を成就することは、たとえ経済好況下においても至難のことである。久山理事長は、学院の財政の再建を、学費の改定と寄付金の二つの方法で達成した。不幸にして、久山康理事長は一九八九年三月に任期途中で退職したので、この祝典には参加していない。

（二）　久山康理事長・院長を兼務の意義

小寺学長提案における「法人組織における意思決定と経営」は、「現行の職制では、院長はきわめて大きな権限をもち、しかも理事長・院長・学長の三者の機能の重複があるため、多くの不都合が生じた。」その解決策として、「院長職を廃止するか、象徴的地位として残存するか、理事職と兼務するか」を提議した。

この提議を受けて、学院理事会（矢内正一理事長）は、理事会において審議の上で、一、院長職は存続する。二、理事長が院長を兼任する。三、理事長と院長は理事会が選任することを決定し、寄付行為を改訂して文部省認可をうけた。このため公選制で選出せれていた小寺武四郎第十代院長は、七三年九月に院長職を辞任し、さらに七三年度末に任期途中に学長職をも辞任した。「学院百年史」は、「ここに六九年より五年間に及んだ大学紛争後の臨時的かつ紛争対応的な学院体制は、陣容を整えて新たな歩みに入ることになった」と記している。

関西学院は創設いらい、院長が代表者であり、経営と教育の総理者であった。一九四九年に学院が財団法人から学校法人に組織を変更したとき、文部省は、学校法人の代表者が理事長であることを明示した。この要請に合わせて、学院は院長が同時に理事長を兼職することとした。この学院固有な慣例は、一人のキリスト教信者でない理事長の事例を除き、厳重に順守されてきた。小寺学長代行提案は、理事長を兼任する院長の権限と学長の権限が重複し、あいまいであるので院長職を廃止することを主張した。関西学院大学の意思決定構造の都合に合わせて、関西学院理事会統治機構の職制の改定を迫る暴論である。矢内正一理事長はこれを退け、学院院長職位は保持された。

七三年の寄付行為の改正により、学院第七代の理事長に久山康先生が就任され、同時に院長を兼務することになった。これによって院長職が廃止されることなく、理事長と院長が一体化することになった。学院全体の経営と教学を統括する理事長の職務が、学院建学の理念を体現する職務の院長と同一人格となり、始めて混乱していた学院の経営と教学の再建と未来に向かう学院のガバナンスが確立したと私は判断した。

私は久山康理事長・院長における学院の創造的な改革の本質は何かという問には、学院創始者W・R・ランバスの精神の復活であると答える。ランバス関西学院総理は、学院創設二年後に、アメリカ南部メソヂスト教会伝道局主事に就任するため、関西学院を離れた。学院における伝道と教育の期間は余りにも短く、その足跡はあまり知られていなかった。ランバス博士の信仰とその実践の偉大な生涯が、世に知られるようになったのは、一九二一年に博士が横浜において客死し、その葬儀が原田の森・神学部チャペルにおいて行われ、学院第三代院長ニュートン先生の感動的な弔辞の言葉によってである。そして有名なウィリアム・ピンソン著「ウォルター・ランバス伝」（一九二四）が刊行された。大変な名著である。

関西学院の教職員の間に、ランバス博士の伝道の精神が復活して、広く浸透してきたのは、第二次大戦後のことである。山崎宗教主事が「地の果てまで」（一九六〇年）というランバス伝を出版したことが契機となった。この書の扉には、当時、関西学院宗教活動委員会長久山康先生の寄せた、名文の推薦の言葉がある。「愛と信仰の生涯」と題される文章は、以下の通りである。「かれの父の志を継いで世界伝道の第一戦で活躍し、その足跡は中国、日本、米国、ブラジル、アフリカ、シベリアと文字通り、「地の果てまで」までに及んだ。……彼は敬虔な祈りと愛の人であったが、同時に驚くべき組織力の所有者でもあった。在日四年間に、彼は関西学院、広島女学院を初め多くの学校と教会を創設した。……現代人が失っている最も尊いもの、神の召命にしたがって生きる感動がランバスの生涯には輝いている。」久山康理事長・院長は、ランバス博士のこの精神と行動力を共有した。そして困難な時代の関西学院の再建と発展を指導する原動力としていることは明らかである。

（三）　大いなる遺産

久山理事長が辞任した一九八九年に、関西学院は創立百周年を迎えていた。五期十五年にわたる任期中は、学院の歴史において経験したことのない大学紛争の処理の時代であった。学院のモラルが失われ、財政が破綻に瀕していた時期であった。誰もこの危機を乗り切るリーダーは現れないと思っていた。久山理事長・院長のリーダーシップと危機管理は抜群であった。学費値上げに反対する学生に対して、自ら筆をとって学院財政における危機の実態を説明した。そして学院財政を短年月の間に再建した。大学における教育と研究条件を改革した。国際化時代に対応する国際交流のプログラムを次々に展開した。甲山を背景とする美しいキャンパスを造成した。上ケ原校地にスパニッシュ・ミッション・スタイルを甦らせる新しい建物群を建築した。新しい学部を開設するために北摂三田に十万坪の第二校地を取得したことは、経営者としての大きな意思決定である。この決断は、学院創設者のランバス博士が神戸原田の森に二万坪の校地を取得した業績、さらに大学昇格のために、七万坪の上ケ原校地を取得して、西宮に移転を実現したベーツ院長の英断に匹敵する学院の大いなる遺産である。

（萬成　博）

三　大学紛争と財政の安定化

一九七四（昭和四十九）年二月二十三日に、久山康文学部教授が理事長・院長に就任された。大学紛争後の教学と経営の独立性による分類と統一を目指した寄付行為の改正（一九七三年十二月）により理事長が院長を兼務されることになった。

久山先生は紛争後の学院の発展を行うべく学院組織の改革を行い、教学と経営に対する時代の課題に対して積極的に取り組み学院教育の発展に尽くされた。特に財政問題については、「関西学院を考える」シリーズの第二弾として『私学財政と学院の歩み』を発刊され、財政の厳しい状態における建て直しに向けて尽力された。

久山先生は理事長・院長として、一九八九年（平成元年）三月末日までの十五年間にわたって学院の発展に貢献された。この間の学院の財政状態を示す年度別の資料として、「大学紛争時の学院財政状態（一九六八―七一）」（表1）、「年度決算別消費収支計算書」（表2）、「消費収支計算書『帰属収支合計』に対する比率」（表3）、「貸借対照表」（表4）があり、これはその基本的金額・数値を示している。

（一）年度別「消費収支計算書」（表2）について

表2は久山先生が理事長・院長に就任する二年前の「学校法人会計基準」が移行した年度の一九七二年度から表示している。以前の会計方式による経常収支計算書の最終年度における次年度（一九七二年度）の繰越収支差額は〇円であり、学院の財政状態を示す指標は新会計基準に基づく財務諸表に基づくことになった。

表2で注目すべき点は、表示されている項目に「帰属収支差額」が示されていることである。「帰属収支差額」とは、授業料等学生納付金、寄付金、補助金等の負債とならない額（帰属収入額）から、人件費、教育研究経費等の支出を控除した額をいう。企業会計における損益計算書の「当期純損益額」に相当するものと考えられる。ところがこの金額項目は「消費収支計算書」では設定されていない項目で、この金額は表示されていない金額である。

私立学校会計基準では「帰属収入額」から「基本金組入額」を控除した「当年度消費収入額」と「当年度消費支出額」との差額を「当期消費収支差額」として表示し、一般的には企業会計の「当期純損益額」に相当すると見られていたが、近年、学校法人の超継続的存続を意図した私立学校特有の「消費収支差額」よりも前述の「帰属収支差額」に注目する傾向にある。帰属収入額から控除する「基本金組入額」とは、長期利用する校舎や構築物等の建設に支出した金額で、株式会社において株主による資本金収入に相当する金額に相当する考え方によるものである。（株主が存在しない学校法人においては超保守的であるともいえる）。

このような観点から、久山理事長・院長就任十五年間にわたる財政状態を示す「消費収支計算書の内容は、就任当時の数年間の厳しい状態から、一九七六（昭和五十一）年度に帰属収支差額は六億百万円の収入（黒字）差額に転じ、以後毎年、退任まで継続して帰属収入差額の増額計上を続けられた。更に、二年後の一九七八（昭五十三）年度には「当年度消費収支差額」は一億九千九百万円の収入差額（黒字決算）が計上され、以後、一九八六（昭六十一）年度を除き毎年消費収支差額の収入差額（黒字）を計上している。従って、「翌年度繰越消費収支額」は一九七七（昭五十二）年度の十八億九千九百万円の支出超過（赤字）から、以後毎年度一九八五（昭六十）年度まで翌年度繰越消費支出超過（赤字）の減額が続いた。

久山先生の理事長・院長就任の十五年間において、私立学校会計基準に基づく安定した永続性と健全性を求める保守的会計制度での繰越消費収入（黒字）計上の厳しさにおいて、極めて安定的な財政状態を築き上げられた。

なお、一九八六（昭和六十一）年度は、二十八億二千九百万円の消費支出超過額（赤字）を計上している。その根拠は、当年度の「帰属収支差額」は三十二億七千七百万円の黒字であるにもかかわらず、当年度は三田キャンパスの校地購入資金等による「基本金組入額」が六十一億円を超える金額計上になり、多額の収入減額計算によるものであり、経常的収支による赤字計上ではない。

表１　大学紛争時の財政状態

単位（万円）　　　　「1968（昭43）年～1971（昭46）年」

決算年度	経常収入	経常支出	不足金	繰越不足金
1968（昭43）	146,653	151,317	4,664	14,044
1969（昭44）	150,595	156,938	6,343	20,387
1970（昭45）	174,972	175,433	461	20,848
1971（昭46）	227,881	206,564	21,317	469

注１：1971年度の経常収入には翌年72年度入試に関する収入22,604万円、経常支出4,667万円が含まれている。

注２：1971年度の繰越剰余金469万円は、次年度より新会計基準に移行のため、基本金に組みいれ、次年度繰越剰余金は０円になった。

表２　消費収支計算書

単位　百万円　　　　1972（昭47）年～1988（昭63）年

決算年度	帰属収入	消費支出	帰属収支差額	基本金繰入額	当年度消費収支差額	前年度繰越消費収支差額	基本金取崩収入	繰越消費収支差額
1972（昭47）	2,763	2,369	394	-430	-36	0		-36
1973（昭48）	3,042	2,823	219	-446	-227	-36		-263
1974（昭49）	3,618	3,813	-195	-409	-604	-263	6	-861
1975（昭50）	4,343	4,481	-138	-556	-694	-861		-1,555
1976（昭51）	5,747	5,146	601	-940	-339	-1,555		-1,894
1977（昭52）	6,878	5,862	1,016	-1,022	-6	-1,894	11	-1,899
1978（昭53）	7,988	6,655	1,333	-1,134	199	-1,899	8	-1,692
1979（昭54）	8,895	7,247	1,648	-1,431	217	-1,692		-1,475
1980（昭55）	10,186	7,942	2,244	-2,210	34	-1,475		-1,441
1981（昭56）	11,438	8,847	2,591	-2,382	209	-1,441		-1,232
1982（昭57）	12,277	9,305	2,972	-2,686	286	-1,232		-946
1983（昭58）	13,460	10,058	3,402	-2,989	413	-946	79	-454
1984（昭59）	14,299	11,241	3,058	-2,870	188	-454		-266
1985（昭60）	15,332	11,358	3,974	-3,908	66	-266		-199
1986（昭61）	15,244	11,967	3,277	-6,106	-2,829	-199		-3,028
1987（昭62）	16,105	12,535	3,570	-3,083	487	-3,028		-2,541
1988（昭63）	17,468	13,149	4,319	-3,342	977	-2,541		-1,664

注：「基本金繰入額」：「帰属収入」から「基本金」に繰入れる額

（二）　消費収支計算書「帰属収入合計」に対する比率（表3）

年度別の帰属収入合計額を百％とし、帰属収入を構成する各収入項目の比率と消費支出項目の比率を示した表である。帰属収支差額が赤字となる消費支出合計が百％以上ある年度は一九七四（昭和四十九）年度と一九七五（昭和五十）年度の二年度のみであり、それ以後はすべての年度が黒字である百％以下であり、九十％台から漸次八十％から七十％台に低下し、健全な財政状態を示している。

帰属収入の「学生生徒納付金」項目の構成比率は、各年五十％を超過しているが、年々六十％台から七十％台に増加傾向になっている。久山先生は、『私学財政と学院の歩み』において、当時の学費問題について、「学院の財政努力としては適正な学費を決め、国庫助成の飛躍的拡充の運動をやり、また一般の寄付金を仰ぐこと、そして他の事業による財源を可能な限り探求することでしょう」と述べられている。「補助金」については、久山先生の率先された国庫助成金獲得運動により、従来、経常収入の十％未満であったのが十％を超える状況になった。

消費支出項目については、「人件費」項目は帰属収入合計額に対する八十％近い状態から逐次減少し五十％台まで減少している。よく学生生徒納付金と人件費が対象にされる。人件費が学生納付金を越える状態は異常であると考えられるが、経営努力により年々人件費比率が減少し好ましい状況と思われる。

基本金組入額は前述のように学校法人が、その諸活動に必要な資産を永続的に保持するために維持すべき基本金に帰属収入から組み入れる資金であり、その一般的対象は建物、構築物、機器備品等の有形固定資産に対する資金である。基本金組入額の比率は年々十％から二十％に増加している。特に一九八〇年（昭和五十五）年以降には、新学生会館、文学部新館、学生サービスセンター、第二教授研究館増築、講義棟A・B・C号館の建設がなされ教育研究の充実に貢献された。

表３　消費収支計算書「帰属収支合計」に対する比率（%）

決算年度（%）	学生生徒納付金	手数料	寄付金	補助金	その他	帰属収入合計	人件費	教育研究費	管理経費	その他	消費支出合計	基本金組入額
1974（昭49）	55	15	9	14	7	100	79	18	6	2	105	11
1975（昭50）	60	13	6	20	1	100	78	17	5	3	103	13
1976（昭51）	60	13	7	17	3	100	67	15	4	4	90	16
1977（昭52）	63	12	5	17	3	100	65	14	4	2	85	15
1978（昭53）	66	9	4	18	3	100	61	15	4	3	83	14
1979（昭54）	67	7	4	19	3	100	61	15	4	1	81	16
1980（昭55）	69	7	3	18	3	100	59	15	3	1	78	22
1981（昭56）	69	6	3	17	5	100	56	17	3	1	77	21
1982（昭57）	70	6	3	16	5	100	55	16	3	2	76	22
1983（昭58）	70	5	3	14	8	100	56	15	3	1	75	22
1984（昭59）	71	6	4	11	8	100	55	19	3	2	79	20
1985（昭60）	70	5	5	10	10	100	53	17	2	2	74	25
1986（昭61）	71	6	2	10	11	100	55	18	3	3	79	40
1987（昭62）	71	6	2	11	10	100	53	19	3	3	78	19
1988（昭63）	66	7	5	9	13	100	51	19	3	2	75	20

（四）貸借対照表（表４）

決算貸借対照表は年度決算時の資産、負債、基本金、翌年度繰越消費収支超過額で構成されている。学校法人にとって最も好ましい状況は、収益事業でないので翌年度繰越消費収支額が〇円であると思われる。表４によれば、毎年度繰越消費支出超過額（赤字）であり、最低一億九千九百万円から最高三十億二千八百万円になっている。

私立学校法人の会計基準によれば、その計算構造から「翌年度消費収支超過額」の検討について注意する必要がある。「学校法人会計基準」によると、消費収支計算書では企業会計と同様の「減価償却費」を計上し、「減価償却累積額」として積み立てていく方式を導入している。学校法人会計基準では、消費収入から法人の永続性維持のため基本金組入額を控除している上に、更に減価償却費を累積していることとなる。従って、「翌年度繰越消費支出超過額」と「減価償却累積額」と比較し、繰越支出超過額（赤字）が減価償却累積額を超えない場合には企業会計における赤字決算よりはまだ少し余裕があるとも考察される。その観点から見れば、前半の七年間は減価償却累積額を超えた赤字決算であるが、後半一九八〇年度決算から減価償却累積額が超過している。

久山理事長・院長十五年間の貸借対照表からも、学院の財政状態は厳しい状態からその安定化に向けて貢献されたことは極めて明らかである。

（石田三郎）

表４　貸借対照表

単位　百万円　　　　　　　　（決算日現在の財政状態）

決算年度	決算日	資産	負債	基本金	翌年度繰越消費支出超過額	減価償却累計額合計
1973（昭48）	1974年3月31日	6,900	2,624	4,533	257	175
1974（昭49）	75年3月31日	7,858	3,777	4,942	861	295
1975（昭50）	76年3月31日	8,720	4,777	5,498	1,555	423
1976（昭51）	77年3月31日	10,754	6,210	6,438	1,894	583
1977（昭52）	78年3月31日	12,201	6,641	7,459	1,899	766
1978（昭53）	79年3月31日	13,042	6,149	8,585	1,692	1,011
1979（昭54）	80年3月31日	15,145	6,604	10,016	1,475	1,303
1980（昭55）	81年3月31日	18,173	7,388	12,226	1,441	1,626
1981（昭56）	82年3月31日	22,402	9,025	14,609	1,232	1,838
1982（昭57）	83年3月31日	25,711	9,362	17,295	946	2,038
1983（昭58）	84年3月31日	31,238	11,487	20,205	454	2,440
1984（昭59）	85年3月31日	34,889	12,080	23,075	266	2,979
1985（昭60）	86年3月31日	41,409	14,626	26,982	199	3,647
1986（昭61）	87年3月31日	45,033	14,972	33,089	3,028	4,300
1987（昭62）	88年3月31日	48,983	15,351	36,173	2,541	4,908
1988（昭63）	89年3月31日	56,376	18,425	39,615	1,664	5,604

注：資産合計額＝負債合計額＋基本金－翌年度繰越消費支出超過額

第5章　久山先生の自然観と祈り、そして美化活動

一　久山先生の自然教育と学院の美化

永井道雄東京工業大学教授、後文部大臣は、『朝日ジャーナル』の「大学の庭」で、久山先生の「時には、五本の樹木は一人の教師にまさる」という発言を、今日の大学が考慮すべき含蓄のある言葉であると書かれた。関西学院大学のベテラン教員の中には、「我々は五本の木にも劣るのか」といきまく人もいたが、なるほどと賛同する声も多かった。

久山先生は助教授時代に読書会とともに、自然教育と学院美化のために「自然愛好会」の学生組織を創設された。夏休みには美しい山河を訪ね、合宿して自然に学ぶセミナーを開催し、学院内では、自然愛好会の部員は植樹と花壇造りを実践した。施設部の小林啓一さんは久山先生の自然教育の思想と実践に心から傾倒し、学生たちの実践面での指導と相談役の役割を果たされた。自然愛好会は学院の美化のため大きな働きをなしただけでなく、学生たちの豊かな交わりとなってきた。初代会長、藤田隆治さんと若い世代（会長・小山隆幸君、一九九五

年卒海野君）の二つのグループが今も定期的に同窓会を開催している。

（森川　甫）

二　自然教育について

（一）

人間と自然とは、ともに神から生じ、神の制約をうけながら神のなかに安らう存在であることを、教育、教授、教訓によって、人々の意識に高め、またそれを人々の生命のなかに有効に働かしめること、これが教育全体の義務である。

これはフレーベルの『人間教育』のなかの言葉であるが、ここに述べられていることは、今日も変らぬ真実であるばかりでなく、今日とくに顧みられなければならない事柄であると思われる。

四月の終りのことであるが、大阪で東山魁夷画伯の「樹々は語る」という主題の展覧会が開かれた。そして画伯の挨拶にはこういう言葉が記されていた。

樹々は生きている。そして、常に私たちに語りかけている。しかし、それは耳に聞こえてくる声ではない。私たちの心が澄んでいるとき、心に響いてくる声である。樹々と私たちの間に対話が交わされるとき、樹々も人間も、この地上に生命を与えられて、共に生きているもの同士との思いが湧き上がってくる。

自然と人間とが互いに対立するものでなく、その根に深い繋がりをもって共存していることを、樹々は私たちに常に語っている。自然を大切にすることは、人間を大切にすることである。技術文明がどんなに進んでも、所詮、人間は自然の中で生かされている宿命を持つ生物であるといえよう。

私はこの言葉を読みながら、ふとフレーベルのさきの言葉を、思い起こしていた。画伯は「描くことは祈ることである」とその信条を吐露されているけれども、今日全国民の尊崇を一身に集めている東山画伯の目を通し、作品を通して、自然と人間の深い生命のかかわりを知らされるとき、私たちは深い感動をもたずにはおれないのである。

私は自然というといつも中世の修道僧アッシジのフランシスのことを思い出す。「地にては旅人、また宿れる者」という聖書の言葉を口ずさみながらイタリヤのアッシジの町を歩いたというフランシスは、太陽も月も風も雲も水も、あらゆる自然を「兄弟」と呼んだ。十年前にアッシジにあるフランシスの記念聖堂を訪ねたとき、聖堂の壁にジョットの描いた小鳥に説教をするフランシスの有名な絵が掲げられていた。

昔読んだ『小さき花』という弟子の綴ったフランシスの言行録には、フランシスが野辺に立って舞い下りてきた小鳥たちに説教をしたことが語られていた。フランシスが小鳥たちに、その自由な飛翔、その二重三重の衣、労せずして与えられる食物、泉と水という飲みもの、山と谷の隠れ家、巣を造るための高い木々、それらを与えられたことに対して神を讃えるべきことを説教したとき、小鳥たちは嘴を開き、首を伸ばし、翼をひらいて、頭を地に垂れるという動作で、また彼らの歌で、神を讃えたと記されていた。

聖書のなかでイエスが野の花や空の鳥について語られていること、それがアッシジのフランシスの生活のなかで証され、さらにその真実がフレーベルや東山魁夷画伯の言葉のなかに反響しているように思えてならない。

（二）

しかしこういう思想家、芸術家、宗教家たちの深い自然と人間の一体観が、人間の自己中心の生き方による分裂の苦悩の果てに自覚された究極の境地であるとするならば、この自然と自己の分裂以前の原初の一体感の宿っているのは、心の目ざめて間のない幼少期であろう。そこには自己の生命の母胎である母との一体感とともに、ふるさとの自然との親愛が深く宿っている。

ふるさとの川
ふるさとの川よ　ふるさとの川よ　よい音をたててながれているだろう
（母上のしろい足をひたすこともあるだろう）

八木重吉のこういう詩は、それをよく示している。そしてそこに童話、童謡、童画といった児童芸術の世界が生まれてくる。そして児童芸術というと、どうしても大正七年に鈴木三重吉が「赤い鳥」の創刊によって起こした児童芸術の運動のことを思い起こさずにはおれない。

三重吉は「世間の小さな人たちのために、芸術として真価ある純麗な童話と童謡を制作する、最初の運動を起こしたい」と「赤い鳥」創刊の趣旨を述べているが、「赤い鳥」で三重吉と同じように精力的に活動したのは北原白秋であり、彼の寄せた創作童謡の数は三百二十数篇に達したのである。そして彼のこの童謡への熱中は、人間の生命の根源への深い郷愁から発していた。

私の童謡は幼年時代の私自身の体験から得たものが多い。ああ郷愁！　郷愁こそは人間本来の最も真純なる霊の愛着である。此の生れた風土山川を慕ふ心は、進んで寂光常楽の彼岸を慕ふ信と行とに自分を高め、生みの母を恋ふる涙はまた、遂に神への憧憬となる。此の郷愁の素因は未生以前にある。この郷愁こそ依然として続き、更に高い意味のものとなって常住私の救ひとなってゐる。

児童は本来生れた儘の自然児である。此の大自然の恩寵は、一に無邪気な児童等に懸ってゐる。児童は此の大自然に対するに最も無我である。無我の恍惚境に彼等は遊ぶ。然るが故に最も自然の真生命と直面し得るものは児童か最も童心を失はぬ芸術家、或は哲人に外ならぬ。児童は詩人である。天才的である。

白秋のこれらの言葉には、童心における真の自然との合一が直視され、それが芸術の究極境と合致するものであるとの信念が吐露されている。

「赤い鳥」には白秋とともに三木露風、西条八十などの詩人による制作童話が載り、さらに読者からの童謡も募集された。そして童謡は一年後には曲譜がつけられるようになった。

大正八年の春の事です。最初の曲は『かなりや』です。赤い鳥へ掲載した最初の曲です。赤い鳥で最初の曲だと云ふ事は、同時に童謡の最初の曲であると云ふ事になります。赤い鳥はそれ以来毎月二曲宛載せました。近衛秀麿さんか私の曲を一曲と、読者が応募されたものの中から選んだ推奨曲を一曲とです。この様にして二ケ月、三ケ月と時を経ます内に、童謡は非常な勢で拡がりました。赤い鳥の童謡が皆さんに歌はれるばかりでなく、方々でも盛んに童謡を発表する様になったのです。それで童謡は単に赤い鳥と赤い鳥の読者のみの童謡でなく、広く日本全国の童謡となりました。童謡の作詩者は非常に多くなり、これを作曲する人達も亦非常に多くなりました。そして、童謡を歌はない子供は殆んどない位に迄、童謡が拡がったのであります。

これは成田為三氏の言葉であるが、成田為三、近衛秀麿、草川信、弘田龍太郎、そして成田氏の恩師であった山田耕筰なども「赤い鳥」の童謡の曲譜を担当したという。そして「赤い鳥」の影響のもとに「金の船」や「おとぎの世界」、「こども雑誌」といった雑誌にも童話、童謡が掲載され、野口雨情、小川未明、本居長世、中山晋平などが活躍したのである。こうして今日まで歌い継がれて日本人のこころの故里のようになった数多くの童謡が生まれたのである。

白秋と耕筰は意気投合する仲で、「この道」「からたちの花」「ペチカ」「待ちぼうけ」「砂山」「かやの木山の」は二人の作詩作曲になるものである。野口雨情と中山晋平の作詩作曲も多い。「あの町この町」「雨降りお月さん」「証城寺の狸囃子」「兎のダンス」「黄金虫」「しゃぼん玉」などがそうである。「夕やけこやけ」「月の砂漠」「靴が鳴る」「雀の学校」「叱られて」「てるてる坊主」「浜千鳥」「花嫁人形」、これらのなつかしい歌曲はその頃生まれたものなのである。

（三）

私は自然と人間とが根源的生命のもとで一体となった世界として、芸術・宗教の世界と幼児の童話・童謡の世界をあげたがこのように見てくると、自然に心に浮かんでくるのは良寛の姿である。

冬ごもり　春さり来れば　飯乞ふと　里の庵を　立ち出でて　里にい行けば　たまぼこの　道の巷に　子供らが　今を春べと　手毬つく　ひふみよいむな　汝がつけば　吾はうたひ　あがつけばなは歌ひ　つきて歌ひて　霞立つ　長き春日を暮らしつるかも

霞立つ長き春日を子供らと手まりつきつつ今日もくらしつ

良寛は庵を出るとき、袂にいつも手まりとはじきを入れたという。そして里の子供たちは良寛につきまとい、良寛はかれらと無心に遊んだという。彼のこの歌の通りであったのであろう。彼はまた月を愛し、名月が国上の山の松の木の間に上るのを見て勇躍歓喜した人である。

あしびきの国土の山の松かげにあらはれいづる月のさやけさ　いざ歌へわれ立ち舞はむひさかたの　こよひの月に寝ねらるべしや　風はきよし月はさやけしいざともに　をどり明かさむ老のなごりに

唐木順三は良寛を「日本人の心」を体現した人と言った。「日本人の心」というのは童心に帰り、物心一如となったところに生まれるものと見たのであろう。それはまた「心をいれかえて幼な子のようにならなければ、天国にはいることはできないであろう」（マタイ福音書、一八章三節）と言われたイエスの言葉に通じるものでもある。そのとき真の日本人の心は真の人間の心と成るのである。幼児教育とキリスト教教育の一つとなるのは、この自然教育の核心の明確となるときであろう。

（久山康「身辺雑記（二八九）」『兄弟』三一三号、一九八三）

三　学園の〝落葉の径〟と祈り

久山先生は幼くして母を亡くした淋しさに、小学生の頃から二人の姉に導かれて、花を育てて愛でることが無常の楽しみであったという。長じてそれは大自然への限りなき憧憬となり、やがて神を求める「祈り」となった。先生は生涯をかけて自然の恵みに感謝し、関西学院の発展を祈る「求道者」であった。晩年の『兄弟』四一三号には次のように書いてある。

（倉田和四生）

いつものように今朝も散歩に出かけた。すぐ近くの関西学院の庭に向うために、宣教師館の並ぶ学院の北の小径を通り、左折して中央芝生に出る小径に入ると、銀杏の真黄色の落葉が七、八メートルの間一面に厚く散り敷いて、静かな光を漂わせていた。私は立ち止まって、ああ、綺麗だなと見守った。この落葉は樫の生籬《いけがき》を越えて宣教師館の庭に高くつっ立っている銀杏の巨木から降ってきたものであった。すでに梢には一枚の黄葉も残さず、薄水色に晴れ渡った空に裸木となって聳えていた。

私は銀杏の落葉を踏んで学院の脇の門から入り、すぐ右に拡がっている楠と無患子の木立の下にあるベンチに腰を下した。私は晴れた日には毎日のようにここで讃美歌を一つ低誦し、聖書を一章読み、祈りをして帰るのである。

今日もそれを始めていると、すぐ近くの樹々の梢からツツピー、ツツピーという四十雀の声が聞こえてきた。そして少し離れた木立からピー、ピー、ピーという鵯《ひよどり》の鳴声が賑やかに聞こえてきた。私が聖書を読み続けると、今度は羽音を立てて鳥が二羽、追いかけるようにして眼前の樹々の枝をくぐって飛んでいった。近頃、学校には七万坪の校庭に数十羽の鳥が棲みついて、周囲の住宅を餌場にしているのである。

祈りを終わってしばらくベンチに休んでいると、遠くからキーコーキィ、キーコーキィという鵤《いかる》の特長のある鳴声が聞えてきた。この鳥は「豆廻し」とも呼ばれるが、鵯に近い大きさの鳥で、嘴の黄色なのが目立って見える。この鳥は高い木の梢にとまって鳴くのであるが、冬になると町や里にも姿を現わし、夏になると信州のような山岳地帯に移ってゆく。

しばらくすると、不意に山雀が眼前の枝に姿を現わした。頭と喉が黒く、腹部は渋赤色のこの鳥は、こちらを窺い見るような様子をしたかと思ったら、ぱっと飛び立って消えていった。ベンチを立って帰りかけると、楠の下枝から一羽の鶫が短く声をあげながら重い飛翔で弧を描きながら飛んでいった。

帰りは日本人住宅の間を通るのであるが、小径に沿った溝には山から流れている水が、細々ながら光り流れていた。そして径の両側の籬には、白と薄桃色の山茶花が点々と咲いていた。

私が聖書をもって朝の散策に出かけるようになってから、何年になるであろうか。学生紛争の頃からであるから、二十数年は経っているであろう。京都大学の頃、北白川の瓜生山に出かけていた頃から、勤め場所の変わるたびに、行く場所を変えて続けているので、通算すれば五十年を越えているのかもしれない。祈祷という本来の目的からいえば、余り進展のないものに止っているが、余徳ということからいえば、随分大きな成果があったように思える。

僅か三、四十分の短い散策であるが、「六時過ぎに起きて身仕度をして出かけるので、生活の規律ができたことが、まず有難い。起床時間が決まると、就寝時刻が決ってくる。遅くとも一時までには仕事を辞めることになる。そしてその習慣ができると、熟睡が可能となる。この世の思い煩いをなるべく早く神にゆだねて、眠るのである。それができなければしばらく祈るのである。生来病弱であった私がこの三、四十年来無病息災であるのは、この習慣ができたためであると思うのである。

しかし朝の散策は、健康維持に役立つだけではない。それは私に自然との交わりを開いてくれるのである。紛々擾々たるこの世の憂いを越えて、自然のいのちとの交歓に入ることによって、私たちは人生の別天地の空気を呼吸することができる。イエスの言われた「野の百合、空の鳥を見よ」という世界、道元が「山河の親切にわが知なくば、一知半解あるべからず」と言った世界である。それには徹底した修錬が必要であろう。生じっか宗教的言辞を弄してみても、そういう世界に転生することはできないと思う。しかしそこに近づく一つの道として自然への接近ということも無駄とは思われない。

そしてこの自然に近づくためには、その一つの抄径として、日本では俳句や短歌の道があると思う。そして実作することが困難な場合には、その鑑賞も一つの道であると私は思うのである。私が四一〇号を越えた『兄弟』の裏表紙に、毎号二句二首づつの句と短歌の鑑賞を続けているのは、そのためである。秀句、秀歌を通して自然との生命の交流を行うこと、そしてそれに止らないで宗教的転身を願うこと、それが私の願いなのである。

（久山康『兄弟』四一三号、一九九二）

第6章　千刈キャンプ場の整備とセミナーハウスの建設

久山先生は西宮上ケ原キャンパスの整備、充実に力を注がれただけではなく、以下に述べる如く千刈キャンプ場の整備とセミナーハウスの建設に大きな貢献をされた。

一　千刈キャンプ場の用地取得と初期の整備

関西学院は昭和四年に神戸原田の森から西宮上ケ原に移転した。しかし、早くから野外教育施設に力をいれてきた。昭和十六年に有馬郡道場に中学部修養道場を開設し、同十八年にはこれを廃して宝塚桜小場に、学生、生徒の修練道場としてのキャンプサイト（一万七千坪）を開設した。しかし、それは狭い上に設備も乏しく、戦後しばらく利用されただけで昭和三十五年には売却されるに至った。

昭和二十五年六月に宗教活動委員会が開催された。それは戦後五年を経て誕生した学内宗教活動推進団体である（『関西学院百年史　資料編Ⅱ』六二〇―六二一頁）。その際、同委員会の夢として、①宗教センターの設置、

②キャンプサイトの設立、③専任宗教センター主事の配属、が掲げられた。そして、宗教活動委員会の中にキャンプサイト設立のための特別委員会が設けられ、学院独自のキャンプ場用地として、新しい土地取得が検討されることになった。久山先生はその時（三十五歳）委員の一人として選ばれた。そして北摂の土地に詳しい文学部粟野教授を知るに至った。久山先生は「創立三十周年を迎えて――二人の指導者の回想を中心として」という貴重な論文（『千刈キャンプ三十周年誌』一―五頁、『クレセント』十九号Vol.9 No.2、一九八五　Winter 二―十頁）の中で、粟野頼之助教授こそ千刈開発の先導者であり、忘れてはいけない人であると強調されている。

粟野教授は関学文学部教授でギリシャ史専攻、十七年に及ぶ米国の有名大学での研究業績『出土史料によるギリシャ史の研究』により、戦後いち早く日本学士院賞を受けられた学者であった。同教授は千刈の土地に着目されると、一方では学院幹部の人々を説得するとともに、他方では地元の有力者を何回も何回も訪ねられ、自費をもってそれらの人々を料亭に招待され、千刈の美しい自然の中に教育の殿堂をつくるという夢を人々の心に植えつけられた。そして、この夢に共感した人々の協力で四十万坪近い千刈の山野が学院の所有に帰したのである。こうして、久山先生が始めて千刈に行ったのは、粟野教授の案内で学院幹部責任者の方々が視察に行かれた時、昭和二十九年の春であった。久山先生は宗教活動委員会の委員として同行された。（その後、昭和三十一、三十三年には先生自身が委員長に選ばれた）。視察された人々は素晴らしい景色を前にして、即座に粟野先生の考えに同意された、という。

こうして学院は、将来適当な時に当時殆ど使用されなくなっていた桜小場のキャンプ場を売却することを前提に、元院長ベーツ先生の祈りによるカナダからの献金をもとに、昭和二十九年三田市香下地区を中心に約五万坪の用地を取得した。そして昭和三十年六月三十日に、厨房のある小さいセンター棟、アウターブリッジホール、五張りのテントでキャンプ場の開所式が行われるに至った。現地における指導は山崎宗教主事、津田中学部教諭がこれに当たり、他にキャンプに経験のある学生数名が協力した。(『関西学院百年史　資料編Ⅱ』六三三頁)。その後、昭和三十一年にキャビン五棟（一棟に十二名、計六十名収容可能）が建てられ、中学部の新入生オリエンテーションが開始され、以後継続的に毎年使用されるに至った。昭和三十二年にベーツキャビン（四十五名収容）、浴場、プールが設置され、昭和四十七年に辻記念チャペルが献堂された。このチャペルは熱心なキャンプリーダーであった商学部卒業の辻和彦さんが、全日空の副操縦士として盛岡の雫石の航空事故で殉職した後、家族の方が辻君の最も愛していた千刈のためにと寄贈された五百万円を基金として建てられたものである。このチャペルはリーダーたちの千刈にかけてきた祈りと愛とを象徴している。(関西学院『第三の創造を目指して』十一頁、『Campers First』関西学院千刈キャンプ開設五十年誌百三十頁)。宗教活動委員会は毎年八月に一泊二日のプログラムで教職員修養会を千刈キャンプで行い、学生団体である大学宗教総部（S・C・A）の夏季学校も昭和三十一年以降四十三年まで七月中旬に三泊四日の日程で続けられた。

キャンプ場が始まって以来、運営に当たっていたのは山崎治夫宗教主事であった。久山先生は上記の論文の中で、粟野先生がキャンプ場の土地購入に先見性を発揮されたとするならば、山崎先生は修練道場としての千刈キャンプ場を、他のディレクターの先生たち、また年々交代してゆく多くのキャンプリーダーの学生たちと共に形づくって行かれた中心人物であった、と記されている。山崎先生は昭和九年関西学院専門部神学部卒業後、十四年アメリカ・南メソジスト大学に留学、キリスト教史を専攻、M・Aを取得。帰国後、戦時中に召集され、きびしいシベリヤ抑留を経験された。戦後、昭和四十九年に関学中学部宗教主事に就任。五十二年宗教センター主事（中学部宗教主事を兼任）を経て、五十四年、大学宗教主事に就任し、経済学部ならびに宗教センター主事を兼任し、宗教活動委員会の世話を宗教センターの中条順子さんと共にされた。六十三年には関西学院千刈キャンプ場長を兼任。戦後の関西学院の宗教教育の整備ならびに、経済学部の宗教教育活動発展の一翼を担われた。昭和四十一年、名古屋学院院長としての招聘を受け転任されたが、四十三年在任中に惜しくも急逝された。著書に『地の果てまで――ランバス博士の生涯』（一九六〇年）があり、ランバス先生を関学に初めて単行本で紹介し、多くの人に感動を与えた。

キャンプ場は戦時中に松根油を採取するため松の木が伐採され、開設当時は一面に低木が茂り、キャンプ場をつくるためにはブッシュを切り取って生活・活動する場所を広げる必要があった。当時は重機などはなく、カンカン照りの中を汗にまみれて作業し、草を刈り、道をつくり、橋を架け、グリーン・チャペルやポール・サイトや運動場を作る等の作業が必要であった。キャンパーの安全を確保し、充実したキャンプ場にするため、何年もかけてワーク（作業）が続けられた。教師（ディレクター）と学生（リーダー）は寝食を共にし、一緒に聖書を読み、讃美歌を歌い、祈りを共にした。「われ山に向かいて目をあぐ。わが助けはどこからくるであろうか。わが助けは天と地を造られた主から来る」（詩編一二一）という聖句に導かれながら、雄大な羽束山を仰ぎ、美しく、厳しい自然の中で、共同生活をすることを通じて、神と出会い、人や自然とのふれあいを深めることができた。キャンプ生活を通して、たくましい身体が作られ、魂が深められ、成長していった。それと共に、互いの強い絆、連帯が形成されていった。

最初のディレクターは中学部教諭津田氏であった。氏は上記の粟野教授の甥にあたり、神官の家に生まれながら、関学で原野神学部教授（御影教会牧師を兼任）の導きにより熱心なキリスト信者となり、山崎先生の依頼と指導の下に、叔父にあたる粟野教授の志を継いで、献身的に、強い使命感をもってキャンプ場の発展につくされた。関西学院中学部長の矢内先生は、熱心なキリスト信者であるが、創造者である神に対する畏敬を中心として、知育、徳育、体育全てを兼ね備える全人教育を大切にされた。そのため、キャンプを必須な項目として、カリキュラムの中に取り入れられた。そして新入生のためのオリエンテイション・キャンプのため、毎年千刈キャンプ場を使用されたのである。

さて、キャンプ場で広く親しまれてきたモットーはCampers Firstである。これは内容的に関学のスクール・モットーMastery for Serviceに通じるものがある。久山先生は上記論文の中で、祈りと奉仕によってスクール・モットーのMastery for Serviceを教師と学生が一体となって学ぶ研修道場としての千刈キャンプ場の伝統はキャンプ場の存在意義を示す最も大切なものである、と述べられている。

二　用水ダムの建設――キャンプ場整備、セミナーハウス建設に不可欠な条件

キャンプ場の初期の整備については上記の通りである。しかし、キャンプ場の最大の難点は用水の不足であった。キャンプ場の下は岩盤で、井戸を掘っても、水脈がなく、十分の地下水を得られなかった。初期において、筆者（小林）は最初、神学部助手の時に、教職員夏季修養会に参加した。その時、水不足のため、キャンプ場の下の羽束川まで入浴のための水くみに行き、バケツで運んだこともあった。キャンプ場は長い間用水の確保が強く求められていた。

キャンプ場の用地取得については、上記の通りであった。しかし、それは五万坪にすぎなかった。千刈周辺の

土地に強い愛着を抱いていた粟野先生は、一九五九年（昭和三十四）に関西学院の将来の発展のために有益であるとの判断から、神戸市千刈水源地に接する立会山及び平井池を含む三田市大道ケ原丘陵地約 五十万坪の購入を理事会に提唱した。学院も粟野氏の熱意に動かされ、この提案に賛意を表するに至った。そして、一九六〇年十一月までに約二十五万六千坪の土地を約千二百五十一万円で取得することになった。この土地の取得に際して学院は「このたび地区民より購入する土地は、関西学院の所有地として教育目的に使用し、今後いかなる事情があろうとも、学院より他の個人または法人に転売することはしない」という厳しい誓約をしている。（『関西学院百年史　通史編Ⅱ』二七九頁）。

学院はこの土地を取得し、立会山は農村センター用の牧草地として使用していた。平井池を含む大道ケ原丘陵地はゴルフ場用地として、その経営は後の千刈カントリー倶楽部があたることになった。ところが、やむを得ない情勢の変化により、農村センターは昭和四十八年三月末に廃止することが決定された。そこで、この用地を今後如何に利用すべきか、が問題となっていた。その時、千刈キャンプ保田正義場長から農村教育実習場長J・ジョイス宣教師連名で、「千刈土地利用に関する意見書」（昭和四十八年四月十二日）が関学理事長矢内正一宛てに提出された（『関西学院史紀要』第五号、九十三―九十七頁）。農村センター跡地を野外教育センターとして、キャンプ場と一体化し利用することを提案している。保田氏は英文学専攻で熱心なキリスト教信者であり、高等部教諭から経済学部教授となり、キャンプ場ができてから3年後にディレクターとなり、山崎宗教主事の下で、津田氏と共にキャンプ場の形成、発展のために尽力し、貯水ダムの建設についても神戸市と交渉を開始した、という（Campers First、前掲誌八十一頁）。

他方、久山先生はそれよりも約一年前、学外施設研究委員会（委員九名）答申（昭和四十七年九月十四日）を委員長として提出し、千刈に約百名を収容するセミナーハウスの建設、用水確保のため最小限の施設の至急実施の必要を提案している（『関西学院史紀要』第5号八十八―九十二頁）。

三　院長としての久山先生の対応

久山先生は昭和四十九年二月に院長・理事長に就任された。学園紛争で荒廃した学院を立て直すため、なすべき業務が山積していた。学院は早くも十一月に立会山の東側谷間に巨大な貯水ダム工事（貯水量一万二千トン）に着工、翌年（昭和五十年）五月に完成した。翌年一日二百トンの水を浄化する浄水設備が完成し、同時にキャンプ場への長い排水工事や汚水処理の工事も完工した（「第三の創造を目指して」十一頁）。その後、後述するごとく理事会での協議をへて昭和五十二年十月にセミナーハウスの起工式が行われ、五十三年十月十四日竣工・開館式が行われた。

こうして、ダムの建設によりキャンプ場にも給水が可能となり、キャンプ場は大きな成長、発展が可能となった。それまでの比較的簡素なキャビンが老朽化したこともあり、新たに本格的な和風住宅様式のキャビン十棟がまず計画された。それまでのキャンプ場のイメージを一新するこれら新キャビンは一九八一年二月に起工式が行われ、同年七月一日に竣工している。各戸二階建てで、一階に和室一、水洗トイレ、簡易キッチン、二階に和室二室を持ち、収容は十二―十四名、冬期の利用を考慮して暖房設備も完備されている。

これについで、一九八四（昭和五十九）年三月十二日に、新センター棟が竣工した。延べ面積三千二百十三平方メートル、セミナーハウス同様スパニッシュ・ミッション風の建物、屋根は赤煉瓦で正面には学院のエンブレムが刻まれている。センター棟は広い駐車場を備え、鉄筋二階建て、中央にはさらに展望台があり、そこから周囲の山々、神戸市水道貯水池等素晴らしい風景を展望できる。センター棟には事務室、三百名収容の食堂、大小研修室、宿泊可能な和室、管理人室、リーダー室などが設けられている。

これら新キャビン及びセンター棟の完成により、千刈キャンプ場は、旧センター棟、リーダーズキャビンを中心とする北側から南側にその中心機能を移し、マスタープランが大きく変化した。名称も「千刈キャンプ(Camp Sengari)」とされた。これは、キャンプ場が野外教育施設として従来より多機能を持ち、多様化する中で、従来の宗教道場としての伝統を重視し、継承することを意味するものであった。八四年二月には所長、副所長が置かれ、専任事務長をもつ部局として院長のもとに位置づけられた。(筆者は一九八四年から八八年まで五年間所長として奉仕。)

十棟のキャビンとセンター棟の完成により、宿泊可能数は約二百名、最大二百五十名に増加した。利用者はセミナーハウスと違い、クラブ活動のためにも利用可能となっている。

昭和五十九年度の利用状況でみると、千刈キャンプの利用者は一万三千八百七十四名に増加し、前年度よりも六千五百五十五名増加、倍近くとなった。千刈キャンプ場の歴史は『Campers First――関西学院千刈キャンプ場開設五十周年記念誌　一九五五年～二〇〇五年の歩み』の中に極めてよくまとめられている。

なお、千刈キャンプ場では一九六七年に千刈OB会が発足し、一九九七年に名称を「千刈キャンプリーダー会」に変更した。この会の目的は「千刈キャンプリーダー精神を基調として、会員相互の交わりをはかり、千刈キャンプに対して精神的、物質的に寄与すること」にあり、「その目的達成のために必要な活動事業を行う」となっている。長井弘光氏が長い間会長として世話役をはたしてこられたが、五十周年を機として辞任された。その後、花実会の代表をされて、奉仕をされている。久山先生が提唱されている「教育共同体」としての関学ファミリイが自然に実現されているように思う。関西学院千刈キャンプ開設五十周年記念誌『Campers First』は長い伝統の結実にほかならない。

久山先生はキャンプ場とセミナーハウスという、異なった機能を持つ二つの施設によって学院や社会の多角的なニーズに応えようとされた。

四　セミナーハウスの建設について

（一）　セミナーハウス竣工、開館までの経緯

(1)

上述した如く、久山先生は昭和四十七年九月に学外施設研究委員会答申を委員長として理事長に提出した。その中で千刈に約百名を収容できるセミナーハウスを建設すること、そのためには水源の確保が必要である、と提言している。

他方、千刈に設置されていた農村センターは昭和三十六年以来種々の困難に遭遇し、昭和四十八年末に廃止されることになった。これに関し久山先生は次の如く述べている。

現在セミナーハウスの建った場所は、農村センターで飼っていた牛の牧草地であった。戦後の日本の生きてゆく道として、デンマーク式の酪農経営ということが当時考えられ、宣教師の人たちがカナダの教会の援助で乳牛二十頭を送ってもらい、そこで日本の新しい農業経営の実習場を作ろうとしたわけであった。しかし戦後の日本は朝鮮戦争を契機として、急激に工業生産の復興と発展をみ、昭和四十年代に入ると酪農への関心は全国的にうすれていった。そして、学院でもその趨勢の中で、農村センターの廃止にふみきらざるをえなかった。この社会情勢の変化のなかで農村センターからセミナーハウスへの転換が企図されたのである。

（久山康「開館十周年に思う」『山辺に向かいて我目をあぐ』関西学院千刈セミナーハウス開館十周年記念誌、十五頁）

（2）

久山先生は昭和四十九年二月に理事長・院長に就任された。十一月に巨大ダムが立会山の谷間に着工され、翌年五月完成した（貯水量一万二千トン）。久山院長は昭和五十年八月九日理事会で千刈セミナーハウス建設構想を発表し、千刈セミナーハウス建設準備委員会の設置説明をされた。こうして、十月二十五日に千刈セミナーハウス建設準備委員会が発足した（「関西学院千刈セミナーハウス十年の歩み」『山辺に向かいて我目をあぐ』五十九頁）。これにより、セミナーハウス建設が正式に理事会でとりあげられることになった。久山先生は「セミナーハウスが計画されたのは私が学院の責任をもって間もない昭和五十一年のころであった。その時には粟野先生はすでに逝去されていたので、私達が計画に当たったのであるが、これに熱心であったのは山中良知君であった。セミナーハウスの設計が行われ、基礎工事の始まる頃までは熱心に力を注いだのであるが、残念なことにその竣工を待たないで急逝してしまった。」と述べられている。

（「開館十周年に思う」前掲書、十五頁）

(3)

昭和五十一年八月に『第三の創造をめざして――百周年に向かっての志向』（関西学院）というコンパクトであるが極めて重要な冊子（一―二十頁）が院長久山康、大学長久保芳和、高中部長小林宏の連名で出版され、関学の教職員、学生、同窓会関係者に配布された。この冊子は上記理事会で発足したセミナーハウス建設準備委員会の討議をふまえたものであることは当然である。その中で、百周年に向けて学院が取り組むべき課題として、一、世界的時代の到来　二、解体の時代の克服、という二つの重要課題を提示している。今日、二〇一六年の時代に生きる読者に理解して戴くために、筆者はまず久山先生が語られている「第三の創造」とは何かについて、久山先生の言葉を引用して短く説明をしておきたい。

学院の第一の創造とは明治二十二年に米国南メソジスト教会のW・R・ランバス監督により、神戸原田の森に学院の創設されたことである。学院が神戸に設立されたのは、神戸が東洋一の開港場であり、東洋の文化の一つの中心となるべき地であって、日本の教化は勿論、東洋に、世界に開かれた学園を作るには最高の地と考えられたからである。第二の創造は、昭和四年、大学昇格を目指して神戸から現在の上ケ原台地に移転したのに始まり、戦後の大学の拡張・充実に至る学院の飛躍的発展を意味している。この間、大学は神・文・社会・法・経済・商・理の七学部を有する総合大学となり、学生・生徒数も二千名弱から一万六千を超える増加を示し、学院は我が国の代表的私学の一つとして評価されるに至ったのである。

そして本年八十七周年を迎えた学院は、百周年を目前にして第三の創造の時を迎えている。というのは、近代的世界は今日、その発展の極みにおいて世界時代をもたらし、世界に活躍することのできる人間の育成を求めている。しかも他方では近代的世界は解体期に入り、内部において精神的混乱と危機を深めていて、その克服が重大な問題となっている。従ってそこには豊かな世界性と深い内面性を持った人間の創造が要請されており、学院はこの時代の大いなる課題に取り組むべき時が来ているからである。

このような第三の創造の時に立ち向かうために、学院ではまず学院の在り方を根本的に反省し、検討しようとして、「関西学院を考える」というシリーズの編集を企画し、昨年度は第一集『大学とは何か――世界の大学、日本の大学、関西学院』、第二集『私学財政と学院の歩み』を発行し、教職員、学生、生徒父兄、同窓会役員という大学の全構成員約一万七千五百人にこれを贈り、ともに学院の歩みについて考えていただく資料を提供したが、今週は第三集として国際交流についての調査・研究を纏め、お手元にお届けする予定である。

このような大学にふさわしい調査・研究を進めるかたわら、理事会では長期計画検討委員会を設け、大学や高・中部より正規の機関を通して要望や提案を聞きつつ、さまざまな構想の検討を行っている。建学の精神の振興、教職員の充実、学問研究の向上、国際交流の強化、小集団教育の充実、十年一貫教育の推進、語学教育の充実、既存学部の校舎・設備の整備、体育及び課外活動のための設備の充実、厚生設備の充実、自然環境の整備など、研究と教育と厚生のあらゆる面にわたり、財政の許す限りの整備・充実を行うよう検討しているのである。

学院は八万坪の上ケ原校地のほかに、三田市千刈の地に約三十万坪の山地を所有し、その一部にキャンプ場を設置しているが、中国縦貫道路の開通により学院よりの距離も車で五十分に短縮された。これを第二校地として開発し、美しい自然の只中に学院の教育共同体の基地を作るという夢も、セミナーハウスの建設によって実現の第一歩をしるそうとしているのである。

（『第二の創造を目指して──百周年にむかっての志向』一―三頁）

（4）

昭和五十二年三月久山院長は次期理事長・院長に再選され、第二期を迎え、『関西学院広報』第二十三号（一九七七年四月二十八日）に、「新しい学年を迎えて、基礎固めから創造へ」と題して感動的な感謝とメッセージを残しておられる。そこには、私達が殆ど知らない、院長・理事長に就任して以来三年間久山先生が担われた重責とその遂行が簡潔に述べられている。（筆者は久山先生を理解するために、ぜひ多くの人に知ってほしいと思う）

新しい学年を迎えて私のまず感謝せずにおれないことは、学院の責任を与えられて以来三年間にわたる思いを超えた神の啓導であり、学院の全構成員の方々の温かい協力である。三ケ年はまたたく間に過ぎ去ったが、その間に生起した事柄、実施した事柄を回想すると、随分重大な事柄、困難な事柄が数多くあったように思う。石油ショックで決定的となった財政危機を乗り切るために決行した二年連続の学費改定と本年度より実施したスライド制導入による学費改定。六年ぶりに行った大学紛争以来初めての学費改定では、学長代行提案の抵抗権について学内の統一見解を作り、これを処理することに腐心したし、一部学生の学内封鎖に直面して、これの解除に学内の足並みを揃えることに多くの努力が必要であった。

それに教職員組合との間に長年懸案となっていた遡及分の解決も容易なことではなかった。組合も三つに分かれているので、団交も毎年二十回をこえた。さらに破綻に瀕した学院の恩給退職制度の改正、私共済への加入、人事諸制度、研修制度の根本的検討、例規集の整備など、今日もなお継続審議中の問題もあるが、今までたまっていた学院の問題が、一度に解決を迫ってきたようにも思われた。

私は当初いつ空中分解のような崩壊が起こるかわからない不安を抱きながら、ただ「行く先を知らないで出ていった」というヘブル書の一節を頼りにするより外はなかった。しかし、私の思いを超えた神の強い啓導と親しい同僚の献身的な共働、それに学院の全構成員の方々の篤い協力を与えられて、何とか危機が乗り越えられただけでなく、三年間に基礎固めが進行し、前途への展望を持つことのできる状態にまで到達したのである。実際、三年前の危機の只中では百周年に向かっての長期の発展計画など、考えることもできなかった。それが、いつの間にか事態が一転して、長期計画が立案されるようになり、すでにその第一着手として中央講堂は修復され、総合体育館も見事に完成した。そして、法学部本館も着工され、千刈セミナーハウスの起工も近い。しかも、建設計画のみでなく、教職員の充実計画も実施され、多彩な人材が学院に導入されている。若手人材の養成のため、ランバス留学基金も設けられ、すでに三名の留学生が出発しようとしている。グラウンドや自然環境の整備も進んでいる。そして学院の未来を開く教育、研究の計画は「関西学院を考える」シリーズの編集によって精力的に準備されている。これらのことは当初私達の心になかったことであるだけに、すべてのこの学院の趨勢が、神の啓導によるものであることを、私は思わずにはおれない。私は今後三年間引き続き学院の責任を負うよう昨秋任命されたが、神の啓導の与えられていることは、私の大きな頼みであるとともに大きな恐れでもある。私は神の計画を悟ることのできる心を与えられるよう祈るとともに、従来通り学院の構成員の方々の一層の協力をお願いして、任務に専念したいと思っている。そして今年は3ケ年の基礎固めの年から転じて第三の創造に本格的に入る年としたいと念じている。

(5)

昭和五十二年十月二十二日三田市千刈の立会山で千刈セミナーハウスの起工式が行われた。久山院長は昭和五十二年十月、『関西学院広報』第二十七号（一九七七年十月二十九日）で「千刈セミナーハウスの着工」について次の如く報告している。

待望久しい千刈セミナーハウスの起工式が十月二十二日に行われ千刈キャンプ場開設二十周年を一昨年の秋に祝った学院は、今ここに千刈の地を第二校地として開発する第一着手としてセミナーハウス建設を行うことになりました。学院の上ケ原校地は、現在の学部構成のもとでも校地が狭隘で、規定の広さに足りず、文部省より絶えず注意を受けております。

しかし、今後の学院の発展を考える時には、人家の密集して地価の高騰している上ケ原地区にこれ以上の校地の拡張することは困難であるばかりでなく、不適当でもあり、それよりも車で五十分の距離となった千刈の地区、自然の豊かな千刈の地区に、広やかな校地を設置することが、今後の学院の発展にとって最も望ましいこととなってきたのであります。

思えば二十数年前に千刈の土地に着眼して、四十万坪に及ぶ広大な山地の購入に熱意を燃やし、それを実現された文学部史学科の教授、粟野頼乃祐先生の卓抜な識見に、今更ながら深い敬意を抱かずにおれないのでありま す。当時財務部長をされていた原田修一先生も千刈の開発には特別の熱意をいだかれていました。こういう、今は亡き方々の志を継いで、いま千刈は第二校地として脚光を浴びようとしているのであります。

セミナーハウスはすでに各新聞の伝えていますように、キャンプ場南側の立会山山頂に、鉄筋二階建て、延べ四千二百平方メートルで建設される予定であります。百二十名収容可能なチャペルを中心に、広々としたロビー、三百名をいれる大講義室のほか、二十乃至三十名から百名あまり収容できる研修室、会議室五室、百人余りをいれる食堂、それに浴室、宿泊棟には十畳の和室八室と二人部屋の洋室二十四室、さらにスペシャル・ルーム四室、エキストラ・ベッドを入れると百三十名の宿泊が可能となります。工費は八億三千五百万円という設計事務所の見積もりでしたが、竹中工務店の特別の好意により、五億九千五百万円で着工されることになりました。その後道路工事が少し変更になりましたが、明秋十月には開所の予定であります。

この建物は六百を超える大学および大学院のゼミナールを中心とする小集団教育のために、あるいは学会その他学術研究のために、そしてそれと同時に、「第三の創造をめざして」に記しましたような学院の未来を開く国際交流や父兄、同窓、地域の人々を対象とする生涯教育のために使用したいと考えております。私たちはこのセミナーハウスの完成が学院の第二校地を開く輝かしい第一歩であることを確信し、祈念しています。

(6)

三田市千刈の立会山で起工式が行われてから一年足らずの翌年（昭和五十三年）九月末日に千刈セミナーハウスは竣工した。その間、「千刈セミナーハウス創設委員会」（委員十名、任期　昭和五十二年十二月から五十三年十月）が発足し、セミナーハウスの管理運営について検討し、必要とされる職員の採用も実施された。また、四月一日より事務局として「セミナーハウス開設準備室」が設けられ、開館までの準備が進められた（千刈セミナーハウス館長　久山康による「千刈セミナーハウス年次報告一九七八年度」『関西学院百年史資料編Ⅱ』五五八―五六四頁）。宗教センター主事田添禧雄氏がセミナーハウス主事として任用され重責を担うことになった。田添氏は昭和八年生まれで、関学と同じメソヂスト教会の流れをくむ東京の青山学院大学大学院文学研究科聖書神学専攻修了。一九六〇―七五年青山学院大学宗教主事並びに日本キリスト教団大井教会牧師をされていた。一九七五年より関学宗教センター主事に就任され、学院の宗教活動を助けてこられた。（『クレセント』九号、九十八―九十九頁）。

田添氏は『関西学院広報』第三十四号（一九七八年六月二日）の中で、セミナーハウス主事として、「千刈セミナーハウスの完成をまぢかにして」という題で次のような報告をされている。

千刈セミナーハウスは起工以来、工事は順調に進行しています。六月中旬には全館のコンクリート打ちが終わり、その全容を現し、レンガ色の瓦が葺かれ始め、内外装工事が着々と進められております。九月末には完成し、竣工・開館式は十月十四日に行われる運びとなっています。千刈キャンプ場の隣の立会山に、機能を異にしたセミナーハウスが完成しようとしているのですが、この施設により、千刈の地における関西学院の教育環境が一層充実発展することになると思います。

工事の進行と同時に、管理運営の面については、千刈セミナーハウス創設委員会におきまして種々検討を重ね、まず、「千刈セミナーハウス規程」の制定、さらに「使用規程」「使用細則」も学院理事会で定めようとしております。人事は館長、主事のほか専任職員四名が決定し、さらに開館までに管理人・食堂、清掃等の嘱託・アルバイト職員が十名採用されることになっています。四月一日より設置された「千刈セミナーハウス開設準備室」（宗教センター一階）では、利用案内のパンフレット、しおりなどを作成し、六月十五日より利用受付を開始いたしました。また管理運営の細部についての準備を整える一方、実地調査と実務研修のため、いろいろな施設を廻り開館に備えております。

次にセミナーハウスの目的とそのプログラムは、規程の目的に現されておりますように、「キリスト教精神に基づく関西学院の教育・研究活動、国際交流および生涯教育の発展に資すること」であり、具体的には、学部および大学院のゼミナールを中心とする小集団教育のため、学会その他学術研究のために活用していただくこと、また時代の要請に応えた国際交流、父兄・同窓を対象とした生涯教育のプログラムのために使用することなどであります。セミナーハウスは独自のプログラムを種々企画してゆくことになっておりますが、その最初のものとして開館記念セミナーを十一月十一、十二日に著名な社会学者タルコット・パースンズ教授を迎えて、開催するのを皮切りに、館長のもとに企画委員会を設け漸次さまざまなプログラムを企画してゆく予定であります。

以上、大まかな進捗状況を申し上げましたが、この機会にセミナーハウスについての、私の考え、願いを述べさせていただきたいと思います。わたしはこのセミナーハウスの建設に当たって多くの大学、ＹＭＣＡ、その他のセミナーハウスないしは同じような性格を持つ諸施設を視察、調査してまいりましたが、その結果、当然のことながらセミナーハウスとはこのようなものであるという一定の形態、運営様式、あるいは内容的に共通した目的を持つものは一つとしてなかったということであります。しかし、このように多種多様に異なった形でありながら、いずれも執拗、かつ真剣にある何かを指向し、追い求めているという現実でありました。つまり、多くのセミナーハウスは暗中模索し、試行錯誤をくりかえしながらも、その存在の必然性を確認し、着々と今日の時代における役割を担っているということでありました。千刈セミナーハウスもまた同様の歩みの中で、他を範としながら、独自のものを形成し、その使命を果たし、その役割を全うしたいと願っております。わたくしどもは、セミナーハウスを利用していただく方々に、本当に気持ちよく利用していただけるものにしたいと願っております。そこで人間と人間の触れ合える場、学びの場としての条件設定ともいうべきものを、自然環境の恵みに合わせて作ってゆきたいと願っています。どうぞ皆様のご協力により、良きセミナーハウスとして機能してゆくことができますようお願い申し上げます。

（二）　千刈セミナーハウスの献堂、開館について

千刈セミナーハウス年次報告（一九七八年度）千刈セミナーハウス館長　久山康（『関西学院百年史資料編Ⅱ』五五八頁以下）は次の如く述べている。

(1)　千刈セミナーハウスの設立について

千刈セミナーハウスの開館にあたって、次のように設立の趣旨を明らかにした。

「清らかな北摂の山々を四囲にめぐらした千刈の立会山の山頂に、セミナーハウスが完成した。自然のふところに帰った思いを抱いて、私たちは遠い山なみを見渡す。『山辺に向かいてわれ目をあぐ』という聖書の言葉が、おのずから心に浮かび、思いを遥かなものにしてくれる。巷の騒音を離れて、静かに自然に対し、自己に対

し、そして自然と自己の根源である神に出逢うこと、その祈りをこめてこのセミナーハウスは設立された。

今日、世界は大きな転換の時期を迎えている。一方では近代の人間理解が崩壊の危機に陥り、人間の再建が重大な問題となりながら、他方では世界的時代が到来し、あらゆる分野で国際交流が日とともに盛んとなっている。深い内面性と豊かな世界性をもった人間の形成、それは現代に生きる私たちの最も大きな課題である。セミナーハウスはそれに役立ちたいと思う。そしてそのことは、セミナーハウスが学院の教育と研究の場であるだけでなく、同窓、父兄、さらに広く学外の人々の研鑽の場となり、また新しい時代を開く国際交流の場となることによって、成就されるのである。」千刈セミナーハウスが、学院の新しい志向の布石であることを示した。

この設立の趣旨の具体的な形として、千刈セミナーハウスは四つの目的を挙げている。第一に大学のゼミナール等の小集団教育の場をつくること。第二に教員の研究の場、あるいは学会開催の場に活用し、学院の学術研究振興を目的とすること。第三に同窓・父兄、地域住民等を中心にした、社会人の生涯教育の場に活用すること。第四に国際交流の場として活用することになっており、これらの四つの目的が千刈セミナーハウスの大きな柱となって、関西学院を核とした教育共同体の形成の一助になることが期待される。

(2) 経過及び報告

昭和五十二年十月二十二日、三田市千刈の立会山にて起工式が行われてより、一年足らずの翌年（昭和五十三年）九月末日に千刈セミナーハウスは竣工した。その間、「千刈セミナーハウス創設委員会」が発足し、セミナーハウスの管理運営について検討された。必要とされる職員の採用も実施された。また四月一日より事務局として「千刈セミナーハウス開設準備室」が設けられ、開館までの準備が進められた。

昭和五十三年十月十四日、千刈セミナーハウスは開館した。献堂開館式には、戸谷兵庫県副知事、岡崎三田市長はじめ、多数の御来賓、ならびに学院役員・教職員二百五十名が参列、厳粛の裡に盛大にとり行われた。

開館当初、学院本部、各学部教授会等様々な教職員の団体が、セミナーハウスの見学を兼ねて利用され、順調なスタートを切った。つづいて、各学部ゼミナール、同窓・父兄関係、外部団体の利用、開館記念セミナーの実施等の使用状況で、千刈セミナーハウスは学院の中で一つの新しい機能を形成しつつある。

(3) 行事

(1) 献堂開館式

十月十四日　参加者二百五十名（学院外招待七十三名）。千刈セミナーハウス正面玄関にてテープカットの式があり、本棟二階のチャペルにおいて献堂開館式がとり行われた。その後招待者は完成した館内の見学を一定のコースで行い、食堂で開館記念パーティーが実施された。

(2) 開館記念座談会　十月十四日

千刈セミナーハウス開館に寄せて、その理念・運営・未来像を明確にするために開館当日一泊の座談会が行われた。司会は宗教センター主事で、千刈セミナーハウス主事兼任の田添禧雄が行い、参加者には、学外より東京大学名誉教授・国際文化会館専務理事の前田陽一氏、同志社大学文学部助教授・関西セミナーハウス主任のK・シュペネマン氏、世界大学奉仕団日本総主事の藤田允氏、以上の三名を招き、学内から理学部長の永宮健夫氏、久山康理事長・院長他の参加により行われた。座談会の詳細は『クレセント』第三号（二十一―三十一頁）に、久山院長の千刈セミナーハウス献堂開館式式辞「大自然の懐で」と共に掲載されている。

（4）開館記念講演およびセミナー――講師にハーバード大学名誉教授を招待

久山院長はセミナーハウス開館にあたり、世界的に著名な学者を招待したいと考え、方々に呼びかけて推薦を依頼した。しかし適切な人物の推薦は得られなかった。

当時倉田教授が学部長を務めていた社会学部は、大学院での講義のためハーバード大学名誉教授T・パーソンズ博士をビジティング・プロフェッサーとして招待することになっていた。久山院長はこの世界的に著名なパーソンズ博士をセミナーハウスの開館記念講演の講師としてお願いすることに決定された。

幸いにしてパーソンズ博士はこれを快諾された。こうして昭和五十三年十一月十一日、十二日パーソンズ博士は「現代アメリカ社会の危機と宗教の役割」と題する講演をされ、その後のセミナーには久山康教授、小寺武四郎学長、北村次一教授、佐藤明教授、武藤一雄教授、富永健一東大教授、新睦人教授、萬成博教授、中野秀一郎教授、それに倉田教授も司会などとして参加した。

このセミナーには日本社会学会のメンバーが一〇〇名ほど出席したので、宿泊定員をオーバーし、補助ベッドを提供するほどの盛況であった。

久山院長はこの記念講演会について次の如く記されている。

「私はパーソンズ博士の講演が関西学院の新時代への開扉を告げるセミナーハウスの開館記念講演に誠にふさわしい内容であることに感謝した。というのはこの施設を設けたのが、学内の教授、学生のセミナー開催の場を備えるためだけでなく、国際セミナー開催のためであったからである。異なった伝統と文化をもつ世界の人々が集って語り合い、相互理解と協力の上に一つの世界を創造していく、その人類の課題に学院も小さな参加をしたいと願っていたからである。

パーソンズ博士はその後三ヶ月にわたって学院に滞在され、社会学部の大学院で集中講義を行われた。世界の碩学としての博士の講演は、教師、学生を魅了したが、その人間愛に満ちた素朴で温かい人格は、接する者に深い感銘を与えずにはおかなかった。パーソンズ博士のような世界的信望をあつめておられる碩学が、単なる講演ではなく、三ヶ月にもわたり客員教授として講義して下さったことは、多くの人々の驚きであったが、それには招聘した倉田社会学部長の博士に対する純一無雑な尊敬と私淑が、博士の心を打ったからであろうと思う。昭和五十九年三月二十七日」（タルコット・パーソンズ『社会システムの構造と変化』倉田和四生編訳　序文）

パーソンズ教授は翌年（一九七九年）五月には、学位取得五十周年記念としてハイデルベルク大学に招かれて記念講演をした後、さらにミュンヘン大学で講演された日の夜半（八日）心臓の発作によって急逝された。大学院の公式講義としてはこの関西学院大学における講義が記念すべき最後のものとなった。倉田教授は関学社会学部大学院でなされた三ヶ月にわたる講義（一―十五講）をタルコット・パーソンズ『社会システムの構造と変化』（倉田和四生編訳　創文社　一九八四年）として出版された。（前述の久山院長の文章は、その序文として書かれたものである。）

（三）　千刈セミナーハウスの独自性について―施設、運営、成果

千刈セミナーハウス主事田添氏が述べられているように、我が国の内外で数は少ないにしても、セミナーハウスが建設され、それぞれ独自の道を歩んでいる。それでは関学の千刈セミナーハウスの特色、独自性はどこにあるのであろうか。

施設の場所（ロケーション）　施設の置かれた場所の選定は歴史的、経済的な制約があり、自由に選べるものではない。幸い関学文学部史学科粟野頼之祐教授の熱意と説得により、千刈は経済的には低コストで関学の所有地となった。この土地は北摂山系にあり、施設は千刈キャンプ場の向い南側にある立会山（標高三百八米）の上に建てられ、すぐ近くの北側に羽束山（五百二十四米）、はるか北北東（約四キロ）に地域を代表する大船山〈六百五十三米〉が望める。この地をセミナーハウスの用地として選んだ久山先生はその理由として「立会山の山頂に立つと、静かな緑の山々が遠く、近く四方に望まれ、東の山裾には緑の谷間に神戸上水道の千刈貯水池が碧い水面を光らせている。都塵を離れて静かに祈り、思索し、学び、相互啓発し、心を深く養うには格好の場所である」と記されている（『第三の創造を目指して』九頁）。しかも、千刈は関学西宮キャンパスから車で一時間以内にあり、文部省から校地として認定されうる場所である。

（1）セミナーハウス設立の趣旨

初代館長を務められた久山康元理事長・院長は格調高いセミナーハウス設立の趣旨を上記の開館式で明らかに述べられた。久山先生は「自然は偉大なる教師である」という確信をもたれていた。（上記開館式の項目参照）この「セミナーハウス設立の趣旨」は「関西学院千刈セミナーハウス案内」にも明記され、他のセミナーハウスには見られない特色である。

（2）施設の概要

施設の設計は冨家設計事務所が担当、施工は竹中工務店による。創設の資金は学院の父兄と同窓の献金を中心とする関西学院教育振興会の募金による。

募金は毎年二億三千万を超えているが、この募金の中から毎年一億七千万円を四年間にわたりこの建設費にあてる。セミナーハウスを教職員、学生のみでなく、父兄、同窓にも利用可能な「生涯教育」の場とするのは、この協力に対する感謝の意味をこめたものである（千刈セミナーハウス献堂開館式式辞『クレセント』第三号二十四頁）。

施設の内容は四つの主要な利用目的に即して多角的に工夫され、他のセミナーハウスには見られない特色がある。延べ面積は四千百七十二平方メートル、宿泊棟と研修棟に分かれている。研修棟にはチャペル（百三十人）、第一セミナー室（六十人）、第二セミナー室（七十人）、第三セミナー室（十五人）、第四セミナー室（十五人）第五セミナー室（二十人）、大講義室（二百人）とわかれ、セミナー（小集団教育）を考慮している。宿泊棟は和室（定員六人）八室、洋室（三人）二十四室、洋室（定員一人）二室、特別室A（定員二人）二室、洋室B（定員二人）二室、合計百三十人（三十六室）と国際交流を考慮している。その他ロビー三ケ所、ラウンジ一ケ所、食堂（百四十人）一室、談話室五室、浴場（大・中）二室、シャワー室（四人用）二室、湯沸室三室、洗濯室一室、映写室一室。ゆったりとした、くつろぎを与えるラウンジ、ロビー、談話室などに大きなスペースをとっていることは、他では見られないことであろう。

千刈セミナーハウスにチャペルが設けられたのは、他には見られない独自性であり、キリスト教信仰に基づく建学の精神をあらわしている。利用団体のキリスト教行事に用いられるほか、毎日曜日の朝、聖日チャペルが行われる。チャペルの正面には、ステンド・グラスがあり、カナダ・カサバン・フレール社のパイプ・オルガン（九個ストップ、二段手鍵盤六鍵、ペダル三十二鍵、フルメカニック）が設置されている。上記ステンド・グラスは田中忠雄氏（武蔵野美術大学名誉教授、行動美術創立会員）によるもので、「聖書と自然」を主題としている。同氏はこのステンド・グラスを次の如く説明されている。

「この豊かな山波に取り囲まれたチャペルを飾るステンド・グラスをデザインするにあたって、私は「聖書と自然」という主題を考えた。これはまた、何にもまして自然を愛される久山院長のご意向でもあった。向かって左側は旧約聖書に記された自然として、シナイ山に向かって目をあげる預言者の姿を詩編第一二一編「われ山に向かって目をあぐ」によってあらわし、その聖句をヘブル語で記した。右側は、新約聖書マタイによる福音書により、ガリラヤ湖を背に、「空の鳥を見よ野の花を見よ」と父なる神の愛を説かれる主イエスのみ姿をあらわし、ギリシャ語でその聖句を記したものである。」

館内には多くの絵画、写真等が展示されている。主なものは、ラウンジとロビーに展観される森寛斎、森一鳳、川端玉章らの屛風絵はじめ、写真家三輪晃久氏が海外各地で取材された「われら地球に生きる」のテーマによる二十八点の写真、パレスチナを撮り続けている写真家善養寺康之氏のシナイ山、ガリラヤ湖等の写真を飾っている。また、小品ではあるが、畦地梅太郎氏の連作版画も、ここを訪れる人たちの目を楽しませてくれる。

自然に恵まれたセミナーハウスは、建物の周辺についても、また細心の注意が払われていた。玄関正面の造園をはじめ、建物の周辺には、熊笹、楓、赤松、杉、孟宗竹や四季の草花が植えられ、見事な造園が施されている。特に食堂テラス、中庭は庭園設計家の中根金作氏によるものである。

以上述べたことは「関西学院セミナーハウス」の案内（パンフレット）によるものである。このパンフレットは施設が如何に利用者のために設計されているか、「愛によるサービス」、「おもてなし」の精神を示すものといえる。また備品についても食堂関係については、学院理事会の監事薩摩卯一氏（「美々卯」の経営者）が親切なアドバイスと食器千数百点を寄贈された（「千刈セミナーハウス献堂開館式辞」『クレセント』第三号二十五頁）。

（3）施設の管理、運営

久山先生は「開館十周年に思う」という文書（『関西学院千刈セミナーハウス開館十周年記念誌――山辺に向いて我目をあぐ』十四頁）のなかで次のように述べておられる。

「セミナーハウスの利用者からひとしく評価されているのは、都塵を離れた静寂で清浄な山、また山に囲まれた自然環境と整備された施設であるが、それと共に喜ばれているのは新本君を中心とする事務局の行き届いた世話であり、矢田君の腕の冴えを見せるフランス料理である。新本君は学院の文学部社会学科にいた頃から純朴で強い信仰の持ち主であり、実践躬行の人物であった。私たちはそれを見込んで就任を願ったのであるが、新本君の誠実な管理でセミナーハウスは清潔で秩序正しい運営が行われてきた。またブルガリアの日本大使館に勤め腕を磨いた矢田君の料理は、この山のなかの大学のセミナーハウスで、こういう素晴らしいフランス料理がと、人々を驚かせる高級料理で、これもセミナーハウスの魅力となり、これならどんな人でも接待できるという喜びを、私達に与えてくれた。矢田君は料理の材料を大阪を通して海外から調達するという方法で、一級品の料理を作っているのであるが、矢田君は洗練された芸術感覚の持ち主で、料理だけではなく写真も素人の境を脱している。セミナーハウスの食堂に掲げている彼の写真は、人々の眼を楽しませている。そして、主事の田添君は練達した管理能力と以前牧会経験をもっていることから、チャペルにおける日曜礼拝を厳格に執行して、キリスト教的に運営するという本来の大切な任務を、代々の館長を助けて熱心に執行している。それからもう一つ忘れてならないのは、地元の人々の協力である。食事の準備とセミナーハウスの清掃のために、地元の主婦の方々が十数名常に奉仕していただいている。これによってセミナーハウスは順調に運営されているのである。」

筆者はこれに付随して、「千刈セミナーハウス使用細則」（昭和五十三年七月十三日理事会決定）を挙げたいと思う。そこに、セミナーハウス使用者の順守義務が極めて詳細に規定されており、管理者はこれに基づいて管理することにより、利用者との間のトラブルを避け、秩序を守ることができた。

（４）セミナーハウス委員会、企画委員会の役割と重要性

千刈セミナーハウスの管理、運営に関して重要な特色は館長のもとにある委員会制度である。学内、学外からの利用希望者に対し施設の利用を認め、許可し、利用を助けることは勿論重要な責務である。しかし、関西学院の百周年に向かって、第三の創造をめざして行動するためには十分とはいえない。企画委員会は積極的に新しい未来を作り出してゆかねばならない。久山先生は学院に先行する国際文化会館専務理事の前田陽一氏や関西セミナーハウス主任シュペネマン氏、世界大学奉仕団日本総主事の藤田允氏からも学び、アメリカのコロラド州のロッキー山麓二千メートルの高原にあるアスペン人文科学研究所も訪ねて前例に学んだ。そうして、千刈セミナーハウスを開館した。それは勇気ある決断であった。先生は開館十周年記念に際して次のように語られている。

「千刈セミナーハウスは開館九年を待たずして、六十二年九月二十四日には利用者の数が十万人を突破した。これは開館当時、山間僻地にセミナーハウスを造っても閑古鳥が啼くに決まっていると心配されたことが、嘘のような現状である。恐らくこの盛況は年とともに増し加わると思われるが、私はこのセミナーハウスが利用者の数の増加だけでなく、アスペンの研究所のような研修の独自のプランが立てられて、真の生涯教育の先駆的役割を担うようにならなければならないと、何時も思うのである。」

さらに、千刈セミナーハウスで行われた講演会、講座をあげておられる。例えば、開館記念講演はハーバード大学名誉教授であり、社会学の世界的権威であるパースンズ教授、昭和五十四年に始めたランバス記念講座ではハーバード大学のライシャワー博士とヴォーゲル博士、カリフォルニヤ大学のベラー博士、インドネシヤ出身の国連大学長スジャトモコ博士、ＥＣ委員会のウィルキンソン氏、コロンビア大学のパッシン博士。また昭和五十六年九月には芒の穂波の輝くセミナーハウスに、米国のカーター前大統領を迎えて、小林昭雄宗教総主事の説教によって共に礼拝を守った上で、名誉学位を贈呈し、さらに学院内外の大学生百余名とのティーチインを行って、関西テレビから全国に生放送を行った。五十六年一月には三木武夫元首相の希望で、京大の名誉教授西谷啓治博士と民俗学博物館長梅棹忠夫博士をお招きして、「文化とは人間づくりの基礎」という題で、一泊二日八時間に及ぶ討議をしていただいた。それも思い出に残ることであった。またアメリカのメソヂスト教会の高等教育局と日本のキリスト教学校教育同盟の協力のもとで三回にわたり「日米キリスト教教育セミナー」を開催したが、毎回アメリカから二十名近い人が参加され、総員五、六十名の会が持たれた。このほか昨年はアジヤのカルヴァン学会も開催された等。これらは、関学の知名度を高める結果にもなったであろう。

（5）雑誌『クレセント』の重要性

ここで重要なことは『クレセント』による連携である。個々の集会には極めて限られた数の人しか参加していない。影響力も限られた、一過性のものになることが多い。

しかし、当時の関学には『クレセント』があり、約一万七千部出版され、教職員、学生、父兄、同窓の一部に配布された。しかも文書、写真として、歴史として残されることになった。『クレセント』については本書の第

Ⅱ部第3章「広報委員会・企画調査室の設置と役割」の中で詳しく述べられている。ここでは二つの重要な貢献について言及したい。

第一は関学の生涯教育に対しての貢献である。今日、教育は学内における生徒・学生に限定されない。父兄や同窓生に対しても重要である。何故なら人間の平均寿命はかつての五十年から八十年へと伸びた。また世界は激変し続け、世界や社会の急激な変化は生涯を通して世界への関心と理解を必要としている。他方、近代は人間存在の意味喪失を惹起している。従来の国家中心主義は影をひそめた。しかし若者の間には無関係、無関心、無責任、いわゆる三無主義がはびこり、自殺者も激増している。人間が人間としての人生を全うするためにはどうしたらよいのだろうか。人間はどのようにしてその主体性を確立できるのか。この問題は生徒・学生のみならず、父兄、卒業者にもひとしく重要である。

第二に『クレセント』により関学人は「互いに見知らぬ無縁な集団」「烏合の集」でなく、情報により結ばれ互いの交わりを持つ「親密な教育共同体」になることができた。久山先生はこのことを誰よりも深く自覚しておられた（久山康「声が還ってくる　無縁な集団化よりの離脱」『クレセント』第二号十一頁）。

『クレセント』の存在は他の学園と比較するとき、関学の優れた特色、独自性であった、と言えるのではなかろうか。

(四) セミナーハウスの最後　休館、廃館について

久山院長はセミナーハウスを創設してから六年間館長として運営に当たられた。その後は後継者に委ねられ

た。最初の三年間は倉田院長代理が館長となり、その後三年間は森川氏がその任に当たられた。その間、田添氏がセミナーハウス主事としてこれを支えられた。そして、開館十周年に記念行事がなされた。その際、関西学院千刈セミナーハウス開館十周年誌が発行された。この記念誌は田添氏が編集に当たり、実によくまとめられている。そして、これがセミナーハウスの全盛期といえるであろう。

しかし、その後思いがけない試練を経験した。第一は文学部水谷教授の急逝である。水谷教授は一九八八年十二月二日県立西宮病院で永眠された（享年六十）。同教授は一九八一年四月から一九八七年まで院長補佐をされ、一九七七年十二月から一九八三年まで関西学院通信『クレセント』の編集長を務め、極めて重要な役割をはたされていた。第二は一九八九年三月末に久山院長・理事長が退職され、最大の支え、リーダーを失った。さらに、セミナーハウス主事田添禧雄氏が一九九〇年八月に辞任された。田添氏は久山院長に声をかけられ、一九七五年から関西学院宗教センター主事、一九八四年から八九年キャンプ場副所長、一九七八年セミナーハウス開所以来主事として献身的に奉仕されてきた人物である。久山院長が退職されて間もなく、一九九〇年八月関西学院を辞任し、母校青山学院の流れをくむ東京都渋谷区代官山にある日本基督教団本多記念教会の牧師に就任、牧会に専念されることになった。同氏の長年にわたる関学での献身的な奉仕と協力に対して心から感謝したい。

セミナーハウス館長は森川教授の後を山本栄一教授が一九九〇―九二年（三年間）、宮田満雄教授が一九九三―一九九八年（五年間）、山内一郎教授が一九九八年からセミナーハウス運営に当たられてきた。館長を支えたのは企画委員会であるが、従来の利用に加えて語学集中トレーニングや社会福祉の学習、海外大学との遠隔講義、交換、関西学院ならではの新しい生涯学習センターとしての機能を一層活性化し、来るべきニーズと期待に応えようと努力がなされてきた。しかし、建物の老朽化、エレベーターなどの設備を付加することの困難さ、旧消防法の認可による防火仕様の不備などがあり、維持が困難となった。特に、財政の問題として、学院は一九九五年以来、あい続く新学部の設置により、財政的余裕がなくなっていた。（セミナーハウスの設立は教育振興会からの寄付によるものであった。）こうして、二〇〇五年十月をもって閉館とし、二〇一四年廃館となった。なお、礼拝堂のパイプオルガンは二〇〇六年神戸三田キャンパスのランバス礼拝堂へ、ステンドグラスは中央講堂〈百二十五周年記念講堂〉に移設された（関西学院事典　増補改訂版二七九―二八〇頁参照）。

セミナーハウスの廃館は惜しむべきものであった。しかし、セミナーハウスは本来、関学の将来を占い、切り開くためのもの、その試金石として運営されてきたのであった。結果的にセミナーハウスは新しい学部の設置等による関学の発展に重要な貢献をしてきたのであり、所期の目的は十分果たしてきた、といえるのではなかろうか。

（小林昭雄）

第7章　三田キャンパスの建設と二十一世紀への展望

一　はじめに

久山先生は関学の根拠地西宮キャンパス、北摂三田のキャンプ場やセミナーハウスの整備、充実に力を注がれた。それのみでなく、北摂三田ニュータウン内に広大な第二キャンパス用地を取得し、関学発展の基礎を築かれた。それは先生のたぐいまれな先見性によるものであるが、学院を二分するような大学側の強い長期にわたる反対を経験された。それは、その後「上ケ原一拠点主義」と呼ばれる主張で、大学を上ケ原キャンパスのみに集中し、北摂三田に第二キャンパス用地を取得することに反対し、たとい購入しても大学は利用しない、とする運動であった。もし先生がその反対に屈し、第二キャンパス用地取得を断念、放棄していたら、関学は一体どうなっていただろうか。北摂校地の取得とその有効利用なくして、その後の関学の発展はあり得たであろうか。

この問題に関しては実に多くの資料が残されている。久山先生自身によるパンフレット、学長所信、関西学院大学将来計画委員会答申、理事会、評議員会、教授会記録、関西学院広報、大学組合速報、関西学院百年史、神戸三田キャンパス開設十周年記念誌等がそれである。『関西学院百年史通史編Ⅱ』が一九九八年三月に出版された。その後『神戸三田キャンパス開設十周年記念誌』が二〇〇五年六月に出版され、特に小島達雄氏により逸話が紹介され、歴史の真実がより透明になった。三田キャンパスの用地取得に関わり労苦を共にしてきた人々の中には既に天に召された方もある。今日生き残った私達は過去の体験、歴史を忘却の彼方へ押しやるのでなく、今与えられたチャンスを生かして過去の歴史を振り返り、久山先生の先覚者としての実践、功績のみでなく、それに付随して起こった問題や大きな流れを明らかにし、後世の参考に寄与したいと思う。筆者（小林、倉田）は久山院長に委嘱され、理事会、評議員会に出席し、校地問題と深く関わってきた。――（小林は一九八一年四月から一九八九年三月まで八年間、宗教総主事、理事として、倉田は一九八五年四月から一九八九年三月末まで院長代理、理事として久山院長を補佐）――その体験をもとに、第一次資料に基づいて、多くの人の知らない歴史の真実を伝えることが出来れば幸いです。

以下に久山院長の考え、主張を述べたいと思います。

二　関学の発展と上ケ原校地　神戸原田の森から西宮上ケ原へ

関西学院は一八八九（明治二十二）年、米国南メソジスト監督教会ランバス先生父子によって、神戸市原田の森に創設されました。校地は約一万坪、電気も水道もない所に木造二階建て校舎（七十八坪）でした。ところが一九一〇（明治四十三）年からカナダメソジスト教会がその経営に参加し、両教会の援助により財政的基盤と教授陣が一段と強化され、校地も一万六千坪が買い足され、学校施設も全国で羨まれるほど充実してきました。

しかし、大正七年十二月に大学令が発布され、従来の高等専門学校の大学昇格運動が全国的に生じました。関西専門学校や同志社専門学校はすぐに昇格運動に取り組み、大正九年には昇格に成功しました。ところが、関西学院は、折悪しくも世界的不況の中で校地、校舎、基金等大学昇格に必要な基準を満たすことができず、ベーツ院長の時、最後の手段として（幸運にも）神戸原田の森校地と建物全部をまとめて三百二十万円で阪急電鉄（小林一三社長）に買い取ってもらい、それにより大学昇格に必要な校地（五十万円）、校舎（百七十万円）、基金（百万円）を確保できました。新しい西宮上ケ原校地（当時は田んぼや畑）は何のトラブルもなく阪急電鉄から一括取得できたのでした。

こうして、ヴォーリズ氏設計・監督、竹中工務店施工により上ケ原キャンパスに四十棟の建物を百六十万円で建設し、甲山のふもとにその壮麗な姿をあらわしました。このようにして関学は昭和四年に上ケ原へ全面移転し、昭和七年に文部省から大学設立認可を受けました。当時の学生数は千八百四十七名に過ぎず、キャンパスは広々とし、余裕に満ちていました。

戦時中、神戸原田の森の校地、建物は空襲で大きな被害を受けましたが、関学は上ケ原へ移転していたおかげで、大きな戦災を受けず、広いキャンパスは温存され、昭和二十年八月終戦を迎え、新しい大きな転機がおとずれたのでした。広いキャンパス（最初は十万坪をめざしましたが結果的には）約七万坪が与えられていたうえ、戦時中は途絶えていた米国、カナダ両教会の支援が再開され、他大学に比し急速に整備されていきました。昭和二十三年大学は新憲法の下、学校教育法により新制大学に移行しました。昭和二十三年三月、大学設置委員会は新制大学十二校の設置認可を発表しましたが、学院は全国の多くの大学に先駆けて認可され、その中に加えられ、文学部、法学部、経済学部が設置され、同時に新制高等部も開設されました。

昭和二十六年には商学部、二十七年には文学部神学科が独立して神学部が開設されました。そして、昭和三十二年、加藤秀次郎院長の時一万三千坪の新グラウンドを購入しました。これが幸いして、創立七十周年を記念して、文学部社会学科と社会事業学科が分離独立して社会学部、翌三十六年には矢継早に理学部（物理学科、化学科）が開設され、綜合大学としての形態を整えてきました。

これにより、関学は大学としての専門性において、また綜合性においても一段と強化され、社会からのより高い評価を得るにいたりました。理学部を創設しようとする時、それが既存学部の充実、発展を妨げるものとして反対がなされました。しかし、当時の理事会、大学の責任者は総合大学としての関西学院に理工系は必要であるとして、その創設にふみきったのでした。もし、上ケ原にまとまった校地が確保されていなかったとしたら、戦後の土地取得のための資金調達に煩わされて、順調な発展は不可能だったでしょう。当時の決議によれば、上ケ原移転の第一条件として、「総じて将来の必要に対して十分な校地を取得する事」が挙げられています。当時の先輩たちはもちろん、何学部、何学科という具体的な学部構成までも予想して校地を取得したわけではないでしょう。しかし、時代の進展とそれに伴う学問の進歩や多様化を大きな流れとして予見していたに違いありません。この大きな予見が余裕のある校地を準備し、その後五十余年にわたる上ケ原校地での学院の発展を支えたのであり、我々はその恩恵を受けていることを感謝しなければならないと思います。

（久山康『関西学院の発展のために　北摂地区の校地取得について』九―十頁）

さらに、久山院長は次のことを指摘されています。

このように、関西学院は、戦後の新制大学としての学部、学科の充実を他大学に比し、極めて迅速になしとげています。しかし、（1）新学部の増設は昭和35年の社会学部、三十六年の理学部増設をもって終り、その後二十六年間新学部の増設による発展はなされていません。（2）学部新学科の増設に関しては昭和三十八年文学部の仏文科の増設をもって最後とし、それ以来二十四年間新学科の増設はなされていません。（3）大学院研究科に関しては、昭和四十二年の文学研究科修士および博士課程における仏文学専攻の増設をもって一段落とし、その十一年後、昭和五十三年に社会学研究科博士課程に社会福祉学専攻（定員六名）が増設されたのみです。

昭和五十年代以降において、多くの新設大学ができ、また伝統的な他大学が時代の要請に適応する学部、学科の増設に踏み切っているのに対し、関西学院大学においては昭和三十年代の後半から、四十年、五十年代の過去二十数年もの間、何ら目立った発展がなされていません。私たちの大学は果たしてこのままで、二十一世紀に向けて、学生にとり魅力的な大学として存続してゆけるのでしょうか。大きな危惧の念を禁ずることができません。

（久山康『関西学院の発展のために』そのⅣ、十四―十六頁）

三　大学設置基準校地面積に対し大幅に不足する上ケ原校地

前述の如く、関西学院は伝統ある上ケ原校地を大切にし、今日までできる限り充実を図ってきました。また今後も百周年を契機に一段と充実することになっています。北摂校地の購入に際し、あたかも関西学院が三田に全面移転するかのごとき誤った情報が流され、実情を知らない同窓や世間の人を惑わしているのは誠に遺憾です。関西学院がまず上ケ原を大切な拠点としてその充実を目指していることは、前述の通りです。しかし、次に述べるように、上ケ原にこれ以上の学部、学科の増設は校地不足のため不可能です。上ケ原校地は大学設置基準に照らし、昭和五十七年五月一日現在で、校地面積が九万八千九百二十九平方メートル（二万九千九百二十六坪）と大幅に不足し、大都市割引措置三十％を勘案しても三万六千九百三十一平方メートル（一万千百七十二坪）不足します。したがって、上ケ原校地のみでは将来を展望する計画を立てることができません。

文部省の姿勢と三度にわたる改善要望

昭和五十一年に私立学校助成法が交布され、文部省は私立大学に対する規制を強化し、すでに昭和五十二年三月、五十五年三月、五十九年三月の三回にわたり上ケ原校地の狭隘を指摘してきました。そして五十三年、社会学部に大学院社会学研究科社会福祉学専攻博士課程を増設するため申請書を出した際、教員人事と図書については問題なくパスしました。しかし、校地に関しては一学年二名、三学年で僅かに六名にすぎない定員増に対しても、文部省は頑としてして承認せず、当時の倉田社会学部長は係官から「関西学院大学は校地が大幅に不足しているから認可できない。大学院は学部の上に置かれているものであるから、学部（大学）が条件を満たさない以上、なんであろうと認めることはできません」といわれ、とりつく島もなく、悄然として帰らざるをえませんでした。同学部長はその後、久保学長と相談し、上ケ原校地の実測面積の地図（登記面積より実測面積は一万坪ほど多い）と当時建設中のセミナーハウス図面のうち客室を教室に書き換えたものを持参し、学長、学部長が一緒に文部省の局長に直接面会して交渉の結果辛うじて認可を受けるに至りましたが、「校地の開発計画を検討せよ」

という改善充実事項が付帯されるという経過がありました。さらに上記の五十九年三月には、城崎学長あてに「西宮地区の校地は大学設置基準に照らして著しく狭隘であるので、その他地区の活用をはかること」という改善要望事項を指示し、これに加えて「なお、この要望事項については、後日、その履行状況を報告願うことにしておりますので、あらかじめ御承知ください。」と特記し、理事長にも同文を通知してきました。

このように文部省は今日まで強い姿勢で指導しています。このことは、文部省との交渉に当たった人でなければ、充分実感をもって理解できないところでしょう。理事会ではこのような設置基準による校地不足という、避けて通れぬ根本問題を解決するため早くから協議し、昭和五十三年度熊谷組に依頼し、広範に、また時間をかけて適当な校地を調査し、その結果北摂三田の校地を購入することになったわけです。

（久山康『関西学院の発展のために』その Ⅳ、二十三―二十四頁）

四　理事会の対応　第二校地の探索、北摂三田ニュータウン校地の発見

文部省から注意され続けている校地の不足を充足し、さらに学院の将来の発展の基礎をつくるため理事会では昭和五十三年度からこの問題と取り組んできました。もし上ケ原地区で土地取得が可能であれば、学院としてはこれほど好都合なことはありません。しかし昭和五十九年には三・三平方メートル（一坪）あたりでも九十万円から百万円、あるいはそれ以上で、不足校地を購入するだけで百億円近い費用を要し、さらに将来の発展に必要な面積（たとえば数万坪）を確保するためには莫大な費用がかかることは明らかです。その上、上ケ原近辺では

すでに空地はなく、まとまった（数万坪の）土地の入手は極めて困難です。そこで理事会では種々検討したうえで、昭和五十三年五月に熊谷組に依頼して、学院より一時間以内の土地を探索してもらいました。それは一時間以内で行ける土地に校舎の設備が整えば、文部省に校地として認めてもらえるからです。その結果、明石の北方、池田の奥地、そして三田方面の二ケ所を候補地としてあげてきました。そして昭和五十三年七月の理事会において種々の角度から最終候補地としては、千刈キャンプ場の南西側の土地約三十万坪が他に比して条件が良いと判断しました。この地区は関学セミナーハウスの敷地に隣接し、すでに取得した土地と併用できる利点があります。加えてこの土地は市街化調整区域なので個人住宅は許可されず、そのため通常の土地に比し、大変安く取得できます。学校の諸施設も法的に種々の制約を受けますが、県知事の許可を得れば可能となります。そこで、この点に関し県の見解を打診することにし、県との間で国土利用計画法に基づく「事前協議」を行いました。ところが、県から、県が北摂三田ニュータウンとして開発計画中の土地に、千刈地区より条件の良い土地があるので、検討してはどうか、との話がありました。そこで理事長はじめ常任理事など数名が九月二十一日、他の理事、監事もその後に現地視察を行いました。久山院長は先見性、鋭い洞察力に恵まれていましたが、いわゆるワンマンではなく、兵庫県に紹介された候補地に関しても、多くの関係者に呼び掛け、現地視察を行い、意見を聞かれました。

（1）理事会メンバー（2）部長会（昭和五十三年九月十二日）（3）法人評議員会（昭五十四年十一月十八日）（4）全学協議会（昭和五十四年十一月二十六日）（5）学部長（昭和五十四年十一月二十六日）（6）全学協議会（昭和五十六年六月十八日）。全学協議会では説明の後、「他にこれ以上有利な土地があれば検討したいので、九月末日までに知らせてほしい」と依頼。しかし、他に適当な土地についての情報がなく、理事会は北摂地区の土地に絞って兵庫県と折衝を続けることになりました。（7）その後も理事・監事ら十二名で視察（八月十四日）（8）父兄会役員十八名の視察（五十八年八月二日）（9）新理事会などの視察（八月四日）（10）学院の職員、部長、課長など事務会議メンバー四十余名（五十九年五月）（11）学内理事ら合計三十余名が視察し、現地で県の説明を受けました（六月六日）。このような経緯の中で、関西学院の財政上からみて、購入面積を約六十四万平方メートル（約十九万四千坪）として、正式に理事会に諮るに至りました。

五　北摂三田ニュータウン内候補地の利点

北摂三田校地の利点については、日高施設部長が専門的に検討し、臨時理事会（昭和六十年六月二十四日）でも詳細に報告し、「以上の如く、この北摂の候補地は他の地に比して、まれに見る優れた条件を備えている。もし、学院がこの機会を逸すれば、未来に大いなる悔いを残すであろう。」と訴えた記録が残されています。ここでは、その報告の中から重要な点を記しておきます。

（『関西学院の発展のために　北摂地区の校地取得について』十―十七頁、『関西学院の発展のために』そのⅣ　五―十三頁）

千刈地区の難点

千刈地区が校地として活用できるならば、新しい校地を購入する必要はなく、問題は解決します。しかし、残念ながら次のような大きな難点がありました。

１　決定的な問題は生活用水の便に乏しいこと。
２　神戸市の千刈貯水池が隣地にあるために、汚水の浄化基準が極めて厳しく、しかも浄化された水の放流は許されず、地中に浸透させる（浸透法）という最も厳しい方式しか認められない。したがって、汚水浄化のために広大な土地が必要。
３　校地とするためには進入道路を作り、土地の造成が必須。そのため、巨額な費用が必要。
４　市街化調整区域に属し、将来とも人口の増加も、道路、交通の便の発展も見込めない。
以上の理由から、千刈地区は校地としての開発には適しない、と結論。

北摂ニュータウン地区内の候補地概況とその利点

１　北摂地区の概況

北摂ニュータウンが建設されつつある三田盆地は大阪から北西に三十～四十キロ、神戸からは北に十五～二十キロに位置し、六甲山系、北摂連山に囲まれた緑豊かな田園丘陵地帯に広がっています。

交通網については、福知山線の複線電化が進行中で、完成すれば大阪～三田間は約四十五分となります。神戸～三田は神戸電鉄と北神急行が相互乗り入れし、神戸電鉄谷上経由で約四十分で直接結ばれます。道路交通では、ニュータウン周辺は東西に延びる中国縦貫道路と日本海と近畿地区を結ぶ近畿自動車舞鶴が交わる交通の要点です。今後、その開発と住宅地の形成、さらに近接する工業団地（テクノ・パーク）の整備が進めば、現在の姿からは想像もできないような新都市が出現すると思われます。

2　候補地の利点

（1）兵庫県が行う開発事業

北摂ニュータウン西地区内の候補地は県が主体となって行っている開発事業であり、上水道、下水道、土地の造成、道路建設、交通網等の基本的な整備はすべて県が計画的に行い、関西学院には何の負担もありません。県は上水を確保するため巨大な青野ダムを建設し、終末下水処理施設を道場に整備し、ごみ処理のため巨費をかけて近代的なクリーンセンターを香下に建設し、域内の道路網を整備することになっています。

（2）兵庫県が唯一の交渉相手

約二十万坪の土地買収に際して、県が唯一の交渉相手であり、上述の基本整備のみならず、地元市町村や住民に対しても開発の了解を得ており、農業用水確保の溜池まで整備済みです。すべての関連法規に適合、地域住民の意向を満足させた、いわばクリーンな土地が、まとまった広さで一挙に取得できます。

（3）コスト主義による低廉な土地価格

日本では土地ブームにより、地価が毎年急上昇しています。しかし、この地域は新住宅市街地開発法により、開発の主体である兵庫県、住宅都市整備公団に投機、営利を認めず、コスト（原価）主義による運営が義務づけられています。十万坪で百億円の譲渡価格は当時の市場価格では全く考えられない破格的な安値です。

（4）二度と入手困難な北摂校地

周辺整備の完備した学校用地は、百貨店での日用品の販売や注文と全く違います。また個人が五十坪、百坪の住宅用地を不動産業者から必要に応じて取得する如く容易に得られるものではありません。さらに、三田ニュータウンは都市開発としては恐らく県下で最後の、最大級のプロジェクトになるのではないかと思われます。関西学院が単独で、巨額な周辺整備をし、校地をつくることは全く不可能です。特に十万坪という規模の校地を他の地域で得ることも至難の業です。ですから、この校地との出会いは、まさに「千載一遇」、数百年に一度の確率、またとないチャンスです。このチャンスを逃すことなく、深い感謝をもって取得し、学院の将来のために有効に活用すべきです。

（久山康『関西学院の発展のために　北摂地区の校地取得について』二一〇―二一九頁、『関西学院の発展のために』その\u2163、二十三―二十五頁）

六　理事会における審議　全学へのPRと大学の反対

久山理事長は第三百四十四回定例理事会（昭和五十九年十一月八日）に「北摂の土地に関する事項」を正式議題として提案し、十二月の理事会において実質的討議に入りました。その際、理事長名による冊子『関西学院の発展のために――北摂地区の校地取得について』（昭和五十九年十二月十二日出版、二十頁）の内容を説明されました。これと同時に同冊子を学院評議員、全教職員に配布し理解を求めました。さらに、大学評議会、各学部で直接説明する機会を設けてくださるよう文書で懇請されました。その結果、大学評議会（十二月二十一日）、理学部教授会（十二月二十七日）、文学部教授会（一月九日）社会学部教授会（一月二十六日）、神学部教授会（一月二十日）の四学部、全職員（一月七日）高中部教師会（一月八日）で、理事長、院長代理、常務理事が出席して説明し、質疑応答をしました。法学部、経済学部、商学部はその必要がないというので、説明にまわりませんでした。このように、理事長・院長が自発的に各学部に説明にまわったのは、新浜理事がいみじくも言われた如く関学始まって以来のことでした。

こうして、約四ケ月が経過し、北摂地区の校地取得計画に対し各学部から反対決議や要望書が提出されました。これらの決議や要望は、現在理事会において考慮中の北摂地区土地購入計画が長期にわたる学費値上げを前提にした資金計画、複数新学部創設構想を持ち、既存学部充実計画に対し悪影響を与えるなどの問題を指摘し、深い憂慮を表明していました。以上の諸事情を考慮して、大学評議会は、昭和六十年三月六日開催の昭和五十九年度第十回定例大学評議会において、「現在提示されている北摂地区の土地購入計画を白紙に戻していただくよう、理事会に要望する」との決議文を採択し、また大学では本学の将来像を検討するために、「関西学院大学将来計画委員会」を設置したことを、次の付記をつけて、通知してきました。

付記　この決議に対する票決の結果は次の通りであります。

投票総数二〇　賛成一九　反対　一　以上

七　原案撤回と代案の提示　理事会、評議員会での審議と採決

久山理事長始め理事会は大学の反対決議を真摯に受け止め、その適切な対応を協議しました。その結果、以下の理事長・院長の報告の中に述べる如く、院長、学長同意による委員を選び、代案を作成し、これを院長、学長了承したうえで理事会、評議員会で審議し、北摂の校地購入を決定するに至りました。その後、久山理事長より、その経緯と決定を全学に以下のように文書で告知されました。

秘第四十三号

昭和六十年七月十五日

教職員各位

理事長・院長　久山　康

北摂の校地購入について

昨年十二月の理事会において、兵庫県所有の北摂の土地十九万四千坪を購入する案を提出いたしましたが、これに対して大学より反対の意見があり、同窓会からも学内における一致を実現するよう格段の努力を願いたい旨の要望書が提出されました。また大学の中では有志の方々から購入土地の面積を十万坪程度に削減するようにとの意見も提出されました。そういう状況の中で理事会では中村監事の提唱により対立意見の融和をはかるため、

理事、監事より六名の委員（梶谷、広瀬、辰馬、和田、新浜各理事、中村監事）を選び、調停にあたっていただくことになりました。そしてこの委員の方々の尽力により次のような結果となりました。

「昨日（五月十五日）委員のうち四名（梶谷、広瀬、辰馬、中村）が久山理事長および城崎学長と会見し、委員会の経過を報告した後、この問題を前進させるよう両者で話し合ってもらった。その結果学長から、大学としては北摂の問題を大学に任せていただきたいが、今までの経過から判断すると無理だと思うので、現在提出されている案の代案を出してもらいたいとの希望が出され、また理事長からは、自分としては原案が良いと思うが、大学をはじめ学内、同窓会からも意見が出ているので、個人として代案を考えてみたいとの意見表明があり、両者間で意見の合意が得られたので、この問題を何とか前進させることができると期待している」。

（五月十六日、第三五〇回理事会議案第一四二号記録）

このような経緯で新しい提案を行うことになりましたが、梶谷常務理事を中心に慎重審議の結果、次のような案を六月十三日の理事会に提出しました。

1　土地の大きさを旧計画の約半分にする。

価格　八十七億円　（旧計画　百四十八億円）

面積　約三十五・一ヘクタール　約十万六千坪　（旧計画　約六十四・一ヘクタール　十九万四千坪）

幹線道路により分断する。

2　新校地の利用については、従来の方式に従って慎重に検討審議のうえ決定したいので、これについては資金計画から除外した。

3　長期間にわたる学費の増額を避けるため学費値上げ率を二％（旧計画四％）として試算した。それに伴い人件費の増加率を三％（旧計画四％）、教育研究経費増加率を五％（旧計画六十五年度まで六％、六十六年度以降五％）として試算した。

（六月十三日　第三五二回理事会議案第一四二号資料より）

今回の案は以上のように上ケ原校地の充実のための財政的余裕をもたせることと、学費を過当に上げないことを考慮して作成されています。

私たちも学費の高騰はできる限り抑制してゆく考えでありますが、ただ、給与に関する人事院勧告も今後どのように変化してゆくか、予測は大変困難であります。したがって人件費の増加を三％として試算しておりますが、もし大幅な変動が出てきますならこれは改正してゆかなければならないでしょう。既存学部の充実計画については、従来全く存在しなかった根本的な拡充計画が数年来着々として進展していることは、皆さまも眼前の事実としてご承知のことであります。この計画は新校地の購入によって支障をきたすことなく、進行させるつもりであります。昨年七月に完成しました六千五百坪に近い新学生会館に続いて、学生サービスセンター、第2教授研究官（増築）もすでに着工を見ています。それに続いて法学部、経済学部、文学部、神学部の本館も建て替える計画が進んでおります。既存学部についても時代の激しい変化に適応できる充実を期しているところであります。

新しい校地の購入については理事会の独断によって行うべきでなく、全学に周知させて行うべきだという意見がでております。理事会は土地購入について責任と権限をもっていますが、今まで教職員の意見を聞かなかったのではありません。事実、昭和五十六年六月十八日の全学協議会で、「県の保有している三田の西地区の土地の買収を理事会は企画しているが、この地よりさらに適当な土地があれば考慮したいので、九月の終わりまでに教えていただきたい」旨の依頼を行いました。さらに同年九月八日の部長会においても、「全学協議会で依頼した件についてまだ申し出がないので、適当な候補地があれば是非九月末に連絡願いたい」旨依頼を行いました。しかし、取上げるべき申し出はありませんでした。

校地はこの上ケ原を中心にして付近に求めるべきだという意見があります。一つの広大な校地があって、そこに教育研究機関を統合することは理想でありますが、高価な地代を払って校地を上ケ原に求めることは困難でありますし、今後三十年、五十年先の発展を考えると広大な土地をこの地に求めることは不可能としか思われません。関東の諸大学は勿論、関西の同志社、関西大学が校地を他に求めたことを考えましても、そのことは分かるはずであります。また、新しい校地の購入のためには、まず新しい教育計画を立ててからにすべきだという考え方がありますが、校地の購入に関しては、現在のことだけを考え、必要なものだけ購入すれば良いというものものではなく、理事会としては三十年、五十年、いや百年先のことを考慮した将来計画にもとづいて購入しなければなりません。この点から見ますと、原田の森から上ケ原への移転は貴重な教訓を残しています。

五十六年前関西学院が神戸から現校地に移転しましたときには、千八百四十七人の学生・生徒で十万坪の校地を購入しようとしたと伝えられています。現実には七万坪余りの土地の入手に止まりましたが、その広大な土地がありましたために、当時予想もつかなかった数多くの学部が設立されたのであります。五十年余りの間に二千名足らずの学生・生徒が一万五千名をこえようとは、当時予想もつかなかったでありましょう。世界的時代の急速な展開の中で、日本が経済的に未だかってない重要な役割を演じつつあるとき、しかも産業構造の根本的変化の生じているとき、教育機関だけが従来のままの姿に止まることはできません。ましてやこ八年の後、大学進学年齢を迎える青年の数が激減することを考えますと、新しい時代、新しい社会の必要とする教育機関の整備されていない学園は、衰退するに違いありません。

近くの同志社でも田辺校地約三十万坪に、数年前国際高等学校が新設され、時代の要請にこたえておりますが、今また女子大学が京都より移転し、新しい時代にふさわしい短期大学を新設しようとしております。そして大学も二万六千八百坪の校舎を建設中で、グラウンドにも野球場をはじめ、サッカー、フットボール、庭球などの施設を建築しております。先日視察に行き、明年三月には完成すると聞きましたが、総工費は四百億円を超えるということでした。

永宮理事から七月の理事会で関西学院が発展するためには自然科学系学部の増設が必要であり、上ケ原キャンパスでは狭隘なので、どうしても新校地が必要である。将来のことを考えると十万坪というのは最小限度の広さである、という発言がありました。永宮理事は大阪大学基礎工学部の開設委員の中心人物であり、初代学部長となられた方でありますが、学士院会員として世界的に広い視野をもたれた方であります。

日本の狭隘な土地のことを考えますと、土地の価格の上昇は必至であります。たとえ近年のような暴騰はないとしても、変化する社会に対応できる土地を用意するには、時機を失すると膨大な費用を要することになります。

理事会は眼前の事柄と同時に三十年、五十年、いや百年先のことを心において、学院の将来の発展に備える責任をもっております。私たちは皆さまのご心配を慮って、当初の計画を修正して新しい土地購入の計画を立てました。今回の土地購入については、預金の取り崩しと有価証券の売却および借入金で支払う予定であります。この議案は、七月十一日の理事会において、記名投票の結果、十六対四で承認可決されました。このたび理事会が北摂の土地購入を決定いたしましたのは、以上述べましたように、関西学院が将来に向かって発展してゆくためには、どうしても必要な基礎を確保するためでありました。理事会の中にも異なった意見があり、学内にも多様な意見がありましたが、いずれも関西学院を思う心においては、関西学院の教職員である以上みな同じであります。

したがって、教職員のみなさまにお願いしたいことは、今まで以上に関西学院を愛するという共通の場に立って、これまでの意見にとらわれず、今回の決定を出発点として全員が関西学院の発展を願う至情から、それぞれの持場を守りつつ、協力して、関西学院の将来を開いていただきたいということであります。

以上

秘第六〇号

昭和六十年九月九日

教職員各位

理事長・院長　久山康

北摂の校地購入決定について

兵庫県所有の北摂校地区内の土地三十五・一ヘクタール（約十万六千坪）を校地して購入するについては、理事会において慎重審議のうえ、七月十一日の同会において記名投票を行い、十六票対四票で承認可決されましたことは、七月十五日付「北摂の土地購入について」という文書で御報告いたしました。

その後二回にわたる評議員会による審議のうえ、八月二十六日の同会において賛成二十二票、反対十三票、白票二票で案件は承認され、これで北摂西地区の県有地購入の件は正式決定をみました。

この土地は住宅地として開発が予定されていましたので、校地に使用目的を変更し、正式に学院の所有となるのには、なお、二、三年の年月を待たねばなりません。県はその間に土地の半ば以上を粗造成し、進入道路を建設し、水道、下水、電気、ガスを校地まで敷設してくれることになっています。そして、その期間中には福知山線も三田、三田新駅まで複線化が進み、梅田―三田間は約四十五分となるでしょう。三宮からは神戸市地下鉄と北神急行が相互乗り入れを行い、神戸電鉄谷上経由で約四十分で結ばれるようになります。三田をめぐる交通網の進展については、別表のとおりでありますが、これらの交通網が完成しますと、新校地より約一時間の圏内の人口も三百万人を数えることになると推測されます。新しい校地をどのように学院が利用するかについては、いままで申し上げたとおり所定の機関で十分な審議を行って決定されることは、言うまでもありません。

理事会は前回も申し述べましたように、眼前の事柄と同時に三十年、五十年、百年先のことを心において、学院の将来の発展に備える責任をもっております。何卒学院の教職員の方々も、時代の急激な変化の中で、長期、短期両面の視野をもって、今後の学院の発展に協力して下さるよう願うものであります。

なお、七月十五日にお届けしました文書を今一度添付いたしましたので、あわせて御覧いただければ幸いでございます。

別　表

事　業　名	事業主体	完成年度	概　要
福知山線複線電化	国　鉄	６２年度	第二期　宝塚～三田新駅
神戸電鉄複線化	神戸電鉄	６５年度	有馬口～三田（１２km）
北神急行	北神急行電鉄	６２年度	新神戸～谷上（７・５km）
北摂三田ニュータウン線	神戸電鉄	６５年度	横山～中央地区
近畿自動車道舞鶴線	日本道路公団	６２年度	吉川～福知山（５３・８km）
六甲北有料道路	神戸市道路公社		神戸市北区有野町～八多町（５・８km）
神戸線	阪神高速道路公団	６０年度	神戸市垂水区伊川谷～有野（２７・８km）

八　城崎学長の要望と理事会決議、学長辞任、大学評議会声明

上記に記された理事会の北摂校地購入の決定（七月十一日）に先立ち、城崎学長は七月八日「北摂問題」に関する大学評議会で、理事長に対し採決を延期するよう要望した。学長は理事長が大学評議会において、「新計画案」の説明をするよう理事長に対し口頭および文書によって再三要望した。しかし、久山理事長はこの要望をうけいれず、七月五日付秘第四十一号「北摂の校地購入について」と題する書簡を本議会に送付するにとどめ、城崎学長にその説明を委ねた。これは理事長としての責任を回避するものであり、かつこの問題に重大関心を払っている大学評議会をないがしろにするものと言わざるを得ない。

（1）今後関西学院大学が充実・発展してゆくために、新たな学部又は学科もしくは研究所を必要とするかどうか、または必要であるとしても、その望ましい形態、規模、所在地などについてはまず学内の意向を広く徴すべきであろう。少なくとも上ケ原キャンパス以外における学部設置を前提とし、長期の学費値上げを必至とする大規模な計画を、大学との事前の協議を経ないまま、理事長かぎりで行おうとすることは、異例かつ不健全であるといわねばならない。このような手続きは、大学の自主性を軽視し、大学の権威を著しく損なうものである。

（2）現在大学においては、大学将来計画委員会が大学の活性化を目指して、その望ましい将来像を鋭意検討中であり、各学部内に設置された将来計画委員会と連携をとりつつコンセンサスの形成に向けて努力しているところである。したがって、少なくとも理事会は同委員会の答申を待って、必要とあれば、校地取得に着手するのが正しい手順と思われる。折角高まりつつある大学の現状見直しと活性化への機運を冷却させ、学内に亀裂と混乱とをもたらす恐れがある決定を下すことのないよう、大学の最高決議機関である大学評議会議会として、理事会に対し切に要望する。

以上

学長職辞任とその理由

城崎学長は昭和六十年七月十一日付けで理事長久山康宛てに辞任願を提出した。「私儀、学長の任に耐ええませんので、学長職を辞任いたしたく、この段お願いもうしあげます。」

そして、学長辞任理由書のなかで次のように記している。

大学評議会は七月五日の定例大学評議会の決議によって、理事会に対し「新計画案」の採決を急ぐことのないよう重ねて要望した。しかし理事会は、大学の最高決議機関である大学評議会の要望を無視して採決を強行し、「新計画」を決定した。大学を代表し、大学評議会の議長である学長は、このような理事会に対して職務上の理事として責任を負うことはできませんし、また大学評議会で反対している「新計画」執行の任を理事として分担することはできません。以上の理由によって学長職を辞任いたします（この辞任願は九月十二日受理された）。

大学評議会決議

昭和六十年七月十一日

理事長　久山康　殿

大学評議会議長　　学長代理　柘植一雄

本評議会は、今回専断に満ちた決定を下した理事会に対して強い不信の念を表明するとともに全一致をもって、今回の決定の白紙撤回を要求する。

大学評議会　声明（学内掲示）

大学評議会は、北摂校地購入計画について、理事会ならびに法人評議員会に対し、学内の合意を得た上で慎重に審議するよう再三にわたって要請してきた。それにもかかわらず、学内の合意を得る努力も、十分な審議も尽くさないままに、去る七月十一日の理事会及び八月二十六日の法人評議員会が採決を強行して校地購入を決定したことは、極めて遺憾である。本評議会は、そのような決定に基づく新学部設置等の計画に対して協力できないことを、ここに重ねて表明する。

昭和六十年八月三十日

関西学院大学　大学評議会

（起草委員　金子、高井、今村　評議員、城崎学長、小川学長補佐）

九　武田学長の選任、北摂土地問題に関する同氏の見解

城崎学長は昭和六十年九月十二日に学長を辞任、その後武田建社会学部教授が学長事務取扱に就任した。その後、十一月二十六日に行われた学長選挙の結果、同氏が学長に選ばれ、就任した。大学教員組合は学長選挙に際し、十月十八日付けで学長候補者（十名）に対し「現在学内で深刻な事態を招いている北摂土地問題について、先生はどのようにお考えですか」という質問で、北摂土地問題に関する見解をアンケート調査した。この調査に対し、十名の候補者が個性的で多様な見解を表明している。武田氏は次の如く自らの見解（所信）を表明している。この見解は同氏の学長候補としての公約であり、その後学長としての行動を制約する重要な資料と思われるので、全文を紹介する。

北摂土地問題に関する武田学長候補の見解

大学評議会と各学部教授会の反対にもかかわらず、そして大学と十分な話し合いをすることなく、理事会が北

摂土地購入を決定したことに、強い憤りと失望を感じています。

土地購入により関西学院の財政的負担は大きくなり、授業料の値上げは避けられないでしょう。新校地の支払いが上ケ原キャンパスの学生とそのご父兄の負担によって行われることは実に悲しむべきことです。

私が反対するもう一つの理由は、土地購入により上ケ原キャンパスの充実が、大学教職員の多くが望むように、おこなわれ得ないのではないかということです。上ケ原では新しい大きな図書館、各学部の講義棟の建てかえをはじめ、その計画がすすめられなくてはなりません。教職員の数も不足しています。こうした私たちの要求の実現に、北摂の土地購入が障害にならないか心配です。

また、キャンパスが二ケ所になることは絶対に避けるべきだというのが私の考えです。二つの場所で教育をおこなえば、校舎のほかに図書館、学生会館、体育設備など全て二つずつ必要です。学生の課外活動でも統一したチームは作れません。お互いに離れている教職員がどうやって親しくなり、共同研究やその他の活動をすればいいのでしょう。無駄な費用と時間が費やされるのは当然です。

土地問題は関西学院の人たちの間に溝を作りました。教育には土地も建物も設備も必要です。しかし、もっと大切なのは人の心と交わりだと思います。今、私たちの間で、その最も大切なものが失われようとしているのです。

最後になりましたが、今の時代ではイメージが大切です。関西学院は阪神間のモダンで明るい学校として多くの人たちに親しまれてきました。もう一つのキャンパスを持つことにより、そのイメージをくずすことにも私は恐れるのです。

（「大学組合速報」一九八五年十一月七日　学長候補者の北摂土地問題に関する見解――アンケート結果、九頁）

十　関西学院大学将来計画委員会答申の提案と問題点

大学将来計画委員会は城崎学長の時、大学評議会の決定により一九八五年三月に構成された。その後約一年四ケ月を経て、一九八六年七月一日に田中国夫委員長は最終答申『都市に生き、世界と結ぶニュー関西学院大学を目指して』を武田学長に提出した。全体六十一頁に及ぶ労作である。その前提は「今存亡の危機に立つ関西学院大学」とされている（二頁）。基本構想のための原理として、一、人間化の徹底　二、実現化への志向　三、総合化の努力　四、情報化の徹底　五、国際化の追求、をあげ、さらに今後大学に必要とされる複数の新学部など、重要な提案がされている。

しかし、看過できない問題点があると思われるので、以下に指摘しておきたい。この指摘は次の章「関西学院の発展のために　その三」の前提であり、内容的には一体をなしている。

大学の将来計画案として「秀麗な甲山山麓一帯にニュー関西学院大学を」の目標を掲げ（四頁）、基本原理として「上ケ原一拠点方式の必然性」をあげ（六頁）、次のように結論している。「関西学院大学は人口四十万人、大学の数十、学生数三万人（昭和五十八年）を擁する西宮市という文教住宅都市の中で、一段と魅力がある大学づくりに邁進する。これが今とるべき大学の〝最善の道〟であると確信する。そのためにしなければならぬのが、上ケ原キャンパス周辺にプラスαした甲山山麓一帯での「上ケ原プラスαキャンパス」での教育研究機能の整備と充実である（八頁）。

それでは、（1）どのようにしてプラスαキャンパスを獲得するのか、との問いに対して次のように答えている。

「関西学院大学は西宮市当局のご理解とご支援のもとに秀麗な甲山山麓に新しい土地を取得することを期す。大学発展のために最もふさわしい location である学校の面積は二万坪以内で、広大さを必要としない。もちろんそれは学院の財力からの制約によるが、それよりも我々の計画案の基本原理が成長拡大の方式でなく、調整抑制の方式によるという積極的理由からである。われわれの大学は、十万坪、二十万坪といったスケールの大きいキャンパスをその location のもつ功罪を徹底的に分析することなく、〝取り敢えず取得し〟あと利用の方法をいろいろ考えるという方式を排除する」（四頁）。

（２）さらに、既存の上ケ原キャンパスの再開発に関しては次の通り述べている。

「なお、約７万坪の現有、上ケ原キャンパスの校地についてはは思い切った再開発を行い、大学の将来計画構想実現のために有効に利用する。現実の日本人住宅ゾーン、外人住宅ゾーン、中央講堂ゾーンなどはその対象になるだろう。外人教員の住宅のためには学外にマンション等を求めて転出するかすべきであろう。」

（３）文部省の校地基準面積の変更に関しては次の如く記している。

「昨年春ごろから公布が予測されていた文部省令第二十六号（昭和六十年九月四日）によって、大学が必要とする校地基準面積が従来の校舎基準面積の六倍（ただし、都市部では三割減）から三倍に減じられたことである。この変更で法的には大学は十分な校舎面積をもったことになり（約一万八千四百坪の余裕）、この上ケ原キャンパス内でも多彩な活用の余地が約束されることになったのである（五頁）。さらに次頁の「参考資料」「大学設置基準の変更と上ケ原校地」でも余裕が生じていると繰り返している。それにより、久山院長が北摂土地購入は「校地不足を解消するため」というのは誤った「口実」である、と批判している。

る。

（４）最後に大学将来計画委員会答申は、学院当局が進めようとするプロジェクトの誤りを次のように指摘する。

第一の誤りは、兵庫県当局が推進する北摂三田ニュータウンの開発事業の構想を、この方面の専門家はもとより、素人でも信じられない単純さで信じていることにある。兵庫県当局の実績からして、北摂ニュータウンを中心とする北摂学園都市計画が成功すると予測しうる要因は何一つ見出せないというのが大学の見解である（七頁）。

京阪神間のごく普通の市民、そして同窓のほとんどが例外なく発することばは〝今、どうして関学が、たとえその一部にしろ三田まで行かねばならぬのか〟、という疑問である。この素朴で平凡な疑問は、未だかつて関西学院の歴史に全くなじまぬ一人の指導者の暴挙に自然に向けられたものといえる（六頁）。

十一　上記答申に対する久山院長の（批判的）見解

上記の大学将来計画委員会答申は一九八六年七月（夏季休暇直前）に配布された。これに対し、久山院長は批判的見解を表明し、再検討を求めている。最初の反論は同年十月九日（夏季休暇明け）に出版された『関西学院の発展のために』（その三）（関西学院大学将来計画委員会答申をめぐって）（Ａ５版五十六頁）、続く二回目の反論は一九八七（昭和六十二）年十二月二十三日初版、一九八八年一月二十五日Ⅱ版『関西学院の発展のために』（その四）（本拠地上ケ原の充実と北摂第二校地の有効利用を共に考えよう）（Ａ４版カラー印刷三十九頁）である。

そこに、久山院長は上ケ原一拠点が一番望ましい、けれどもそれは実際問題として成り立たないこと、その理由がくわしく説明されています。

1　最大の理由は上ケ原校地が文部省の大学設置基準に対し大幅に不足すること、文部省令第二十六号による大学設置基準緩和措置が新学部、学科設置に対しては認められないことです。久山院長は昭和六十一（一九八六）年八月五日、上記答申が出された直後、自ら文部省の担当係官に確かめられたのみでなく、八月十一日文部省の局長以下の関係者と私大関係委員二十数名が出席している私立大学審議会の公の席上で、文部省の責任者に質問、確認されたのです。（これは、院長に協力する側近の人々から院長に対し、ぜひ確認してほしいという依頼があったことによるものです。）院長は上記審議会で「昨年九月頃、基準校地面積は基準校舎面積の六倍から三倍に緩和されたと受け取れるような説明があったが、最近ある学校は緩和された基準では新学部の設置はみとめられない、との指導を受けたと聞いているので、それについての文部省の見解を聞きたい」と発言したところ、文部省の責任者は、校地面積が基準校舎面積の六倍という原則は変わっていない、緩和措置を認めるのは特別の事情のある場合であるとの回答を得たのでした（『関西学院の発展のために　その三』十一頁）。この確認により与えられた確信は、院長及び院長を補佐する人々にとって終始不動なものとなりました。これに対し、城崎学長は「学長所信」の中で「現在、関西学院大学の校地面積は、大学設置基準に照らして一万三千坪不足しています。けれども、この大学設置基準は、私が理事をしています大学基準協会においても文部省においても、現在改正が検討されており、ことに市街地域にある大学の校地面積に関する設置基準が緩和される方向にあります。このような現状の中では、校地面積の不足を理由にした土地購入は緊急度の高い問題であるとは言えず」と記しています。また、今回の大学将来計画委員会答申は、「基準は六倍から三倍にすでに緩和された」と強調し、それのみか、院長は誤っている、と明言しているのです。このような情報が学長や将来計画委員会の権威によって、多くの教職員をミスリードしてきたことは看過できません。

2　大学将来計画委員会答申は都市型大学をめざしています。しかし、上ケ原キャンパスは都心にあるのではなく、文教地区、風致地区に属し、建築物の高さは十五米の制限があり、それ以上の緩和は特別な許可が必要です。都市型ではなく近郊型といえるでしょう。また上ケ原キャンパス内にある住宅ゾーンの校地化については、宣教師館（十棟）は都市計画道路（十六米幅）の上に立っており、この道路上に鉄筋コンクリートの建築物は許可されません。ですから、一見利用可能に見えても、実際は不可能です。大学の答申はこの重要で、基本的な事実を全く知らず、誤った認識の上に立っています。

3　大学将来計画委員会答申が提示した「上ケ原一拠点主義」に対する久山院長の批判の三番目に重要なことは、文部省大学設置基準を満たすに必要な校地は上ケ原近辺で獲得は困難であるということです。上ケ原近辺に適当な空地は極めて少なく、あっても高価で取得するのが困難です。また甲山周辺の土地は乱開発を防ぎ、環境を保全するためにも法的に規制が多く、開発が困難となっています。無理をすれば環境破壊を招き、近隣住民から非難されます。また、西宮市長も市内に十の大学があり、どの大学も土地を必要としており、行政として関学にだけ特別な配慮はできません。関学に提供できる市有地はなく、紹介できる適地もありません。このことはすでに、関学と西宮市との話し合いで確認されています。結局、関学はすでに取得することになっている北摂三田を有効利用するのが一番得策です。

4　最後に、「関西学院の発展のために」（その四）（「本拠地上ケ原の充実と北摂第二校地の有効利用を共に考えよう」）について言及します。大学将来計画委員会答申は兵庫県のプロジェクトが信頼できないことを強く主張、断定しています。これに対し久山院長による文書は、北摂三田のニュータウンプロジェクトが一九八八年の時点で如何に成功しているか、大きな変貌をとげているか、その「現実」を紹介しています。学院の施設課が詳細に、カラー写真やグラフ等で紹介しています。一九八八年は三田ニュータウンにとって、大変重要な年でした。一九八六年に福知山線の複線電化が完了し、列車のダイアが革命的に改善されました。以前は三十分に一本の電車が十五分に一本となり、三田から大阪までは快速や新快速で四十分台に短縮されました。一九八八年四月には青野ダムが完成し、購入した全ての宅地に給水が可能となり、新築住宅の建築が一気に加速しました。「ホロンピア88・21世紀公園都市博覧会」（四月十七日から八月三十一日）が開催され、来場者百万人を超え、宅地購入希望者が急増し、倍率が二、三倍から三十倍となりました。かつての「不便な田舎町三田」が急激に北神戸に隣接する「国際公園都市」として、緑豊かなニュータウン（新都市）へと変貌していったのです。一九八九年三月末には関学が兵庫県から、粗造成の完了した校地の譲渡を受けることになっていました。このタイミングにあわせ、久山院長は急激に変貌しつつある三田を紹介するために、カラー版の新冊子『関西学院の発展のために　そのⅣ』（「本拠地上ケ原の充実と北摂第二校地の有効利用を共に考えよう――資料により考える北摂校地」「関西学院の過去と将来」「他大学の動向」）（昭和六十二年十二月二十三日初版、昭和六十三年一月二十五日第二版）を印刷し、全教職員、関学関係者に広く配布しました。これは久山院長が最後まで広くコンセンサスを得るための努力を続けられた証しであり、大学将来計画委員会の答申に対し、冷静な事実による反論がなされているのです。

またこの冊子には、当時他の大学がいかに続々と新しい学部、学科を設置しているか、その状況を明らかにし、関学も百周年を機に、奮起しなければならないことを訴えています。

十二　学院評議員会での争い、泥沼化、久山理事長・院長と武田学長の年度末辞任の声明

上記の如く、大学将来計画委員会の構想が発表され、それに対する久山院長の批判的見解反論が公表され、学内で校地問題について活発な議論や対話が促進されるものと期待されていました。ところが、期待に反し、一年間（一九八七年）殆ど何の対話もなされませんでした。そして、一九八七年の終わりに、臨時評議員会が開催請求者十六名（連絡者小寺評議員）の要求（十一月二十五日付）により十二月五日から始められた。しかし、議題は北摂の土地や上ケ原キャンパスについてではなく、十年以上も前に購入された土地（九州の諸浦島―昭和五十年、千刈第二校地―昭和五十二年）、仁川（語学センター）用地―昭和五十四年十一月）が取り上げられ、久山院長の不整処理があるのではないか、と追及された。その回数は一九八七年十二月に二回、一九八八年に十回、一九八九年一月から三月までに七回、計十九回に及んだ。久山院長は最後まで、忍耐強く対応し、結果は両論併記で終わった。

しかも、審議が始まり、継続中の五回目の臨時評議員会（一九八八年四月二十三日）において、小寺武四郎以下武田学長を含む十八名の連名で、次の「辞任勧告書」が朗読され、久山理事長・院長に手渡された。

辞任勧告書

現在、関西学院には、その歴史にかつてない学内不一致と不和がある。この現状を見るときに、私たち法人評議員は心からの悲しみを覚え、その打破が一日も早いことを願っている。このような現状の原因は、昨年以来、何度も開催された臨時評議員会で指摘されてきたように、久山理事長・院長がその長期にわたる在任期間中に行った、学校運営上での規則違反、手続きの無視、また院長として最も重視すべき学内の調和発展をかえりみなかったところにある。関西学院が物を得ても、心を失ったことは悲しいことである。

関西学院は来年百周年を迎えようとしているが、今の関西学院にはそれを心より祝おうとする空気はとぼしい。関西学院にかかわるすべての者が、百周年を喜びのうちに準備し、かげりのない心で祝うことができるようにするには、久山理事長・院長に辞任していただく以外に方法はない。久山理事長・院長が、時機を失せぬうちに辞任を決断されることを期待している。

私たちは、ここに連署して、久山理事長・院長の辞任を勧告する。

昭和六十三年四月二十三日

学校法人関西学院　　理事長・院長　久山　康　殿

しかも、この出来事が翌日（二十四日）の新聞（毎日、読売、神戸等）に「関学揺れる　理事長に辞任勧告書、学長ら評議員十八人」（毎日）として報道された。

上記の辞任勧告書に対して、二日後の四月二十五日に久山理事長・院長あてに法人評議員有志二十名から、下記の「要望書」が提出された。それは、辞任勧告書に対する反論でもあった。

要望書

法人評議員会は理事会とともに、キリスト教を建学の精神とする、伝統ある関西学院の存続と発展のために責任を負う重要な機関である。

昨年来、諸浦島などの土地取得に関わる手続問題等を過去に遡って、繰返し質疑応答しているが、むしろ、今、学院にとって最も重要なことは、激動する世界の中で、社会も教育も一大転換を遂げている今日、それにふさわしい学院の教学と経営の基本政策を討議し、これを推進することである。

四月二十三日、評議員十八名の連署によって理事長・院長に対する「辞任勧告書」が提出された。しかし、学院の問題は理事長だけに責を帰することによって解決されるというものではない。当時の理事会の決定に賛成した人が、後になって理事長のみの責任を問うことは、信義にもとる行為と言わなければならない。

関西学院の輝かしい将来を切り開き、時代が要請する教育・研究の課題を実現するためには、学内教職員の英知を結集して遂行することが必要である。

私たちはここに連署して、久山理事長・院長が上記の目的達成のため、一層の工夫を傾注して下さるよう要請する。

昭和六十三年四月二十五日

法人評議員有志　（石井佐平衛以下二十名）

学校法人関西学院　理事長・院長　久山康殿

久山理事長・院長はこれを受けて五月二日付けで六頁にわたる『所信――学長のメッセージを読んで』を公表し、五月十二日の理事会において、上記辞任勧告を受け入れることはできないという所信を表明し、そのことについて信任投票がなされ、賛成十二、反対六で信任された。そこで、今後私心を離れて、学内の和解と一致を図り、全教職員の英知を結集して、学院の教学と経営の基本政策を討議し、推進するために一層の努力を傾注する所存であることを教職員に報告した。

このような状況の中で、上記四月二十三日評議員会における久山院長・理事長に対する辞任勧告事件にまつわる、一部評議員や監事による策動（トリック・プレイ）が判明した。評議員であり、監事である樫原氏が独断で文部省あてに「報告書」（昭和六十三年五月二十七日付、三十三頁）を送り、その中で、北摂校地購入問題、諸浦島問題、千刈ユルシゲ谷の土地、仁川の土地、さらに辞任勧告書の提出、法人組織検討問題をとりあげ、「おわりに、この報告書が学院に対する所轄庁の心証を害する内容のものであることは承知しているのですが、臨時評議員会で問題にしている不整の点等について、数名の評議員が私に対して、所轄庁への学校法人監事としての報告方を強く希望しており、現体制下においての有志役員の努力による組織の自浄作用にも限界がありますのでこの報告により所轄庁の寛大なご理解と適切なご指導を得たいという趣旨で上申致しました」と結んでいる。五月二十九日付新聞（産経、神戸、毎日）は「お家騒動ドロ沼、文部省へ監事直訴」（産経）と報じている。国会ジャーナル（昭和六十三年九月一日）は「関西学院をゆるがす内紛の内幕」として報道している。

さらに判明したことは、これに先駆け三月に一部評議員が堀昌雄衆議院議員（社会党所属、兵庫県二区選出）に対して趣意書をもって、本学院理事会による土地の不正購入と大学自治の侵害があると誹謗し、文部省の調査介入を要請したことである。（これに対して、文部省は学院に対し、問い合わせの文書を送り、学院は文書により回答し、梶谷常務理事と倉田院長代理が文部省に出向いて説明をしている。）樫原監事が文部省に送った上記報告書（五月二十七日付）の終わりに、「数名の評議員が私に対して所轄庁への学校法人監事としての報告方を強く希望しており」と記していることからも、両者の関連性が示されている。さらに、八月八日に数名の評議員が参議院会館に本岡昭次参議院議員（社会党所属、兵庫県選出）を訪ね、そこへ呼び出された文部省高等教育局私学部学校法人調査課長及び同課長補佐に対して、同議員らとともに本評議員会において追及され係争中である問題に対して、同議員らとともに、文部省の調査介入を要請したことが明らかとなった（その後、文部省から学院に対する質問に対し、学院はさらに詳細に文書回答をし、梶谷常務理事と倉田院長代理が文部省に出向いて説明をしている）。文部省は学院の回答を受け入れ、それ以上の指導や介入はなかった。その結果、上記の一連の策動は失敗に終わった。学内では、萬成博評議員が昭和六十三年十月一日、第百二十回臨時評議員会における第五号議案において、「学校法人関西学院の内部問題を一部評議員が文部省に秘密告発して、その調査介入を要請した事件について」詳細に報告し、次の如く責任を追及した。「一私立学校の内部問題に関して、その法人評議員会で審議継続中であり、解決の努力がなされている最中であるにも拘わらず、秘密裡に、国会議員を利用して一方的に文部省へ告発し、独善的に国家権力の介入を要請して解決を図ろうとすることは、その意図が何であれ、明らかに、私立学校の自主性を否定し、その自治を踏みにじる行為であります。要するに貴殿がとったこのような行為は、正に私立学校の自殺行為であり、それが、我が国十大私学の一つとまで言われ、創立百周年を迎えようとする関西学院の大学長によってなされたが故に、この事実が判明した今日、その衝撃は重大かつ深刻であり、本学院のみならず、広く全国私立学校に対する由々しき背信行為であるといわざるをえません。」

このように、学内で一方的に院長・理事長責任を問い、あるいは学長責任を問い、両者の対立が激化するなかで、昭和六十三年十月二十七日に学院事務会議から次の要望書が提出された。

要望書

関西学院は来年、創立百周年を迎えようとしています。私学に「冬の時代」の到来が言われる折なればこそ、わたしたちはこの百周年が、新しい学院の創造に向けて全構成員の総意を結集し、力強く一歩を踏み出す契機でありたいと考えてきました。

しかるに学院の現状は、こうした私たちの願いとは裏腹に、確執と対立が長期化し、混迷の度を深めており、まことに憂慮にたえません。このため、わたしたちの間に不安と焦燥の念が生じ、日常業務の遂行にも好ましからぬ影響を及ぼしています。

私たちは学院を構成する一員として、こうした危機的状況が一日も早く克服され、学院第二世紀への飛躍に向かって態勢が整えられることを切望します。

昭和六十三年十月二十七日

事務会議

理事長・院長　　久山　康　殿

学　長　　　　武田　建　殿

久山院長・理事長と武田学長による退陣「声明」

このような要望書を受け、久山院長・理事長と武田学長は教職員の置かれた状況にかんがみ、その要望と期待にこたえるため、十一月十六日次の「声明」を発表し、十七日記者会見をした。

声　明

百周年を前にして、学院の融和と発展のために私達は本年度終了とともに退き、新しい人々の力によって、関西学院の輝かしい第二世紀を切り拓いていただくことを切望いたします。

理事長・院長　　久山　康

学長　　　　武田　建

関西学院広報は特集（一九八八年十二月五日）をくみ、二人の写真を載せ、辞任についての若干の説明と学院の第二世紀へ向けての願いを明らかにした。

新しい時代を開くために

理事長・院長　久山　康

私は大学紛争末期に理事長・院長に任命されて以来、十五年の長い歳月にわたり、教職員の皆様の御協力、御支援を受けて、学院運営の任務についてまいりました。当初、大学紛争直後の学院財政の立て直しと、教育研究施設の復興と充実に、学院の力を集中しましたが、その間に産業構造の激変と日本経済の未曾有の躍進を経験し、それへの対応が学院の緊急かつ根本の問題であることを思わずにはおれなくなりました。他の大学も社会情勢、世界情勢の急展開に対応して校地を用意し、新しい学部・学科の増設を始めました。

私はこの情勢の中で学院が時代に取り残された学園になるのではなく、新しい時代の課題に取り組むことのできる学園となることが必要であると考えてきました。そしてそのためには、現在の校地が狭隘で、文部省の基準では新しい学部はおろか、新しい学科の増設も不可能であり、新校地の準備がまず必要であると考えました。そして、調査の結果、兵庫県で開発中の北摂地区にこれを定め、理事会、評議員会の承認を得て、購入を決定しました。元来、校地購入の権限は理事会と評議員会に所属しています。しかし大学の意見も入れて、調停委員会を作り、二十万坪購入の計画を十万余坪に半減して決定したのであります。新校地は明年三月には学院の所有となる予定であります。しかるに、大学評議会の反対決議は今日も続いている現状であります。新校地は明年三月には学院の所有になる予定でありますが、現在の学内の情勢では、それを使用して新時代に対応する教育機関を創設することは困難であります。

学院の創立百周年の記念すべき年も明年に迫っていますが、この重要な時期にいつまでもでも対立、停滞を続けていることは、許されることではありません。そこで私は慎重に考慮した結果、武田学長ともあいはかり、学院内の対立抗争に終止符を打ち、学内の融和を回復し、学院の新しい発展をはかるため、私達二人がまず今期をもって学院運営の職務を離れ、後事は新しい人々の手にゆだねたいと決意いたしました。私達のこの決意に賛同して、私達に続いて勇退を申し出られる方も出ておりますので、学内に全学一致して百周年を祝い、第二世紀に向かって学院の発展をはかろうという気運も動いてくることと期待しております。このような私達の希望を理解してくださって、学院の全教職員の方々が、学内融和と学院発展のために尽力して下さるよう、心からお願い申したいと思います。

新しい学院組織を

学長　武田　建

〔…略…〕

昨年の十二月以来、毎月のように臨時の法人評議員会が開かれ、諸浦島およびその他の土地取得に関する問題が取り上げられ、お互い批判が続けられてまいりました。この背景には、学院と大学という二本立ての組織、理事長が院長を兼ねるという制度、一人の方があまりにも長期にもわたってトップの座にいらしたなど、多くの問題があったと思います。しかし、理由はともかく、百周年を前にして、今のような学内の状態を解決するには、まず組織を改革するとともに、理事長・院長と学長が辞任して新しい方によって、次の百周年の第一歩を大きく踏み出していただくことが必要だと思ったからです。〔…略…〕

十三　北摂土地譲渡契約書締結に関して

1　理事会の承認

一九八六年（昭和六十一年）二月及び三月の定例理事会で承認済みの北摂土地に関し、造成が予定通り完了し、譲渡を受けることになった。したがって、兵庫県と土地譲渡契約書を締結したい、との提案が一九八九年（平成元年）二月九日の定例理事会でなされ、質疑応答の後可決された（賛成十四、反対三）。またこれと関連する北摂土地の基本金組み入れに関する件も同様に異論はなく可決された。これに対し、法人評議員会の同意は困難をきわめた。何故、理事会はそのように、一致していたのであろうか。この点に関し、読者の理解を深めるために、筆者は理事会記録から一部引用しておきたい。

梶谷常務理事の理事会における報告と強い訴え

本論文の「四、北摂三田ニュータウン内候補地の利点」の中で、日高施設部長の理事会における報告と強い訴えを記した。「以上の如く、この北摂の候補地は他の地に比して、まれに見る優れた条件を備えている。もし、学院がこの機会を逸すれば未来に大いなる悔いを残すであろう」。理事会記録によれば、引続き梶谷常務理事が旧計画（原案）に対する意見をとりいれたポイントについて次の説明がなされた。（梶谷常務理事は施設部長の日高氏と同じく本学の卒業生で、元大和銀行の常務取締役であった。学院に請われて本学常務理事に就任された。そして、北摂校地取得に関しては、原案に代わる代案を提示する委員会のまとめ役として、重要な役割を果たされた。また久山理事長・院長の退任の後、引続き常務理事として極めて重要な貢献をされた。）

北摂の問題は大学に全面的に委託してほしいという大学からの要望があったが、土地購入の問題は理事会の権限に属する事であり、学院と県との交渉経過を無視することになるので受け入れることは出来なかった。双方から十分に意見を徴して検討を行い、調整をした結果、最終的には、理事長にも学長にも一歩譲っていただいて、計画の規模を約半分に縮小し、新学部の構想については従来通り大学の意見を尊重していくという案を作成した。私としては、この代案は理事会として譲れる最終案であり、解決の方法はこれしかないと考えている。

購入土地を約半分に縮小したのは、財政負担の軽減が目的である。上ケ原キャンパスの充実を図りつつ新校地計画を進めるためである。購入にあたっては、さらに有利に安く入手する方法を検討していくが、資産処分できるものについて少しでも多く行うこととし、全計画より対象を拡大した。これにより学費の高騰の問題も避けられる。

新学部構想については、大学と理事会の意見を持ち寄って検討をしていく。これについては、当初からその意向であったが、仮に二つの学部案をあげたため誤解を生じた。

今重要なのは土地購入のタイミングである。これからの関西学院のためには、新しい高等教育を受ける青少年に魅力ある学校にしなければならない。そのためには工夫が必要である。十八歳人口の減少問題は確実に迫ってきており、それまでにそれぞれの大学の特色を確保する必要がある。そのためには六十八年度までに関西学院の新しいビジョンに立つ将来構想を皆で作っていかなければならない。北摂の土地は兵庫県が日本の高等教育の将来の展望に立って計画したものであり、阪神間を本拠とする関西学院にとって大変恵まれた立地条件及び環境にある。兵庫県も、県の立案した学園構想にふさわしい学校を誘致するため、関西学院に有利な売却条件をそなえてくれている。学院の財政状況は、今他大学にくらべると良好であり、また、寄付金募集についても四年後に百周年を迎えることになるので、財政的にも、土地の購入は絶好のタイミングにある。

今この契約を行ったとしても、県が粗造成を完了して関西学院に引き渡すのが昭和六十四年になり、その間理事会と大学で校地の利用を検討して、構想の発表は十八歳人口の減少を迎える昭和六十七年に辛うじて間に合うことができる。

時間的問題としても、これだけの校地を前にして、これを見逃すのは理事の一人として許されることではないと感じて、自分自身を励まして理事の方に訴えたい。どうかこの新しい計画案を承認してほしい。足りない部分は今後お互いに話し合っていけば、解決の道があると確信している。

この後、続いて久山理事長・院長の指名により各理事、監事より自らの意見が述べられることになり、各自の発言は後世に残る責任ある証言として、録音、記録されることが了承された。今日もこの記録に接することができる。それを読めば、土地問題に理解の深い財界人の多い理事会の積極的な発言が理解される。例えば加藤監事（トヨタ自販会長）や原理事（朝日放送社長）なども「この案に大賛成である」と賛成している。永宮理事は次の如く発言された。「現在の校地を少し拡げた方が良いという考えの中には、離れた場所に校地を購入すると将来の関学の性格が非常に変わってしまうのではないかという危惧があると思うが、関学が今後大いに発展していくためには、どうしても理科系学部を設置する必要があると思う。従来理科系は国立が主体で、私学にはあまり目立ったものがない。関学のようにすぐれた大学が将来発展するためには、理科系の拡充が大切だと思う。その場合に現在の校地をすこし拡大する程度では校地が不足する。せめて、現在の校地と同程度の面積の校地が絶対に必要である。そういう希望を抱いているので、当面の具体的な拡充計画については今後慎重に考えなければならないが、先決問題としてこのような土地を購入しておくことが大切である。」

理事会の採決は一九八五年（昭和六十年）七月十一日、記名投票が行われ、投票総数二十、賛成十六、反対四であった。

２　一九八九年（平成元年）二月二十五日の法人評議員会において、北摂土地購入に関し大学と理事会のコンセンサスを取り付けるために契約の延期を申し入れるようにとの声があり、久山理事長、梶谷常務理事が芦田総務部長に会ったが、延期は困難であるとの回答を持ち帰った。これに対して法人評議員会は学長が直接知事に会い、関西学院の状態を説明すべきであるという意見が出て、三月十一日に兵庫県側から貝原知事、芦田総務部長、関西学院側から久山理事長、梶谷常務理事、倉田院長代理、武田学長が会談した。その会談の中で、武田学長は大学の反対の立場を説明し、譲渡契約締結延期方を強く申し入れした。これに対し、貝原県知事は、次の如く答えた。「県としては兵庫県の最も名門の私学である関西学院大学に大きくなって欲しいという気持ちで、宅地として造成すればもっと高く売れる土地を、苦心して兵庫県民の教育のためと関西学院のために、校地に切替え、譲渡するようにしたので、関西学院の方も内部的にはいろいろ問題があろうが、県としても随分努力してきたつもりだ。そして、九日に県議会を通したところである。決して、一方的に関西学院に売りつけようとしたのではない。県は県としてやるべきことをしてきたのであるから、関西学院も学内でいろいろ問題はあろうが、久山氏と武田氏が辞める前に、両者でこの問題を解決して、次の理事長、院長、学長に渡してほしい。」

貝原知事はさらに、次のように述べた。「理事会と大学が対立することは、必ずしも珍しいことではない。それは学内の問題であるから、学内で解決してほしい。まず、約束通り土地の購入をして、そのあと新しい首脳陣のもとで土地をどうするかを考えてほしい。もし、その段階で違う方針が出れば、その時はまた県は相談に乗らして戴く。今の、この段階になって、延期ということは不可能である。そのことは覚悟していただきたい。法律に訴えなくてはならないこともあろう。」

以上三時二十分から五十分まで貝原知事と武田学長が話し合ったが、知事は延期を頑として受け付けなかった（以上は武田学長が評議員会に提出した「一九八九年三月十一日　貝原知事との対談の要旨」による）。

3　第百三十六回臨時法人評議員会が三月三十日（木）午後二時、関西学院本部会議室に於いて開催された。出席者三十五名。

最初に上記の、県知事との会談について報告された。次に、議案第十八号北摂土地譲渡契約に同意を求める件が討議された。この会議の争点は、（1）学内の一致をえるために、契約締結を延期し時間的余裕を求めるべきである。それが不可能な場合には契約破棄もやむをえない、という主張と、これに対し、（2）契約の延期は関西学院の社会的信用を失墜せしめ、債務不履行の賠償金を支払う義務を負うことになるから、契約締結後、学内の一致に努力すべきであるという主張、とに大別できる。

以上のような議論が行われたが、午後七時の段階で議長より、この議案について結論を出したいとの提案があり、これを受けて結論を出すための方法について議論がなされ、いずれも結論を得ないまま午後九時に至った。議長から、この議案についての結論を本日中に出すか否かを票決したい、との意向が示され、これについて議論があった後、久山理事長から「この議案に関する票決をしてほしい」との動議が出され、動議に賛成する発言があり、議長がこの動議を確認する前に多くの退席者（十三名）があり、出席者が二十二名となった。この結果、評議員会の定足数（成立要件の人数――定員の二分の一以上――二十三名）を割り、議長は流会となったことを確認し、閉会を宣言した。終了時刻は午後九時四十分、大部分の人は帰途についた。

このショッキングな結末を経験し、議場に居残った者はしばし呆然自失の状態に陥り、なすべきことが分からなくなった。評議員の任期は明日一日しかない。もはやこれまでとあきらめるのか、それとも明日再度評議員会を断行すべきか。しかし、今夜遅く帰途に就いた人が果たして明朝も出席、参加してくれるだろうか？　思案し、迷った。

兵庫県庁から来ていた県の総務部長は院長室から去ろうとせず、「県は校地の祖造成を請け負った企業に対し、明日（三十一日、金曜日）までに支払をせねばならない。できなければ、自分の責任が問われるだけでなく、県知事の責任にもなる。」と困惑を隠せなかった。梶谷常務理事も疲労困憊し、落胆、困惑しておられた。まして全責任を負う久山理事長の胸中や如何に、と案ぜざるをえなかった。

その時である。久山理事長は決然として、「明日評議員会を開催する」と宣言し、親しい評議員に自ら電話連絡し、協力依頼を始められた。これにより、居残った我々も、数ケ所の電話を使って、深夜から未明にかけて、（恐縮しながら、懸命に）全評議員に連絡、出席、参加を依頼した。そして、その夜は学院の会議室で仮眠をとり、夜明けを待ったのである。

4　第137回臨時法人評議員会、三月三十一日、金、午前十時開催、出席者二十五名

協議事項　議案第十八号（継続審議）北摂土地譲渡契約に同意を求める件

梶谷常務理事が土地譲渡契約書（案）を朗読し、譲渡契約書に同意するか、しないかを投票により、採決を行いたいとの提案があり、審議の結果投票。投票時の出席者数二十三名（二十五名のうち二名は投票寸前に退場。）しかし、前日（三十日）と違い、定足数ぎりぎり、一票差で流会をまぬかれた。まさに奇跡的な出来事であった。投票の結果は賛成二十　反対二　で承認可決。

注　出席者二十五名の内訳は次の通り。（１）三十日夜残った二十二名のうち二十一名が三十一日にも出席した。しかし、その中の一人、東京から空路で出席した渡辺牧師はすこし遅れて到着した。（２）三十日に出席できなかった人二名（宣教師のライアン氏と米田氏）が三十一日に新たに出席した。（３）三十日退場した人の中から二名（J氏とN氏）も出席した。しかし、会議がはじまり、間もなくこの二人は退場した。この二人が退場する僅か前に、渡辺牧師は到着、着席した。その結果、この二人が途中で退場しても、出席者は二十三名となり、定数割れを生じず、会議を続けることができた。

議案第十七号　北摂土地の基本金組入計画に関して同意を求める件

投票時の出席数　二十三名　　投票総数　二十二名（議長は投票権なし）

以上の結果、議案は承認可決。

この時、「歴史が動いた」といえる。この決定はその後の歴史、北摂校地取得と利用の上で、決定的な重要性を持ったのである。三日連続（十二月二十七、三十、三十一日。但し二十七日は会談のみで議決なし）、東京から空路参加された渡辺信夫牧師を始め、学院を愛する評議員の祈りと協力によりこの成果が与えられた。評議員会が終わった後、直ちに県と学院の土地譲渡契約の調印が行われた。その瞬間を記念する感動的な写真が『関西学院の１００年』一七六―七頁に「北摂土地問題」の要領を得た解説、粗造成された現地写真とともに残されている。

十四　北摂土地の利用をめぐって――理事会と大学の和解、協議

北摂土地は上記の理事会の決定、評議員会の同意によって、学院の所有地となった。しかし、大学が反対を続ける限り理事会は土地の有効利用はできず、県に返却せざるをえなくなる。新住宅市街地開発法第三十一条によれば、関西学院は「土地の引き渡しを受けた日の翌日から起算して5年以内に施設の建設を完了しなければならない」また、学園計画に関する協定書（第八条）によれば、関西学院は、「土地の引き渡しを受けた日の翌日から起算して二年以内に学園建設に着手しなければならない」。では、このような厳しい制約のもとで、いったいどのようにして、この対立した危機的状況を克服できるのだろうか、厳しく問われていた。

一九八九年度から学校法人関西学院の役員は大幅に交代した。学院組織の改正により、理事長・院長は分離され、院長は選挙により選ばれることになった。その結果、新理事長は加藤氏、院長は宮田氏、学長は柘植氏、理事会常任理事は金子、今村、米沢の三氏であった。常務理事の梶谷氏は久山院長以来のベテランで、多くの事に精通していた。柘植学長は以前学長代理の経験があり、三人の常任理事は以前大学評議会の有力なベテランで、いずれも北摂校地購入に反対し、学院評議員会でも久山院長を厳しく追及し、上ケ原一拠点主義の熱心な支持者であった。北摂土地はいったいどうなるのであろうか、多くの人が強い関心をもってみまもっていた。

上記で述べたように、久山院長・理事長と武田学長の辞任により、学内の厳しい対立、確執は一挙に薄らぎ、初心に帰って学院の百周年を共に記念し、新しい発展を期するにふさわしい環境が生まれていた。

新理事会と大学との交渉の経過はその後加藤理事長から全教職員に送られた二通の公文書（一九九〇年六月

十五日、一九九一年一月八日）により明らかにされている。また『大学組合速報』（「北摂問題に関する理事会との会見報告」№十二、一九九一・二・四、一―八頁）、さらに二〇〇五年に出版された『神戸三田キャンパス開設十周年記念誌』でも総合政策学部担当常任理事小島経済学部教授により報告されている。

新しい理事会は、理事会と大学の対立という学院の歴史にとっても初めてといえる状況の後にスタートした。加藤理事長は一九九〇年六月十五日「教職員各位」へという文書の冒頭で、「私としては、そうした学院の不幸な状態を本来のあるべき姿に戻すことが新しい理事会の使命であると考えて理事会の運営に当たってきました」と述べている。そして「そのためには、何よりも経営の責任を持つ理事会と教学の責任を持つ大学、高中部とが、それぞれの立場を尊重して十分な話し合いを行い、相互理解の上に立って、学院の発展を目指していくことが大切であると考えております。」と記している。

そして最初に、「北摂土地について」という項目で、次のように述べている。

前理事会が北摂土地の購入を決定した理由の一つに、大学設置基準に照らして現状では校地が不足しているということがありました。したがって、理事会として最初に行った事は、果たして校地が不足しているか否かについて、文部省の見解を確認することでした。そこで昨年（一九八九）六月にその点確認を行いました。その結果、昭和六十年九月の大学設置基準の緩和措置によって、現状では校地面積基準は充足して、なお幾分の余裕を残している。しかし、新学部、学科の増設、あるいは現学部学生の定員増を行う場合はこの緩和措置は適用しないということでした（二頁）。

次に理事会として、北摂土地問題をどのような形で今後検討していくべきかは大学の将来計画と関連づけて考える必要があります。そのためには大学と十分な話し合いを行う必要があるというので、大学執行部と非公式に話し合うことになり、昨年（一九八九年）六月にその最初の会合をもった。そこでは、設置基準に関する文部省の現時点での見解の確認、上ケ原キャンパス内の住宅地等の校地への転用の余地と今後の有効利用の可能性、上ケ原近隣での校地取得の可能性の調査、検討の必要性を話題にしました。これはこうした懇談を通して北摂土地問題について話し合いを進める糸口を求めたいと思ったからであります（二頁）。

次に、一九八九年九月の理事会で協議の結果、まず理事長より学長に対して、北摂土地に関し、改めて大学の意見を求めることになり、十月九日付けで学長あてに次の文書を送った。「学校法人関西学院理事会は一九八九年三月三十一日付けで、兵庫県から、三田市学園二丁目一番地の土地三十五万千平方メートルを購入いたしました。つきましては、当該土地についての大学のご意見をお聞かせ願いたいと存じます。ご多用の中、誠に恐縮ですが、よろしくお願いいたします。以上。」

これに対し、学長は「大学将来計画委員会（第三期）答申が十一月六日に委員長の長岡豊経済学部教授より学長宛に提出された後に、大学評議会の了承をえて「校地問題に対する学長所信」を表明しました。

校地問題に対する学長所信

一九八九年十一月十日

この度、昨年七月に発足した大学将来計画委員会（第三期）から別紙の答申が提出されました。その中で、本学の将来のために取り組まなければならない校地問題に関して次のように提言されています。

（1）第一期大学将来計画の答申でうたわれている上ケ原一拠点主義は、本年三月末兵庫県との間に北摂土地譲渡契約が締結され、北摂土地が関西学院の所有に帰した現段階においても、これを見直す必要は全くないと考える。

（２）大学は、新学部の建設や既存学部の拡充が多少制限され、また遅れることになるかもしれないとしても、それを覚悟して上ケ原一拠点体制のもとで教育研究条件の整備・改善に努力を集中すべきであり、したがって、北摂土地を第二キャンパスとして利用する意志がないことを理事会に即刻伝えるべきである。

（３）新学部を設立しようとする場合、若干の校地の不足が想定されるが、その解消のために、大学は、現在の上ケ原キャンパスを有効に利用する可能性と方法の検討、ならびに上ケ原近隣に適切な土地を取得するための努力を理事会に求めるべきである。

（４）必要な近隣校地取得の努力は、西宮市をはじめ、近隣自治体との緊密な協力関係のもとに行なわれなければならない。

（５）以上のような問題を検討するため、第２期大学将来計画委員会の「委員長覚書」で提言されている「校地問題調査特別委員会」を早急に設置し、校地問題の一日も早い解決を計るべきである。

校地問題に関する学長としての私の意見も以上の提言と同じであります。

第一期大学将来計画委員会の答申に、「関西学院大学は人口四十二万人、大学の数十校、学生数三万人（昭和五十八年）を擁する西宮市という文教住宅都市の中で、一段と魅力ある大学造りに邁進する、これが今とるべき大学の最善の道であると確信する。そのためにしなければならぬのが、上ケ原プラスαした甲山山麓一帯での「上ケ原プラスαキャンパス」での教育研究機関機能の整備と充実である、と述べられています。私も大学は、第一期大学将来計画委員会の基本原理である、現在の上ケ原キャンパスを中心としたこの一拠点大学の姿勢を、今後とも守らなければならない、と思います。そして大学のとるべきこの姿勢をあらためて大学評議会、各学部教授会等を通じて再確認の上、校地問題ならびに北摂土地に対する大学の意思を理事会に対して表明したいと思います。

校地問題に関する大学評議会の回答

大学評議会も校地問題に関し回答として次の態度を表明した。（1）大学評議会は、第一期将来計画委員会答申以来の基本方針である、上ケ原中心の大学一拠点主義を今後も変更すべきではないと考える。（2）しかし、一拠点主義を掲げることは現状維持を意味するものではない。今回の第三期答申を踏まえて、大学の将来については全学をあげて検討しなければならないと考える。（3）広義の一拠点主義の前提を崩すことなく、近隣に何がしかの土地を必要とすることは、第一期将来計画委員会以来繰り返し述べられている。理事会はこれを実現すべく至急、特別体制で臨んでいただきたい。（4）理事会は今後も大学の意思を十分に尊重し、北摂土地の問題については理事会自体の基本姿勢を定めてほしい。

学長所信、大学評議会の要望に対する理事会の対応――「校地調査委員会」設置

理事会は上記の要望に応えるため、一九九〇年一月十二日の理事会で標記委員会の設置を決定した。委員は加藤理事長選任による下記八名が指名され、校地に関する検討を行うことになり、委員会の事務は秘書室が行うことになりました。

委員　梶谷道夫　常務理事　　今村　勤　常任理事　　金子精次　常任理事
　　　米沢　明　常任理事　　宮田満雄　理事　　木村正春　理事

辰馬龍雄　理事　　　中島貞夫　理事

校地調査委員会は二月から近隣土地等につき調査を行うことになった。理事会はその後、一九九〇年七月二十日理事会で新たに新委員を加え、「校地問題委員会」も設置した。理事会の基本姿勢は「学院の発展の可能性を基本に置き、しかも大学の意向を尊重しつつ、慎重な検討を行う」ことでした。

全教職員宛ての加藤理事長文書（二通）について

加藤新理事長は北摂校地問題に関し、二回の公文書を全教職員に送り、この問題に関する理事会と大学側との交渉の経緯を説明し、全学の理解と協力を求めた。新理事会は学長、大学評議会と対話し、可能な限りその要望を受け入れて歩み寄る努力をしてきた。大学側の要求する校地問題検討委員会を理事会の中に立ち上げ、検討を続けることを約束した。

理事会からの大学側に対する質問にたいし、学長、大学評議会は文書による回答をした。そして、関西学院が既に取得している北摂土地の取り扱いに関し、大学は従来通り一拠点主義を守る。従って北摂土地を第二キャンパスとして使用する意思がない、と回答してきた。これに対し、理事会はこの問題はそれほど簡単ではなく、慎重に検討すべき問題点があることを指摘した。まず、（１）北摂土地返還は新住宅市街地開発法による規制があること。（２）大学の発展は大学設置基準を充足しなければならないこと。（３）上ケ原一拠点主義が成立するためには、上ケ原校地以外に新しい土地（α）取得が不可欠なこと。

最初の文書（一九九〇年六月十五日）の中でまず、（１）新住宅市街地開発法の規制（第３条）について言及している。学院は土地引き渡し後五年以内に教育施設を完了しなければならない。もしこの契約を履行しないときには、県はその土地を買い戻すことができる。その場合、県のこうむった損害に対する賠償金を支払わなければならない。その額は建設省の指導によると、譲渡代金の二十％であり、学院の場合購入代金は百億円であり、賠償金額は二十億円になる。また教育施設としての利用を前提として猶予されている公租公課も学院が負うべき負担として加える必要がある（約十億円）。

（２）また校地調査委員会が大学の要望に応えて近隣土地の調査を行っているが、その場合もその開発に関しては兵庫県の許可が必要であり、そのためにも兵庫県との間で十分な話し合いをし、円満な解決方法をみいださなければならない。

（３）文部省の大学設置基準、いわゆる六倍基準が緩和されるのではないか、場合によっては三倍基準も期待されたが、審議会の答申では期待に反し、従来の六倍基準を崩さない方針である。学生数減少に向けて文部省は一層きびしくなっている。最近確認したところ、現状では上ケ原に新学部、学科の新増設をおこなうことは不可能である。

（４）近隣土地について　理事会は大学の意向を受けて校地調査委員会を設け、鋭意土地探しを行った。西宮、芦屋、尼崎など、公共団体の土地やその他あらゆる方面でもれなく探した。最終的には、阪急電鉄が植物園として使っている土地を校地として利用することを検討した。しかし、総面積一万七千坪、造成後の購入価格は概算で約五十億円。しかし開発、造成して実際に使用できる面積は約六千四百坪（全体の三十七・六％）、しかも土地は法規制によりグラウンドにのみ使用可能で、建物はごく簡易なものを除いて一切建てることはできない。そこで、結局、購入を断念せざるをえなかった。こうして、期待していた近隣土地αはどこにも得られなかった。

以上の観点から、理事会としては、将来の学院の発展の可能性を確保するという見地から、現在ではすでに学院の所有になっている北摂校地の有効利用をはかるべきである、という結論になった。そして、全教職員の理解と支持の下で、大学が理事会と共に協議の場に参加し、実効ある土地利用策を作り出すようにしたいと訴えた。

理事会と大学評議会の懇談会

一九九〇年十二月兵庫県から理事長に対し、神戸三田校地利用に関する申し入れがあり、新学部の基本構想を九一年三月末までに、スケジュールを十二月までに提出するよう指示された。理事会はこれに対応するため急遽、三田校地利用の方向で大学評議会と理事会との懇談会を設定したいという申し入れをおこない、十二月二十一日に行うことになった。小島達雄氏（当時新学部設立検討委員会委員長）によれば、この懇談会の二日前に、「柘植学長と小島氏の二人が校地問題に関する文部省の最終的な姿勢を確かめるため」文部省でなされた説明会に出席した。文部省担当官は原則抑制の具体的内容の説明とともに「校地面積は現行通り」と明言した。事態は明白となった。帰りの新幹線の中で、小島氏からの「理事会の申し入れにどう対処されるか、先生の判断を聞かせてほしい」との質問にたいし、学長は名古屋駅を出たあたりで、ぽっつりと「理事会の要請を受けます。いろんなことがあるだろうけれど、小島さん、手伝ってくれるか」と言われた。小島氏は学長が「その半年ほど前に、三田校地に関する学長所信を表明されていただけに、この決断の重さがずしっときましたね」と回顧している。

（『神戸三田キャンパス　開設十周年記念誌』三十六頁）

上記懇談会の後、一九九一年一月二十五日臨時大学評議会が開催された。その席上、一九九一年一月八日付の理事長文書（全教職員宛て）について報告され、その後、北摂土地問題について意見がかわされた。最後に学長から大学評議会に、上ケ原一拠点主義の再検討を行うことを含めて校地問題を検討する「校地問題検討特別委員会」を設置したい旨、提案があり、審議の結果これが了承された。その構成メンバー（六名）も学長推薦で了承された。その経緯、検討結果の要約を『大学ニュース』No.五十三（一九九一年七月八日）から引用しておきたい。

校地問題検討特別委員会の答申

大学は、かねてより、新しい教育研究体制の創出に必要な学際的な新学部の設置など、上ケ原一拠点方式での充実発展の可能性について検討してきました。それは、本学の教育、研究機能の整備充実のためには一拠点方式が最善であると考えたからであります。

ところで、現在の上ケ原キャンパスの校地面積だけでは新学部の設置は認可されませんので、一拠点方式で新学部を設置するためには上ケ原周辺での適当な土地の取得が必要です。このため、大学は上ケ原周辺での土地取得を理事会に要望してきました。しかし、残念ながら、理事会は一九八九年三月三十一日にこの大学の意思を無視して兵庫県から北摂三田の土地を購入しました。大学はこの段階で、すでに関西学院の所有地になっている北摂三田の土地を、兵庫県との協定に違反して県に返還するか、それともこれを利用してここに新学部を設置するかの二者択一の選択をせまられることになりました。

大学は校地問題検討特別委員会を設置して、この選択問題を真剣に検討しました。もし、北摂三田の土地を県に返還したとすれば一拠点方式を続けることができますが、現在の文教政策では、新学部の設置は不可能となり、本学の将来構想の実現が期し難くなります。また協定違反のために、莫大な違約賠償金や猶予されていた固定資産税等を支払わなければならなくなり、そのうえ、関西学院が今後もそこを本拠としてゆく兵庫県との信頼関係が失われ、社会的存在としての大学の信用が失墜することになります。一方、北摂三田の土地を利用したとすると、それによるさまざまなマイナス要因が出てくるでしょうが、時代の要請に応えられる新学部を設置でき、そしてこれが契機となって、関西学院全体の活性化がより一層進むことになります。委員会は二つの選択肢のこのようなメリット・デメリットを比較検討した結果、北摂三田の土地を利用する選択肢の方が純メリットは大きく、したがって「北摂土地の校地としての利用を考えることも止むを得ない次善の道と判断する」という答申の結論に至ったのです。大学にとってそれは「苦渋の選択」であった。

十五　二十一世紀への展望

1　大学評議会の決定

校地問題検討特別委員会の答申は各学部教授会をはじめ、大学に関係するすべての教職員の機関で、十分に検討がなされた。一九九一年三月大学評議会はこれらの検討結果を踏まえて、答申の結論、北摂土地を校地として利用することを承認した。併せて、北摂校地の利用に関しては、将来文系および理系の各一学部を設置する方向で検討し、当面は文系新学部をできる限り早く設置するが、申請の手続き上最短でも一九九五（平成七）年になることを、学長から理事会に伝えることが了承された。

2　同年五月理事会は北摂土地の名称を「関西学院神戸三田キャンパス」と呼称することを決定した。新校地周辺は北摂、北神地域の広大な丘陵地であり、その開発名称は当時「神戸三田国際公園都市」となっていること、また神戸は学院発祥の地であり国際都市としてのイメージを抱かせる等の理由によると思われる。

３　一九九二年二月大学評議会は答申についての全学討議の結果をふまえ、神戸三田キャンパスに一九九五年四月開校を目標にした総合政策学部設置案を承認した。三月理事会は大学評議会の決定を受け同案に基づき総合政策学部の設置申請を文部省に行うことを承認した。一九九四年十二月文部省から設置が認可された。翌年三月神戸三田キャンパス竣工式、四月に開学、五月に総合政策学部開設記念式典（十三日）が行われた。関西学院にとって新キャンパスを設置するのは、一九二九年に神戸市郊外にある原田の森から西宮上ケ原に移転して以来、また新学部を設置するのは、一九六〇年に社会学部、翌年に理学部を開設以来のことであった。さらに、学部の新設に関する文部省（当時）の基本方針は、原則抑制という厳しい状況であった。何もかも手探りの中、新設学部のコンセプトの実現、教育・研究活動を活性化するためのキャンパス設計、文部省との交渉など、大変な苦労であった。総合政策学部設立準備室長を務められた小島達雄氏は、「全学的なご理解とご支援を」という呼びかけの中で「新学部の完成までには、なお多くの問題が予想されるが、全学的なご理解とご支援をお願いしたい。新学部・新キャンパスの成功なくしては、関西学院の明日はないからである。学部の門出を皆様とともに祝福するとともに、今後の発展に対する期待を分かち合いたいと思う」（関西学院広報№一七九、一九九五年二月二十八日）と訴えている。なお、詳細については、『神戸三田キャンパス開設十周年記録』に記されている。

４　理学部は二〇〇一年八―九月夏季休暇中に、神戸三田キャンパスに移転した。そして、二〇〇二年四月に理工学部に改組、従来の物理学科、化学科に情報科学科、生命科学科が加えられ四学科体制に強化された。二〇〇六年数理科学科、人間システム工学科が増設され、六学科体制となり、基礎研究の分野を網羅する形となった。二〇一五年四月、先進エネルギーナノ工学科、環境応用化学科、生命医化学科を新設し、応用開発部分を強化、基礎から応用まで幅広くカバーする九学科体制に生まれ変わった。なお、上記の総合政策学部は、その後メディア情報学科（二〇〇二年）、都市政策学科、国際政策学科（二〇〇九年）が加えられさらに強化された。

５　西宮上ケ原キャンパスにおいても学部、学科の増設が行われた。「活力のある」「躍動する関学」の現れである。言語コミュニケーション文化研究科（二〇〇一年）、司法研究科（ロースクール）（二〇〇四年）、経営戦略研究科（二〇〇五年）、人間福祉学部（二〇〇八年）、国際学部（二〇一〇年）

６　幹の太い総合学園へ　一貫教育と総合学園構想

二〇〇八年関西学院初等部が兵庫県宝塚市に開設された。二〇〇九年四月一日関西学院と聖和大学、両学校法人は合併した。これにより、幼稚園から大学までの一貫教育と総合学園構想が実現された。

関西学院新基本構想（二〇〇九―二〇一八）は六つのビジョンをあげている。

1. 「ＫＧ学士力」の高い質を保証する。
2. 「関学らしい研究」で世界拠点となる。
3. 地域・産業界・国際社会との連携を強化する。
4. 多文化が共生する国際性豊かなキャンパスを実現する。
5. 一貫教育と総合学園構想を推進する。
6. 進化を加速させるマネジメントを確立する。

終わりに次のことを深く留意したい。

「真理のあるところに権威がある。真理がなければ誤った権威主義におちいり、必ず倒れる。」

百二十五周年を迎えた関学がさらに前進・発展を続けるよう心から祈る次第です。

（小林昭雄・倉田和四生）

第Ⅲ部　学外における主な活動

第Ⅲ部は久山先生の「学外における活動」をまとめたものである。

第一章は倉田和四生による基督教学徒兄弟団の機関誌『兄弟』誌にみる久山先生の実践活動について考察している。久山先生は自分の主要な活動のほとんどすべてこの機関誌に掲載しており、関西学院とも密接な関係がみられる。

第二章は国際日本研究に関することがらを山内一郎さんがまとめている。その内容は久山さんが書かれた「私の寄せる夢」と「国際日本研究所の創設について」および「セミナー報告」からなっている。

第三章は大河内敏弘さんがまとめられた「甲山を守る会」の活動である。

これら三つの記述により久山先生が関西学院外においても活発な活動をなさっていたことがわかる。


（倉田和四生）

第1章　基督教学徒兄弟団を結成し『兄弟』を発行された

一　はじめに

久山康は、岡山県の津山市西郊の醸造業の豊かな家に育ったが、八歳の時に母と死別し、人間の深い悲しみを味わった。教育熱心な父のすすめで津山中学に入学して、そこを卒業すると二人の兄が学んだ旧制松山高校に進み、兄と同様、柔道に励んだが、二カ月目に大吐血をして休学した。病床にあって自分の将来のことを考え虚無感に襲われた。一年休学して翌年やっと復学したが、さらに二年後には父親の死に直面し、深刻なニヒリズムに陥った。そこでニヒリズムを克服するためトルストイやドストイエフスキイおよびキェルケゴールなどを読みあさったが、確たる成果は得られなかった。悩み苦しんだあげく、もう少し人生を探究してみたいと思い、昭和十一年京都大学文学部哲学科に入学した。それは哲学者になるためではなく、何か人生のきっかけでもつかめればという思いであった。京大の哲学者としては西田幾多郎に心酔していた。西田先生はすでに八年前京大を定年退職されていたが、京都に住み活発な著作活動に従事していた。そこで久山さんは田辺元先生に指導を受けることとなった。田辺元先生は弁証法哲学を創設して活発に活動していたが、やがて西田先生と厳しい論争を展開するようになった。

他方、久山さんは学業とは別に従兄の山谷省吾さんが属していた室町教会に通ってキリスト教を理解しようと努めていた。そこで学友の武藤一雄、北森嘉蔵、山中良知氏等と親交を結ぶようになり、昭和十五年に洗礼を受けキリスト者となった。当時は日中事変が次第に激化し、十六年末には太平洋戦争に突入し、十八年秋には学徒出陣が始まるという息苦しい時代であった。十六年に大学を卒業し、徴兵検査を受けたが、結核の病歴のため不合格となった。十七年秋には西宮市の聖和女学院に就職し、戦争末期の厳しい情況を女子学生と共に体験した。昭和二十年八月十五日に戦争が終わると、隣の関西学院では学徒出陣した学生たちが学園に復帰しにぎやかになった。その影響で久山さんは二十一年四月から関西学院大学の予科の教員に転じた。関西学院に移った久山さんは京大の先輩である片山正直教授をはじめ同僚と協力して活発な活動を始めたが、学外でも同志を叫合して活動したいという気運がうつ勃として起こってきた。そんな時期に昨年まで教えていた聖和女学院の学生たちが久山さんに対して、これからも時々会を開いて話しをして欲しいと訴えて来た。そこでかねて何かしたいという意欲を持っていた久山さんは「京大以来親しくしている友人や先輩を一丸としてグループを作り、その人たちが自分のもとにもっている学生をその下に結びあわせて一つの団体をつくって新しいキリスト教の運動を興してはと思い立って」始めたものが「キリスト教学徒兄弟団」であった。

二　学徒兄弟団の結成と発展

その思いつきを、急いで室町教会時代の塚本洋太郎さん、武藤一雄さん、北森喜蔵さんをはじめ神港教会の田中剛二さん、関西学院大学の片山正直さん、信濃町教会の福田正俊さんにも相談して賛成いただいたので、昭和二十一年四月二十九日（天長節）に関西学院の神学科チャペルで「キリスト教学徒兄弟団」の発会式を行なった。記念講演は片山正直先生が「復活について」という題でなさった。

（一）　組織構成の大略

（一）趣旨　基督の福音を奉ずる学徒の兄弟愛を深め、思想を錬り、主に従いて歩み、伝道に尽し、以って教会と祖国に仕え、神の栄光を顕さんことを目的とす。

（二）団員

1．旧制高等学校以上の在学生及び卒業生

2．其他団において適当と認めたもの、但し入団は幹事の推薦によって行う。

（三）幹事　本団の発起人を以って幹事とし、新しい幹事は幹事会の推薦によって決定する。

（四）代表　幹事の中より互選によって団の代表を定める任期は二カ年とし留任を妨げない。

（五）事業
1．例会　毎月例会を開き、礼拝、聖書研究、思想研究等を行う。
2．研修会　講演会　教養講座を必要に応じ年数回行う。
3．雑誌、機関誌『兄弟』及び基督教思想研究雑誌「季刊基督教」を発行す。
4．地方伝道　今後年数回行う予定
（六）団費　学生会費月五十円、一般会員は月額百円とする。
（七）兄弟団幹事
代表　久山康
幹事　片山正直、高田五郎、田中剛二、国谷純一郎、舟橋順一、福田正俊、北森嘉蔵、蛭沼寿雄、玉林憲義、溝口靖夫、小林信雄、石黒寅亀、渡辺信夫、藤田允

（二）兄弟団の性格

この団体の根底に「フィリア的友情」があり、言わず語らずのうちに皆が共通に持っている意図のようなものがある。友情ということの中にはキリストによって結ばれているのは勿論であるが旧制高校生的な心情が動いている、旧制高校生的な自由さと明け広げのおおらかさと、同時に乱暴さと喧騒さがある。メンバーも若く、混沌として未確定の青春性がある。

(三)　これからの目標

(一) 久山さんは「兄弟団の歩み」(六) のなかで目標について次の五点を指摘している。

1. 主体性のある信仰

自主的な懐疑と批判の精神を旺盛にし、生活と思想とが結びついた新しい信仰的人間を目指し、小さいなりにも自分の思索と体験に基づいた生きた信条を持ちたい。

2. 第二に久山さんは兄弟団の出版能力をのばし日本のキリスト教界でユニークなものにしたいと考えている。

3. 外国人と協力し国際的研究をする。外国人でもこれを理解する同志がいる。

4. この団の持つ親密な友情関係をもっと深く育てていきたい。

5. 久山さんはプロテスタントの修道院のようなものを静かな山中に開いて西洋と日本の宗教的訓練の伝統を教えられる場所を開き、それで生き死にできる信仰の修練をしたいと考えている。

(二) 昭和三十六年十一月の提案

昭和三十六年十一月にはさらに明確な形で表明し実行に移した。それは①地方(北九州) 講演旅行の実施　②祈祷会　③宣教師との共同研究の実施。④日本の宗教的伝統の研究　⑤出版活動の活発化である。

三　時期別にみた『兄弟』の寄稿者とその内容

『兄弟』の活動について吟味するため、まず時期を、(一) 昭和二十年代、(二) 昭和三十年代（前期・後期）、(三) 昭和四十年代（前期・後期）、(四) 昭和五十年代（前期・後期）、(五) 昭和六十年代、(六) 平成年間に区別する。次にこの年代別に寄稿者の頻度と特質、その内容について検討する。

(一) 昭和二十年代（資料は欠落し不完全なものである）

1．寄稿者の頻度（数字は回数）

一位　久山康（二〇）、二位　蛭沼寿雄（一〇）、小林信雄（一〇）、三位　武藤一雄（七）、四位　田中剛二（六）、北森嘉蔵（六）、井上良雄（六）、福田正俊（六）、渡辺信夫（六）、五位　溝口靖夫（五）、六位　松浦一郎（四）、玉林憲義（四）、青木哲男（四）

2．特質

この時期に寄稿の頻度が高いのはほとんどが兄弟団の幹事の人で、そうでないのは井上良雄、松浦一郎、青木哲男の三人だけである。また関西学院の教員は久山さん、蛭沼寿雄、小林信雄、玉林憲義の四名である。したがってこの時期の人は京大関係者と室町教会関係者と関学の関係者が中核をなしている。

3．主な内容

（1）聖書・信仰その他
聖書・聖句・信仰・説教・聖書共同研究・教養講座・その他

（2）外国人宣教師の日本伝道（四件）

（3）アジアの危機と平和運動（九件）
知識人と平和運動
「きけわだつみのこえ」をめぐって
「平和問題特集号」

（4）西田・西谷哲学（三件）

（5）読書座談会（五件）

4．内容の特質

（1）『兄弟』の第一の目的とするものである。

（2）キリスト教の土着化、宣教師との協同につながる。

（3）特に昭和二十五年の朝鮮戦争に関係している。

（4）久山さんと京都学派哲学との関係が見られる。

（5）後の『読書の伴侶』を生み出す。

（二―一）昭和三十年代前期（昭和三十二年四月から三十六年三月）

1．寄稿者の頻度（数字は回数）

一位　久山康（一一七）、二位　小林信雄（七二）、三位　北森嘉蔵（五三）、四位　井上良雄（四七）、五位　藤井孝夫（四〇）、六位　椎名麟三（三二）、七位　武藤一雄（二六）、八位　玉林憲義（一九）、九位　山内一郎（一八）、十位　山中良知（一六）、十一位　渡辺信夫（一三）、十二位　山崎治夫（一二）、十三位　西尾康三（一〇）、十四位　小川圭司（九）、十五位　熊谷一綱（八）、十六位　山本和（七）、十七位　西谷啓治（六）、塚本洋太郎（六）

2．寄稿者の特質

十八名のうち半数以上は関学関係者が占めている。この時期には関学関係者が盛んに関与するようになった。それ以外の人は久山さんの親しい人たちである。

3．主な内容

（1）聖書・信仰その他（二百二十五件）
　神学的自伝、聖書共同研究（四十四件）、座談会

（2）日本のキリスト教宣教師の役割（八件）
　日本のキリスト教の反省と課題、宣教師を囲んで4件

（3）政治社会情勢（十一件）
最近の世界状況、転機に立つ日本、今日の世界情勢
（4）文学とキリスト教（十七件）
現代文学の問題とキリスト教、太宰治と椎名麟三

4．内容の特質
（1）聖書共同研究が始まった（四十四件）、座談会盛んに開催（十一件）
（2）宣教師を囲んで、はここでも続いている。
（3）久山さんの関心を反映して世界と日本の政治社会情勢が論ぜられている。
（4）久山さんの重要な特質として文学とキリスト教が盛んに論じられている。

（二―二）昭和三十年代後期（昭和三十六年四月から四十年三月）

1．寄稿者の頻度（数字は回数）
一位　久山康（六六）、二位　小林信雄（四一）、三位　山中良知（三四）、四位　北森嘉蔵（一九）、五位　西村靖子（二六）、六位　城崎進（二四）、七位　吉村善夫（二二）、八位　渡辺信夫（二〇）、九位　武藤一雄（一九）、椎名麟三（一九）、十位　玉林憲義（一八）、十一位　佐藤泰正（一六）、山内一郎（一六）、十二位　小林宏（一五）、十三位　山本和（一四）、十四位　熊谷一綱（一三）、十五位　スタブッス（九）

2．寄稿者の特質
西村靖子、城崎進、吉村善夫、佐藤泰正が急上昇した。

3．主な内容
（1）聖書・信仰・その他（百九十四件）
神学的自伝、聖書共同研究、兄弟団について
（2）日本の伝統とキリスト教・宣教師の役割（八件）
日本の伝統とキリスト教、宣教師との新しい協力
（3）アジアの危機と平和運動（八件）
アジアの変革、中印紛争、平和運動の動向
（4）近代日本文学とキリスト教（二十件）
堀辰雄の芥川論、菜穂子をめぐって、漱石研究―則天去私
（5）教育問題・学生生活（九件）
共同研究「学生生活の今昔」、座談会、今日の学生運動
（6）座談会「西谷啓治博士の思想形成」（四件）

4．内容の特質
（3）中印戦争などアジアの危機が発生したため平和運動が盛んになった。

(5) 学生運動が活発になったのでその記事が多くなった。
(6)「西谷啓治博士の思想形成」の座談会が始まった。

(三―一) ①昭和四十年代 (前期　昭和四十年四月から四十五年三月)

1. 寄稿者の頻度 (数字は回数)

一位　久山康 (一二三)、二位　北森嘉蔵 (五七)、三位　山中良知 (四六)、四位　米倉允 (四〇)、五位　小林宏 (三三)、六位　山内一郎 (三〇)、七位　小林信雄 (二七)、西谷啓治 (二七)、渡辺信夫 (二七)、八位　熊谷一綱 (一七)、山本和 (一七)、九位　荒井献 (一二)、十位　藤井孝夫 (一〇)、十一位　武藤一雄 (九)、西村靖子 (九)、佐古純一郎 (九)、十二位　国谷純一郎 (八)、佐藤泰正 (八)、十三位　渡辺鈴女 (七)、森川甫 (七)、吉村善夫 (七)、椎名麟三 (七)、十四位　今井晋 (六)、十五位　玉林憲義 (五)、高田五郎 (五)、内田政秀 (五)

2. 寄稿者の特質

山中良知、米倉允、小林宏、山内一郎が三位から六位の高位を占めた。三十七年九月に国際日本研究所の所長となった西谷啓治先生が七位に上昇した。このように関学関係者の役割が重要になった。上位になった新顔は荒井献、西村靖子、佐古純一郎、吉村善夫、今井普さんである。

3．主な内容

（1）聖書・信仰・その他（百七十二件）
続神学的自伝（四十一件）・聖書共同研究

（2）日本の伝統とキリスト教（十一件）
座談会「日本の伝統とキリスト教」、座談会「日本のキリスト教　西洋のキリスト教」、日本的風土とキリスト教

（3）日本の学生運動・大学紛争（十五件）
座談会「大学問題について」、座談会「学生運動の問いかけるもの」、学生運動の背景、対談「東大紛争の経過と問題点」、座談会「学生問題の諸相」

（4）京都大学の哲学者
西谷啓治「正法眼蔵」講話（一―一三）

（5）近代日本文学者とキリスト教（十二件）
堀辰雄の世界、小林秀雄「パスカル論」、ドストイエフスキイ論、文学と宗教、植村正久と文学、漱石文学「道草」、「三四郎について」Ⅰ・Ⅱ

4．内容の特質

（2）日本の伝統とキリスト教についての座談会が多くなる。
（3）大学紛争の発生を反映して学生についての記事が多い。

（４）西谷啓治先生の正法眼蔵講話が始まった。
（５）文学論はここでも盛んで夏目漱石の物が多くなった。

（三―二）②昭和四十年代後期　（昭和四十五年四月から五十年三月）

１．寄稿者の頻度（数字は回数）
一位　久山康（一一三）、二位　北森嘉蔵（六一）、三位　小林信雄（四九）、四位　西谷啓治（四四）、五位　岡野留次郎（四〇）、六位　久山敦（二六）、七位　藤井孝夫（二二）、八位　山内一郎（二一）、九位　山中良知（一九）、十位　佐々木徹（一七）、十一位　武藤一雄（一四）、十二位　山本知（一三）、十三位　森川甫（九）、　水谷昭夫（九）、大塚野百合（九）、十四位　玉林憲義（八）、小林宏（八）、十五位　辻村公一（七）

２．寄稿者の特質
（１）西谷先生が四位に上昇した。
（２）久山敦・和子さんが六位となり『兄弟』が花で美しくなった。
（３）十位に佐々木さんが上昇したことは西谷先生の活動と関連しているものと思われる。
（４）森川さんと水谷さんが十二位となったことも注目される。

３．主な内容

（1）聖書・信仰・その他（二百十六件）
我が信仰（四十一件）、続神学的自伝（五十三件）、聖書共同研究（四十三件）、旧約聖書座談会
（2）日本の近代化と伝統・宣教師の役割
日本近代社会とキリスト教、キリスト教的実存と日本の伝統、キリスト教と禅
（3）キリスト教主義学校の教育問題・学生生活
座談会「宗教教育」、討議「今日のキリスト教と教育」
（4）京都大学の哲学（三十四件）
西谷啓治「正法眼蔵」講話（三十件）、西谷啓治「日本のこころ」
（5）文学論
三島由紀夫の死、座談会「椎名さんの回想」、漱石の現代診断、ドストイエフスキイ

（四）昭和五十年代（前期・後期）
（五）昭和六十年代
（六）平成年間　以上は省略

四　『兄弟』で論ぜられた主要な研究課題

（一）　聖書・信仰その他

久山さんによると、この会の趣旨は「正統的信仰の立場を守りながら、他の思想との対話を十分行うこと、ことに日本の伝統の理解を深め、日本土着の生命力のあるキリスト教を確立すること、そして信仰による友情を培うことなどであった」のである。「聖書・信仰・その他」は宗教活動であるから、最初から最も力をいれたのはこのセクションである。

(1) 時期的状況

1．昭和二十年代　この項目は合計百八項目が数えられるが、資金の都合もあって『兄弟』の出版は中断することもあった。他方、昭和二十六年四月には久山康・小林信雄さんによって聖書共同研究が始められた。二十七年出版の『読書の伴侶』が思いがけずよく売れた為『兄弟』を継続して出版する基盤を確立した。

2．三十二年四月から三十六年三月　聖書共同研究が四十四編掲載され、北森さんの「神学的自伝」も四十一回書かれた。さらに教会と信仰に関する座談会が八回も開かれており武藤一雄さんによってキェルケゴール・ノートが四回書かれた。

3．三六年四月から四十年三月　聖書共同研究が四十一回、北森さんの神学的自伝も二十四回書かれている。

吉村善夫さんの邂逅が十七回掲載された。

4．四十年四月から四十五年三月　聖書共同研究は三十五回、続神学的自伝も四十一回掲載されている。

5．四十五年四月から五十年三月　聖書共同研究は四十三回、米倉さんによる旧約聖書講座が八回行われている。また渡辺信夫さんによる「カルヴァンとともに」が二十四回書かれている。さらに「キリスト教古典遍歴」も森川さん等により六回書かれている。

6．昭和五十年四月から五十五年二月　聖書共同研究が十一回に減少した。その代わり岡野留次郎さんによる「信仰と思索」が二回書かれた。また西谷啓示先生を囲む「私のキリスト教観」が開かれるなどかなり変化が見られる。

7．五十五年三月・四月から六十年三月　聖書共同研究がなくなり、米倉さんの旧約聖書講話も　わずかに一回だけとなった。北森さんの「続神学的自伝」も十二回だけとなった。

8．六十年四月から平成二年三月　これまでのシリーズがなくなる。

9．平成二年四月から七年四月　北森さんの「日本人と聖書」が三十三回も最後を飾った。

(2)「聖書・信仰・その他」の趨勢

昭和二十一年四月二十九日に「学徒兄弟団」が結成されその活動の機関誌として『兄弟』が二十一年十二月に出版されたが、最初、財政難のため時折休刊することもあったが、二十七年に久山先生の『読書の伴侶』がよく売れたところから、『兄弟』の出版の基盤がかたまった。

（二）　キリスト教徒の平和運動

久山康先生は強い世界的な政治的関心を持っていた。それは『兄弟』のなかにも強く反映されている。その一つが平和運動である。それは戦時中のキリスト教徒が軍国主義に対して有効な反戦運動がなされなかったことへの深い反省にもとずくものであり、また広島・長崎の原爆被害もまた日本独特の平和運動の推進力となっている。さらに昭和二十五年に朝鮮戦争が勃発したことが反戦運動を盛んに実行させた。

（1）『兄弟』における平和論

『兄弟』に登場した平和論には次のような論文があった。

1．二十二年九月号　武藤一雄「広島の教訓」について

2．二十五年三月号　小宮孝・蛭沼寿雄「戦争への反省」久山康・渡辺信夫「きけわだつみのこえをめぐって」

3．二十五年三月号、編集部「平和への道」

4．二十五年十月号　北森嘉蔵「平和問題についての断想」、渡辺信夫「平和への祈念」、グラント「良心的戦争反対者の問題」、グラッドストン「弟子たることの代価」――ドイツ一殉教者の手記、武藤一雄「平和と基督者」、小林信雄「戦後のキリスト教平和主義――レイトン・リチャーズの所論」、久山康「平和憲法を守るもの」（社会時評）

5．二十六年四月号ジョージ・トーヤー／ニュートン・サーバー「十字架と基督教平和主義」

（2）久山康によるその他の著者の平和論

さらに久山康はここで取り上げたテーマを他の著書でも論じている。すなわち昭和三十六年一月「現代日本のキリスト教」の第五章「キリスト教の平和運動」と昭和三十六年七月の「戦後日本精神史」第三章「プラグマティズムの興隆と平和運動」において論じられている。

（3）クリスチャンの二つの平和論

クリスチャンの平和論には二つのタイプが存在する。一つは絶対的平和論でフレンド派の影響を受けており、命がけで平和論を実践しようと努める。武藤一雄、久山康、小林信雄等はこの立場を主張した。これに対して現実主義の立場はバルト神学の影響を受けた東京の神学者井上良雄にみられるものである。この考えでは国家の立場に立てば正当防衛的に剣をとらねばならぬときもあるのではないかとした。この二つの立場は会合して話し合ったが、今に至るまで合意に到達していない。

（4）「兄弟団」が関わった講演会

朝鮮戦争が勃発した二十五年の秋には盛んに平和講演会が開かれており、「兄弟団」がかかわったのは次のようなものである。

1．昭和二十五年秋　京都室町教会

2. 昭和二十六年四月、「京都」では二十一日午後二時から、「大阪」では四月二十一日、「神戸」では四月二十三日
3. 昭和二十六年十一月二十三日　京都室町教会「キリスト者平和会議」
4. 昭和二十七年十月十九日　京都ＹＭＣＡ「平和講演会」
5. 関西学院における平和講演会

(5)「平和についての訴え」

講演会では兄弟団が起草した「平和についての訴え」を配布したが、それは次のようなものであった。「(前略) 今日の世界は様々の美しい言葉の蔭にかくれながらも、実は神を忘れて自己および自己の所属する階級と民族との利益に走り、他を犠牲にして顧みぬ人類の罪に起因することは明らかであります。従って私たちはこのような人類の罪が根本的に反省されない限り、世界の平和と人類の幸福も到来せぬことを確信するものであります。而してイエス・キリストこそ人類の罪の解決のために十字架の贖の死を遂げられたのであり、それによって私たちには神の前に自らの罪を懺悔し、敵の罪を赦して互に平和を開く道が生じたのであります。

私たちはいま東西両勢力の境界線上に立ってその去就に迷いつつある。日本が平和憲法の精神に徹して、世界の真の和解のために挺身すべきことを願うものでありますが、しかし同時にこのような苦難の道が、基督教の信仰なくしては不可能であることも確信するものであります (後略)」このように兄弟団は活発な平和運動を展開していたのである。この平和運動はこの団体の最も活発な宗教活動であったとみられる。

（三）　京都学派哲学の探求

『兄弟』に寄稿された記事の特徴の一つは京都学派哲学に関連する論稿が多いことである。久山さんが京大哲学科に入学したのは昭和十一年であり、西田先生は既に定年退職されていたから久山さんの指導教授は田辺先生であったが、西田先生はまだ京都に住み活発な著述活動を展開されており、田辺先生との論争が戦われていた時期であった。

（1）京都学派哲学者に関連する論稿

1. 昭和二十五年三月　座談会　教養と信仰―西谷啓治先生を囲んで
2. 昭和三十六年一月　座談会　田辺哲学とキリスト教（六十四―六十七号）
3. 昭和三十九年十一月　座談会　西谷啓治博士の思想形成を巡って（一一〇号）
4. 昭和五年　私のキリスト教観――西谷啓治先生を囲んで（二四七―二六〇号）
5. 昭和五十六年七月号から十二月号　久山康　西田哲学と現代（一―四）（二九一―二九六号）
6. 昭和五十七年四・五月号　昭和初頭の思想状況（三〇〇号）
7. 昭和五十七年四・五月号　武藤一雄　田辺哲学とキリスト教（三〇〇号）
8. 昭和五十七年九月号から十二月号　久山康　田辺哲学の形成と西田哲学（三〇四―三〇七号）
9. 昭和五十八年十月・十一月号　西谷啓治先生を囲んで（一―二十一）（三一六―三五一号）

（２）概要

ここでは久山康さんの「西田哲学と現代」を取り上げる。

久山さんが西田先生に関心をもった理由は独自の人生経験を持っていたからであった。それは大喀血による休学と父の急死により強い虚無感にとらわれたため、これを克服するため人生問題に関する著書を読むようになったからである。

西田先生の文書は凄まじい精神的苦斗を経てきた人の逞しい生命の息吹きがどの文章の行間にもこもっていたからである。久山さんは伝え聞く先生の若い頃の打挫一途の求道生活の熾烈さに打たれ、随筆集の中にこもる孤独で沁々した人生の凝視に心ひかれ、論文集の根底に流れる醇乎とした生命の律動と随所にちりばめられ深刻な人生体験に息を呑むような思いをもたれたものである。そして西田先生の写真を見てはその気力の充実した毅然たる静謐に生死を超えた人間の顔とはこのようなものかと感じ入ったものであったと述べている。

西田先生はドストイエフスキイに強い関心を寄せていた。ところで久山さんによると、ドストイエフスキイは悩み苦しんでいる人類の姿を描くのが一貫した根本主題であったという。そしてそれを見つめていって人間が個人的に悟りを開くということでは解決出来ないような絶望に陥入った人間が神の真実に絶望し、神を否定して、すべてが許されているという虚無的な行為に出ていこうとする。それが人神論、すなわち人にして神だという立場である。そうゆうニヒリストを作り出している。しかもそうゆう人間が最もよくキリストによる救いを知っている。つまり「すべてか無か」という危機に直面している。しかもそうゆう人が危機に直面するなかで出逢うのが自然啓示とでもいえるような人生の拠点である。人生の根本問題を問い正しながらキリストにおいて新しい救いを受けていく他力の立場にドストイエフスキイは立っていると久山さんは見ている。

西田先生はドストイエフスキイの人間究明に深い理解と共感をもたれていて、娼婦に頭を下げて新しい生命に入るか、然らざればキリロフの如き人神の道であると述べている。そして西田先生最後の立場はキェルケゴールの質的弁証法、そして、そしてドストイエフスキイの人神論と神人論の対決を中核とした思想と呼応する「絶対矛盾的自己同一」とか「逆対応」の立場として形成されたと久山さんは見ている。

ドストイエフスキイから見ると、近代のヒューマニストというのは、その立場をつきつめていくと、必ずニヒリストに陥る。神を失って、自己否定の根拠を失った青年は自分を絶対化し、自己の革命の信念に合致しない者、自分に反対するものに対して死をもってのぞむ。赤軍派の人たちは自分の同志に残酷な処刑を加えましたが、よくそんなことが、親しい同士に対して出来るものだと人々は戦慄をもってこの事件を受け取りました。しかしそれはバークニンの『革命家の教理問答書』に書いてある通りなのですと、久山さんは述べている。

さらに非人情になることが革命家の責任であることが宣言されているわけです。そういうところまでいかざるを得ないのです。今日の資本主義社会は非常に腐敗しているので、それを変革しようとして運動を始めた人々が、その運動の遂行のためには同志の殺戮を義務として遂行するようになる。

近代のヒューマニズムの徹底はニヒリズムに到る。そこに現代の悲劇がある。それに対して真に対決出来るのはドストイエフスキイやキェルケゴールのような人であり、日本でなら「絶対矛盾的自己同一」を説かれた西田先生のような方であると思うと久山さんは述べている。

(四)　宣教師との協力体制と国際日本研究所

(1)　宣教師による日本の伝統の理解

「日本の近代化と伝統」は久山さんが最も重視した研究テーマであった。明治以降、日本は急速に近代化し、西欧の物質文明と社会制度を取り入れた。しかし文化の中核である宗教についてはその受容はあまり進捗していない。文明の受容に際して和魂洋才が唱えられたことも影響したのか第二次世界大戦後においてもキリスト教徒は一％程度でそれ程増加しているわけではない。それは何故か。キリスト教は何故、急速に土着しないのか。この問いについて久山さんは宣教師や日本の牧師たちが日本の伝統をよく理解しようとしない為効果的な宣教がなし得ないからであるとみている。久山さんは宣教に成功するためにはまずもって日本の伝統をよりよく理解することが先決であると考えている。そこで『兄弟』においても久山さんは日本の伝統について宣教師との共同研究をすすめ、遂に国際日本研究所を設立した。これは久山さんの最も大きな貢献だといえよう。

(2)　関連した論稿　外国人名の表記は?

関連した論稿が書かれたのは昭和二十年代、三十二年、三十五年から六年の三つの波がある。

1. 昭和二十五年三月　W・H・H・ノルマン「日本人に望む」
2. 昭和二十六年四月　ノルマンほか「共同討議　アジアの危機と日本伝道」
3. 昭和二十六年四月　「社会時評――外国ミッションとの協力問題」

4．昭和三十二年七月　ノルマンほか座談会「日本のキリスト教と欧米のキリスト教」
5．昭和三十二年七月　渡辺信夫ほか「日本キリスト教の反省」
6．昭和三十五年四月　ハインツ・ギュンターほか「宣教師を囲んで」（一）
7．昭和三十五年五月　グラッグストンほか「宣教師を囲んで」（二）
8．昭和三十五年六月　グラッグストンほか「宣教師を囲んで」（三）
9．昭和三十五年七月　テオドル・エッケル「宣教師を囲んで」（四）
10．昭和三十五年七月　スタッブスほか「転機に立つ日本――日米の相互理解のために」
11．昭和三十六年十一月　久山康「身辺雑記」――宣教師との新しい協力

（3）論稿の概要

1．二十年代

二十年代にノルマンさんによって二度、日本人牧師との対応が書かれている。まずノルマンさんの「日本人に望む」ではやり甲斐のある仕事を与えてくれと要望している。次に「アジアの危機と日本伝道」では、アジアではいま欧米の支配よりの独立がナショナリズムとなって勃り、それがコミュニズムと結合するような趨勢にある。そこでキリスト教がその問題と取り組まないとアジアは日本を含めてコミュニズムに席捲される危機が迫っている。宣教師もこのアジアの真相を十分認識してアジアで果すべきキリスト教の任務について反省しなくてはならないと述べている。第三の日本の牧師による「外国ミッションとの協力の問題」では「我々は独立を重んずる。故に協力を重んずるが我々は多すぎるからといって外人宣教師を排斥したりはしない。だが日本の教会の立

場を尊重する宣教師とでなければ協力出来ない」と明言している。

２．昭和三十二年七月

ノルマン他の座談会「日本のキリスト教と欧米のキリスト教」では欧米に比べると日本の伝道があまりに個人単位に行われ、信者間の交わりが組織的になされていない。平信徒はいつもお客さんで、平信徒が主体性を持って行動することはなかった。また伝道の方策は首脳部の間で作られ機械的に下部におろされていると批判している。

３．昭和三十五年

ギュンター他「宣教師を囲んで」は四回開かれ活発に討議されている。その三回目の会合で小林信雄さんは「日本のクリスチャンも宣教師も過去の歩みを慎重に反省して、恩寵に感謝するとともに、いつも創造的な意欲を持たねばならないと思います。そのためにも宣教師と日本人の間のパーソナルなつながりが大切ですねと述べている。また、久山さんは日本人と外国人の間に祈りによる深い友垣を作りたいですね。お互いが出逢ったことでお互いの一生が深められ有意義になったことの感謝できるような友垣が作られると、そこから真の伝道も始まると思う」と述べると、ジョーンズさんは「本当にそうですね。一緒になっていける友達が欲しい。ほんとうにそう思う。日本人の間にはもちろんのこと宣教師の中にもそのような友達が居ない。私は東京にただ一人友人がいるだけです」と答えた。それに対して久山さんは「お互いに遠慮し合ってはいけないですね。思うことを言える仲間でありたいですね」と言った。するとグレアムさんは「友達のないこと、それはほんとに淋しいことです。恐ろしいことです」と述べている。久山さんは「今日のような私たちの協力を通してそういう友人を見出す機会にしたいものですね」と述べてしめくくっている。

（4）国際日本研究所の創設

こうして久山さんは若い宣教師は日本研究への熱意をもっているが日本側の準備が十分でないことを知った。そこでインターナショナルな日本文化の研究機関をつくることを思い立った。このような思索を経て出来たのが国際日本研究所であった。

三十七年九月二十九日西谷啓治さんを所長に迎えて開所式が行われた。

事業には①研究部門　②翻訳部門　③出版部門　④教育部門が設けられた。

一年目には「戦後日本精神史」の翻訳稿が完成していた。

その後、西谷啓治先生による日本人を対象とした「正法眼蔵講話」はずっと継続されたがジョーンズさんが帰米したことによって計画が狂い、久山さんが「兄弟三十年」に書いているように、「十四年経過しましたが、当初夢みたような研究所の発展はできなかったし、西谷先生の指導を生かしえなかった点が多くて申し訳ない」との結果に終わっている。

（五）日本文学とキリスト教

（1）時期別の趨勢

1．二十年代にはわずか二編の文学論が収められていたにすぎなかった。それは木下愛子さんによる芥川龍之介の「河童」と久山さんによる「ドストイエフスキイの罪と罰」であった。

2．三十年代前期には一挙に十七件の文学論が扱われており、久山さんと椎名さんの活躍が目立つ。それに合わせて椎名麟三の映画演劇論が十四件もある。さらに佐藤泰正さんによって「近代日本文学とキリスト教・試論」が書かれている。

3．三十年代の後記には二十編の文学作品がとりあげられている。また椎名麟三の映画演劇論も二十編掲載されている。佐藤泰正さんは「近代日本文学とキリスト教・試論」（十四編）として堀辰雄、中原中也、宮沢賢治、小林秀雄を論じている。

4．四十年代前半には文学論は十三件である。

(1) 久山康「堀辰雄の世界」
(2) 佐藤泰正・小林秀雄「パスカル論」
(3) 佐藤泰正・小林秀雄「ドストイエフスキイ論をめぐって」(1)
(4) 佐藤泰正・小林秀雄「ドストイエフスキイ論をめぐって」(2)
(5) 久山康ほか　座談会「氷点」について
(6) 西谷啓治　夏目漱石「三四郎」について
(7) 西谷啓治　北山正迪、久山康「夏目漱石における自然」
(8) 森哲郎　漱石「こころ」について
(9) 唐木順三・米倉、西谷、久山ほか　座談会「漱石の漫談」
(10) 佐古純一郎「漱石の文学の実存的構造」
(11) 上田閑照「漱石にあらわれた人間像」――「道草」をめぐって
(12) 久山康ほか「沈黙」について

(13) 久山康ほか　トルストイ「懺悔」について

5．四十年代後半には文学論が二十六件に及んでいる。

(1) 佐藤泰正、小林秀雄「罪と罰」論をめぐって
(2) 佐々木徹「三島由紀夫の死」
(3) 久山康「三島由紀夫の死と思想」(1)
(4) 久山康「三島由紀夫の死と思想」(2)
(5) 久山康「椎名麟三の人と思想」
(6) 久山康ほか　座談会「椎名さんの回想」
(7) 山本和「椎名麟三との出会」
(8) 佐藤泰正「椎名麟三の文学――その一面」――「自由の彼方で」と「道草」
(9) 水谷昭夫　椎名麟三の「美しい女」
(10) 谷山栄一「椎名麟三を想う」
(11) 水谷昭夫「キリスト教と文芸――山本周五郎 ちくしょう論」
(12) 中島洋一「キリスト教と文学――三木露風と八木重吉　」
(13) 田辺保「キリスト教と文学」――「フェードル」と「ラシータの回心」、吉村善夫「キリスト教と文学
――遠藤周作「死海のほとり」」
(14) 花田司　語り続ける神――「沈黙」を中心にして
(15) 久山康「ドストイエフスキイと現代」

(16)久山康ほか　座談会「死海のほとり」をめぐって
(17)久山康「武田泰淳の世界」Ⅰ
(18)久山康「武田泰淳の世界」Ⅱ
(19)武藤一雄ほか　座談会　有吉佐和子「恍惚の人」
(20)山本佳代子　太宰治の「弱さ」についてⅠ
(21)山本佳代子　太宰治の「弱さ」についてⅡ
(22)国谷純一郎　石原吉郎「望郷と海」
(23)佐藤泰正「三島由紀夫・私注――小林秀雄の周辺をめぐって」
(24)佐藤泰正「現代日本文学とキリスト教」
(25)小野村洋子「和泉式部の内面的世界」
(26)米倉充「遠藤周作と文学」

6．昭和五十年前期には文学論が十三編ある。

(1)―(4)吉村善夫「夏目漱石について」(一)・(二)・(三)・(四)
(5)―(9)西谷啓治他「漱石をめぐって―吉村善夫氏を囲んで」
(10)久山康「文学における性と愛」
(11)久山康「椎名麟三と武田泰淳」
(12)久山康・米倉充・水谷昭夫「芥川龍之介をめぐって」
(13)佐々木徹　井上靖「化石」

7．昭和五十年代の後半に四件の文学論があった。
(1) 島達夫「有島文芸とキリスト教」
(2) 水谷昭夫「明知命運の人——森鴎外『最後の一句』をめぐって」
(3) 水谷昭夫「周五郎文芸における『愛』と『老』の問題」
(4) 佐々木徹「糸のないヴァイオリン」
8．昭和六十年から平成二年三月の期間には久山さんと西谷先生による四件のトルストイとドストイエフスキイ論がなされた。
(1) 久山康「トルストイとドストイエフスキイ」(1)
(2) 久山康「トルストイとドストイエフスキイ」(2)
(3) 西谷啓治「ドストイエフスキイについて」
(4) 久山康「ドストイエフスキイの魅力」
9．最後は久山さんの九件を含む十件である。
(1)—(7) 久山康「正宗白鳥とキリスト教」(1)(2)(3)(4)(5)(6)(7)
(8) 恩田景子　夏目漱石「こころ」を読んで
(9) 久山康「キエルケゴールとドストイエフスキイ」
(10) 久山康「キエルケゴールとドストイエフスキイ」

（２）時期別の特質

１．昭和二十年代は文学論もあるもののわずか二編ではじまっている。

２．しかし三十年代には前期十七編と後期には二十編ほどのものがとりあげられ、この時期に文学論が確立された。

そのなかでも久山さんと椎名麟三さんの活動が目立っている。また椎名さんの映画演劇論は特異な試みである。さらに佐藤泰正さんによって「日本文学とキリスト教」という研究目標が設定された。

３．四十年代にはまず夏目漱石について六編書かれた。次に昭和四十五年十一月二十五日に三島由紀夫の死に際して関心の強かった久山さんほか数人によって三編（四十六年一月一七三号）が書かれた。また、四十八年三月二十八日に『兄弟』の団員であったあった椎名麟三さんの死去に際し四十八年六月二〇二号で「追悼特集号」を出版し六編が寄せられている。さらに佐藤泰正さんは「日米文学とキリスト教」のもとに堀辰雄、中原中也、宮沢賢治、小林秀雄について十四回にわたって論じている。また、遠藤周作についても四編が書かれている。これらによっても『兄弟』が文学評論誌として高いレベルのものであることが示されている。この時期が最盛期と言えよう。

４．五十年代は前期に十三編と後期四編で衰退に向かったことは明らかである。とりあげている作家も、漱石、椎名、芥川、井上靖、有島武郎、山本周五郎と分散している。

５．六十年代以降はほとんど久山さんが独りで名目を保つ形となった。

（六）　大学紛争

久山先生は大学紛争にも極めて重大な関心を寄せており、卓越した歴史観にもとづく理論を駆使して大学紛争を分析して対策を示唆している。『兄弟』にもそれが色濃く反映されている。その主なものは次の通りである。

（1）論稿

1. 昭和四十三年七月　身辺雑記「学生運動について」（久山康）
2. 昭和四十三年十一月「座談　大学問題について（佐古純一、久山康、小林信雄）」
3. 昭和四十四年四・五月「学生運動の問いかけるもの」（座談会　武藤一雄、辻村公一、久山康）
4. 昭和四十四年六月「対談　学生運動と戦後教育」（鈴木重信、久山康）
5. 昭和四十五年四・五月　大学問題書評「住谷一彦　学生反乱の思想的礎柱」（津田静男）
6. 同　大学問題書評（堀米庸三）大学紛争と日本の精神的風土――一つの体験的思索（米倉充）
7. 同　学生運動の背景（西田亀久夫・西村秀夫・久山康）
8. 昭和四十四年七月号「対談　東大紛争の経過と問題点」（西村秀夫・久山康）
9. 同　八月号「座談会　学生運動の諸相」（高坂正顕・西村秀夫・久山康）
10. 昭和四十四年十月「近代的人間とその問題性――大学紛争と関連して」（武藤一雄）
11. 同　十月号　大学問題書評③「大木英夫　否定の論理と終末論」大塚野百合

（2）概要――久山さんの論点

最後に久山さんの論説を指摘しておこう。

（久山）しかし、現代社会、あるいは現代文明のもつ問題性については、すでに遠い以前から自覚されていて、日本の学生も明治以来それに苦しんできた。明治三十六年の藤村操の華厳の滝での投身自殺はその魁であり、この問題は学生を懐疑、煩悩と革命運動に駆り立ててきた。しかし角材をもって何千人の学生がデモを行い、大学を占拠するということは、嘗てなかったことである。それはどうして起こったのであろうか。

私は宗教を離れた自由の意識の進展の窮極の姿が大学教育の普及を通して露呈してきたのではないかと思うのである。近代化は宗教的との断絶をどこの国においても引き起すが近代化が西欧化を意味した日本においては、この断絶は急激であった。近代日本は道徳宗教の欠如の時代だといわれるのもそのためであり、それに代って天皇制が疑似宗教としての働きをしたことは周知の通りである。しかし敗戦によって天皇制も崩壊し、疑似宗教体制のもつ人間性の蹂躙からも日本人は開放されたが、同時に無宗教性のなかに投入された。そしてこの無宗教性のもつ問題性が今日ようやくあらわとなりつつあるようである。学生問題はその一つの現れである。

（『兄弟』一四八号、四十五―四十六頁）

というのは今日の学生は敗戦による国家主義の瓦解のなかで、天皇、警察、教師、親といったあらゆる社会的権威の崩壊した後に、民主主義とプラグマティズムの教育理念で育てられた人々である。もっとも民主主義といっても戦時中のファシズムの批判の上に立っていたので社会主義的傾向が強く支配し、個人の魂の内面の問題が閑却されて、階級社会の矛盾を重視する社会科学教育が主流を占めた。しかもプラグマティズムの教育理念が流入し、これは国家主義の鋳型《いがた》に嵌めた従来の教育の仕方を根本から是正しただけでなく、固定した人間像を前提とした教育を一切排除して、人間の自由な成長が教育目標となった。これは教師中心から児童中心に教育を転換して、子供の自己活動が重視され、促進されてきたものである。

（『兄弟』一四八号、四十六頁）

高校を卒業したあと大学教育はいずこも同じマスプロ教育で教師とも友人とも人格的に交わる機会に乏しく、また真理を探究する場である筈の大学も、学問の専門化によって技術化し、主体的な追及は殆ど失われ、昔のように人格と専門の学識の渾然として一つとなった魅力のある教師が払拭していて学生の失望を招くのである。その上、現代文明の問題性がこころに浸透してくる。大学への失望と既成社会への絶望が重なると何の権威も認めない自己活動のエネルギーが培われた社会意識を起爆剤にして暴発するのであり、既成社会との対決の緊張によって学生は虚脱より免れようとするのである。

（『兄弟』一四八号、四十六―四十七頁）

神の死を現代の徴標とみたニーチェにとって神の死は人生の最高価値が失われることであり、ニヒリズムの必然的な到来を意味していた。今日の社会は近代化の過程で一方では宗教的伝統よりの断絶をもたらしながら、他方では近代に必要な膨大な大学生を量産し、それに規律のない自己活動のエネルギーを湧出させた。こうして自ら生み出したニヒリズムと自己活動のエネルギーの結合の醸し出す破壊力の前に、手を下すことができず、狼狽しているのである。

（『兄弟』一四八号、四十七頁）

かれらが今日の社会の問題性に警鐘を乱打して、社会の覚醒をうながしているというその機能は認めるべきだろう。しかしそれだけでは自己の根底に横たわっている現代のニヒリズムを少しも解決することにはならない。外に向っての否定として発動しているエネルギーを抑制して内に向け、これを実存変革のエネルギーに変えるとともに、自己抑制の力の回復のなかで、地道な社会への参与を志向しなければならないだろう。

（『兄弟』一四八号、四十七―四十八頁）

大学の自治の問題で一般に理解できないのは警官導入の問題ではないでしょうか。大学の先生にはマルクス主義的な階級国家論の考え方を強く持っている人が多い。そして今まで大学の自治の破壊は国家権力の介入によって起った。そこで何事によらず国家権力の大学に及ぶことには極度に神経質に反発する。しかし今日の大学の自治の崩壊は外からではなく内からきている。もちろん外の政治問題の反映という面もあるが、それだけでない内部問題である。角材やヘルメットで武装した学生に大学が占拠されるという事態は初めての現象です。そして大学の先生の国家権力への警戒が、学生の暴力主義の温床になっている。

（『兄弟』一五一号、十一頁）

戦後の社会は子供に、大人や親や教師や国家の権威を感じさせないように訓練してきた。その背後には精神的に成熟するということより、肉体的に成熟したら人間みな平等になるという風な自然科学的な人間の考え方が潜んでいる。人間の内的な成長過程を重視すると、先生と学生の相違、大人と子供の相違、が強調されてくるのだが、それがカットされてしまっている。

（『兄弟』一五一号、十三頁）

大人が二十数年もかけて仕出かしたことの結果を、今大学がかりとらされているのだから、古い大学自治観念に固執しても仕方がないと思うのです。

（『兄弟』一五一号、十二頁）

そこで現代的に学生と教授会が一体となって、学生の意見を吸収しながら、社会情勢に合わせて大学を開発しなければならないのではないのか。しかし、これでは現代に人生の目標がなくなっているという基本的なことからこみ上げて来る不満焦燥感というものは直らない。それは大学の先生が一人でも二人でも自分自身を変えて行く秘かな努力をしなければ解決しない。これは現代化とは違った中世化で、学問思想を自分自身の体に習得するようなことを学生と一緒に志向する、若い学生に自分の持っている知識や教養や技術を分け与えるというのではなくて、一緒になって本当の道を求めて行こうという志向です。現代的風潮の中では最も出来にくいものを何らかの形で、大学の一隅で作り出してゆく、そういう共同体を作るという動きの中から大学で一番欠けているものを補って行くということをしなければならないと思う。

（『兄弟』一五一号、十六―十七頁）

たとえば読書会をしていても、読書会では駄目だと思います。つまり方向がないでしょう。一応の方向を私がもっていたとしても、やはり座禅とか念仏とかやるというような知的発達を超えた霊性の開発を体を使って四年間なら四年間ぐらいやれるような生活パターンを、こちらが持っていないと、人を寄せても本物にならない。

私には、内村鑑三の聖書講義がクリスチャンの一つの理想のような感じがしますね。叫びみたいなものがあるでしょう。人の魂の叫びを引き出してくるような、叫びのこもった説教なり、聖書講解が出来るようなところまで行かなければ、ほんとうはキリスト教の指導者になれないし、クリスチャンにもなれんのじゃないかという気がしますね。

（『兄弟』一五一号、二十二頁）

三島はこういう平和な時代が続くということは国民の念願であるけれども、そこに不気味な時代がはじまりつつあるということを書いていました。

（『兄弟』第一五一号、十三頁）

人間は根本に死の衝動をもっている。民主主義はこれを薄めることは出来ても根絶することは出来ない。それが政治の人間性に対する限界なのだ。本当の政治家というものはその死の衝動を本当に解決するものでなくてはならない。今不気味なエネルギーが国民の中に沈殿しつつある。

（『兄弟』第一五一号、十三―十四頁）

僕はね、三島が戦争の後で失われたもの、これは根本的には明治になった時から失われていた宗教的なものだと思うんで、それが、天皇イズムという疑似宗教的形態で維持されていたのだと思うんですが、その大きさというものを良く捉えているところがあると思うんです。そういう精神の空洞化のもとニヒリズムが爆発してきている。近代がニイチェの言うように神を殺戮し、人間の最高の価値を失わせ、何の為にという問いへの答えを失わせながら、そういう心の中心の空洞化をそのままにして、そのあとだけが世俗的な有用性の中でつながっているような、そういう社会構造そのものの矛盾、それに対する一つの拒否が今日の学生運動の根本の原因でしょうね。それを深層の原因にもちながら、その上に戦後日本の社会の問題があり、さらに時代に対応していけなくなっている大学自身の組織の問題と学問が主体的真理との連関を失って技術化し、世俗化し、現体制に内在化してしまっているという大学の在り方の問題が重なっている。

（『兄弟』一五一号、十四頁）

ところが敗戦のあとでやって来たのは天皇の人間宣言による疑似宗教の崩壊とマルクス主義の復活であり民主主義だった。そこでは民族というコミュニティにまつわって残っていた倫理の基体も崩れていった。その上マルクス主義もスターリン批判やハンガリー事件や中ソの対立やいろいろ問題が起こって十年程の間に権威を失うし、民主主義も政治の建前としてはかなり定着したが、思想としてはモラル形成の力がなく、民主教育は国民の心の空洞を埋めることが出来なかった。むしろ科学教育ということで対象的な知識ばかり与えて、主体的な自覚を深めることもせず、内面的な感受能力を失わせた。道徳教育の必要が叫ばれても、政治的観点、科学的観点しかとりえない学者や教育家は、楽天的で内面性のない人間観に立って、その反動性ばかりを攻撃し、戦後教育のもつ精神の空白を感知しなかった。それが遂に今日のニヒルな学生の叛乱となって爆発した。私は進歩的な思想によって育てられた社会批判と自由の志向と伝統との断絶というものが学生運動の背後にあるように思うのです。

（『兄弟』一五六号、十三頁）

五　むすび――久山さんの活動の特質

これまでの検証によって久山さんの活動にはいくつかの特徴があることがわかった。

第一の特徴はキリスト教への正統的信仰を貫いたことである。これはまず京都室町教会で集まった北森嘉蔵、武藤一雄、山中良知さんと後に関学で参加した小林信雄、山内一郎、森川甫、米倉充さんたちの努力によって始終一貫見事に保持された。これが『兄弟』の品格を高めている。第二の特徴として、久山さんは世界的なスケールにおいて政治的関心を持ち国際的紛争や戦争に対して敏感に反応したが、特に昭和二十五年に勃発した朝鮮戦争についてはキリスト教信者の立場で活発な平和運動を展開した。第三の特徴は、久山さんは自ら学んだ京都学派哲学の研究、西田幾多郎、田辺元、西谷啓治の研究を活発に展開している。第四は文学評論家としての久山さんらしく、「文学とキリスト教」が盛んにとりあげられており、『兄弟』の特色となっている。第五に久山さんによると、宣教師はまず日本の伝統文化を知る必要があるからと「国際日本研究所」を創り、西谷啓治先生が所長になって日本文化の講義をされた。しかし、そこには宣教師の参加は見られず、専ら日本人に講義がなされた。第六は久山さんの自然に対する畏敬と愛着、さらには久山敦さんの花づくりが『兄弟』を美しく飾り、一種の文芸的美術品ともなっている。

久山さんを中心とする「学徒兄弟団」のメンバーはその名称が示すように旧制高校以上の学歴をもつものに限られている。それは賀川豊彦のように社会の底辺に呻吟する貧しい人々の救いを目指す活動とは違っていた。『兄弟』が求めたものはインテリの相互啓発を目指すもので、キリスト教を基盤とする文化主義的な活動の一種であった。

久山さんは自分たちの活動を文化主義的活動とみられることを嫌がった節があるが、どうみても、それは、文化主義的運動であった。京都学派哲学に傾斜したことはその傾向を強めている。

久山さんは極めて多元的な能力の持ち主であった。①深い信仰心と強力な実践能力、②政治経済的関心が深く、③著述的能力にすぐれ、さらに④文学評論の才能を保持し、その上⑤学校行政にも特異な能力を発揮した。これらの能力は時代に応じて、その発揮する能力の力点は変化している。

第一期（二十一年から二十七年で）①の信仰の実践力が最も強く、②の政治、経済的活動も活発であった。

第二期（二十七年から三十六年）は『読書の伴侶』から『近・現代日本のキリスト教』を経て『戦後日本精神史』が出版された時期は③の著述的能力が最高に発揮された。

第三期（三十七年から四十八年）は宣教師の要望に応えて国際日本研究所が開設された。この研究所は日本の伝統を外国人宣教師に研究させることがねらいであったが、十分には成功せず、むしろ西谷啓治先生による、主に日本人を対象にした日本の伝統の研究となった。目的は十分に達成されなかった。この時期には④の文学評論の活動が最も活発であった。

第四期は昭和四十九年から久山さんは関西学院の理事長・院長になり、⑤の学校行政能力が大いに発揮された。しかしながらその分、他の活動が手薄になることは避け難いことであった。

理事長・院長を五期十五年も勤め、すぐれた行政能力を発揮したので最後には早く辞任するように追及さるようになったのは残念なことであった。

（倉田和四生）

第2章　国際日本研究所

一　国際日本研究所に「私の寄せる夢」

九月二十九日に国際日本研究所の開所式が行われた。定刻の二時には研究所関係の人々、兄弟団、関西学院、土曜会、地元、報道関係の人々で家は埋ってしまった。百人近い人々でどの部屋も一杯になったのである。大半は私の尊敬する先生、信頼する友人、親しい人々であり、歓喜と和気と祝福とが家に溢れていた。私も研究所の成立経過についてやや詳しく十五分程報告したのであるが、挨拶される人々はみな、事の意外に早かった進捗について驚きの言葉を述べられた。長い間の私の一つの夢ではあったが、実際第一回の懇談会が行われたのは、二月十二日であったのであるから、七ケ月余りで開所式にまで漕ぎつけたわけで、こう迅速に事が運ぶとは、私たち自身も考えていなかった。従って一般の人々が斉しく驚かれるのも無理はないと思った。そしてそこに私としては、人の思いを超えた神の計画のあることを痛感させられているのである。私たちの行った努力よりも遥かに大きな成果が生れつつある。それは神の力が加っているからである。従って私は、神の計画はどういう方向に動いているのか、それが私たちの心の中に具体的な幻として自覚されてくるのを模索しながら前進しようという思いでいるのである。開所式の講演が終り、電燈の光が各部屋で明るく灯り、レセプションに移ったときに、山崎治夫さんは「今日は人生最良の日ですね」と私に声を掛けてくれた。私はそれに対し、一寸戸惑う思いであった。というのは、開所というのはスタートの号報が鳴っただけで、これから自分たちの真の新生という歓喜を秘めた信仰と学問の長い道程が眼の前に展けていて、それを全力をふるって走ったときに喜びの日を迎えるのだと思っていたからである。しかしこのように祝福された開所式の日を恵まれたことが、私の身にすぎた幸だとは思ったのである。そして感謝の気持を深くしたのである。

私はこの研究所に多くの夢を托している。この夢は親しい人々にはすでに幾度か話したことであるが、その中で神の善しとされる客観性のあるものは、恐らく実現するであろうし、そうでないものは私自身必要なものと思っても、単なる夢に終るであろう。しかし兎に角私としてはその夢を全力を傾けて追うつもりなので、今日は開所式に当って私の懐いている夢について記しておきたいと思う。

研究所の仕事としては『兄弟』の八十三号に記したように、研究、飜訳、出版、教育活動の四つの事柄を考えているわけであるが、この研究所の根本的理念はそこで新しい人格的共同体を形成することだと思っている。その点研究業績本位であるより人間形成を基本とし、それによって研究業績の真の向上を計りたいのである。いわばすべての仕事の背後に、或は根底に人格的共同体の暖かくて生々とした息吹きが感じられるようにしたいと私は思っているのである。人格の深化の伴わない死んだ学問や生命の脈動のない形式的な信仰や教会主義には、私は全然興味がない。短い生涯の中でこの研究所に縁を持ったために、純粋な生命への道を辿る仲間を見出すとともに、現代という孤独な時代において真の友情をえたといえるような共同体を形成したいのである。

これはもちろん人生で最も困難な仕事だと思う。しかし私がこの研究所の中心になって貰っている先生方や友人達は、私が今迄出逢った人達の中では、それの最も可能な人々ばかりである。例えば研究所に最も力を傾けて下さっている西谷先生にしても椎名さんにしても、思想の世界でまたキリスト教の世界で、最も純粋に人生を生きていられる方である。そういう方々が数多くあい集って、ほんとうにこの研究所を育てて下さるのであるから、私は他に見られない研究所が生れるに違いないと信じている。私は兄弟団を結成して以来十六年間求めてきた「血の通った交り」というものが、この研究所を通して拡大され深化されて、真に結実することを祈っているのである。そしてその拡大ということの中には外国人との交りということも考えているのである。

一体今迄外国人と日本人の間で、真の人格的な共同体が形成されたことがあったのであろうか。互いが自己形成の上で重要な因子として対等に作用しあいながら、同じ使命の遂行に協力するということは極めて少かったのではないであろうか。それは外国人が出来上った人格として、或は既成の福音の伝達者として来朝したその意識に一班の原因があったし、また外国人に接する日本人が精神的に脆弱であったことにも原因があったのではないかと思う。しかしこの研究所では外国人も日本人も未完成の人間として互に切嗟琢磨することによって、新しい友情関係が形作られるであろうし、すでに形作られようとしている。そしてこういう真に対等で互助的な友情関係の中でこそ真実の東西文化交流の橋も架けられるのだと思うのである。内村鑑三とベルの交友関係は美しいものであったが、それを継ぐような深く豊かな友情をこの研究所で数多く育てたいものである。

次にこの研究所は現代に重点をおいた日本研究を目的としているが、人によっては哲学や神学関係のものの大多数を占める構成員で日本研究ができるかと心配してくれている人もあるであろう。しかし私はそういう専門意識をまず打破することが、この研究所の一つの使命だと実は思っているのである。まず第一に近代日本を研究対象とするとき簡単な専門領域の設定が可能なのであろうか。西欧の文学や哲学の理解なくして、果して明治以後の日本の思想が学問的に解明されるのであろうか。それは仏教儒教の深い理解なくして過去の日本の研究が不可能なのと同一の事柄ではあるまいか。時折り専門を重視する人の中に、西欧思想の理解もなく、過去の日本の或る時代の知識ぐらいで近代日本が論ぜられるかのごとき錯覚を抱いた人を見出すのであるが、大学の講義の担当はそうであっても、実際には西欧思想の研究家の方がむしろ近代日本の研究には適合していることが多いのではあるまいか。また西欧の社会経済の構成が理解されないでは日本の近代社会の理解も困難なのではないか。そう思うと近代の日本の研究は専門化の極めて困難な、綜合研究の対象となる領域であることがよく分るのである。私たちが綜合研究を行おうとするのはそのためである。

その上に日本研究を志向することの中にはもっと根本的な問題がある。それは学問の主体化の問題である。もし学問が真理の追求を目標とし、真理が人間の生き方を決するものであるなら、自己の生きているこの日本の現実の理解なしに、主体的に学問するということが可能であるかという問題である。先年来日したオランダのクレーマー博士が、日本人の偏頗で非主体的な専門意識を衝いて、東洋的謙遜なら兎も角、日本人が日本のことを研究しないで、世界の誰が日本のことを研究するのかと話したということを聞いたことがある。たしかに日本人が日本のことを研究するということは、専門という枠のみでは論じられない主体的必然性をもった事柄である。カントの歴史的知識をいくら厳密な形でもっていても、今日の日本でカントの精神をいかに生かすかということを身を以て実践するのでないなら、真に哲学しているのでもなく、主体的に学問をしているのでもないように、神学でも文学でも社会学でも、主体的に学問するときには、必ず自己の立っている日本が真剣な研究課題となるのである。私たちの多くが西欧の知識の修得を対象とする専門に属していながら、日本研究のための研究所を開いたのは、学問の技術化、趣味化、現実遊離を避けて、これの立体化、生活化を計りたいからである。従ってそれによって自分の専門分野の研究を放棄するのではなく、むしろそれによって一層主体的に専門分野の研究に深まることを意志しているのである。もちろんこれは非常に困難な事柄ではあるが、少くとも私たちの研究所開設の目的はそこにあるのであり、幸いそのような最も主体的で厳密な学問研究をして来られた西谷先生を所長として仰ぎ、その指導を存分に受けられる私たちとしては、その道をできるかぎり歩むように努力したいと思っているのである。

私は『自然と人生』に収録した「伝統の喪失」でも書いたように、日本人の学問的精神の厳しさというものは、西洋の学問に由来するよりもむしろ東洋の仏教や儒教の精神から由来していることを思わずにおれない。西田先生でも田辺先生でもそうであるが、その他の人々でもスピノザとかカントの精神が少しでも生きて伝わったのは、幾分でも東洋的精神の素地をもっていた人々のみで、それのないところでは学問は往々にして人格の形成を離れた皮相な文化意識や専門技術と化したように思われる。学問の主体化を目指す実存主義をも含めて、西洋の学問がそれ自体として日本人の厳しい真理追求への意志を形成するということは、非常に乏しかったのではないかと思うのである。キリスト教の陣営でも内村、植村といった人々の武士的といわれた主体的なキリスト教と大正期以後の文化的キリスト教との根本的差異の背後には、伝統的精神の喪失ということがあると私は思っているのである。日本研究ということは、この伝統的精神の継承の問題でもある。私たちは夏の高野山のセミナーで、当面の研究テーマを「日本の近代化と伝統」と決定したけれども、これも単に日本の知的理解ということに止めないで、私たちの祖先の生き方の厳しさというものを根本において学んで、キリスト教の日本人としての真の主体的理解の道を備えたいと思っているのである。

私は以上のような考え方と関迎して、この研究所を裾野の広いものにしたいと思っている。つまりすべての人の自己形成に役立つものでありたいのである。従ってこの研究所ではたとえ研究能力や研究の時間の乏しい人でも、自己形成のためにこの研究所を役立てようとする人には、広く門を開いてこれを受け容れ、それらの人々の人生の拠点としての役割りを果したいと思っている。その点一方で高度の研究の行えるよう一生懸命努力するとともに、他方でその研究成果が多くの人々の共通の文化財として生活を正し豊かにしてくれるような教育的実践的活動も持ちたいのである。

夏の高野山のセミナーのとき、参加者が研究活動を行っている人々の外に、兄弟団の一般会員の人々やその他女性の人達も参加したので、研究セミナーとしては余りに雑多な顔触れであることをいぶかった人もいたが、この研究所は生れたときからそういう性格を担っているのだと私は思っているのである。西谷先生も雑談のときに、そういう女性の人たちは隠れたダイヤモンドのようなもので、そういう人々が自らを磨いて光を放つようになることが尊いことなのだといった意味の話をされた。私は学問的に厳しい西谷先生が同時にそういう暖い気持を一人一人の人にもっていて下さることを有難いことだと思ったのである。また四日間の全期間を出席されたアジア財団のバワーソックスさんも私に「セミナーへの参加者がヴァライエティに富んでおり、時にはナイーヴな質問もあったが、先生方は大変親切に答えられていたので、その人々は啓発されるところが多かっただろう、そういう点も非常によかった」と理解のある言葉を述べられていたが、私は分る人にはちゃんと分るのだと非常にうれしかったのである。

こういう意図の遂行のために私は読書サークルの育成を一つの仕事にしたいと思っている。私は教会の家庭集会が変形してできた土曜会という読書会を五年来持っているが、この会も今では九十人を越える大世帯となり、毎月プリント刷り十二頁の月報を出している外に、漱石、太宰、ヘッセの研究ノートを中心内容とした年刊誌「学生の読書」三冊を出している。卒業生も各職場での読書グループの形成を志しているが、各会社、学校、教会でも読書への欲求は強まっている。私は大阪のＹＷＣＡで今年は月に一回家庭婦人とＢＧの人々の読書会を担当させられているが、それらの人々も実に熱心である。その外毎年何回か兵庫県の教育研究所のセミナーにも招かれてゆくが、高校や中学の先生たちも新しい人間形成の理念を獲得するために生徒とともに読書会を催したいという欲求をもっている。私は土曜会を推進力として高校、大学、教会、職場、家庭を貫く読書サークルを結成し、研究所の先生方にその指導をお願いして、読書による日本人の生活向上の運動を興すのは面白いことではないかと思っている。学校を出たら読書を止めるのではなくて、一生涯を貫いて読書し、内面的生活の向上を計るのである。グループが大きくなるに従ってプリント刷りの月報をまず『兄弟』ぐらいの雑誌に発展させ、その三分の二は会員の読後感で埋め、三分の一を先生たちに解説的文章を書いて頂く。グループが二十もでき会員が二、三百人にもなれば、一千ぐらいの部数はすぐ出るようになると思うのである。そして書物も読書のコースを作って、それに従って進んでゆくようにすれば、先行者は後続の人々の助言者にもなれるし、人に助言することによって幾度でも学び直すこともできる。年二、三回はセミナーも開き、先生たちとも外国人とも交り、会員相互の親睦も増すようにする。こうして研究所を中心として広い層の友情共同体を作り、そこでは伝統と密着し、宗教的生命に根差しながら、近代的思想が生きられるという方向が探究されるということになれば、現代に最も必要な人間形成の地盤が作られるのではないかと思うのである。

この構想をジョーンズさんに話したら、アメリカではすでに「グレートブックス」という古典の刊行と読書の会が行われていると答えて、ギリシャの哲学文学から近代の文学、社会思想、さらに宗教に至るまでを網羅した既刊書十数冊を見せてくれた。ソクラテスがアテネの人々が駄眠をむさぼるのをさます虻のような存在だと自分を言ったことから『虻』という名の雑誌も出ていて、読書の指導を行い、現在全米で六万人に及ぶ会員ができているということだった。これには私も一驚したが、日本人はアメリカ人以上に読者好きの国民なのであるから、私の夢はきっと実現するだろうと一層夢をあふられたのである。

しかし勿論研究所の仕事の中心は研究なので、その面には最も力を注ぐつもりである。「日本の近代化と伝統」という統一主題の中で、各自自分自身のテーマを決め、三年間を一応の期限として研究を進め、研究発表会を頻煩に行うつもりである。研究領域に応じて哲学宗教グループ、文学芸術グループ、社会グループぐらいに分け、それぞれ指導して頂く先生も決めたいと思っている。来春からは西谷先生にも週一回来て頂いて、講義の外に日本の思想書の読書会も持って頂き、さらに研究員の発表も聞いて頂くつもりでいる。今年のクリスマス後の三日間は西谷先生の「宗教とは何か」をテキストにして外国人のセミナーを開く計画がすでに進んでいるが、そういうセミナーも度々開きたい。

飜訳もすでにジョーンズ、ブラナン、ロスマン、スウェインの四氏によって『戦後日本精神史』の飜訳が進められているが、外国人に日本人の英語関係の教師を加えて、ティームを作り、能率的に進めたいと計画を練っている。現在教団関係の宣教師のみでも六百人からいるにも拘らず、実績の上らないことに困惑している人が多いので、こういう仕事が進捗してくると沢山の宣教師のエネルギーが吸収され活用されて、予測を許さぬ大きな結果が生れるのではないかとも思うのである。そして一年もすれば外国人の手も揃ってくるので、英文の日本研究の雑誌も実現に近づくのではないがと思っている。この内容はすでに夏に決めているのであるが、日本の社会の動向、思想の流れ、芸術、風土などを生活に即した親しみ易い形で紹介したいのである。雑誌の背後に外国人と日本人の深い暖かい友情があれば、屹度特異な雑誌になって、外国人にも迎えられ、十分の役割を果すのではないかと思うのである。そして研究所のことが海外に知られるなら外国の大学や研究機関との交流が生じて、外国からの研究員の来朝、此方からの海外留学も行われて、研究は一層国際的となると思う。

勿論研究年報や或るテーマによる共同研究や個人研究も日本語と英語で出版されるようになるであろう。私は兄弟団の出版を延長し発展させて、数年の中には数十冊の研究書が出るように推進したいと思っているが、ことにこの研究所で育った若い人々の書物を数多く出すようにしたい。

しかしこのように書いてくると、そういう事業の資金はどうするのかという疑問が出てくると思う。私は研究所の基本的な運営は自立して私たちの手で行えるようにしたいと思っている。外国から援助があれば研究所ができ、それがなければ成立しないような主体性のない研究所はない方がよいのである。会員がその使命と自分の生涯においてもつ意義を感じて、是が非でも自分たちの努力で成立させるだけの情熱の湧く研究所にしなければならない。そういう意味では研究所への安易な参加を退けて、身を入れた参加の仕方を作り出したい。そうすれば自ら研究所は自立できる筈だと思う。しかし勿論心構えだけでは運営はできないので、その資金を作る一つの道として語学センターを作りたいと思っている。語学教室を開くことは初めから事業内容に入れられており、研究所の目的である東西文化の交流には必要欠くべからざることでもあるわけである。私たちは戦前の読む語学と戦後の話す語学を綜合して、話して書けて、そして古典の読めるような語学教育の実現を目指して努力したいと語りあっているのである。しかも研究所は外国人も沢山参加しているのであり、日本人の語学関係の教師も多いのである。その上研究所は学生数一万人を越える関西学院に三分という位置であり、神戸女学院、県立西宮高校、甲陵中学なども近い。附近は文化住宅地であり、いってみれば、語学教室を開くには絶好の場所なのである。

従ってここに阪神で最も整備された語学センターを作れば、それが繁栄することは火を見るよりも明かであり、研究所の語学教育の使命を果しながら、同時に基本的な運営費も生れてくると思うのである。すでに語学教室は開講されて中学生と大学生の八クラスで百三十人を集めているが、これは今後数百人に増加するのではないかと思っている。私はこうして自立態勢を整えた上で、広く内外の協力をえて、研究所の仕事を充実したいと思っているのである。

私はこの外にも幾つかの計画を懐いている。その一つは西谷先生の著作を毎年私たちの手で出すことである。先生は西洋の哲学についても日本の思想についても深い造詣を持たれているが、それを表現されることを急がれない方である。しかしそれを書物の形にして公にして頂くことは、今日の思想界にとって極めて重要なことであるので、私たちは先生に研究所で次々に講義をして頂き、それに手を入れて頂いて、年々先生の著作を出版できる手筈を整えたいと願っているのである。もしこのことがうまくゆくなら、それだけでもこの研究所の意味はあるのである。

それからこの研究所はキリスト教を標榜するものではないが、その母胎が兄弟団であることはいつまでも生かしてゆきたいと思っている。従って研究所に兄弟団を同居させて貰い、両者は不即不離の形として、キリスト教の事業は兄弟団が主催してやるようにしたい。私はそういう意味では研究所は隠れた形では「祈りの家」にしたいのである。現在月曜日には近くに住む宣教師や私たちで朝の祈祷会を行っているが、日曜日の午後には聖書講義乃至聖書研究会もそのうち持つようにしたいと思っているのである。

（久山康『兄弟』八十六号、一九六二）

二　創設について

国際日本研究所創設について

世界は今や、諸民族を統合した人類的規模における共同社会を形成すべき重大な歴史的段階に到達したようであります。そのため、世界の何れの地にあっても、近代化が促進され、技術文明が躍進せしめられるとともに、伝統的な倫理的宗教的な精神もまた新しい時代にふさわしい姿をもって昂揚され、かくして世界が外的にも内的にも融和統一に向うことが不可欠な課題となって参りました。そしてその際、世界諸民族の相互理解、殊に伝統を全く異にする東洋と西洋の諸民族の相互理解が深まり、互に長を採り短を補うことが何よりも必要であるように思われます。

この重大且つ困難な課題に面して、日本の置かれている地位を顧みますとき、そこには特殊な意味が含まれていることを思わずにおれません。なぜなら、日本は欧米以外の地域において近代化に成功した殆んど唯一の国であり、そのため西洋的なるものと東洋的なるものとの最も活潑な交流と折衝の地点だからであります。従っても し日本が近代化に成功した原因を徹底的に究明しますならば、アジア、アフリカ諸国の近代化の促進に参考資料を豊富に提供することができるでありましょう。同時にまた欧米諸国と日本の近代化の過程の比較研究を行ないますならば、日本においてもなお近代化の十分な達成に障碍となっているその文化的社会的性格・構造を解明することができるでありましょう。そしてまたそれが単に日本にとっての問題であるのみならず、深くアジア全般の問題につながりをもつ点をも究明し得るでありましょう。しかし問題は、ひとり日本ないしアジア全般の近代化ということに尽きないのでありまして、西欧近代文化の問題性が随所に露呈し、西洋の危機が叫ばれてから久しい今日、日本文化の根底に流れている東洋精神の研究は、かえってその問題性の反省と打開に積極的に貢献するところがあるに違いありません。

さらに日本の直面し苦闘している近代化と伝統の対立、ことに西欧化と東洋の伝統との対立葛藤の問題は、将来においても東西文化交錯の地において必ず生ずる問題の一つの範例であり、その研究は大いなる歴史的意味を有していると信ぜられます。

さて、このような日本の特殊な地位を顧みますとき、日本研究が日本にとってのみならず、世界的に重要な意味をもつものであることが、理解されるのであります。私たちが今、国際的な協力の下に、包括的でしかも特に思想的に深く掘り下げた日本研究を志す理由はここにあります。然るにこのような包括的な観点からの日本研究は、日本においてもまだ十分自覚的に取上げられておりません。むしろ日本は開国とともに西洋文化を急速に輸入し、自己の文化を豊かにしましたが、その成果は殆んど海外に紹介されておらず、その飜訳と紹介を行なうことだけでも、日本研究に大なる寄与をなしうる状態であります。私たちはこのような現状を顧み、まず私たちに可能な翻訳や研究、或は日本研究の英文の雑誌の発刊などから着手するつもりでありますが、また長期の研究に備えて研究所を設立整備し、年とともに内外の研究者を養成して目的を遂行いたしたいと思います。そして同時にこの研究所の活動を通して、新しい人類的な文化の形成と国際的親和・友好への道を開くことに寄与したいと念願するものであります。私たちと思いを同じうする内外の方々の篤い御協力御支援を冀《こいねが》う次第であります。

国際日本研究所理事会組織

	浅野順一	青山学院大学教授
	N・ブラナン	アメリカ宣教師
	藤田　允	世界学生奉仕団主事
○	H・ギュンター	関西学院大学神学部講師・ドイツ人宣教師
	猪木正道	京都大学法学部教授
○	R・ジョーンズ	関西学院宗教センター主事・アメリカ人宣教師
	寿岳文章	甲南大学文学部教授
	亀井勝一郎	評論家
	北森嘉蔵	東京神学大学教授
○	小林信雄	関西学院大学神学部教授
	高坂正顕	東京学芸大学学長
理事長	久山　康	関西学院大学文学部教授
	松村克己	関西学院大学神学部長
	武藤一雄	京都大学文学部教授
所長	西谷啓治	京都大学文学部教授
	椎名麟三	作家
	D・スウェイン	学生友愛会主事・アメリカ人宣教師
○	玉林憲義	関西学院大学文学部教授・総務部長

山本　和　関東学院大学神学部教授
〇山中良知　関西学院大学社会学部教授
〇山崎治夫　関西学院大学経済学部宗教主事
（ABC順〇印は常任）

（久山康『兄弟』八十六号、一九六二）

三　セミナー報告

第1回夏期セミナー

久山先生が、神の御計画に基くものであるという信念を抱かれて、これまでやってこられた多方面にわたる仕事の集大成として企画、創設された国際日本研究所の第一回夏期セミナーが、去る八月二十八日から三十一日までの四日間、和歌山県高野山の成福院において開催された。急病の武藤一雄先生はじめ旅行や他の都合のため、当初出席を予定されながら、止むなく欠席された方々が幾人かあったが、約五十名の参加者は、兄弟団内外の大学教師、牧師、宣教師、教員、学生、会社員などなかなか多彩で、いずれもこの新しい研究所の趣旨に共感し、大きな期待をもってみずからも何らかの仕方でこの事業に参与しょうという意志を強くいだいている人々ばかりであった。高野山上の文化の浸潤のはげしさには少なからず驚かされたが、会場の成福院および三宝院は、さすがに清涼幽静の環境である。ただ、こんどの研究所設立について、すでに各紙が報道していたせいか、開会前にはNHKをはじめ関西テレビや共同通信社などから取材の人々がやって来て、何かはなやかな国際会議でもはじまるような気配を漂わせたのである。テレビのフラッシュにさらされた西谷啓治教授は開会の挨拶の中で、さいきん外国から来た人々が、日本という場所で、日本というものに単なる興味以上の関心をいだき、からだで日本を確かめたいという意欲をもっていられることを知るにつけ、我々日本人自身が、いかに日本について無知、無自覚であるかという事をあらためて感じ、問われているように思う、と語られて、私たちの研究所が、志は大きくもちながら、実際やることは、日本人であることの内省という地味なことからはじめなくてはならない点を強調されたのである。そして、今日の状況において、西欧の人々と我々との共同研究が、世界人類の問題を本質的に理解究明してゆく上でどうしても必要であり、同時に日本人といいながら殆んど近代化された生活を営んでいる我々と、西欧的世界に生きながら、日本を含む東洋の伝統に関心を寄せている人々とは、出発点を異にするが帰着点は同一のものを目指すゆえに、このような共同研究が可能であるという確信を披瀝され、私たちは西谷先生のような得難い先生から直接指導を受けることのできる喜びを深めるとともに、忘却されてはならない困難な課題への開眼を与えられたのである。次いで、研究所の計画のはじめから、非常な熱意を示し久山先生と共働されている関西学院宣教師R・L・ジョーンズ氏が立って、日本人には、知れば知るほど判らなくなるところがあるという感想を述べ、共通の生活地盤をもたない我々が、様々な障碍をのりこえて、謙虚でありつつ客観的な態度を失わず、コミュニケーションへの努力をつみかさねることの重要さを痛感せしめたのである。若い世代の宣教師たちと話し合ったり、さいきんヨーロッパから帰った人々の報告をきくにつけ、欧米人の中には、西欧的な生活様式だけが唯一普遍のものではなく、他の文化圏にも多く学び得るという考え方が相当広範囲に行きわたっていて一つ世界への志向がしだいに有力となっていることを身近に感知できるが、私たちの生活の中でも、西欧的な伝統に対する漠然とした憧れや渇仰よりは、欧米から何を学ぶことができるかという問いが意識されていることは確かである。

さて、開会式のあと、研究会は「日本の近代化と伝統」という主題についての久山康教授による発題講演ではじまった。久山先生の発題は理路整然たる客観的分析の形をとり、一、近代化と伝統の並存（その社会的基盤）、二、近代化による伝統の破壊（その四つの波、功利主義、自然主義、マルキシズム、プラグマティズム）、三、近代化の中の伝統への復帰の現象、四、知識人と大衆との遊離の諸問題を明確に論じられ、伝統に即した近代化、つまり東西文化の交流の中における自己純化という方向を示唆されて、参加者に主題についての適確な展望を与えられたのである。

夕食の後、藤田允氏にともなわれて出席された米国アジア財団のバゥアーソックス氏が、研究所に対する期待のことばを述べられ、次いで久山先生から、東京から来られた浅野順一先生、大塚野百合先生、ＳＣＦのスウェインさんはじめ、参加者全員の紹介があり、兄弟団を中心とするセミナーらしい打ちとけた親しい雰囲気に満たされた。夜は、寿岳文章教授が「英訳された日本文学」と題して、興味深い講演をして下さった。私たちは、これまでに英訳された日本の文学が意外に多きを数えるのに驚いたのであるが、寿岳先生は、中世で完全に日本化されたものと思われるもののうちで、道元の「正法眼蔵」や狂言の類など、まだ訳さるべきものが残されていることを指摘され、これからの研究所の仕事としては何を翻訳すべきかという問題が重要であり、筋の通ったものを選んでゆかなくてはならない点を強調されたが、椎名さんの最近作「媒妁人」を特にあげられて、自分が椎名さんのものを翻訳するとすれば、先ずこの作品からはじめたい、とも言われた。それにしても、寿岳先生が英国で出た「The Art of Translation」という書物から翻訳における二律背反的諸命題を朗読された時には「戦後日本精神史」を英訳している宣教師の人達は相当な絶望感を味わったらしい。そして、私たちは、日本における翻訳思想の功罪について考えさせられたのであるが、これからは、外国人と日本人がチームになって翻訳の仕事に当たることが有効であることも確認されたのである。

第二日目は、まず午前に西谷啓治先生の主題講演を聞いた。先生は、近代化の問題は世界的人類的問題であると前置きされ、はじめに伝統を破壊する働きをもつ近代の人間観および科学技術の問題を話され、つづいて日本と東洋全体の固有性をあらわす伝統の側の問題を扱われたのであるが、先生の強靭な思惟によって理解されてきたところのお考えを、特定の難しい概念用語を避けて、私たちにわかりやすくお話頂き、思考を触発される思いを与えられたのである。そして先生は、近代化と伝統の問題は西洋において何か同根であるというしこりのようなものを感ずると言われ、このしこりを解きほぐすために、異質的な伝統との折衝が必要であることを説かれて、実体的、主体的認識と区別された時代的な認識の可能性を示唆され、伝統の内と外に同時に立たれる立場を明らかにされたのである。西谷先生の思想が容易に理解できるものでないことは言うまでもないが、私たちが先生に触れ、四日間を通して先生からあたたかい指導を与えられたことはいちばん有難いことであった。

昼食の後、宿坊成福院の住職上田僧正から、高野山の変遷について話をきき、午後はみんなで見学に出かけた。伽藍や御影堂を見たあと、乗合馬車に乗り、女人堂を経て一の橋まで走る。鬱蒼と繁った大老杉を見上げながら、日本歴史の著名人をここに網羅したような由緒ある人々のこけむす無数の石塔群をぬってご廟道を歩き奥の院にいたる。総数十万といわれる大小の墓についての案内人のユーモアたっぷりの説明には一同哄笑を禁じ得なかったが、私は、西谷先生と浅野先生の風貌にどこか非常に似た趣きがあるように思い、何とかお二人が一緒に並ばれているスナップ写真を撮りたいと機会をうかがっていたのであるが、カメラに不慣れなのと遠慮のためについに果せなかったのは残念至極であった。

夜は三宝院の集会場で、浅野順一先生から日本伝道を考えてゆく上での、主題に関わる発題を頂いた。先生はまずプロテスタントが渡来して百年経つ今日、日本のキリスト教は依然として外国の宗教である状況を反省され、土着化の障害について、主として日本人の自然観の問題を聖書における自然観との対比において論じられた。そして、日本には、神を媒介とする被造物としての自然観は元来存在しなかったこと、日本人の素朴な自然主義に思想的裏付けを与えているものが仏教であること、さらに日本人の美的感覚と結合した日本仏教の特色ある発展にも拘わらず、それが思想や倫理としてどれほど日本の社会に滲透しているかは疑問であることなど、率直に語られた。キリスト教の立場から自然というものを基本的にどう考えていくか、そこでは当然断絶とともに接触の面が取り上げられねばならないのであるが、浅野先生においては、これが聖書成立の生活地盤というよりもむしろ聖書解釈における Sitz im Leben の問題として追究されているのである。ディレッタントな神学を非難される先生の真摯な研究態度を窺わしめ、私たちは大きな感銘を与えられたのである。就寝前、熊谷一綱、小林宏両氏と浅野先生を囲んで、キリスト教主義学校における聖書教育のことどもについて話を聞いたがどの部屋でも、それぞれ遅くまで語り合っておられたようである。

第三日目は、午前中に京都大学の文学部、教育学部の講師をされている源了円先生の主題についての講演と聖公会のプラナン氏による「新興宗教にあらわれた仏教思想」と題する二つの講演がなされ、源先生は近代化の問題を思想史的角度から検討して中心点に迫る鋭い解明を試みられ、プラナン先生は「新興宗教」を英語で“Popular” Religion と表現して、創価学会の問題を中心によく準備された研究発表をされ、教えられるところが少なくなかった。そして午後に京都学芸大の東専一郎先生によって「キェルケゴールと道元」と題する最後の講演がなされたのであるが、京都学派の重厚な学風を示す、キェルケゴールと道元における時間論はかなり難解であった。しかし後の協議を通して、両者の同時性にみられる差異についてもある程度の理解は出来た。もちろん、他の講演や発題をめぐっても、相当量の討議がなされたのであり、そこにおいてこそ事柄が明確化され、問題が現実に即して考えられ展開されたゆえに、研究会の内容を伝える上ではより重要な意義をもつと思われるが、ここでは触れない。

三十日夕刻からは、参加者の大部分が残って研究所のための協議会が開かれ、一人一人が研究所に対してもっている期待や意見を話し西谷先生を中心に夜のふけるのを忘れて熱心な討議がなされ、今後の活動について具体的な計画が取決められたのである。三十一日の朝、久山先生から、研究所の構成や事業についての総括的な説明をきき、セミナーの全プログラムを終了したのであるが、高野山上から乗りこんだ、近代的なデラックス特急の中ではそれぞれ与えられたパースペクティヴからする新しい対話がはじまっていた。

（山内一郎『兄弟』八十五号、一九六二）

第二回研究セミナー

昨年の暮、十二月二十七日夕刻から二十九日にかけて、国際日本研究所の第二回セミナーが開かれた。降誕節を過ごした落着いた気分の中で、熱心な十三名の外国人を中心に、テキストとして取上げられた西谷啓治先生著『宗教とは何か』（創文社）をめぐって、充実した研究と討議が行われ、これからの研究所の歩みを方向づける上でも貴重な意義をもつ実り多き会合であった。セミナーが兄弟団クリスマスと合同のすき焼パーティーから始まったとき、そこに列席した私たちは、このような会合が可能である建物と設備が現に備えられている喜びをあらためて実感せしめられたのであるが、外から援助を受けず、数人の先生方の退職金を担保にして、ここまで立派に整えられた研究所の姿に、廿四日に米国から帰られたばかりの小林信雄先生や十四名の外国人たち、また京大の猪木正道教授なども非常に感服されていた様子であった。また、このカンファレンスには今回も藤田允さんに伴われて参加されたアジア財団の主事バゥアーソックス氏と社会思想研究会編集顧問のミラー氏を除いて、大体若い世代の宣教師たちが集ったのであるが、長い間にわたって日本における宣教師の働きを見てこられた関西学院の今田恵教授も、セミナーに参加された印象を語って、難解なテキストにもかかわらず討議内容のレベルは高く、しかもその真摯な態度から、これまでの宣教師の会にはみられないものが感じられた、と言われたとき、く。そして国際日本研究所の働きを通して、宣教師の体質改善を目指すという久山先生の意図されるところも、不可能でない必然性をもっていることが感ぜられたのである。セミナーの内容や評価についての詳しいレポートは別の形で出されるので、ここでは、第一回セミナーの場合同様ごく手短に会の模様を報告するにとどめる。

研究会は、こんどの会の運営のためディレクターの役割を果されたR・L・ジョーンズ氏によるオリエンテーションにつづいて、最近ドイツから、アメリカにおける一年余りの研鑽を経て、再び来日されたH・ギュンター氏の司会による、西谷教授の第一論文集『宗教とは何か』の第一章についての討議からはじまった。日本ユネスコ国内委員会編の PHILOSOPHICAL STUDIES OF JAPAN（一九六〇年、第二巻）の中に第一章の英訳が掲載されているので、参加者は日本語と英語の両方で準備をすることができたのであるが、討議は英語を使用して行われた。西谷先生がこの著作において企てられている宗教哲学が、あらゆる西欧思想を厳密に見通された上で、仏教的な「絶対空」の立場から構築された非常に独創的な論証であり、日本人にとっても難解であることを感じていた私は、キリスト教的伝統の中に生きてきた人々が、この書物をめぐってどのような討議を展開するであろうかとひそかに危惧の念を抱いていたのであるが、西谷先生から直接教示して頂けるという安心感と、久山先生や武藤先生というもっともよき注解者の存在にたすけられたとはいえ、あえてこの書物を読もうという気迫が漲り、終始率直で積極的な討議がなされたことは殆んど驚きであった。研究討議におけるギュンター氏の司会ぶりは模範的で、討議のやり方についても日本人として教えられる点が少くなかった。まず、その場の思いつきや無責任な発言による討論の混乱をくい止めるために、テキストについて参加者にどれだけの準備があるかを確かめ、次いで、自分が理解してきたところにしたがって、論文の要約を各節ごとに試み、いくつかの問題点をひろいあげて提示する。そして「自分はドイツの思想的伝統に立つゆえに、例えばニーチェに対しては一種の恐怖感を抱いておりますが、西谷先生はむしろニーチェに対してある親近感を示しておられます。ここには少くともキリスト教の正統的神学とは相容れない、根本的に異質なものがあらわれていますが、しかし立場の相違ということを言うだけでは、私たちの研究会もあまり大きな意義をもち得ません。どこまでも客観的な態度を失わず、互いに共通の地盤を求める努力を積み上げて行くことが重要なのです」といった意味のことを強調して、討議の中でも、いわゆるミッショナリー・アプローチとみなされるものは容赦なくチェックして、個々の問題を普遍化する点に努力された。もとより、西谷先生の論究に対する理解の度合いやコメントはまちまちで、討論は「結合点」や「無からの創造」の解釈をめぐる問題から、セマンティックスの議論までかなり広範囲にわたったが、結局、生の根底に開ける虚無といわれるところのものの内実については、キリスト教の信仰内容からきわめて理解が困難であること、そして西谷先生のような深い仏教的な立場が、一般大衆の生活にどのように結びついているのであろうかという問いが出された。これに対して、武藤先生は、ここに論述されていることがらは、新らしい生の転換における信仰のリアリティーを表わすものであって、大衆はなお、何らか実在的なものの中へ自己を打ち込むことによって、真のリアリゼーションにまで高めらるべき存在である、と語られていた。

第二日目は、二つのグループに分けられて「宗教における人格性と非人格性」という第二章を、これは英訳されていないので、全文日本語で読む形式をとって学んだのである。あらかじめ分担箇所が決められ、十分な準備がなされた上でのことではあるが、日本語の難しい原文を精読する熱心と読解力の正確なのには日本人が等しく力強さと敬意を感じた次第である。西谷先生がそれぞれのグループに時間を分けて参加され、行きとどいた指導によって啓蒙して下さったことは、ほんとうに有難いことであった。午後三時にいたってようやく終りまで読み上げ、短いコーヒブレイクの後、直ちに全体討議に入る。討議における宣教師たちの態度は、仏教的な立場に直面して、あらためて事柄を聖書の光に照らして問い直そうとするものであり、したがって、西谷先生がキリスト教に即して考え叙述されている所が、共通の地盤を求め、困難な問題を究明するための足場になるのは自然であり、また正しいことと思われる。マタイ五・四三―四八のイエスの言葉に表規されている、神の無差別の愛が、仏教の無我の性格を含むと考えられ、キリスト教がこれまで契約や選民の思想にみられる如き神の人格性の面にのみ注意して、人格性と対立する非人格性ではなくして、むしろ人格性がそこにおいて成立せしめられるような一層根源的な神の完全性という面を看過してきた事情が、第二章に指摘されているのであるが、現実否定の神の義や人間の決断と行為の問題さらに西欧思想のコンテキストのなかに、接触点として求められたエックハルトの神秘思想のキリスト教の側における評価の問題とともに、やはり「絶対無」ないしは「空」という概念がなお思想的に分りにくい秘義を内に含むものであり、聖書の中にはパラレルを見出し得ないのではないかという根本的な問いに行き当った。そこで西谷先生は、マタイ一〇・二〇に記されている「語るのは、あなたがたではなく、あなたがたの中にあって語る父の霊である」というイエスの言葉を取り出され、「父の霊」が弟子たちの側に本来の自己自身として開けてくる時、それは弟子たち自身の信仰的な実在性のリアリゼーションにほかならないのであって、絶対無と一つに成り立つ人格的自己というものは抽象的論理によってではなく、実存的転換の具体的事実を通して自証されるほかないものである、と語られたのであるが、私には霊と言われるものと生ける無と言われるものの間に、いくらかアナロガスな消息が示唆されているようにも思われた。問題の複合的な性格から、討議は果てしなくつづき単純にはまとまらないが、早急に結論を出すことよりも、柔軟な態度で虚心に学ぶという雰囲気が出来、さいごまで変らなかったことが、セミナーを成功させた内的要因であったと思う。

夕食はギュンター夫人が腕をふるわれたドイツ料理に舌鼓を打ち、食後の歓談を楽しむ間もなく、夜の協議会がひらかれる。この時間には、主して研究所の今後の活動内容に関して検討がなされ、議長のジョーンズさんのユーモラスな司会と、遠大な構想を語られる久山先生の比類稀なるパーソナリティの威力に、全員やや眩惑された恰好となったが、共通の理解を育て上げるために必要な継続的活動に関する議論は甚だ活発で、新しい研究所への熱意に溢れるものであった。そして、時の経つほどに、人間的共感と相互信頼を深めることができた事はもっとも大きな収穫であったといえよう。西谷先生は「今日はかなり強行軍のプログラムでしたが、私には少しもヘヴィーではなかった」と語られ、かなり疲労感を覚えていた私たちを激励されてから「やはり、研究所の存在理由は、研究そのものにあるのだから、困難な課題であっても、しっかり研究に専念する心構えが必要と思います」と締めくくられた。

さて、第三日目は午前に西谷先生の「自然と啓示」と題する講演、午後は猪木教授から「日本研究のための若干の文献」についで講演をきき、ひきつづいて、全体討議と反省評価が行われたのである。西谷先生は、神学におけるこの古典的主題について、米国からこのセミナーに参加されていた、ルイスアンクラーク大学教授橋本秀男氏による“Christian Theology and Challenge of Non-Christian Religions”と題する論文を手掛りとして、非常にレベルの高い、然も興味津々たる講演を二時間以上にわたってされたのである。先ず、今日の非宗教的な世界状況の中で、仏教とキリスト教は共通の挑戦を受けているかぎりにおいて同盟の関係に立つとともに、課題の克服を目指しては両者の間に競合的な面もあらわれてくると思われるが、共同の課題に立ち向ってゆく創造的過程の中でこそ、両者の生ける出会いが生起し、同時にそれぞれが新しく発展する可能性と機会を与えられるのではないか、と語られ、外国人のためにわかりやすく仏教のABCを解説されながらとくに、Ⅱペテ一・四、ガラ二・二〇、Ⅰヨハ一・三、Ⅱコリ四・六、などの聖書テキストに即して、特殊啓示と一般啓示における二つの真理契機が共に生き得るような立場からする甚だ示唆に富む論証を試みられたのであるが、いまは紙数も乏しいので、別の形で出されるリポートによってお読みいただくほかはない。午後には、京大の猪木正道教授が「この研究所は天の時と地の利と人の和を得ているので数年ならずして素晴らしい発展を遂げることを確信する」と研究所の前途を祝福された上で、日本研究のための各方面にわたる文献十数冊を要領よく紹介され、大変有益であったが内容は省略させて頂く。社会科学の領域から猪木先生の明解な論説が聞けることは、私たちにとって有難いことである。次いで、まとめのための全体討議が行われたのであるが、積極的な対話を通して接触点を求めようとする努力にもかかわらず、私たちに提示されている問題は容易に結着がつくようなものではなく、私たちの理解がまだ浅く、能力も乏しいことを知るとともに、兄弟団を中心とした出会いと交りのなかに新しい創造への胎動があってはじめて、このような冒険的試みが可能であることを痛感せしめられたのである。私は寿岳文章先生が旧臘二十三日付朝日新聞の「こころのページ」で、「日本在住の気鋭のプロテスタント宣教師たちを中軸として、久山康氏らの献身的な努力により西谷啓治博士を所長にいただく『国際日本研研究所』が、今秋関西に発足したことは、そのみのり多かるべき前途を考えると、ことしの日本宗教界最大のニュースであるかも知れない」（「宗教界ことしの動向」）と述べられたその期待を思ったのである。そして、久山先生がいつも言われるような、みんなで成長し生きがいとして喜ぶことの出来るような研究所のイメージを参加者は、三日間の共同生活を通して体認することができたのであるが、そのことは、外国人のみで行われた評価反省の討議からも明瞭に聞きとることの出来た点であって、国際的なディアレクティークの場となる大きな可能性を持つ研究所の将来のために、貧しい私たちをも駆り立てずにはおかない力なのである。三日目の夕食は第一日目の日本料理、第二日目のドイツ料理に対して、関学中学部で教鞭を取っているリンセル君という若い宣教師がアメリカ料理を作ってくれ、楽しい最後の会食をしたのである。そしてこのセミナーの新しい経験は、外国人に、明春四月初旬に引続いて第三回目のセミナーを京都の寺で開く計画を立てさせた。テキストは西谷先生の芭蕉についての論文を用い、会場は栂尾の高山寺あたりをお願いしてはというのが、その時の計画であった。

（山内一郎『兄弟』八十九号、一九六二）

第3章　甲山を守る会

一　地域住民と学院の連携による社会活動

（一）　甲山ロープウェイ架設反対運動

神戸市から阪神間の北側に長く続く稜線・六甲山系。その東端にお椀を伏せたような柔らかで均整のとれた小さな山が「甲山」。その姿は市民の愛着を受けているだけでなく、大阪から神戸へ向かう車窓からも全容を見ることができて、この地を通過する多くの人びとにも親しまれている。

関西学院はこの甲山の姿を借景として学園のランドスケープを構成しており、春にはもえる緑、夏には濃い山影、秋には色づき、冬は雪化粧をほどこす四季折々の姿は、学生、生徒、同窓、教職員にとって、校舎の佇まいとともに学院のイメージとして定着している。あるがままの自然が伝える物語は、なにものにも代え難い潤いと癒しを多くの人の心に与え続けてきたのだった。

その甲山に西宮市はロープウェイを架けて、観光開発の端緒にしようかとの目論見を立てた。市当局の動きは活発となってきたが、それにつれて甲山周辺住民からは反対意見の声が大きくなってきた。

その当初、久山先生は反対運動に積極的に関わるつもりはなかった、と言うより、むしろ消極的な姿勢で事の推移を見守っていた。それが、どのようにして、地域住民による反対運動にのめり込んだのだろうか？　当時の心境について記されている文章からは、「自然」に対する深い思いが伺える。以下に記す久山先生の文章は『兄弟』（Vol.1 No.1、昭三十四・四・一）によるものである。

「反対運動に立つまでには何回となく仁川、上ケ原の各地点に佇んで、甲山を改めて眺めてみた。そしてできればこの煩わしい反対運動など行わずに、見過ごしにさせていただきたいと心に願ってみた。しかし、その度に心の中に疼くものがあって、黙していることのできぬものを感じた。美しい自然が何の考慮もなしに人為を加えて変形され、遊覧の具に供せられることは、人間の心の住家を奪われるような痛みであったからである。

自然が荒らされることによって、鳥はその場を失うが、人もその心の住家を失う。私は甲山のような大都市の近郊の美しい山は、天然のままにおいてこそ、砂漠の中のオアシスのように都会の人の心の場の渇を医《ママ》すのだと思わずにはおれなかった。

しかし、この考えは私や関西学院関係の人のみの懐くもので、一般市民がこの計画に賛成であるのなら、反対運動は起すべきでないと思っていた。そこで私は近所に住まわれている敷島紡績の室賀国威氏の意見を伺いに行ってみた。

室賀さんは温厚で、見識の高い方であり、自然への愛も深く、日頃から尊敬していたからである。ところが室賀さんも強い反対意向をもたれていて、仁川の有識者に諮《はか》って下さるということであった。そして間もなく仁川の代表的な人びとがみな反対意見であることが分かり、期せずして反対運動を起す気運が漲ってきたのである。」

この年の二月十七日に、建設計画反対の考えを市当局に対して初めて申し入れている。

そのことは翌十八日に「文教上感心せぬ——甲山ロープウェイ建設に反対——西宮市へ関学大教授ら申し入れ」として毎日新聞紙上で報道され、その後、産経、神戸、朝日の各紙が続いた。こうして甲山のロープウェイ建設問題は世間の注目を浴び、反対運動に賛同する声が大きくあがってきた。やがて、反対運動のための発起人を募ることに事態は急進展した。地域からはすぐさま三十名にのぼる発起人が手を挙げ、関西学院でも部長級以上の全員が発起人に名を連ねた。

巨額の資金を投じて、山の姿を変えようとする行政当局に対して西宮市仁川地区、上ケ原地区、五ケ山地区、上甲東園地区の市民有志と関西学院教職員有志、関西学院大学学生会が一体となって、ロープウェイ建設反対の活動を起した。

一九五九（昭三十四）年三月一日。「甲山を守る会」趣意書が完成し、間もなくこのビラは西宮市甲東地区はじめ、阪神間に配布された。趣意書のサブタイトルは〝ロープウェイ敷設計画反対の理由〟とある。

当該趣意書は大量に印刷され、しかも多くの関係者に配布されたものであった。本章ではロープウェイ建設反対運動に注がれた久山先生の考えが記された趣意書の原案とも言うべき一文を再録した。先生のロープウェイ建設に反対する考えは一貫したものであり、市民に配布された趣意書と内容においては違わないものであるが、原案には先生の考えが色濃く表現されており、文意も鮮明で格調高い筆致のものだ。後にビラとして配布用に箇条書きで平易に書き改められた趣意書が現存するが、ここでは割愛する。

甲山ロープウェイ建設反対趣意書

西宮市は今回一億一千万円の巨費を投じて甲山にロープウェイを建設する計画を立て、その実現をはかっておりますが、われわれはこの計画に反対し、その撤回を求めるものであります。

西宮市はさきに甲山々麓の上ケ原、岡田山地区を全国第二番目の文教地区に指定して、その識見の高さを世に示したのでありますが、今回にわかにその文教地区の自然景観の中心をなす甲山にロープウェイを敷設し、これに致命的毀損を与えんとすることは、われわれのはなはだ理解に苦しむところであります。

市当局の説明によれば、このロープウェイは甲山一帯の遊覧地計画の根幹をなすもので、これにより市民のレクリエーションをはかるとともに、その収益により市財政を潤わさんとするもののことであります。われわれは市当局が、広く一般に自然に親しむ場所を提供せんと企てておられることに賛意を表するに吝かではありません。しかしながら、これにより自然美をいたずらに毀損したり、それぞれの地域の特性も弁えず、享楽的、遊興的ないわゆる観光地化に堕することのないよう厳に注意を喚起するものであります。

思うに自然の人間に及ぼす精神的感化はきわめて大きく、その教育的効果は実にはかりしるべからざるものがあります。自然は一面人間の利用のためにあるとともに、他面人間が仰いでこれに学び、人間生活の規範とすべく存在するといえましょう。

道元禅師が「山河の親切に我が知なくんば、一知半解あるべからず」と教え、芭蕉が「造化に従いて四時を友とす」と人生の道を示したのは、このような自然の一面を明らかにしたものであります。物質文明の繁栄の前に自然が蹂躙され、自然の生命より遊離した浅薄な享楽生活の追究される今日、この真理は一層深く顧みられねばなりません。その必要の力説されている道徳教育も、この真理を離れてはまったく不可能でありましょう。われわれが自然美破壊の企てに反対する理由は、実にこの点に存するのであります。

甲山は周知の通り、典型的なトロイデ式火山であり、その均整美は比類がなく、まさに造化の生んだ一大傑作と申せましょう。古来、霊山として尊崇をあつめるとともに、これを仰ぐ者に無限の喜びと慰めを与えて来たのも故なしといたしません。

もし上ケ原台地に佇んで甲山をあおぐならば、その典雅清浄にして親しみ深い山容に賛嘆の声を放たぬ者は少いでありましょう。この自然美を慕って現在上ケ原台地には関西学院をはじめ、神戸女学院、聖和女子短大、県立西宮高校、市立甲陵中学、上ケ原小学校、仁川幼稚園など多くの教育機関が蝟集して壮観を呈しておりますが、もし甲山にして存在しなかったならば、かかる教育機関の集中は決してあり得なかったでありましょう。そして年々歳々ここに集う万余の学生生徒が、朝な夕な甲山の緑を仰ぎ、無言のうちに心の糧を得ておりますが、そのうちには大都市に育って自然環境に恵まれず、この甲山を仰いではじめて自然の美と崇高に接する者も少なくないのであります。父兄のうちにはその自然環境を愛でて遠隔の地から子弟を託する者も多く、上ケ原文教地区の発展が、風致の維持増進に負うところは少なくありません。

さらに最近、甲山を背景とする美しい景観の故に、上ケ原・仁川地区に住居を求める者が急増し、当地区の住宅地区としての発展は目覚ましいのであります。それにも拘わらずその景観を損じ、静謐を害することは、まことに耐え難いことであります。

市当局は文教地区、住宅地区からの景観を損なわぬよう注意を払い、山頂には一切他の遊覧設備をしないと言明しておりますが、その周辺百米四方に出でざる狭隘な山頂に数百坪のターミナル、展望台等を建て、毎時数百の遊覧客を運び、なお甲山の均整美を損なわぬという如きは、一種の詭弁といわねばなりません。

しかも全国各地のロープウェイ敷設地にして、山上に他の施設をもたぬところが皆無であることは、調査に当った市会議員の報告に明らかであります。その収益の見通しに関しても、市当局は余りにも楽観的にすぎ、われわれを納得させるには足りません。現に市会調査団の報告によれば、事業不振による欠損を招いている路線があるとのことで、万一甲山ロープウェイが利用者が少く、収支償わぬ事態の生じた時、なお山上に何らの施設をもしないとは誰が保証することができましょう。

元来ロープウェイは、登攀《とうはん》至難の高嶺に遊覧客を導き、容易に達し得ない深山幽谷の美を満喫させるところに存在理由があります。しかるに甲山は標高僅か三百九米にすぎず、婦人幼児といえども容易に山頂をきわめることができ、しかもその狭隘な山頂に数百、数千の遊覧客を送るならば、混雑の極、危険をすら予想させます。甲山はロープウェイ敷設には最も不適当な立地条件をもつといっても過言ではありません。

今回の計画は、関係官庁の認可を得た上で、さらに市会で検討を重ねて実施されるもので、現在ただちに建設に着手するのではないとのことであります。われわれは市当局が、静寂にして崇高な自然の膝下に発展しつつある文教、住宅地区を、自らの手によって喧噪、雑駁なる遊覧地下の文教・住宅地区に改変しようとする計画に反対し、市当局が平素強調する「文化都市」「住宅都市」建設の趣旨に徹底し、甲山一帯をして一層自然の美を発揚せしめるよう植林、野鳥の保護、清掃等を計画され、自然を自然として楽しむ市民憩いの場を設計されんことを願うものであります。

二　架設反対運動の経緯

このような根本的な考えにもとづいて、地元に住む人びとや関西学院内の教職員とも数回の会合を持ち語り合った末に、「甲山を守る会」の結成に至ったのであった。

この間の経緯について、おなじく『兄弟』に掲載されている久山先生の〝身辺雑記〟から抄録する。

三月三日、仁川地区婦人会の懇談会に出席。その席上、反対の趣旨説明を行う。

三月四日、関西学院大学学生大会が中央協議会を開催。反対を決議。

三月五日、かねてより電話で救援を依頼していた河上丈太郎氏が東京から来学。

三月六日、関学にて「甲山を守る会」結成式挙行。委員長には室賀国威氏、副委員長に久山康、書記に英文大学院生・渡部暢郎、その他近隣地区から六十名近くの委員を選出。

三月七日、学生らが阪急各駅で建設反対趣意書のビラ配布。新聞各紙はこれを大きく報道。

読売新聞所載の記事には、――ビラ四千枚を配る「甲山を守る会」の学生たち――「甲山を守る会」の関学学生会の増田昭君ら学生十数人は七日昼から阪急電鉄今津線仁川、甲東園、門戸厄神駅で甲山ロープウェイ建設反対のビラ四千枚を通行人に配った。同会結成後開かれた実行委員会（室賀国威委員長、実行委員五十二名）で①室賀国威委員長ら七委員が市会議員と個別的に会い、反対を申し入れる②甲東、瓦木、大社地区で一万人を目標に反対署名を集める③厚生省、大阪陸運局など関係官庁に陳情する④他地区住民にも参加を呼びかけるなどの運動方針を決め、七日中にすでに一千人の署名を集めた。

なお、副委員長には関学大文学部久山康教授が選ばれ、委員には婦人代表として南里ヒデ仁川婦人会長、学識経験者に大阪大学佐藤民部教授、聖和女子短大山川道子学長、関学小宮孝院長、同古武弥正総務部長、農民代表に原田平雄さんらが名を列ねている。

さらに読売新聞には東京発として「河上代議士甲山ロープウェイ反対を申し入れ――慎重に検討し直す、厚生省・大山国立公園部長が回答」との記事も掲載された。

三月九日、室賀国威委員長、元西宮警察署長林勇氏、関学大田中俊二教授ら五名で県庁訪問。金井副知事に陳情。

三月十日、市長に陳情書提出。市長は「昨年末には新聞にロープウェイ計画は発表した。今からの反対を言われても困る」という反応であった。

それはその通りで、市会では一月二十九日の本会議で満場一致で可決した事項であった。しかし、あらかじめ地元での公聴会開催や文教地区の教育機関や教育委員会に諮るとか市観光審議会に相談するとかの方策は何ら講じられておらず、その旨の指摘を行った。

三月十一日、県自然公園委員に陳情。

三月十四日、河上丈太郎議員が再度来西。

三月二十二日、実行員会に冨田砕花（芦屋市在住）氏来会。激励を受ける。

三月二十三日、国立公園協会理事長・田村剛博士と大阪市大医学部教授・桜根好之助教授と会談等の活動を行った。

これらの活動とは別に、この間には報道各社が「自然」や「観光」にポイントを絞った特別企画を次々と実施した。

十二日には毎日テレビが「自然か観光か」とのテーマで市会議員と久山先生との座談型式で問題を語り合う機会を設けた。また、十七日には「自然美の破壊と宗教」と題して朝日新聞が論評した。「甲山を守る会」が主張する考えに添う論調であり、久山先生の自然観の敷衍と徹底に力を与えるものであった。

久山先生はこの活動に精力を注がれた。趣意書が配布されたり新聞報道が頻繁にあったりで、住民の意識は高まり〝建設反対署名〟は五千百九十名にのぼった。

桜根好之助市大教授が上京の折に、これらの署名を携えて厚生省国立公園部に陳情に赴く。それまでにも河上議員をはじめ多くの方々による非公式な声は届いていたのだが、反対住民の声が正式に国政の場に持ち込まれたのはこれが最初であった。国は県や市当局との交渉の経過を重視する立場を言うに留まったが、「守る会」は大きな力を得た思いであった。

市当局は年度末を控えるとともにロープウェイ建設計画の発起人である現職市長の任期切れが迫っていることもあって、建設認可を得るための準備作業に入っていた。

しかし一方、反対運動が浸透するにともなってロープウェイ建設を疑問視する市会議員も増加しており、市当局は問題の対処に苦慮している様子が見えるようだった。

四月二日には西宮市当局の申し入れを受けて、甲山の現場で助役ら六名と守る会の九名が初の意見交換を行った。しかし、このときは見るべき成果はなく、全員が学院でお茶を飲んで別れたというようなありさまだった。

学院では入学式、始業式が行われ新学期がスタートした。

春休みを終えて学舎に戻ってきた学生たちは、住民の反対活動にさらに積極的に参画。四月六日発行の関西学院新聞ではこの問題を大きく取り上げ、全学挙げての反対機運を一層盛り上げた。学生はやがて、活動に関わる個人だけでなく、吹奏楽部やグリークラブなどは「守る会」の講演会にも姿をみせて、聴講に参加していた市民はもちろんのこと、多くの報道各社からも驚きの声があがった。「守る会」の活動に賛同した近隣に居住する財界人（原吉平氏や塩野好太郎氏ら）の支援も多く寄せられた。この会の活動はロープウェイ建設反対運動の根幹をなす「自然をどう考える」のかということを考えることでもあった。

三　地域住民と識者の声

市当局の建設計画を知った当初は〝土足で無頼漢に奥座敷に上がり込まれた〟感じであったと久山先生は記しておられる。「守る会」書記として活動してくれた渡部暢郎君は学生新聞のリーダーでもあり、彼とともに講演会を企画した。

まず、学院の卒業生であり教授も務めていただいた寿岳文章氏（甲南大学教授）に相談し、次いで関学中学部を学業半ばで放校された今東光氏（参議院議員、中尊寺貫首）に依頼した。その後、読売新聞紙上で「自然の保護」を強調されていた京大農学部の四出井綱英教授、さらに、関西大学英文学教授・堀正人氏、指揮者・朝比奈隆氏にお願いしたところ、みなさん、二つ返事で快諾し、ここに豪華な顔ぶれの講演会が実現することになった。

四月二十三日の講演会に先立ち、その宣伝のために武田製薬からはポスター千枚、塩野義製薬からはビラ一万五千枚の寄付を得た。ポスターは市内のいたるところに提示され、ビラは阪神、阪急の十数駅駅頭で関学や神戸女学院の学生によって配布された。

学生はじめ住民そして経済人などの理解と支援、そして協力の輪が広がる中で、オピニオン・リーダーによる講演会が関学内と西宮市内で開催されたのである。

「自然は訴える」を主題にした講演会は多くの賛同を得た。講演の主題は冨田砕花氏が甲山問題で神戸新聞に書かれた「自然も訴える」という題をいただいたものである、とは後日久山先生が記されている。

この講演会は聴く人の心に深く刻まれた。「甲山を守る会」は単なる住民による反対運動ではない。人が如何に生きているのか、その根幹を問う活動であったようだ。

やがて、行政当局や市長までが甲東園を訪れ、関学の正門から甲山を仰ぎ見た。その他の地点からも甲山を改めて仰ぎ見た。「守る会」が訴えていた甲山の存在、自然の姿を多くの角度から眺め直したと言えよう。反対活動に就く前夜に久山先生が、いろいろな地点から甲山を仰ぎ見て、その姿から活動の指針を得たように、行政当局者の心にも、その思いはすこしずつ浸透していたかのようであった。

一九六〇（昭三十五）年二月十三日。新聞は中央官庁での工事認可の見通しが立たないという理由をもって、西宮市は甲山ロープウェイ建設を見送ることになり、予算の繰り越しを打ち切ることになったと報じた。

前年の二月十七日に初めて市役所に赴き、建設反対を訴えてからちょうど一年。

ロープウェイ建設は廃案となった。

市長も代わり、議会も新たな課題に取り組みを始めており、以来今日まで、この話題が行政の場にのぼることも絶えた。しかし、自然をとりまく問題点はその後も各地でさらに様相を険しくし、問題は複雑の度合を増して提起されている。その現況をみるにつけても久山先生の想いの高さが偲ばれるであろう。

（大河内敏弘）

第Ⅳ部　追想

『久山康先生　その思想と実践』を三部構成として作業に入ってから続いて、第Ⅳ部に本書の原稿依頼をして、いち早く学院内外から届けられた玉稿ならびに『兄弟』に寄せられた「追想」を加えることになった。

第Ⅳ部「追想」は三つの部分から成っている。その一つは松山康国さんが寄せられた「仏教とキリスト教」という「特別論稿」である。

その二は久山先生の葬儀に寄せられ、『兄弟』に掲載された「北森嘉蔵」さん以下十二名の「追想」である。

三つ目は、その後本書のために寄せられた「渡辺信夫」さん以下二十三名の「追想」である。

（倉田和四生）

※第Ⅳ部掲載の執筆者肩書きの内容現在について、第1章・第3章は二〇一七年三月三十一日、第2章は転載元の『兄弟』四三八号執筆時とする。

第1章　特別寄稿

闇は澄潭《ちょうたん》にその影を照らす

――「国際日本研究所」創立理念（西谷、久山両先生による）の継承を目ざして

松山康國
（関西学院大学名誉教授）

献辞

国際日本研究所創設の理念は、東西宗教の相い対立し、せめぎあう、葛藤渦巻く只中に身を投じ入れ、両者の深底に分け入りつつ、両者を真に繋ぎ生かす根源の場を探り出す、ということにあった。しかも、その作業は、知と行の、両面にわたっての追求を要請された。西谷先生は、常々、ご自身を gewordener Buddhist である、と同時に、また、werdender Christ である、と語っておられた。久山先生も、まさに、その逆方向から、同じ境地を目指しておられたであろう。いずれもが、困難な道程である。

ところで、西谷先生の生涯の目標は、「古人の求めし跡を求むな。古人の求めしところを求めよ」であった由。先生のご葬儀の折、下村寅太郎先生から、このことを伺った。師を超えて、さらなる一歩を、自らの足で遂行する後継者を育てることを願われての、研究所創設であったであろう。心しなければならぬ。

一

「闇が、底知れぬ淵の面《おもて》を覆《おお》う」とは、旧約聖書『創世記』の冒頭、一章二節に掲《かか》げられた文言である。続いて、「神の靈（息吹）が、水の面《おもて》を舞っていた」、と語り継がれる。

この二つの文言（聖句）を、いま、ここに、並列して掲げてみるとしよう。

「闇《ホシェフ》が、底知れぬ淵《テホーム》の面《アルペネ》を、覆《メラヘフェー》い、」

「神《エロヒーム》の靈《ネシャーマ》（息吹《ルアハ》）が、水《マイーム》の面を、舞《メラヘフェー》っていた。」

右の両句は、いわゆる「並行法」、ないしは、「同義反復法」（ヘブライ古典文学の韻の踏み方にもとずく）によって表示されており、したがって、これらの両句は、「同一の内容を、異なる言葉で表現している」[註1]のであり、ないしは、「並行法の場合、二つの文は、全体が、同じ意味になる」[註2]のである。

これは、要するに、初めの句の文言と、次の句の文言とを、それぞれに、対応する位置関係に並べて、比較対照しつつ、これによって、両句双方が、両々相い待ち、両々相い補なって、互いの相関の中に、通底する意味内容を、より豊かに、より深く、その元底にまで迫って、表出しようとする試みである、とも見做されうるであろう。

いま、この両句相互間の、対応せる語どうしの繋がりを明示し、これらの語の連関の表わす真意の究明を通して、両句相関の全事態の含む、重々にして無尽なる意味内容の深みに、いささかなりとも迫ってみたいと思う。

（註１）前島誠『不在の神は〈風〉の中に』春秋社、二〇〇五年刊、二十六頁。
（註２）同右。

二

これら両句双方の、互いに対応しあう関係は、もとより、その何れもが、天地創造のわざの、未発の根基にかかわるものである。そしてその関係の第一をなすものが、初句中の、「闇《ホシェフ》」なる語と、次句中の、「神の　靈《ネシャーマ》（息吹《ルアハ》）」なる語との相関である。

次いで、第二の対応関係をなすものは、初句に記された、「底知れぬ淵《テホーム》」と、次句に現われる、「水《マイーム》」との繋がりであろうか。

さらに、第三に挙げられるべき対応の関係とは、初句中に見られる、「――の面を覆《メラヘフェー》う」と、次句中の、「――の面を舞《メラヘフェー》う」に見られる、同一語「メラヘフェー」の意味内容のもつ、微細の差異の呈示である。

以上に示された、両句双方に相いまたがる、三つの語意連関のうち、特に重要なものは、もとより、第一の連関、すなわち、「闇」と、「神の靈（息吹）」との繋がりであろう。
「神の靈《ネシャーマ》」ないし、「神の息吹《ルアハ》」は、もとより、呼息（吐息）と吸息（含息）とより成る。神の「光あれ」なる発語は、神の発出する息吹、すなわち、吐息と一つにある。この、吐息の発出こそが、光の創造の基点をなすであろう。さて、その「光」が、いま「暗」に転ずるとき、神の息吹は、当然、自身の中より光を放射するありようを変じて、その光を、自らの中なる暗へと吸収する働きに、転じてあるであろう。それは、すなわち、神の中なる息吹の、吐息より含息への反転である。神の息吹が、吐息より含息へ、含息より吐息へと、相い交替しつつ、移りゆくその流れを、いま、「吐含（息）双々」、ないし、「明暗双々」なる、「息の靈《いのち》」の流れ、とも称びうるであろうか。

ところで、先に掲げた初句の始めなる、かの根源の「闇」とは、いま、「光より暗へ」、「暗より光へ」と、変転すると称された、その「暗」なのではない。すなわち、「明暗双々」、「吐含双々」とも述べられた、「息の靈《いのち》」の流れの、一肢、ないし、一環としての「暗」なのではない。かの「闇」は、明暗双々、吐含双々の、相い交替する息の靈《いのち》の流れを、その、底なき根底より支える、元基としての闇である。すなわち、この闇は、吐含の息吹、ないし、光と暗の双方が、相い互いの転換において描き出す、渦巻く円環の、その中心をなす、それ自体、空無なる闇、しかも、闇に闇を重ねゆく、その果てなき、無底なる深淵の闇なのである。

それは、すなわち相反しつつも、相即し相入する吐含の息吹の、その底なき底への、限りなき旋転をもってしても、遂になお到り及ばざる、「無根の息の根」なる闇である。それは、闇に闇を重ねつつ深まりゆく、闇自体の、その底なき底への「収縮」(zimzum)、ないし、無根の息の根自体の、その底なき底への収縮である、とも言いうるであろう。すなわち、この場合、闇は、闇なる自体の深潭の奥底へと屈み入りつつ、自身を鏡に映すがごとくにも映しつつ、闇に闇を重ねつつ、深淵の闇なる、無根の息の根自身の中へと、その底なき底へと、「屈み入る」のである。

この無根の息の根なる、「闇の、また闇」への屈み入り（収縮）は、もはや、かの、吐含息双々底、明暗双々底の事態ではない。それは、もはや、かの吐息にも非ず、含息にも非ず、明にも非ず、暗にも非ず。エリウゲナのいわゆる、「創造に非ず、被造に非ず」(nec creans nec creata) なる、一切の相対を絶した、如何なる他にも非ざる、無根の息の根自体の、その底なき根底への収縮である。

この、無根の息の根への収縮、ないし、屈み入りは、闇自体の中なる、闇に闇を重ねゆく、底なき底への重層的深化ではあっても、その深化の過程は、吐含息双々なる相関の、相い互いの否定を通しての、底なき深淵への舞い降《くだ》り、舞い収めを意味するであろう。それは、すなわち、吐含息双方の、重層的相互否定、ないし、吐含息双方の、自己捨棄の受け渡しを通しての、無根の息の根自体への収縮の舞いである。この、収縮の舞い、屈み入りの舞いは、吐含息双方の底の底なる、底なき深淵への、一切の捨棄、一切の放下、ないし、捨身を意味するであろう。

三

それは、また同時に、かの「闇」それ自体なる「神の靈」、ないし、「神の息吹」が、それ自らの中なる、「無根の息の根」へと、環旋しつつ舞い下る、その吐含の息吹の、無の舞いそのものである、とも言いうるであろう。すなわち、それは、神の息吹の、吐息と含息双方の相い交《か》わす、その中なる無根の息の根への、屈《かが》み入りである。この屈み入りは、両息、互いに、その相反する働きを交わしつつ、互いを、闇自体なる鏡に映すがごとくにも、映しあいつつ、両息の根源なる無限の息の根へと、ないし、無底の深淵へと屈み入り、潜み入り、沈み入るのである。それは、他《ほか》ならぬ両息双方による、無限の息の根自体への、回互《えご》的舞い下りなのである。

　ところで、この、回互的舞い下りとは、吐含の息吹双方の、対置されてある両鏡にも相い似て、映発しあいつつ、底無き深淵の闇へと、屈み入り、舞い入る、旋転する息吹の舞いのことなのである。この吐含の息吹なる両鏡、互いに映しあいつつ、互いの働きを交わしあいつつ、まさに、回互的交参の過程をたどりつつ、両息双方の、その一なる根源の底無き深底へと舞い下るのである。この両息、ないし、「両鏡、相い対して、中心影像無き」ところこそが、無根の息の根の、「無の無」なる、ないし、かの「非ず、非ず」なる、「無を無し」、「空を空ずる」、無根の息の根のありようなのである。なお、それに、さらなる一言を加えるとすれば、この両鏡の演ずる「無の舞い」とは、無根の息の根の実相たる、その動性、すなわち、「非ず、非ず」なる、自らの「無相」そのものへの収縮、ないし、回互的観入のことであった。

　さて、この両息双々の無の舞いは、その演ずる、無根の息の根への舞い入りと、無根の息の根よりの舞い立ちとの、相い交代する連繫であった。この両息の相い転じ、相い結ぶ、その無なる結束点こそが、両息の連繫を、ひとたびは断ち切りつつも、さらには相い結ぶ、無の結び目なのであった。すなわち、神の息吹の無根の息の根が、既にして、吐の働きを絶し、かつ、「含」の働きにも至らずして、吐含息双々の連繫を断ち切る、この全き断絶こそが、両息の互換を促し具現する、無なる結び目、無の結節点なのである。

　この場合、吐含両息間の連繫を断ち切る「不回互《ふえご》」（「他《た》に非ず」）と、吐含両息間の連繫を押し促す「回互」

（「他《た》ならず」）、さらには、この「回互」と「不回互」とが、この、無なる結節点に相い会して、互いを回《え》する、吐含息流通《るつう》（「他《ほか》ならず」）の場が、開けるのである。いま、「他《ほか》ならず」（「非他なるもの」“non aliud”）として開かれた、「吐含息、回《え》してさらに相い渉《わた》」る、無の結節点こそが、かの「水の面《おもて》」なる、「神の息吹の舞い」の、水底《みなそこ》より舞い立ち、水底へと舞い入る、「非ず、非ず」なる、「水面《みなも》」の中心点そのものであったであろう。

しかしいま、『創世記』一・二後半に掲げられた文言、「水面を舞う」の「水面《みなも》」とは、普通、単なる「水面《すいめん》」を指し、したがって、「舞う」も、この場合、単に、水面上を掃くがごとくに舞う、の意に解されるであろう。したがって、いま、この聖句を、「水底《みなそこ》へと舞い入り、水底より舞い立つ」、と解するためには、「水」そのものについての、何らか異なった理解が必要となる、と考えられる。

『創世記』一・二の文言では、「始めに、神は、天と地を創造された。地は、形なく、空しく」、と記されていた。この場合、天地相互の間、全く無差別なるがままに、一切は、闇に覆われた混沌、ないし、渾一なる深淵としてあるのである。そして、この深淵自体が、いま、神の霊の舞う、「水の面」として、示されているのである。渾一なる深淵の闇は、いま、まさしく、天地一切を、無差別に浸す、混沌の水なのであった。この「水」こそが、現に在るかぎりの一切なのである。

さて、かように、一切が、「水」であるところでは、天と地、ないし、上下を区分《くわ》けする、「面」なるものは、本来、あって無きがごときものであるであろう。仮りに、もし有るとしても、それは、「天」にも非ず、「地」にも非ざる、「非ず、非ず」なる、「水面《みなも》」のことを指しているであろう。そして、この場合、水面と水底《みなそこ》の区別は、全く、ありうべき筈もないであろう。

したがって、この水は、まさしく、一切にして一なる、全一なる、混一の水、しかも、かの「闇」によって覆われた、渾一なる深淵を満たす「水」なのである。また、この水は、水面《みなも》を舞う、神の息吹と一つに、回《めぐ》れる水、過ぎゆくも、還り来る水、渦巻く水、旋転する水、舞い舞う水である。この、神の息吹と一つなる水こそが、まさしく、「生命《いのち》の水」「いきのいのち」なる水なのであった。「いきのいのち」とは、「生《い》きの生命」、また、「息吹《いぶ》く息《い》の靈《ち》」、さらには、「息吹なす靈氣」(spiritus spirans)そのもの、を意味するであろう。したがって、「生命の水」の、その底なき源泉は、また同時に、「息吹なす靈氣」の底なき源泉、すなわち、かの、「無根の息の根」そのものであったであろう。

「生命の水」は、それ故に、いまや、「息《い》の靈《ち》の水」とも称されるべきものであった。この「息《い》の靈《ち》の水」の充ち満てる渾一の闇にあっては、水と靈とは、一体をなしており、かくして、「息《い》の靈《ち》の水」とは、まさしく、「靈《れい》水」に他ならないものであった。

「闇」は、いまや、「闇の、また闇」として、「回れる水」の渦巻くがごとくにも、自らの深底へと回り入り、屈み入り、見つめ入りつつ、同時に、自身の、その底なき根源の無の態様を、いわば、鏡に映すがごとくにも、水面《みなも》に映し出すのである。

ともあれ、いま、「闇が、闇自身に見入る」この態様は、先ずは、闇が、闇自身の中なる「非ず、非ず」なる、相い互いの尽きせぬ否定を通して、渦巻きつつ、その環旋の中心なる、無の深淵へと舞い下る、闇自身の、自己放下の舞いであったであろう。次いで、闇は、この自己放下の舞いによって、いまや、自身の、底なき底より舞い立つ、「靈水」耀《かが》よう、顯示の場ともなるであろう。この顯示の場は、かの、無根の息の根なる、根源の闇の、その闇自身のもといを蔽わざるところ、とも言いうるであろう。それは、闇が、澄潭に、その影を照らすところにして、ディオニシウス・アレオパギタの言わゆる、「輝く闇」、すなわち、「一切の光に立ちまさって明るい闇」をも、彷彿《ほうふつ》せしめるであろう。

四

ところで、この場合、「照」、ないし、「昭」たる語は、「神靈を招き寄せ、神靈を迎え入れる」ことを意味する由にて、神靈とは、もとより、神の息吹そのものを指し示しているであろう。さて、いま、かの、「闇の、また闇」（「玄のまた玄」）なる両鏡、互いの影を照らしあう、その影見の反照をくりかえしつつ、その中心、影像なき無の境《さかい》に、神の息吹を迎え入れ、招き入れるのである。この、神の息吹の、昇降し、かつ、往還する、その無根の息の根なる深淵の水面《みなも》に、神の息の靈《いち》なる、神靈の、その息吹の舞いは演じられるのである。

いま、この両鏡を、かの、無根の息の根自体の、己れ自身の出入息に見入る「両眼」とも、名付けうるであろう。それは、闇が、闇自身を映しつつ、屈み入り、環旋しつつ、自らの底なき底なる「無底」へと収縮しゆく、影見（鏡）の両眼なのである。しかも、この、相い見る両眼、相い映す両鏡、さらには、相い交わされる両息の、その何れもが演じる「無の舞い」は、なお、未《いま》だ、これら一切の、底なき底たる、かの深淵、かの澄潭には、到底、達し得べくもなく、したがって、この深淵の、底なき底たる、無根の息の根を、究め得るすべもないであろう。いま、この、底なき底なる、無底のさかい（境界）とは、「眼が、眼自身を見ざるところ」にして、かつ、「両鏡、相い対して、中心、影像《ようぞう》なきところ」、さらには、「両息（吐含のいぶき）相い対して、中心、息なきところ」、とも称されうるであろうか。

先に、闇が、闇自身に見入る場は、「靈水耀《かがよ》う場である」、と述べた。水面《みなも》を舞う靈風と一つに旋転する水流

（回水《えすい》）の源は、無底の深淵なのである。それを、いま、「無源の水」と言う。「無源の水を尋求するに、源、窮《きわ》まって、水、窮まらず」、なのである。ところで、この「無源の水」とは何か。それは、他ならぬ、かの、「無根の息」そのものを、直指《じきし》しているであろう。すなわち、「無根の息を尋求するに、息の根きわまって、息きわまらず」なる、この「無根の息」そのものの事態を指し示しているのである。

さて、この、「無源の水」、および、「無根の息」は、ともに、かの、水源きわまり、息の根きわまる、渦巻く深淵の、収縮しゆく、その底なき底よりの贈物であり、賜物であったであろう。すなわち、かの、「闇の、また、闇」、ないし、「玄の、また、玄」なる、いわば、闇に、闇を重ねゆく、「闇なる両鏡」の、映し映されつつの、深底への屈み入りは、いまや、その底なき深潭を屈折点として、互いを、鏡に映すがごとくにも、その影を照らすのである。

「闇の、また闇」なる両鏡の、互いに屈み入り、映しあう、この照影の場は、他《ほか》ならぬ、「闇が、闇自身のもといを覆わざ」る、かの、深潭である。いまや、この深潭、自《おの》づからにして、靈水耀《かが》よう、渦巻く水面《みなも》となり、その面《おもて》を、「無源の水」、茫《ぼう》々として、漲《みなぎ》り、回《めぐ》るのである。さらには、また、「無根の息」たる「息吹なす靈氣」も、かの「深潭」、すなわち、如何なる「他にも非ず」して、しかも、全ての個々物の源泉に「他《ほか》ならざ」る、「無根の息の根」より、「無根なる息」として吹き出で、通《かよ》い出でて、自《おの》づからにして、靈風颯々《さつさつ》、水面《みなも》を舞い渉《わた》るのである。

この靈風も、また、先述の、靈水も、ともに、かの、「闇の、また、闇」なる、無の門より、端《はし》なくも（はからずも）訪れる、恵みの水（靈水）、恵みの息吹（靈風）なのであった。その「訪《おとづ》れ」は、水面《みなも》を渉《わた》る、風の訪れたる、「音連《おとづ》れ」、すなわち、「風韻《ふういん》」である。のみならず、この「風韻」は、かの、無根の息の根なる深淵より、舞い立ち、舞い収める、靈風の、無の舞いであり、かつ、靈水の、無の舞いでもあるであろう。この、風の舞い、水の舞いの、その、何処《いづこ》より来たり、何処《いづこ》へ行くを知らざるがままに、風の舞いと一つに、水の舞いと一つに、息吹なす靈氣の、無の舞いは、繰り拡げられるのである。

五

ところで、この、息吹なす靈氣の無の舞いは、かの、水面《みなも》を渉り行く足の運びの、一歩、また、一歩なる、前後の歩みの中に、さらに、遂には、吐含の息吹なる、その一息、また、一息の中に、流通《るつう》しつつ、この「一歩」、この「一息」を、かの、「無根の息の根」への、一切放下の中に、置くのである。敢えて言うならば、それは、「もはや、我、息するに非ず。無根の息の根、我が中にありて、息するなり」の境地でもあろうか。しかも、この、無根の息の根は、我が中にありて、しかも、些《いささ》かも、我に非ず。それは、我を、完全に超絶してあるのである。いま、一息《ひといき》の息吹を構成する。吐息と含息の間には、常に、底いも知れぬ深淵が、無根の息の根として、その口を開いているのである。さらには、前後の歩みを進める両足の、相い交代する、一歩、また、一歩の間についても、同様である。無根の息の根なる深淵を周《めぐ》り舞う、吐含の息吹の渦流を、過《あや》またずに過《す》ぎ行き、平静に渉りうるものは、他ならぬ、「我なき我」たる吐含息のみであろう。それは、無根の息の根なる「彼」が導いて、我が吐息を、無の深淵の彼方なる、含息へと回《え》せしめるのである。導く「彼」と一つにある「我」は、他ならぬ「彼」なのである。しかも、「我」が、「彼」なのではない。無根の息の根なる「彼」は、「我」を超えたもの、「我」を絶したものである。一息、また一息、一足、また一足は、夫々に互いを回《え》しつつ、その間、無根の息の根なる、底なき深淵に、一切を投げ入れつつ甦《よみがえ》り、知らずして、いのちの息吹を吐含し、かつ、それに相い待って、はからずも、前後に、足を運ぶのである。まさしく、前後なる両足、相い知らず、左右なる両掌、相い知らざる事態である。「神の根底をも究める」と称された、「靈」、ないし、「息吹」（第一コリント二・一〇）とは、「彼」なる、かの、「無根の息の根」に一切を放下し去った、この「我」の、「無根の息」のことである、と解され得ないであろうか。

この論考は、かつて鈴木大拙師が、キリスト教世界に対して発せられた問い、すなわち、「天地創造」の場に居あわせたのは誰か」に対する、私なりの、ささやかな応答である。返答の皆無であった当時、大拙師、自ら答えて言わく。「わしじゃ、このわしが居たのじゃ」と。「まさに而《しか》り」である。さて、「このわしとは、如何なるわしか」。（了）

第2章　追想　『兄弟』（四三八号、平成七年四月三十日発行）より

一番根源に還る――神の〈楽しみ〉の神学

北森嘉蔵
（日本基督教団千歳船橋教会牧師）

すでに新聞などでご承知の方もいらっしゃることと思いますが、関西学院大学の院長、そして関西学院全体の理事長になりました久山康という私の親友、その久山康君が突然亡くなりました。三十一日がお通夜で明日が葬儀です。私はこの久山康君と六十年間親しくしていただき、親友とはこういうものかなと自分で思っていたわけです。ここに私の『神学的自伝』がございますが、昭和十六年に撮りました写真が巻頭に掲載されています。太平洋戦争が始まる前にとった写真、この中に久山君の若き日の風貌がございます。

私は若い時から、彼は凄い人だと直観しておりました。そして年が経つにつれてますますその確信が強まり、何か大事業を成し遂げるであろうと直感していたので、そのためにはまあ九十歳ぐらいまで生きてもらわねばな

らないと思っていましたから、昨年の暮れ、七十九歳で亡くなるなどとは夢にも考えていませんでしたが、こういうことが起こってしまいました。私にとっては、年末年始の一番新しい経験（エグレッスス）ですが、この新しい経験を通じて一番根源的なこと（レグレッスス）に還りたいと思う次第です。

少し思い出話ですが、私は昭和十三年に京都大学の哲学科に入学して、いろいろな友人を与えられましたが、その一人がこの久山康君でした。彼は当時クリスチャンではありませんでしたが、彼の従兄弟に当る方が実は有名な山谷省吾先生でした。山谷先生は一番信頼に価する新約聖書学者であり、皆さんもずいぶん山谷先生の著書にはお世話になったと思いますが、あの山谷先生が久山君の従兄弟に当たる方です。

当時久山君は、未だクリスチャンになっていませんでしたが、この人には一種独得のキリスト教との関係があったのです。つまり彼なりの求道をしていたわけですね。私はその求道者としての久山君に京大入学時に出会いました。ところが彼の求道の仕方は、一種独特でございまして、私はびっくりしたのです。

京都大学のすぐ前に進々堂という喫茶店がございます。今でもあります。京大の学生はよくそこに行くわけですが、久山君は昼休みになると私を進々堂につれて行くんですね。そしてコーヒーを奢ってくれるのです。二杯ぐらい奢ってくれる。そこで、私がコーヒーを二杯飲む間、彼は二重のことをやりました。一つは求道者としてのことです。その頃私はもう神学校を卒業して京都大学に入りましたから、クリスチャンであるということはずっと知られておりました。それでキリスト者としての私を相手にして久山君がコーヒーを飲みながら話すのですが、そこに二重のことが重なっていたんですね。一つは自分もキリスト教を求めたいという気持ちです。

ところが、彼の場合は、福音を求めたいという気持ちが一方にあると同時に、徹頭徹尾キリスト教を批判するのです。批判というよりも悪口ですね。もう次から次に教会の悪口を言うのです。それで私はコーヒーを二杯飲まされて、その間彼は悪口雑言を吐くんですね。ですからとてもコーヒーを飲む気持ちにならないんですけれども、奢ってもらっているから仕方なくて、飲みながら聞きました。そういう面を裏側に伴ってキリスト教を求めていたのですね。

私は進々堂で二時間ぐらい彼の話を聞かされて、帰りの電車に乗って、当時私は芦屋に住んでおり、一時間電車に乗って家に帰る間に、西の山に日が落ちる頃、外の景色を眺めながら、たった今まで経験していた友人とのやりとりを思い起こしておりました。二つの事が浮かんでくるんです。一つは彼の目、もう一つは彼の口です。彼が私と二時間話す間、キリスト教を求めているわけですけれども、その求めている時の彼のあり方は彼の目に象徴されております。何ということなく淋しそうな目なんですね。で私はその日の日記に、彼の目は深山の湖水のような感じがする、と書きました。深い山に湖がある、その湖のような色をした目をしていると。

もう一つは彼の口です。彼の口は蟒蛇《うわばみ》のような口であると書きました。つまり彼は非常に淋しそうな目をしてキリスト教を求めておりながら、目はそうですけれども、口は悪口雑言、もう当たるもの悉く薙《な》ぎ倒すというような、痛烈なものを持っておりました。ですからその悪口雑言を吐くところは彼のその口によって象徴されているのです。そして私は日記の終わりにあのように淋しそうな目と、あのように猛々しい口とが同じ顔の中に同時に存在する人間を、私は見たことがないと書いているわけです。ですから久山康という人物は、一方においてはその目によって象徴されるように、非常に淋しい魂をしてキリストを求めているけれども、同時に彼の口はキリスト教、キリスト教会というものを完膚なきまでにやっつけるという悪口雑言の面を持っておりました。この両面が備わっている久山君を私は稀有な人物だと思いました。

どうも人間はだいたい一本になってしまうんですね。キリスト教を求めるなら求めるだけの人間、キリスト教を批判すれば批判するだけの人間になるのが通例ですけれども、この人物は蟒蛇のような口でキリスト教の悪口をつきながら、目は何ともいえない淋しそうな目をしてイエス・キリストを求めているということを、私は喫茶店で二時間彼とつき合わされている間に実感いたしました。そしてこれはずっと彼の晩年まで続いていたと思うのです。

彼は関西学院の教授、そして最後には院長・理事長になりました。当時、関西学院大学はご多分にもれず、大変な紛争の真直中にありました。あそこは非常に荒れたんですね。ところがこの学生の荒れた仕打ちによって大学そのものが殆ど潰れかかるという事態の中で久山君は理事長・院長になったわけですけれども、見事に厳しい試練を潜り抜けて関西学院の再生を成し遂げました。そういう腕の持ち主でした。

けれども、そういうやり手である彼にも、私が学生時代に直感いたしました何とも言いようのない淋しさというものが、ずうっと晩年まで続いていたのです。彼の薄幸の実例を私の体験で申します。彼は昭和十六年頃ですから二十何歳ですね。私も彼も二十歳をちょっと越えた頃ですが、彼は私にいきなり「君は若死にする」と言うのですね。だいたい二十四、五歳になる頃、君は死ぬとこういうことをあの大きな口でね、予言いたしました。それで私は自分が若死にするという直観を抱きました。どうも彼が言うところは信ぜざるを得ないような気がしたからです。

ところが、なかなか死なないで今日まで生きているわけですけれども、戦争が終わり、昭和三十年が過ぎた頃に彼に会いますと、「お前まだ生きているのか」と言うのですね。もう死んでいると思っていたのに、まだ生きているのかというのが挨拶でございます。けれども幸いに私は正月を新たに迎える事が出来て、今皆さんと一緒に新年礼拝に出席できたわけです。久山君は非常に元気な人でしたけれども、突然亡くなりました。それでこの

四、五日は久山康君の死という一番新しいこと（エグレッススス）を媒介にして、人間の一番根源的なところ（レグレッスス）に還らざるを得ないという思いなのです。

今日、実は「永遠の生命」について話す心づもりでいたのですけれど、そのことが吹き飛ぶほどの衝撃を友人の死によって体験いたしました。けれどもこの新しい体験こそ、私がずっと昨年から暖めて参りました一番根源的なこと、つまり「永遠の生命」の問題に繋がることに思い当たり、その話に移らせていただきます。

お手元の週報に日本基督教団信仰告白が掲載されています。その最後の行をご覧下さい。「身体のよみがえり、永遠の生命」という二句で信仰告白が終わります。「身体のよみがえり」についてはすでに大体お話しましたが、ただちに語を次いでもうひとつ「永遠の生命」という句に繋がり、これで信仰告白が終るわけです。

私としては復活の問題を大体話し終えて、次は「永遠の生命」に移ろうと思っていた矢先に久山君の死に出会ったわけです。六十年間付き合ってきた友人が、突如として死んだのですから、何とも言えない思いです。一番の実感は人間の生命の儚さということです。私たちが知っている命というものは永遠ではないのですね。非常に短いものです。だから生命と永遠が結びつくということは有り得ないのですけれども、キリスト教会においては「永遠の生命」ということを信仰告白するのです。

以前に「ローマ人への手紙」六章をテキストにして、一連の説教を始めたことがございます。六章三節から読みます、「それともあなたがたは知らないのですか。キリスト・イエスに結ばれるために洗礼を受けたわたしたちが皆、またその死にあずかるために洗礼をうけたことを。わたしたちは洗礼によってキリストと共に葬られ、その死にあずかるものとなりました。それは、キリストが御父の栄光によって死者の中から復活させられたように、わたしたちも新しい命に生きるためなのです」。

ここで、今まで体験しなかったことを体験いたしました。それはここにはキリストの復活ということが語られているのですね。「キリストの復活」ということが語られれば「生命の永遠」ということに繋がるでしょう。そして「生命の永遠」というものは私たちの憧れの的でございまして、何とかして儚い命から救われたい、永遠の生命につらなることを許されたいと願うのですけれども、然し、昨年の夏にも申しましたように、どうして復活信仰がクリスチャンに、ましてや他の人々にピンとこないかということですね。私たちの生活体験とこの復活信仰とがあまりにも異質だからですね。質が違うから繋がりようがないのです。異質なもの、水と油というものは結びつかないんです。復活信仰が私たちの信仰告白になるためには、異質なものを同質的なものに変えていかなければならないわけです。けれども、のっけに「永遠の生命」ということを持ち出しても、皆さんは実感が伴わない。「アーメン」とは言えないと思うんです。アーメン「その通りです」と言いたいのは人間の生命の儚さというものです。

人間の生命の儚さといえば「その通りです」と、直ちに応じられて、若しそれを信仰と呼ぶなら信仰に入れるわけですね。だから日本的なものに対しては抵抗なく入っていけるんです。ところが、キリスト教のメッセージである「永遠の生命」に対しては、あまりにも違い過ぎて入っていけないわけです。

ところが、六章三節には驚くべきことが書かれています。「それともあなたがたは知らないのですか。キリスト・イエスに結ばれるために洗礼を受けたわたしたちが皆、またその死にあずかるために洗礼を受けたことを」。洗礼、バプテスマというものは信仰のスタートなんですね。信仰のスタートは何から始っていくかというと、キリストの死にあずかるということから始まっているんです。キリストの死にあずかることによって私たちはキリストと結合して、そしてそのキリストの持っていたもう「復活の命」というものに、これはいまの私たちからいえば異質のものですが、その異質である「キリストの生命」というものにあずかることを許されて、私たちもまた永遠に死なないものにされていくわけです。

けれども永遠に死なないものにされるということはあまりにも異質であって、私たちの体験とは結びつきませんから、復活信仰というものはお座なりになってしまうわけです。そして実感が伴うものは人間の虚しさ、儚さというものですね。ですから人間の儚さというものからスタートする以外ないのです。けれどもこの点についてキリスト教会は非常に怠慢でしたね。のっけからキリストの復活のこと、永遠の生命について語って、あれよあれよと呆れ返っている人間を置いてきぼりにして教会は進んできたわけです。

ところが聖書では、キリストの復活、永遠の生命を語るときに、先ず「キリストの死」について語るのです。キリストの死と結びつくことによって、その結びついたキリストがもっていたもう永遠の生命、復活と力というものに私たちもまたあずかることを赦される。これによって初めて復活信仰、永遠の生命ということが実感されるものになるのですね。この実感が伴わないんです。

教会生活ではこの非常に異質なものを押し付けられると感じてしまって、いつまで経っても「アーメン」と言えないのではないですかね。「その通り、アーメン」と言えるのは、東洋的な無常感と儚さで、それは実感できます。けれども生命が無限であるというような事柄については少しも実感が伴わないのではないでしょうか。

ですからキリスト教信仰の再把握ということを考えるとすれば、此の点を突破しなければなりません。それがローマ人への手紙第六章の三節以下を新しく読み直すということ、「キリストの死」にあずかることを通して「キリストの生命」にあずかるのだと。キリストの死は私たちの死と同質なんです。

キリストの死体が横たわっている場面を描いた有名な絵がございます。あのキリストの死体を描いた絵をじっと見て、ドストエフスキイは信仰に入った。復活の身体ではなく、キリストの死体を描いた名画を見ることによって、ドストエフスキイはキリスト教信仰に入れたわけです。ですからキリストの死体というものと私たちは繋がるんですね。

私はいつも言うのですけれども、病床においても、墓においても、人間の死というものは実感されない。病床においても墓においても異常にロマン主義化するわけですね。人間の死というものをロマン的に飾る癖があります。ですから何となくこの病床も、臨終の床というものも、ロマンティックに受けとられてしまう。お墓もそうですね。ところが、どうしてもロマン化を許さない瞬間が一つある。それは火葬場ですね。火葬場における遺体と私たち残された者との間には一切ロマン的なものがない。しらじらとして、寒々としたものだけがある。このしらじらとして、寒々としたものを、じっと見詰めようというのが、昨年からずっと私が強調してきたことなんです。このしらじらとして、寒々としたものは、一切のロマン主義、それと同時に信仰も蹴飛ばすんですね。

然し火葬場でだけは、どんなロマン的な人でもロマン主義を維持することはできません。その時に信仰の告白が保てるかどうかということが勝負なんです。どうすればいいかということは、火葬場において横たわっている死体というものと私たちが結びつくということなんですね。イエス・キリストと結びつくということは、イエス・キリストの死体と結びつくということなのです。イエス・キリストの死と結びつくことによって、イエス・キリストの生命と結びつくという道をロマ書六章の三節以下は書いているんですけれども、教会はそこをきちんと読まずにいきなりキリストの復活と結びついたのですね。

そしてキリストの死と結びつくということを跳ね飛ばしてしまうんです。ですから呆れ返った人は呆れ返ったまま残されて、特殊な人、つまりキリストの死と結びつくということを経ないで、キリストの復活だけに結びつくとすぐ受けとってしまえる特殊性格の者だけが、クリスチャンという名の集団、教会はその集合体であるということになって、これでは伝道できないんですね。普通の人間はそういうところには住めませんよね。ところがローマ書の六章三節以下には、キリストの死に結びつくことによって、バプテスマが授けられる。バプテスマによってキリストの死と結びついたら、生命の主体であるキリストと結びつくことになる。その時はじめて永遠の生命がリアルなものになるんですね。ロマン的なものでなく、リアルなものになる。そういう道を探究したいと昨年来ずっと考えて来て、復活信仰から身体の甦りまできましたから、後に残るのは「永遠の生命」のことですから、それをお話しようと思って年の暮れになってしまったわけです。

そして今年の正月は是非それをお話したいと思っておりますところへ、久山康の死のニュースを受けとりました。久山康君の死とは、六十年付き合ってきた親友がいなくなったのですから、それで全てが虚しく受けとられてしまう可能性があるわけです。その時に勝負がつくわけですから、今日の私の説教は、真剣勝負です。六十年付き合った友人の突然死ということを踏まえて、そのエグレッススの現実との対決を通してレグレッスス、一番根源的なところに還りたいという思いなのでございます。

昨年聖書の中から皆さんにお取り次ぎしたメッセージの中からどうしてももう一度正月に改めて学んでいただきたいのは、第一テモテの手紙六章一七節です。「この世で富んでいる人々に命じなさい。高慢にならず、不確かな富に望みを置くのではなく、わたしたちにすべてのものを豊かに与えて楽しませてくださる神に望みを置くように」。ここで私が驚いたのは、私たちを「楽しませて下さる神」ということですね。

神様はいろんなことをして下さるけれども、この箇所には、神様は私たちを「楽しませて下さる」方だということが明記されているんです。キリスト教信仰にとって一番馴染みの薄いのは「楽しみ」ということじゃないんですか。楽しむということはキリスト教と無縁ですね。

十字架を負うということは楽しみを棄てることです。そしてその楽しみを棄てるという事について、画期的な教えを説いたのは、プロテスタント教会の先祖でありますマルティン・ルターであります。ルターは、悔い改めるということは自己を憎むことであると申しました。自己を愛して自己を楽しませようとしている間は、悔い改めていないのだと。そして、それは聖書からきています。十字架を負うて主に従う者だけがキリストの弟子である、ということを聖書は言っております。ですから十字架を負うこと、自己を憎むこと、これはどう考えても楽しませて戴くこととは結びつきません。

「楽しみ」と絶縁するということになるわけですね。生命が永遠であるということを、キリスト教では説きますけれども、私たちは生命ってものは永遠ではないという直感を持っている。生命は実に儚いものであって、ただちに消えてしまうものが生命だと思っています。人生の充実というものをどこに求めたらよいのか、分からないんですね。一番求めたいのは生命の永遠性、生命が永遠に続くということに私たちは人生の充実を求めたいのですが、然し生命は儚いものであるということを骨の髄まで知っています。もう一つは「幸福」ということです。楽しみということもキリスト教とは無縁です。十字架を負うということがキリスト教ですからね。そうすると生命の永遠も拒絶し、生活の楽しみ、幸福ということも拒絶して、私の言葉を使わせていただくならば、「痛みの中に生きる」ということだけが価値あるということになるんじゃないでしょうか。私はそれを五十年間説いてきたわけです。

けれどもこの「神の痛みの神学」ということに鉄槌を下すテキストがここにある。神様は人間に「痛み」を与えるのでなく、人間に「楽しみ」を与えるということが書いてある。だからこの事に「アーメン」と答えなければば信仰にならないのですね。ですから私は復活の問題から人間の「永遠のいのち」に移って、その時繋がる「人間の幸福」のことをやはりお話したいと思っております。

その第一回目の説教ですから、人間の生活において、「神の痛みの神学」とは違うことを申し上げたい。神の「痛み」というものは、神の「愛」と繋がるものです。「ハーマー」というヘブライ語は、「わが腸痛む」、エレミヤ記三一章二〇節では、「わが腸痛む」と訳されています。このハーマーというヘブライ語がイザヤ書六三章一五節では、「切なる愛」と「たぎる思い」と訳されているんですね。「痛み」が「切なる愛」であるということを聖書は示してくれているのです。相手に幸福を与えないものは、切なる愛ではありません。

ですから「痛みの愛」が「切なる愛」になるということは、私たちを「楽しませて下さる神」に出会うということであって、それは私たちの信仰において活かさなければならない新しいメッセージです。然しこの新しいメッセージは、古い真理に帰ること以外にはないのですね。それは「ハーマー」という言葉に帰ることです。新年第一回の説教は「幸福」の問題にどうしても入りたいと思っておりましたところに久山康君の訃報が届きました。この訃報に接し、私は親友の「死」に直面しても、私たちの父なる神が「永遠の生命」を約束し、その生命の内実として「楽しませて下さる」という聖書のメッセージに新しく出会いました。

残念乍ら、二千年のキリスト教史の中で、此のテキストに注目した牧師も神学者も殆どいないです。けれども、若し「根源に還る」ことが「新しくなる」ことであるならば、一番根源である「十字架と復活」のメッセージは同時にキリスト教信仰がこれまで軽視してきた「信仰生活と幸福」、この「楽しませて下さる神」という画期的なメッセージを、力強く打ち出さねばなりません。

「永遠の生命」、これこそ幸福の究極ですね。その事と「楽しみ」という事とが結びつかなければならない。

そこに目が開かれて聖書を読み直し、信仰生活を新しく踏み出すということ、この年ご一緒に努めたいと思います。

今日は、私の親友久山康君の急逝ということが入って来ましたので、その事に時間を取りましたが、これをもって終わります。（一九九五年一月一日）

（本稿は北森嘉蔵氏の追悼説教を、ご本人が入院加療中のため録音テープより教会員渡邊勇一郎氏が起こされた『兄弟』四三八号に掲載されたものを要約したものである。）

久山康氏追悼

武藤一雄
（京都大学名誉教授）

私は昭和十三年四月京都帝国大学文学部哲学科哲学専攻に入学した。そこに久山康君がまだいた。彼も、自分の病気や、家庭の事情（特に父上の御死去）、思想的煩悶によって、京大の哲学で学んでおり、本来なら、何年も前に卒業すべき時を遅らせていたからである。私も東大の法学部を卒業して、なお造船会社につとめ、数ヶ月で、親不幸を顧みず、敢て実業界での勤めを辞して、京大再入学の道を択んだのである。久山君は一九一五年（大正四年）生まれで私より二年年下である。彼との邂逅は私にとっても人生に於て重大な意味をもっていた。なお、当時我々の周囲には、畏友たち大島康正君（故人）、森昭君（故人）、東専一郎君、矢内原伊作君（故人）、高田駿太郎君（故人）、山中良知君（故人）、竹内良知君（故人）、北森嘉蔵君等がいた。それらの人と久山君との交わりも厚いものがあったと思う。久山君と私は思想的傾向を同じくする所があり、私は彼から啓発されるところが少なくなかった。そういう親密な関係は恐らく五十年くらいにもなると思う。京大卒業は期せずして同期である。二人とも田辺元先生や高山岩男先生の試問を受けて合格させて貰った。二人とも卒論は、キリスト教的関心の強いものであった。久山君は、二人の邂逅の当初は未信者であったが、間もなく洗礼を受けてクリスチャンになり、二人の関係はより密接なものとなった。往時を顧みると私は既に小児洗礼を受けたクリスチャンで、そういう点では先輩格であったが、彼の聖書研究は熱烈真摯なものであって、その信仰、求道心について、却って私の方が教えられるところが多かった。彼のキェルケゴール研究、ドストイエフスキーの『罪と罰』や『カラマーゾフの兄弟』『白痴』等についての彼の傾倒から多くを学んだと思う。京大卒業後一年間大学院で学んだ後、私たちが異なる道を歩まざるを得なくなったのは残念なことであったが、私達の友情は不変であった。京大在学中、我々が二人で共に散歩した道のりは何人にも劣らぬものであったろう。

彼が関西学院教授となり、いわばとんとん拍子で関学の教授から理事長・院長になるにいたった経過については他に語るべき人があるであろうから、私はそのことについては触れないことにする。彼の人となり、言行には、常に人の心を打ち、魅するものがあった。彼が後年「基督教学徒兄弟団」および「国際日本研究所」を設立し、それが今日まで持続し、そして『兄弟』誌が、ほとんど欠けることなく、今日まで持続しているのは驚くべき彼の大事業である。彼には、学生時代から、生来的ともいうべき人を魅きつける強いリーダーシップがあった。それは、何よりも先に触れた彼の人間的魅力に由来するものであり、特に彼の言論の雄渾にして叡智に富んだ才能は、余人の及びがたいところであった。恐らくは、仮りに彼が政治家としての道を択んだとしても、大成したのではなかろうか。

我々の敬愛する多才のそして真摯な信仰者、思索者としての彼は、今や他界の人となった。巨星地に墜つとは、単に我々少数の彼をよく知る者に限られた感慨のみではないであろう。ここに謹んで哀悼の意を表し、残された御家庭の御平安と、天の御国での再会を祈ってやまない。

（「久山康氏追悼」『創文』三六三号を著者の許可を得て転載）

弔辞

河上民雄
（東海大学教授・元衆議院議員）

故久山康先生のご遺影を前に極めて個人的な立場からではありますが、弔辞を述べたいと思います。先生は私共に対し、親子二代にわたって全人格的なご激励、ご支援、ご厚情を賜りましたことを、ここに深く感謝申し上げます。

今から十年ほど前、先生が出版された御本『人間を見る経験』のなかで、西田幾多郎、田辺元、高坂正顕、唐木順三、亀井勝一郎、橋本鑑、川本臥風の諸氏と並んで、私の父、河上丈太郎に一章をさき、「社会党の委員長をされた時期でもあるのに、私には政治家としてよりも一個の人格者としての印象が深いのである」としるされ、しかも、甲山のロープウェイの計画に対する反対運動で一緒に厚生省に陳情に出かけられたとき、帰りぎわに私の父が受付の女性に礼を述べて辞去するさりげない一瞬の行動に父の人格を見出しておられました。先生は、実に鋭い偉大な人間観察者でした。先生は私の父のような生き方で果たして政界に残ることができるのかと極めて率直な疑問をいつも洩らしておられたのでありますが、それだけに父の生き方に期待を寄せ、支援を惜しまれなかったのだと思います。

その余慶でしょうか、先生は私に対しても私の父に対してと同様、失意のときも順調なときも、絶えず遠くから私を見守り、また、必要なときには手を差しのべて下さったのであります。

あと二日でこの一年が終わるというとき、あまりにも突然に私共は先生の訃報に接しました。丁度そのとき、私は到着したばかりの雑誌『兄弟』の十二月号で、先生がいつも書いておられる「身辺雑記」で、先生が教師として初心者の頃の最初の教え子であった西村靖子さんに対する思い出を綴られた頁を読んでいたところでした。恐らくこの文章は先生が心血を注がれた雑誌『兄弟』に対する最後の執筆になると思われますが、戦時中の女学生に古典をぶつけて人生の何たるか教えようとされた初心者の教師の姿に教育者久山康の原型を見る思いがいたします。そして、先生はその世代の人としては珍しいほど、女性を対等の人間として扱う方であったと思います。奥様に対する深い信頼、ご家族に対する温かい愛情も先生の活動力の源泉であったのではないでしょうか。

先生は、戦後いち早くキリスト教徒学者として頭角を現し、また、のちに関西学院の理事長・院長として大きな足跡を残されました。先生は、私の父がそうであったように、関学の魂に愛着をもちつづけられた方でした。七十九年、疲れを知らぬ活動を続けられた先生、今はただ静かに神様のもとで休んでおられることと思います。

先生、有難うございました。

先生の温かく、かつ鋭いまなざしを覚えつつ、ここにお別れをしたいと思います。

久山康先生との五十年

桐山輝彦
（神戸屋代表取締役会長）

久山先生との出会いは昭和二十一年に先生が聖和女学院から関西学院大学予科へ転任された年にはじまる。先生三十歳、私は十八歳予科二年生の新学期であった。

当時は世相が混沌として食糧は乏しく若者たちは虚無的刹那的でちょっと頭の切れる者達は社会主義に走ったりしたのである。

予科の講義は哲学概論であった。二年間の授業で先生が最も熱っぽく話された学生への感化の大きかったのはキェルケゴールの実存哲学であった。人間はしばしば精神的危機に直面するが、それを曖昧に見過すのではなく深く思索し追求し時には自分自身を限界まで追いつめる事によってこそ新しい活路が拓けてくる。美的実存、倫理的実存の限界状況を乗り切って最終的には宗教的実存の境地で救われるというのが筋みちであったと思う。私にとって戦後のどさくさに言はば偶然学ぶことになったミッションスクールであったが、最もそれらしい先生が久山先生との出会いであった。

就職難時代に大学を卒業し都市銀行にお世話になった。そして二年後先生の聖和時代の教え子水野康子と結婚することになる。先生は私には康子の話をされ、康子には私のことを話されていた。要するにチョーチンを持って下さったのである。披露宴には水野側の主賓として学生時代のエピソードなど披露され恐縮した。その後私は父の経営する製パン会社に転じ昭和四十六年社長に就任した。その年、かねて準備をすすめていた財団法人が認可され、桐山奨学会を設立し、久山先生には早速理事就任をお願いした。先生はすでに関西学院の運営の要職にあられご多忙の中であったが、ささやかな当財団のために理事会には毎回出席していただき、いつも貴重なご意見を賜っていたのである。そんな事とは別に先生はまた大変な電話魔であられた。たいていは、夜八時頃である。学院に美しい花を植えて日本一美しい大学にしたいとか、甲山ロープウェイ反対運動のこと。寮生のための大きな風呂をつくる話。一度に何千個もの見事な花をつけた椿を見つけたので何とか学院に移植したいとか。学院の発展のための計画がなかなか進まず苦労しているとか。最近のお電話では今までやり残した仕事をまとめて出版物にしたいなどと言っておられた。

限界状況に自らを置いて一日一日を激しく生き抜かれた実に哲学者らしい先生のご一生であった。ただただご冥福をお祈りします。

はかなきを精一杯に寒椿

顔を埋め師走のありし日を偲ぶ

久山康先生を偲ぶ

小林信雄
（関西学院大学名誉教授）

久山先生の前夜式と告別式とはご存じのように関西学院教会で行われた。関西学院としては別に学院葬を計画しておられたようだが、震災でその件は無期延期になっていると推察している。私は定年退職後の身分なのであるが、厚かましくも学院葬では式辞を述べさせていただくよう関係者に要望し、その原稿を以下のように作っていた。

今回『兄弟』誌に先生を偲ぶ一文を求められたが、私のものは恐らく大多数の読者諸兄姉のものとは違った内容だろうと思われるし、これを掲載することをためらった。しかし編集者のお勧めもあったし、ご家族には失礼をおゆるしいただいて、この批判的な追悼文を掲載させていただくことにした。

私個人としては、自分の生涯で恐らく最大の影響を受けた久山先生のことは、一冊の書物にでもしたい。それも批判的に、三木清のひそみにならって「久山康における人間の研究」という題目まで考えている。しかし、これを実現出来るか否かは分らない。

一、私は一九四七（昭和二十二）年関西学院に就職したが、久山先生はその前年、戦争直後に学院予科教授として就任しておられ、すでに学院内外で注目を浴びておられた。戦後の精神的混乱のただなかで先生はいち早く〈基督教学徒兄弟団〉を結成して、これまでと全く違った斬新な形で同志を糾合し、思想研究と啓蒙と伝道の活動をはなばなしく展開しておられた。

私はこの新しい運動に深く感銘を受けて、ただちに兄弟団に身を投じ、先生に協力することとなった。月刊紙『兄弟』の発行がはじまり、教養講座では中央講堂が埋まる盛況であった。そこから『読書の伴侶』をはじめとする名著が次々と刊行されていった。学院においても、予科から文学部にかけて先生は古今東西にわたる広い学識と新鮮な感覚を持って魅力あふれる講義をしておられ、〈土曜会〉というユニークな学生の読書グループも組織された。

また小宮元院長などを助けて、学院に戦後いち早く教職員組合と宗教活動委員会を創設するのに参画され、またキリスト教学校教育同盟の全国的な組織にも貢献された。

その後先生が院長に就任されると私は宗教総主事になるなど、ずっと先生の身近にいた。一九七七年、先生の院長第二期目から先生のもとを離れるようになるまで、丸三十年の間、私は学院においてもまた私生活においても、家族の方に次いでもっとも先生に近い存在であったといってもあながち主観的ではないと思う。

つまり久山先生の生涯のもっとも創造的な輝いた時期に私は先生のもっとも身近にいた人間として久山康という類い稀なスケールの大きい人物の生き証人であると自負している。
二、この経験から、私は久山先生に七十九年の生涯のなかで、院長に就任するまでの六十年近くの時期と晩年の二十年ほどの時期との間に大きな落差を感じる者であり、少なくとも私にとっては二つの時期の先生は別の人物の感を拭えないのである。院長に就任された直後、私は『兄弟』誌の座談会の席で先生に実存主義者にどうして院長という行政職がつとまるのか」とぶしつけな質問を提出したことがある。その時期先生は「私の院長職は実業ではなく虚業だ。私の院長職は長くは続かないだろう」と、私にはあいまいと思える答えをされたことを鮮明に覚えている。当時〈やはり野におけ、れんげ草〉という感想をもらした友人もいた。

しかしその言に反して、じっさいは、十五年間という学院の歴史のなかで戦前のベーツ院長に続く、また戦後では最大の長期政権を維持された。学院関係の方の多くは院長時代の先生をよくご存じと思うので、この間の先生の業績を私がここで長く述べることは差し控えたい。

略歴にも見られるように先生の院長時代は、さまざまな栄誉に満ちた時代であり、先生自身それに満足しておられた様子がうかがわれたが、私は先生の院長職第二期目以後は局外者としてむしろ批判的にその院長職を見ていたものであり、その見方は今日もあまり変わっていない。

当時学院は未曽有の大学紛争による痛手からようやく立ち直りつつあった時期であり、折りからの日本経済の繁栄の波にのって、久山時代に多くの新しい校舎が建設され、キャンパスは整備されてその面目を一新した。そしてその最後に来たのが、あの学院内外をゆるがせた〈三田校地問題〉である。

今年の春から三田キャンパスにおいて新しい学部が開設されるこの時点から見て、久山先生には先見の明があったという評価は当たっていると思う。しかし同時にそれは、関西学院の歴史のなかで、かつて経験したことのない傷、教職員や同窓その他関係者の人間関係がまっ二つに割れ、信頼関係が崩壊したというあまりにも大きな犠牲を伴っていたという事実を忘れることはできない。

大学紛争で学生と教職員との間の信頼関係が崩れ、その修復に学内が全力をあげていたまさにその時に、今度は教職員自体の人間関係が崩壊するという傷手は、あまりにも大きな犠牲であり、その傷は容易に医《（ママ）》やし難いものとして今日に至るまで残っていると思う。「政治とは妥協の技術だ」とよく言われるが、行政家としての久山先生に対して私は、先生の高邁な理想を現実に移すためには、広報と票固め以外にもっと有効な政治的妥協や対話の技術はなかったのか。校地の拡張と学内の信頼関係のどちらが大切なのかという問いを今日にいたるまで持ち続けでいる。

三、先生は若い時の精神的苦悩のなかで、ドストイエフスキーをとおしてキリストに出会い、京都大学在学中に洗礼を受けていらい、生涯信仰の証人として自分を自覚しておられた。思想的には、初期のドストイエフスキーやキェルケゴールのキリスト教的実存主義の研究から、その後日本の伝統に受肉したキリスト教の形成を志向して、〈国際日本研究所〉を設立・主催され、文明批評にも積極的に発言された。また京都学派の哲学の伝統とアララギ派の俳句や短歌の教養をもって近代日本の思想史や文芸評論の分野でも魅力的な著作を次々に発表された。

キリスト者としては、聖フランシスや橋本鑑のような敬虔に憧れて毎朝の早天祈禱を生涯を通じてほとんど絶やすことなく、他方信条主義に立つカルヴィニズムの強固な信仰にも惹かれていた。晩年祈りを中心とした自分自身の教会を造りたいという希望をしきりにもらしておられたが、しかしついにご自分の信仰を神学的にも哲学的にも確立されることはなく、また願っておられた聖書の研究も軌道にはのらなかったと私は思っている。

先生は秀れた啓蒙家であり、大いなるデマゴーグであったが、研究者ではなかった。先生にとって、実存主義とは何だったのかという問いが私には課題として残されている。早急な結論は慎まねばならないが、現在の私の考えを僭越にも述べさせていただく。

実存主義は先生にとって、信仰にいたるまでのニヒリズムとして機能したが、信仰者の自己形成のための自己批判としては機能しなかった。信仰者としての先生にとっては、その類い稀な批判力が、文明批判や歴史批判、つまり他者批判として発揮され、他方俳句および短歌の東洋的な叙情性が先生の信仰的自己を表現したと私は解釈している。

四、鵙よ鳴け　知り人すべて　消えし世に

これは先生が平成五年の晩秋に詠まれ、亡くなる三日前の会合で披露された句だとうかがっている。いわば辞世の句だといってもよかろう。先生は若い時から人生の無常とご自分の最後の時をいつも明瞭に自覚しておられたが、この句においても、そのことがよく分かる。

ただこの〈消えし知り人〉のなかには、この世を去った親しい友以外に、生きながら先生のもとから消えていった人、あるいは消された多くの人――私はその最たる者で、他にも多くの方の顔が今私の目には浮かんでくるが――それらの人も最後の先生の念頭には存在していたことを切に希望するものである。しかし今となってはそれを確かめる術はない。

精神的混乱の嵐のなかにある二十世紀日本に生まれ、関西学院にその生涯の大半を捧げた一人の人物が、キリスト者として必死に生きた生涯の七十九年の軌跡、それは私たちすべての者に大きなチャレンジと課題とを残している。その人並み外れた強烈な個性は、強力な磁石のように、その渦巻きの中に多くの人を巻きこみ、また同時に多くの人を弾き飛ばしたのも事実である。しかしこの強力な磁石は、転換期の只中でキリストの名において立てられた一つの証しであることに変わりはない。神はこの類い稀な魂を憐れみ、キリストの贖いによって清め、故人もいまは平安のなかに移されていることを信じて感謝に耐えない。〔ヘブル一二・一―二ａ〕神のみ名はほむべきかな！　ただ神にのみ栄光があるように！　Soli Deo Gloria!

先覚者・久山康先生

志賀大郎
（元関西学院高等部教諭）

「久山おろし」で関西学院が揺れに揺れ、先生の御身辺がとみに騒がしかった頃、私は先生宅に刊行されたばかりの「関一日記《はじめ》」を持参し、感謝をこめて先生を御慰問申しあげた。大阪近代都市化の父として今日大阪市民から思慕され、日本近代都市行政の先駆的行政者としてひろく仰がれる大阪市長関一の遺した日記であった。すべて先覚者はそうであるが、関市長も亦、その斬新な発想、並外れた構想の故に、非難を一身に浴びなければならなかった。「市長はまるで飛行場のようなだだっ広い道路を作って何をするつもりだ。飛行機でもとばすつもりか」。今日、思い切った都市計画の模範として引例されるあの御堂筋道路であるが、「思いつき行政」「金食い虫市長」ありとあらゆる罵声雑言が投げつけられたのだった。その関さんが今の大阪では……、私はいつの日か久山先生も必ずやわが関西学院の関市長に、の思いを胸に熱くして先生のお手もとに差し上げたのだった。そして私のその思いはあまりにも速く達せられたのである。忘れ得ぬ今年一月二日関西学院教会で行われた先生の御葬儀の席にあって先生にささげられる式辞、告別のことば、弔電を聴きながら私は、思わず、高らかに叫び出したい思いであった。「先生は勝利された。先生は勝って堂々と天国へと凱旋してゆかれた」と。

天野貞祐先生が特にお好みになり、或は口にされ、或は筆に上された言葉に、「時がこれを証明する」「業績が巨匠を頌める」という二つの語句があるが、私は久山先生においてもこの二つが見事に二つながら証せられたと思わずにはいられない。

先覚者はその本質において、夢見る人であり、詩人的なるものを深く蔵する。久山先生は詩人であられた。詩人なるが故に奔放に想像力を働かせ、構想力において傑出していられた。先生の最も尊敬信頼された恩師西谷啓治先生が「関西学院は久山君を理事長・院長に得て幸いである。学院は最適の人を得た。また久山君も、もっともふさわしい適職を得られた」と評されたとうかがったが、久山先生を知悉され、そのすべてを洞察されての西谷博士の至言と言えよう。

先覚者はまた多く矛盾の人である。内村鑑三師に心酔して「先生は天使だ」と入門した某が吐きすてるように「彼奴は悪魔だ」と言い放って内村門を走り去って行ったという。久山先生も亦、矛盾の人であった。その魅力もその矛盾の人より涌出するデモーニッシュに発し、それへの嫌悪もデモーニッシュなるが故に、はげしい敵を生んだ。「久山君は大学生のころから詩人と政治家が同居していた」と親友武藤一雄先生は私に話してくださったが、親友よく親友を知るの思いを深くしたことを今も思い出す。

先覚者はまたすぐれて天成の教育者である。松下門、内村山脈、その例は挙ぐるに十分すぎる。久山先生も亦、実にすぐれた教育者であった。兄弟団活動にはじまり、土曜会、婦人集会、更には院長時代の院長側近教育、企画・広報委員教育と、先生本来の教師生活を傍にしばらくおいても、いかに先生がすぐれた教育者であられたかを語り得て余すところがない。畏友広瀬保兄（高等部副部長）と私が、最もお迎えしたい高等部長を学院内に求めるとすれば、誰をおいても先ず久山康先生だ、と語り合い意見一致したのも、得がたい人間教育の人久山先生を見つめていたからであった。

更に先覚者はそのすぐれた先見力の故に、ぐずぐずもたもたする周囲にあきたらぬ点、巧まずして毒舌家である。鑑三の毒舌はついに文学の体すらもなしている。久山先生も亦、人に知られた毒舌家である。親友武藤一雄先生にささげられた「アドルム講演」（拝聴しているとすぐ眠たくなるので）、北森嘉蔵先生が「今日の久山君の話には感動して涙が出た」に応えての「鬼の目にも涙」じゃね（「そう云うてやったら北森君よろこばんで変な顔をしたよ」）、畏友として遇された渡辺信夫師への「あの男は盲目蛇におじずどころか盲目蛇を踏み殺すんじゃから」等々挙げればいとまなく優に一冊の「久山先生毒舌集」が生まれるに十分なものがある。最も優秀なものの一つに、「今の学院は学問精神どころか、大学も歩いとりやせん、お偉い大学教授様が歩いていられる」があって実に痛快当たっているが、このような毒舌がかの「久山おろし」を誘発したであろうこと言うまでもあるまい。

最後に先覚者は巨人というに価する特質をゆたかに持つ、その意味において大阪名誉市長関一は巨人というに十分なものがあったことは今日都市行政史がこれを証した。私は思う、敬愛する師久山先生も亦、やがて遠からぬ日にと。

久山先生における人間の研究

津田静男
（関西学院大学文学部教授）

久山先生は大学教授であったがそれだけではなかった。哲学者であったがそれだけではなかった。文学者であったがそれだけではなかった。学校経営者であったがそれだけではなかった。事業家であったがそれだけではなかった。文筆家であったがそれだけではなかった。雄弁家であったがそれだけではなかった。雑誌編集者であったがそれだけではなかった。短歌や俳句の解説者であったがそれだけではなかった。読書の指導者であったがそれだけではなかった。限りなく書けるがやめることにする。先生はその全てであり、それ以上であった。

ロマンチストでリアリストだった。天分に恵まれていたが努力家だった。知の人であったが情の人だった。論理的であって直覚力があった。頭脳明晰で感情が豊かだった。頭の回転が速くて記憶力が抜群だった。思索者にして行動派だった。決断力があったが慎重だった。豪胆だったが細心だった。厳しかったが優しかった。なつかしのメロディーが好きでクラシック音楽に弱かった。健啖家であったが美食家ではなかった。酒は強かったが甘いものが好きだった。真面目であったがユーモリストだった。話は面白かったが、同じ話を繰り返されると閉口した。毒舌家であったが気配りをする人だった。人の世話をするのが好きで人使いが荒かった。民主的であろうとしても独裁者で殿様であった。経済に強かったが金儲けは下手だった。日本語が達者で英会話は下手だった。憎たらしくて可愛いかった。魅力溢れる人であったが接近しすぎると私は反発した。好きであったが私は大喧嘩をし、大喧嘩をしても好きだった。先生は巨大なる矛盾であった。七十九歳で若死にされた。久山先生はキリスト者であった。

鵙よ鳴け知り人すべて消えし世に

新本英二
（関西学院職員）

久山康先生が召天される三日前の十二月二十七日、恒例の研究所でのクリスマス祝会が開催され、「出会い」と題される先生の講話は、熱の入った最高のものでした。名調子でのお話は、先生の少年時代より現在に至るご体験を通しての「人間を見る経験」であり、松山高校時代の話からは、柔道と俳句との出会いが語られ、心打たれるものがありました。先生の名調子は、感じ入ると繰り返し繰り返して言葉を語ることでしたが、表題のこの句は繰り返されず、私のメモには

鵙よ鳴け知り人すべて消えにけり

と記しています。しかし講話の最後近くになって、この句がもう一度読まれて書き直しています。去年の晩秋にお読みになられたこの句が、先生の遺句となったわけですが、澄み切った青空を突き破る鋭い鵙の鳴き声、先生の人間を見る経験途上で出会われた人々、先生の心の襞に残された人々が、すでに先立ってこの世に居ないという痛切な嘆きと哀悼の意が込められていると思われます。

正月二日、先生のご葬儀。二週間経過後の一月十七日早朝五時四十六分大震災発生、大震災と先生の召天を重

複させて
　鵙よ鳴け思想の大木倒伏す
と読みました。
『人間を見る経験』には先生の俳句の師川本臥風先生の句が記載されている。

先生はいつの頃からか書道に関心を持たれるようになり、短冊に伸びやかで自在な筆跡で俳句を書いて下さるようになった。私は松山に行って先生をお訪ねする度に、先生に短冊をお願いした。先生はいつもよろこんで書いて下さった。初めに私の在学中作られたなつかしい句を主としてお願いした。
住みつきし我灯も一つ夕若葉
千鳥の曲きゝしはむかし春の宵
すゝきの葉みなすきとほり月の空
城山が見えている風の猫柳
これらの短冊は二十余年も前に書いて頂いたように思う。その後私の好きな句を申し上げて書いて頂いたことがある。それは私がキリスト教関係の友人とともに出している月刊誌『兄弟』に、毎号俳句二句短歌二首の鑑賞を書き続けていて三〇〇号を越しているのであるが、それに殆ど毎号のように川本先生の句を取り上げていて、先生がよろこんで下さっていたからである。
私は久山先生の短冊を頂いていない。このことは残念であるが、愚息祐一の結婚式の折り、私達夫婦の結婚三十周年記念にと色紙に短歌を書いて下さった。

三十歳の月日をかけて慈みし
　若きいのちのさやに旅立つ

久山先生は川本臥風先生により大切な青春の時期に、宗教によって真実の人生を生きる人の真摯な姿というものを、身近に見る経験を与えられ、同時に自然と人間が一体となって生きる俳句の世界に導き入れられたといわれる。このことを私も学びたい。さらに先生は「其後私は何人かの人生の師と呼ぶべき人に邂逅したが、その初めの人は川本臥風先生であった。私はそのことをここに感謝するとともに、先生の御冥福を祈りたいと思う。」私も同様に久山先生に感謝申し上げ、天国より私の残された人生を見守って下さいと祈りたいと思います。

久山先生のご逝去を悼む

渡辺泰堂
（関西学院大学理学部教授）

歳晩の十二月二十九日夜、久山先生のお電話は荊妻が驚くほど何時になく長いものであった。新年明けて二日の例会へのお誘いに、嬉しいです、主人と一緒に必ず参ります、と受話器に向け後ずさりしながら幾度も頭を垂れるのを見遣りながら、私もそう思った。「足腰が弱ったので山には登らないことにしようと皆と言うとんだが、ハハハ……」、替わった私とは僅か一分少々であった。後ほど、そのころの先生は何時になく多くの方にお電話をされていたとも聞く。心を働かせる何かに触れたに違いない。

死には、老化の結果としての死とは別に、老化とは無関係なプログラムされた死というものがあるという。生体細胞には外部からの擾乱に対し自己修復機能があるが、これによって老化を防いだところで、遺伝子に組み込まれた死からは免れることは出来ないというものである。「酒と煙草を止めなければ片道切符を手にするよ」と言われ続けてきた私であるが、いや、人にはその人の寿命があるんだ、と心のなかで呟いている。

プログラムされた死は確かにあると信じている。そして先生の「死」もそうではなかったかと勝手な想像をする。もしかすると研究所の将来に、そして来るべき大震災の惨状に、先生が思い悩まれるであろうお姿、そのお優しいお心を慮って、神様がいち早く新しい世界へお導きになられたのでは、と。

今でも浮かんでくるのは、先生が理事長・院長をしておられたときのあの若々しいお姿である。演壇にお立ちになったときの何かが期待されそうなあの堂々とした風格である。ニヤッと笑って舌を出す、リラックスされたときに見せる茶目っ気たっぷりの仕種も私には懐かしい。

研究所の扉を開けるとき、「おお、よく来たね、元気かね」と、今でもそんな声をかけて下さっているように思える。私には優しい父のような存在であった先生、ありがとうございました。

久山康先生の思い出

土屋菊男
（関西学院高等部教諭）

久山先生にはじめて教えて頂いたのは、大学の教養の哲学の時間でした。

熊谷一綱先生につれて行っていただいた、中山寺の成就院での兄弟団の夏の修養会でまだ助教授だった久山先生が「久山康助」「教授」と地方での文化講演会で紹介されたということで、座が大変盛り上がったのを思い出します。

妙高のセミナーハウスでは、八木誠一先生と同室させていただいたこと、上田閑照先生と〝いもり池〟のあたりまでご一緒に散歩出来たり、何よりも、西谷啓治先生から西谷先生の少年時代のことを直接に、妙高から上野までの列車の中でお聞き出来たことなど、久山先生とのご縁を通してであったと、今になって新ためて感謝の思いで一杯になります。

国際日本研究所には家内（旧姓笛吹佳世）を通して、時には研究所へ養子に行ったような気持になる程、親のようにあれこれと、いつも、ご心配をいただきました。昨年の暮に私と息子が、アジア協会のワークキャンプでカンボジアに参りましたが、その折には「気をつけて行ってきなさい」と、何度も何度も電話を下さいました。今となりますと、久山先生の最後のお声となりました。

まだ簡単には電話が通じないカンボジアから一月五日朝帰国して、自宅の玄関で家内の真っ青な顔をみた時

「久山先生に何かあった」と直感しました。

すぐに着がえて家族全員でおくやみに伺いましたが。奥様とお話している間、ふすまを開いて「やあ、帰って来たかね」と笑顔で大きな和服姿の先生が後から出て来られるような気がずっとしていました。カンボジアのこと、アンコールワットのこと、ベトナムの発展ぶりなどお土産話を一杯持って帰国したのに「それをまとめて『兄弟』に書いてみなさい」と言って下さる筈だった久山先生がいらっしゃらないとは、この大地震で私達の七階建のマンションが全壊したということと同じように、私の中ではまだ信じられないままで、時が止まってしまっています。「久山先生はこの地震に遭わなくて本当に良かった」と言われるのをよく聞きますが、久山先生が亡くなられたことも、大地震があったことも、私にはまだ夢の中のことのような気がしています。

「兄弟団」は「京大団」ではなかったか。先生の中にあったものは「欧米の強く豊かなキリスト教」へのノスタルジアではなかったか。力強く発展して来たアジアに、もっと早くから視座を移してほしかった、など『兄弟』にインドネシア通信を載せていただいていた頃は強く感じていました。が、キリスト教関係の雑誌としては、最も多くの号数となった『兄弟』が久山先生の生命であったことを強く感じます。『兄弟』を脇に抱えながら、人に見せるキリスト教と個人として生きるキリスト教の間を歩かれたように思います。

久山先生の最も大きな関心事であった「日本の近代化」こそが久山先生のご生涯ではなかったかと思います。千刈セミナーハウス、キャンプ場の建物に注がれたあの情熱と広い教養こそ、欧米の強く豊かなキリスト教との対決であったように思います。

「関西学院の中で久山先生が一番こわい」と宣教師に言わしめたものはこの教養と経済的自立であったと思います。先生は最後の大仕事としてキリスト教教育の歴史を纏められましたが、宣教師がなぜ久山先生を一番恐れたかを久山先生ご自身が理解されていたら、キリスト教界にあって大変恐ろしい先生になられたかも知れません。そこは『兄弟』に俳句と短歌の解説を最後まで続けられた先生でしたから、椿でいっぱいのお宅のお庭の暗がりの中に隠れてしまったようです。木漏れ陽の中で先生に問い続けるだけとなってしまいました。

久山先生の急逝

土屋佳世
（国際日本研究所）

久山先生の急逝の電話が信じられず、折り返し奥様に電話をすると、「四時にお正月用の焼鯛を買いに行く約束だったので、少し早目に行く方がいいと思って二階に誘いに上ったら、年賀状を書きさしにしてベッドにあお向けになって、体をゆすると、『ウニャムニャ』というだけで何を言っているかわからなかったので、びっくりして救急車で西宮県立病院に運んで、ずっと人口呼吸をして貰ったが蘇生しなかったのです。」と落ち着いた口調で応対して下さいました。

昨日、電話であんなに元気だったのにと、先生の最後になった言葉を思い出していました。

『兄弟』一月号の巻頭言や渡辺信夫先生の原稿のことを話した後、また、「カンボジアに元気で行きましたか」と主人と息子のことを安じて聞いて下さり、余程、気にして下さったのか、これで三度目だったので、その時は聞き流したのですが、「あなた方は三人三様、それぞれ一生懸命だからいい。帰ってきたら祝会でもして……

云々。妙高の話になった時、なぜか私は「先生は気丈だからいいです。」と言ったことを思いながら、最後まで気にして下さった主人と息子はカンボジアのワークキャンプで連絡先がわからず、電話も出来ない……。

取りあえず山内一郎先生や森川甫先生に電話をして、国際日本研究所に行ってから、久山先生宅に伺いました。見慣れた玄関に佇んだ時、奥様が「ここも昨日まで本で一杯だったのに、自分で片づけて自分のためにしたみたいですよ。」と見事な鉢植えのランを眺めながら、床の間のある和室に通されました。

ゆかたのままで横たわっていらっしゃる先生、どうしても信じられない。まだ暖かくて少し口をあけて「大丈夫、大丈夫」と今にも起き上がって来られそうな先生「どうして」とつぶやきながら、この現実を全身全霊で受け止めなければと、あせっている自分をおさえて、御家族に挨拶をしました。

応接間では山内夫妻、森川夫妻、真鍋夫妻などと葬儀屋さんを待って打ち合わせ、前夜式、密葬の告別式の取り決めをされ、それをお孫さんの葉子ちゃんがワープロに打ち出してくれました。

一方、久山先生の体をドライアイスのかたまりで包んで囲み、枕元には十字架と百合の花が飾りつけられるのを凝視しながらも先生のいつも通りの安らかなお顔のみが目にうつりました。

次々に電話がかかり、新聞社などに連絡される頃には研究所の伊藤栄美子さんも関学関係の方々も来訪、松永晋一先生も船本弘毅先生も喪服で来て下さったので、私たちは森川夫人と一緒に研究所に行って電話連絡をすることにしました。手が震えてくるのをどうすることも出来ませんでした。夜と共に怯えはじめ、十一時前、倉田和四生先生が研究所に立ち寄って下さったのを機に、久山先生宅へ行きました。既に、山内先生の司式で三十名位の方で霊前祈禱会をして解散された後でした。土曜会の荒井彊さんと息子さんが、先生の枕元で奥様と話されていました。ドライアイスのせいでしょうか。先生のお顔はさっきより、いささかひきしまって青みをおびて見えましたが、「この現実をよく見ておきなさい」と言われているようでした。

　私は幸か不幸か、両親も健在で身内の死に目に会ったことなく、久山先生には、結婚前から、三十五年以上基督教学徒兄弟団、国際日本研究所のお手伝いをさせて頂きながら、身内同様に親しくして頂いたという思いが強く、最後の火葬場での白骨になられた先生を目撃しても、なお、私の中には先生は生きつづけておられるという感じは自分でも不思議でなりません。

　思えば兄弟団の中山寺や箕面の修養会から兄弟団の大阪支部の頃、千刈、高野山、本能寺会館、妙高高原セミナーハウスでのセミナー、読書会すべては、厳しい、そして楽しい祈りの賜物であったこと、その久山先生と共に歩んだ日々は、今も私の中には生きつづけています。

追悼の言葉

真鍋一史
（関西学院大学社会学部教授）

　私にとっての久山先生についてお話しさせていただきます。しかし久山先生についてお話しをするということも、結局は自分のことをお話しするということなのだろうと思います。私は社会学部のある教授会の席上で、「久山先生は私が自分の人生のなかで、これまでに出逢った最も大きな、最も深い方であった」ということを申し上げたことがあります。そもそも教授会の席上で、このような発言をすることじたいが大変異例のことであったと思います。しかし私のその表現は、決して強がりでも、負け惜しみでも、気負いでもなかったと思います。それは私にとっての偽らざる真実であったと思います。なぜそうであったのかといいますと、それは、久山先生にはほんとうの思想が生きていると思っていたからです。その思想というのは、たんなる観念でなく、しっかりとした実存の根を蓄えた、そういう思想であったように思います。

私は一九七一年に関西学院に奉職しましたが、その三年後の一九七四年に久山先生が理事長・院長に就任されました。それ以来、十五年間、私は在外研究の三年間を除いて、継続して久山先生のお手伝いをさせていただくことになりました。久山先生の行政職のお仕事というのは、いわゆる通常の意味での学校行政というのではなく、それを越えてさらにいわば思想の実践のひとつの機会になっていたと思います。

久山先生の思想というのは、人間と時代についての深い洞察から導かれるもので、近代をどう越えていくか、現代のニヒリズムや人間の空洞化をどう越えていくかという強い志向性の力であったように思います。久山先生が根本的に問題になさっていたのは、科学技術の発展によってもたらされた近代が、しかしどこまでもニヒリズムの翳りを残しており、そのような意味での近代を越える契機は宗教的信仰をおいてないということであったように思います。

久山先生はよくご自分の見た夢について話されましたが、そのなかにつぎのようなものがありました。それは戦争中のことで、久山先生が敵の捕虜となり、ついに自分の命が断たれる時を迎えるというもので、そのとき日本の男子としてみっともない姿でなく、いさぎよく死ななければならないと、そのことだけを一心に考えていたというのです。そしてその夢からさめたとぎ、久山先生はとても大きなショックを受けられたのだそうです。それは、じつはその夢をみる少し前に、京都の室町教会で洗礼を受けられていたわけで、それにもかかわらず、その夢のなかではキリストにあって死ぬということがまったく自覚されていなかったということに気づかれたからなのです。しかしこのお話しをうかがって、その後、久山先生がしばしば伝統とキリスト教、キリスト教の土着化ということを問題になさるとき、私はそこにほんものの思想が生きているという思いがしました。

久山先生のもうひとつの特徴はその透徹したリアリズムというところにあったように思います。常に現実の社会の動きを、広く、深く、鋭く、捉えられていたように思います。久山先生は理事長・院長の激務のなかで、しばしば西宮と東京を往復なさっていましたが、その車中・機中ではきまってそのときどきの話題の図書を手になさっていたようです。その広いご関心は雑誌『兄弟』の「身辺雑記」のなかにもあらわれていて、私などはなぜこんなことまでと思うような瑣末な政界の動向にまで幅広く目配りをなさっておられたようです。

この二つのこと、思想性ということと現実性ということ、この二つのことは相容れないもののように見えながら、じつは久山先生のなかでは、それがしっかりと結びついていたように思います。つまり久山先生にとっては思想と現実がそれぞれ別々のものとしてあるというのではなくて、現実のなかに思想を捉える、あるいは思想をもって現実を掴むということであったように思います。

久山先生は新しく本をお出しになったとき、それを私たちに一冊ずつくださるのを常としておられましたが、そのとき私はとくにお願いして何か先生のひとことを書いていただくようにしていました。いま『文学における生と死』というご本に、つぎのような句を書いてくださったことを、引き裂かれるような気持のなかで思い出しています。「秋晴れやこの町に親しき一家あり」。久山先生は、私たち家族のことを「親しき一家」と表現してくださったと思えてなりません。ここ数ヶ月、私は自分の仕事の忙しさにかまけて、久山先生から何度もおさそいのお声をかけていただきながら、とうとうどの集まりの会にも出られないままとなってしまいました。

私は高等学校のときに、私の上の姉を亡くしましたが、その姉が亡くなった夜、一人で暗闇のなかに立たずんで、姉がそこに出てくるように思えてならず、じっと待ちつづけたということがありました。きのうの夜も、一人で階下の暗闇のなかに立って、ここ数ヶ月、忙しさのために久山先生に会うことを避けてきたにもかかわらず、いまになってもう一度、先生がいつものお姿で立ち現われるのを念じながら、待ちつづけました。いまはただ、先生がやや厚ぼったいコートをお召しになって、杖をつきながら、地面を踏みかためるかのような足どりで、国際日本研究所の前の五ケ山の道を歩まれていたお姿を思いうかべるしかありません。

久山先生は私の人生の選択に大きな影響を残された方であったと思います。その選択が私の一生の方向にどのようにかかわってくるか、それをどのように生かしていくか、それがこれからの私自身の課題になってくるだろうと思います。

私にとっての久山先生についてお話しをさせていただきました。

第3章　追想　寄稿

追憶　久山康

渡辺信夫
（日本キリスト教会無任所教師）

勤めの帰りに、殆ど毎回のように久山さんのお宅に立ち寄っていたのは、一九四九年四月からの二年間である。久山さんも閑職、私もそうであった。

彼が閑職にあったというのは、十分な仕事を与えられていなかったという意味である。彼自身から笑い話として聞いたことだが、組合活動をやりすぎたため、日当たりの良い場所から外されて、文学部講師というコマ数の少ない持ち場だけになった。もっとも、コマ数は少なくても、人気の高い講義だということは聞こえていた。そのほか、図書館勤務にもなったと、その頃出た号の『兄弟』消息欄で読んだ。私は京大生だった時、基督教学徒兄弟団の旗揚げの宣伝に来た久山さんと室町教会で会っただけだったが、関西学院大の文学部に勤めることになったので、早速図書館に行って見た。だが、そこには彼の席すらなかった。家に寄って見るといつでもいる。だから、毎回そこに直行することになった。

私が閑職にあったというのは、全然別の事情である。この二年間、関西学院大学文学部神学科――まだ神学部はなかった――の助手を勤めた。戦争は終わったが、破壊と殺戮が止んだだけで、物は乏しく、人々は貧しく、文化の再建は掛け声だけで実体は何もない。「学会」という組織も立ちあがらず、著述も出版も殆ど動き出していなかった。はじめのうち助手の職務規定もない。自分で目標を立てて研究をしておれば良かった。そして、やりとげねばならぬと覚悟した課題を一杯抱えこんでおり、読むべき書は山のようにある。戦争に行っていた間の空白が取り戻せていないから、昼夜兼行で読書する。――それでも、忙しさに追いまくられる惨めさはなく、疲労困憊の感もなかった。給料は極度に低いが、苦痛も不満もない。何しろ仲間が次々と死んで行く中で、生きて帰って来たのだから、生かされているというだけで、毎日が有難く感じられる。それだけに、生かされているに価するだけの生き方をしなければ相済まない、と意識するから、不平を呟く理由はなかった。

そういう境遇の中で、久山さんと語り合って、時間の過ぎ行くのを忘れるのは楽しみであったが、遊んでいたのでなく、充実した学びであったと思っている。後から考えて、よくもこれだけ時間を割いて付き合って貰えたものだと驚くほかかない。

戦後四年、軍服姿は巷からほぼ消えたのに、私は海軍士官の紺サージの制服を四季を通じて着ていた。着るものがほかになく、軍服はまだ着るに堪える状態だし、もう一つ、敗残兵の印を身に帯びていることを自分に言い聞かす必要があった。（もっとも、第二種軍装と呼んだ白ずくめの上下は、晴れがましくて夏になっても着なかった。）

外目には敗戦の陰惨な雰囲気を引き摺っているように見えたかも知れない。それでも、衣服に包まれた中身、心、その心意気、心ばえ、これは結構明るかった。無条件降伏した軍の将校であることは恥ずかしいが、占領軍に媚びて「平和」、「平和」と唱えるのでなく、真の恒久的平和の基礎をこの国に築くために生かされて帰ったのだと、意気込みは人一倍あった。研究の歩みは一向に進んでいないが、途方に暮れた感じは全然なかった。

幸いにして、神学科助手という職には、上からの押さえつけはなく、ボスもいないし、研究報告提出の義務もない。広い部屋をあてがわれて、のびのびと振る舞っていた。困ったのは読むべき本がないことだけで、週に二日京大の大学院に通って、文献を次々借り出して読んでいた。私が必要とする種類の本は全て戦前に輸入されていたし、調べる必要の出てきた書も殆ど全部備わっていた。

京大では占領軍によるパージが行なわれたこともあるが、そうでなくても私の取り組むべき部門の手引きをしてくれる先達はいない。関学でも同様である。あの「蘭学ことはじめ」の著者と同じく、ゼロから歩み出した独学である。苦労と言えば苦労なのだが、知らないことばかり、それを次々頭に入れて行くのは結構楽しい。そういう勉強の傍ら、久山さんという私にない賜物を持った傑物と毎日議論していたのだから、学術的成果にはならないが、学びの収穫は大きかった。

その上、久山さんに促されて、——と言うよりは自分で喜んで携わったのだが——「兄弟団」の雑用を手伝っていた。(「兄弟団」については、どなたかが書いて下さると期待し、思い出を書き綴ることは省略する。文化、特にヨーロッパ系精神文化に飢えた時代、兄弟団の演じた役割は小さくなかった)。久山さんの回りに集まって来る人々との交わりについても、多くの懐かしい思い出が湧いて来る。私が齢を重ね過ぎた間に、兄弟団の親しい人は殆どみな世を去ったので、当時のことを語り合えるのは、あの頃神戸女学院の教師をしていた一女性だけになってしまった。彼女とは久山さんが証人となって結ばれ、今日に到っている。

　話がそれたついでに、この結婚を久山さんが深い関心を注いで見守ってくれたことに触れておこう。一番喜んでいたのが久山さんであった。式の後の祝会の途中、彼は突如立ち上がって、「皆さん、虹が出ています！」と大声をあげ、並みいる人をハッとさせた。晴天の日だのに、たしかに窓の向こうにウッスラと虹が見えたのである。

　自分の話にこれ以上紙面を費やすことは止めて、久山さんと何を論じ合っていたかを書くべきであろう。が、到底述べきれない程の多岐にわたる議論が懐かしく思い起こされる。私は生意気な後輩であって、戦争によって荒れた気風から抜け出ていないから、年長者に対して気がねせずに食ってかかる。彼もムキになって反論する。議論はしばしば激突する。それでも、決裂にはならず、さりとて調子を合わせて慣れ合うこともなく、タイプの違う人間同士が、生涯に亘って互いに響き合う間柄を作り上げて行ったのである。

　彼は若い時、胸を患って、死の周辺を彷徨したことがある。これが哲学の道に進ませる機縁であった。私も戦争の凄まじい場面を通って来た。しかも、そこで死なずに還って来たから、怖いもの知らずの武骨者になっており、生き残ったからにはもう在り来りの生き方は出来ないと気位は高い。とは言っても、人のやらない境域を切り開いて見ようという抱負はなかった。戦争に巻き込まれた愚かさを恥じているから、せめて過ちを繰り返さないだけの、ものをキチンと考える人間にならなければならない。そのためにはどうすべきか？　確かな道を探して哲学科に行ったが、思想の未熟さを抜け出ることはなかなかである。それればかりでなく、幼い日から辿って来たキリスト教信仰の歩みそのものが、極めて曖昧なものだと分かって来るから、この姿勢を問いなおすために、哲学と取り組む以上に神学的思索に深まって行った。

幼い日からキリスト教の空気に浸っていたので、軍隊とは性が合わない。それでも、祖国の危急の際と呼び掛けられると、死地に赴く覚悟を決めざるを得ないと思った。そして、クリスチャンだから、迷いなしこの境地に達し得たのだ、と独り合点していた。……戦場に行く前はこの程度の単純さで自己満足出来ていたが、この程度の悟りでは、「死」の問題ととても対峙できないことを、前線に出た初日に、早速気付かせられた。戦争が突き付けて来る底知れぬ虚しさは、「自己犠牲」とか言っている抽象観念では意味づける事が出来ないほどの恐るべき「無意味」なのである。

覚悟が出来たのだから、死の問題は解決済みだと思っていたその思い自体、虚妄の作り事であった。自分の考えの浅はかさが情けなくなった。それでも、このような虚妄の思いを吹き込んだ年長者らを恨むことはせず、騙された自分の思考の貧困の責めを問わずにおられない。一生懸命に思索を深めなければ、生き残った甲斐がないではないか。……そう思っていた。

このことについて久山さんと時間を掛けて語り合うことは、当時はまだ余りなかった。深いところまで突っ込む話にならなかったのは、私を含めた日本社会が、「戦争」と「敗戦」について論じるだけの思想の成熟と掘り下げに達していなかったからだと思う。同じ時期に、同じ敗戦国ドイツで、哲学者ヤスパースが、戦争について大学で講義したものを後年読んで、同じ敗北でも私の敗北は遥かに低次元であったことに気付き、恥入った。

さらに、ドイツの神学者の一部に、ヒトラーの権力の本性《ほんしょう》を醒めた目で見破り、それと戦った人がいる。その文献は既に三〇年代に日本に輸入されていて、大学の書庫で見つけた。読んでも直ぐには理解できなかったが、少しずつ分かって来て、私の勉強の仕方は大分変わって行く。

それはそれとして、「死」の問題が取り組むべき課題、あるいはその糸口であると心得ていることは、二人の語らいの端々に始終出ていた。問題の捉え方は違っていたが、共通課題を負っているという意識はあった。それで結び付きが年齢を重ねて深まって行ったのであろう。

個人的な話し合いのほかに、先にも触れた「基督教学徒兄弟団」の行事の企画と運営、また雑誌『兄弟』の編集に付き合ったことは、久山康という天才的企画者から直々の手ほどきを受けた修業であった。私は狭い道を敢えて選んだから、手広くものごとに関わることはしなかったが、かなり広い視野をもって行動することが出来た。それは、おもに彼の感化であると思う。

しげく話し合いをすることは二年で終わった。以後、たまにしか会えなくなったし、生活領域でも随分距離ができたが、にもかかわらず、心と心の結び付きはほぐれず、むしろ質的にはこの後ますます深まった。

やがて私は、神学としては随分伝統的な思考を守りながらも、既成教会を出て開拓伝道から出直さなければ、本物になれない、と突拍子もないことを言い出す。久山さんは教会についての考えで私とかなり隔たっていて、彼自身その違いを弁えていながら、普通なら無謀と言われる道を選んだ私のことを、「観念」対「観念」の捉え方ではなく、親身になって考えていてくれた。東京で自給開拓伝道をするため、一人の幼児を伴って私たち夫婦が旅立った朝、久山さんは大阪駅に見送りに来てくれた。列車が動き出すと、彼は「渡辺君バンザイ！」と叫ぶ。思い起こすだけでも胸が熱くなる。十五年前、同じプラットフォームから、学徒出陣で横須賀海兵団に入団すべく出発する私を、友人が送ってくれて、「バンザイ」と叫んだ光景と重なってくる。

久山さんが友人と共に「基督教学徒兄弟団」を立ち上げた時に思い描いていた「兄弟」は、長い付き合いの間に私にもよく分かって来たのだが、教会用語として一般に使われる「兄弟」とは中味が違っていた。彼は「パピール（紙）兄弟団ではいかんのだ」とよく言っていた。紙に書く文字の「兄弟」とは別のものでなければならない。彼自身は私に対し、その目指している意味の「兄弟」であろうとしてくれた。それが分かるから、私も彼の励ましを受け入れ、それに答えようとしたのである。

私は純粋な伝道者に徹して生きようとしていたが、文筆で主張を展開するのも使命の一部だと考えている。それを実行出来たのは、久山さんを見ていたからだと思う。文章の書き方を教わったのではないが、ものをどう見るべきか、それは不十分ながら嗅ぎ取った。文章のスタイルは全然似ていないが、どこか気脈が通じていた。

そのうちに、彼が私を見ていて、とても心配してくれた時期がある。七〇年代、過激な行動に走る学生がいた。その動きに同調する傾向の強い雑誌に、私はよく執筆しており、それを見て久山さんがハラハラしたのである。控え目に紹介して置くが、「渡辺君、あの連中の中で、君だけがまともな文章を書いているので、可哀そうで見ておられない。止めたまえ」と言うのである。思想的に反対の陣営に私が移って行くのを遮ろうとしたように受け取られるかも知れないが、それは少し違う。確かに、彼はその人たちと反対の立場にあったが、私と対立するのでなく、「君の言うことは正しいけれども、あの人たちの考えとは随分違うから、一緒にされては君が困るのだ」と言いたかったのである。私はその人たちに対して彼ほどには対立的でなく、中間的な立場にいる人が必要だと答えた。彼は私の意見を受け入れた訳ではないが、それ以上は議論を蒸し返さなかった。相変わらず頑固だから説得を断念しようと思ったのか、好きなようにさせておいて心配ない、と思ったのか。私は後者の判断だと思っている。

関西学院の院長になってからの久山さんは人が変わった、と評されるのを聞くことがあった。そう語る人たちとも親しい間柄なので、無下に斥けることはしなかったが、私はたまにしか会わないし、会えば昔と同じ雰囲気の語り合いになってしまうから、「人が変わった」と感じることはなかった。学院という大所帯の経営に関わるようになったのだから、頭の中には私に分からない領域が出来たのだろうが、意見が割れるようなことは、彼の方で口に出すのを控えたのであろう。

久山さんに押し付けられて、大学評議員を二期勤めた。沖縄に行っていた時、予期せずに評議員依頼の電話が入って、何も分からぬままに引き受けた時の印象だけは鮮明に記憶する。この仕事は全く性に合わなかったので、愉快な思い出は何も残らないが、彼の職務を支えたいと本気で思った。ちょうど任期中に、三田キャンパス用地購入の確定段階になった。新キャンパスの話は、彼の上京の際に呼び出されて会う度に聞いていたし、情熱を籠めて語られるので、理解はできていた。

彼の計画はそれで良いと思っていたが、自分がその紛争に引き回されることになるとは予想していなかった。評議員会の中には、三田の丘陵の購入に反対の勢力が相当にあり、その人たちは随分激烈に久山さんを攻撃した。二人きりになったとき、「あんなにまで言われて、夜、眠れますか?」と訊いたことがある。「いやあ、グッスリ眠れるよ」とケロッとした答えが返って来たが、私に心配させないために芝居をしているとは感じなかった。普通の人なら悔しさや計画を潰される不安から眠れないところなのだが、彼はほんとうに熟睡できたようである。

大詰めの時には一週間に三度、飛行機で往復したものである。二度目の時、羽田から直接親しい人の葬儀に駆け付け、夜更けて帰宅し、入浴しているところに久山さんから電話があった。明朝一番機で来てくれないか、と三度めの要請である。前日別れるとき、明日は来なくて良いようにしておく、と言ってくれたから安心していたのに、私が休めば、定足数不足で、票決出来ないことが分かったようだ。牧師たる者は、少なくとも土曜日一日は説教準備のために時間を確保しなければならないことになっている。「もう体がもたんやないか」と言ったもののの、ここまで協力して、ここで投げ出すわけには行かない。兄弟であることの実《じつ》が問われるのは今だなと気付いたのである。

翌朝私が学院本部の二階に駆け上った時、議事は終わりに差しかかっていた。反対派の最後の論述は結びの段階に入っている。その人は「この論述で自分は退席するから、それで定数割れになる。したがって票決は出来なくなる」と勝利宣言を歌うかのような調子であった。私が着席したことにこの反対者は気付かなかったのである。ちょうど、ベートーヴェンの「フィデリオ」の裁判で、レオノーレが到着して、ファンファーレが鳴り渡る場面のような劇的な出来事であった。

時期としてはこれ以前の話になるが、久山さんから相談を受けたことがある。二期目の院長になる時だったと思うが、今度学院の院長になったら、ゴソゴソ動きまわるのでなく、院長室に座って、聖書の奥深い講解書を読んでいるのが最も相応しいと思うのだが、君はどう思うか？　と問うのである。勿論「大賛成」と答え、彼がそのような計画をしていることを嬉しく思った。すると続けて、「その講解書を選んでくれないか」と言う。

兄弟団の初期から、聖書研究はよくやっていた。教会で行なわれる聖書研究が往々にして教理の押し付けになったり、型通りの敬虔の勧めに落ち着いたり、着地点が見出せないで混乱するのと違い、兄弟団の聖書研究は文学的になったり、思想的になったり、談論風発、時には脱線もあったが、飽きることがなかった。

久山さんと二人で聖書研究をする機会もあって、聖書講解としてはどの著者の物が良いかについて二人の間で乏しかった知識をさらけ出して話し合う時があった。『兄弟』の編集の際、聖書研究のページは重要だから、時間を惜しまず検討した。二人とも聖書釈義ではまだ学が浅く、場数も踏んでおらず、読みを深める修練も足りず、議論としては未熟であった。それでも、どういう読み方に憧れるかを探って、方向はほぼ一致していた。すなわち、学問の厳密さとともに、信仰を深く培ってくれるものを欲していたのである。私はズッと説教に生涯を掛けていたから、説教者自身が豊かに養われる聖書講解を尋ね求めており、そのことを彼も知っていた。

久山さんの求めは高度な知識の提供ではない。彼がかつて『読書の伴侶』を編集した時に志したように、聖書を携えて生きる者にとっての「伴侶」となるものである。私は説教者として聖書のテキストをどのように読み解くべきかを考え、長年あれこれ釈義の書を読み漁り、複数のシリーズを自分のための座右の書と決めていた。しかし、久山さんは専門家の為の参考書を求めているわけではない。最善のレヴェルの物一揃いが求められている。スグに思い当たる聖書講解シリーズがあった。ドイツのカトリックの新しい傾向の神学者たちが共同で書いている「ガイストリッヘ・シュリフトレーズング」（聖書を霊的に読む）という名の叢書がある。シリーズ全巻を読み通したのではないが、読んだ限りでは、どれもみな味わいが深く、私は好きになった。彼も喜んでくれるに違いない。その説明をすると、揃えて取り寄せてくれないかと言う。

この本が院長室の書棚に収まるところまでは見届けたのであるが、彼がどのようにそれを読んだかについては確認していない。相変わらず忙しくして、落ち着いて読む時間がなかったかも知れない。しかし、実行出来なかったとしても、院長室に選りすぐった本を揃えて、それを読もうとした姿勢だけでも立派なものであったと私は思う。見せ掛けの体裁でなく、若い時から追い求めていた目標であったと私は理解する。

最後に一つ述べたいのは一九八七年「アジア・カルヴァン学会」が最初の国際学会を関西学院千刈セミナーハウスで開いたことである。前年、世界のカルヴァン学者たちがハンガリーのデブレッチェンで国際学会を開いた。韓国から行った三人の教授とはすでに懇意になっていたので、東アジアでも国境を越えた学会「アジア・カルヴァン学会」を創設しようではないか。台湾からは今回来ていないが、賛成してもらえる人はいるという話になった。

実は、こういう計画を事前に森川甫さんと相談していて、彼もデブレッチェンに行くことに決めていた。国際学会を言い出す以上は、こちらでホストを引き受ける用意があることも二人の間では決めていた。それだのに彼が間に合わなかったのは、ヴィザ取得に時間を取られたからである。ハンガリーはまだ共産圏であった。

難しいと思った話はとんとん拍子に進んで、私は初代の会長にされ、国際学会の幕開けは翌年に実現したのであるが、こんな大掛かりなイヴェントを立ち上げた経験は私になく、それ以後もない。本来イヴェントの仕事に不向きな私にとって、夢物語がそのまま事実になるようなものであった。

私はせっせと知り合いのアジアの神学者に手紙を書き送ったが、国際会議の諸準備は、こうした企画と実行の場を踏んでいた森川さんが見事にやってくれて、私は感嘆して眺めているだけで良かった。そして森川さんが企画の通り実行出来たのは、学院長が本気で肩入れしてくれたからである。かなりの費用を関西学院が負ってくれた。学会として金集めをする心配はなかったのである。

宣伝不足のため、国内での人集めはさほど進まなかったが、海外での反響は大きく、国際カルヴァン学会の会長ノイザーさんが講演に来てくれたし、韓国、台湾、インドネシアの西パプアから参加があり、特に韓国の神学者は大挙してやってきた。関西学院の名をアジアに広めることに貢献した催しだから、久山さんも満悦したと思うが、私が思いついた途轍《とてつ》もない計画を、彼が太っ腹に受け入れてくれたから達成出来たのである。

久山康先生に学んだこと

大塚野百合
（恵泉女学園大学名誉教授）

夏目漱石は、彼に教えを乞う青年たちがあまりに多いので、木曜会をつくり、木曜日の午後に青年たちに会って彼らを導きました。漱石は、その一人びとりのなかに潜む能力を見抜いて、彼らを導き育てたと言われています。ところで久山康先生も、先生を取り囲む多くの人々のなかに隠れている可能性を引き出されたと思います。また多くの友人たちとの間に深い友情をはぐくみ、それがキリスト教学徒兄弟団として結実し、先生は団員たちの信仰生活に豊かな霊的、知的糧を与えてくださいました。

兄弟団の機関誌『兄弟』に何度も記事を書かせていただいた私は、そのことによって「書くことの修行」をさせていただきました。また先生や多くの先輩の記事を通して、「キリスト教と文学」に深い関心をもつようになりました。もともと英文学専攻でしたが、先生が編纂された数冊の本の影響で、ドストエフスキーや、日本の作家とキリスト教の関係について目を開かれ、学び始めました。じつに多くの知的刺激を頂きました。先生は磁石のように人々の心を惹きつける魅力を持っておられました。日本には多くの学者はいるでしょうが、先生のように人々を惹きつける教育者は少ないと思います。

先生は一九七三年に御家族とヨーロッパに旅行され、『ヨーロッパ　心の旅』（国際日本研究所刊、創文社発売）を刊行されました。その二〇七頁に、ローマのヴァチカン宮殿の塀の周りを私と私の甥が歩いている時、先生とそのご家族に出会ったことが書いてあります。ヨーロッパのローマでばったり出会って本当に驚きました。甥は当時東北大学の一年生でしたが、現在青山学院大学の教授をしている大島力さんです。ところで五十四日間の旅行について、先生はじつに内容豊かな本を書かれました。先生の深い教養と、繊細な感受性が感じられる旅行記です。

その本のなかで心に残るのは、スイスのバーゼルの美術館にあるハンス・ホルバインが描いた「墓の中のキリスト」を見られた感想です。ドストエフスキーが『白痴』に取り上げたこの絵は、死んだキリストをこのうえもなく悲惨に描いています。この作家の言葉によると「かれを崇拝した人々が見たとしたら、……この殉教者が復活することなど、信じることができようか。」と思うほどキリストの死んだ顔は完璧な死相を現しているのです。

この絵について久山先生はつぎのように書いておられます。

人生のあらゆる希望の喪失を深く体験したドストイエフスキイが、この十字架像を打ち破る生命の流露を、同じキリストの復活に探ろうとしたことを考えずにはおれなかった。真の死を通して初めて真の復活がある。

「真の死を通して初めて真の復活がある」という言葉は、とても重いものです。

先生は日本のキリスト教界が本物の信仰から生まれる霊的エネルギーによって活性化されることを心から願っておられました。長年にわたって関西学院のキャンパスで早朝の祈祷会を数名の職員としておられたと伺っています。その祈祷会のメンバーであった山内一郎先生が書かれた文章を引用します。

一九六九年九月初旬、あの大学紛争の最中、久山先生は「いま一番必要なのは祈ることだ」と呼びかけ、関西学院の一隅で小林宏先生らと早天祈祷会を始められた。以来、春夏秋冬、雨の日も雪の日も休むことなく、二十五年間、最近はただ一人で聖書を読み、祈り続けられた。何人も容易に追随できない強靭な求道の意志のあらわれである。

山内先生の御手紙によると、久山先生は死を迎えられるときまで、ただ一人で祈られたそうです。この事実を今知って、私はほんとうに感動しています。そうして考えさせられます。先生の祈りを私たちが受け継いでゆかねばならぬと。先生が全身全霊を注ぎこんで祈られたように、私たちも命がけの祈りを捧げたいと思います。先生はその祈祷会で関西学院のためだけでなく、日本のすべてのキリスト教主義学校のため、また日本の救いのために祈られたと思います。一九九三年に先生が編集された『日本キリスト教教育史　思潮編』を私に送ってくださいました。この本は日本のキリスト教主義学校の歴史について書かれたすばらしい本で、恵泉女学園の歴史しか知らなかった私は多くのことを学びました。とくに興味をもったのは、明治三十二年に発令された文部省訓令第十二号です。宗教上の教育を施し又は宗教上の儀式を行うことを禁じた訓令であったので、キリスト教主義学校は聖書を教え、礼拝を行うためには各種学校になる以外に道がなかったのです。

私は二〇〇六年創元社から出した『賛美歌・唱歌とゴスペル』に滝廉太郎の記事を書いたとき、彼に洗礼を授けた元田作之進牧師が立教中学の校長としてこの訓令第十二号で苦しんだと述べました。ところで彼は妙案を思いついたのです。学校では聖書の授業と礼拝を止めたのですが、寄宿舎では力を込めてキリスト教教育をすることにしました。久山先生が編纂された前述の本を読んでいましたので、訓令第十二号についての知識があったので助かりました。キリスト教学校教育同盟から刊行されたこの本は、キリスト教主義学校のすべての教師が参考にすべき本であると思います。

昨年から私は教文館に頼まれて、ジョン・ウエスレーのすぐれた母であるスザンナ・ウエスレーの伝記を書く仕事に携わっています。十八世紀のイギリスに驚くべき信仰復興を起こしたジョンとチャールズ・ウエスレーとその母のことを学べば、日本において信仰復興が起こるためには、何をすればよいかが分かるはずだ、と思ったからです。久山先生が求めておられたキリスト教界が活性化される道筋がすこしは見えるのではないか、と思っています。

追憶と書評　『ヨーロッパ心の旅』

倉松　功
（元東北学院大学学長・元東京神学大学理事長）

第二次世界大戦以後は、かつて河合栄次郎編『学生と教養』シリーズが果した学生の人間形成のための読書案内を担うような書物はない。それに近い役割を演じたのではないかと思われるのが、『読書の伴侶』である。久山先生のお名前を存じあげるようになったのは、私もまた本書とそれに続く『信仰の伴侶』であった。

先生と親しく言葉を交わすようになったのは、先生が関西学院理事長・院長になられてからのことである。山内一郎教授と関学の教職員食堂で食事を共にし、それから院長室にお訪ねした。何の用件であったか、それは記憶にない。あるいは先生から連絡があったのかもしれない。

それから暫くして東京でお目にかかり、先生から転任についての要望が強く出された。当時東北学院以外のことは考えられなかった私はお断りしたが、この勧誘は私を先生に近づけただけなく、その後先生から、何かにつけて声をかけて下さる切掛けになった。先生がキリスト教文化学会の理事長の時レポートを命じられたが、私もこの会の世話役を命ぜられた時、最初の講演を先生にお願いした。短い文章ではあるが、『兄弟』にも寄稿するようになった。何度か院長室を訪ねたが、大抵帰りは理事長車で西宮北口まで送って下さった。年に数回、先生から比較的長い電話を戴いた。いずれも先生がかかえておられる問題についての解決の希望や大学の将来計画についてであった。電話の終わりはきまって来阪の際は寄るように、で結ばれていた。関西学院を辞せられてからの電話は執筆や出版の希望、『兄弟』についての企画が中心であった。

私は、久山先生に出会う前に、東京・信濃町教会の神学生、伝道師であった。その教会の牧師は久山先生の従兄の山谷省吾先生、その妹の樋口左右子長老の他、多数の久山先生の縁戚の方々が教会員であった。その中には中西梧堂の俳友で『野鳥歳時記』の著者山谷春潮・綾子御夫妻、角川俳句賞を受賞した姪の早野和子さん、劇作家倉本聰さんの姉妹たちといった方たちがおられた。これらの方々は、久山先生の思想の根底にある芸術家の素質を示唆しているように思われる。

そうした先生の芸術家的素質でキェルケゴール、ドストエフスキー、さらに橋本鑑に傾倒したものが先生の思想の中心であり、『人間を見る経験』の軸であった。それだけに教育行政家あるいは事業家としての先生、抱いておられたスケールの大きい理想や目標をより現実に実現するための協力者、支援者を必要としていた。先生はそれらの点においても多くのよき理解者、補助者を与えられていた。兵庫県や関西の政界や財界、特に、関西学院の先生方が永年にわたって先生を支え共に歩まれたことは、先生の真心に動かされた人々の多かったことを示している。先生との交わりはこれからと思っていた者として、先生の突然の死は残念でならない。

（以下は一九八六年八月九日の『キリスト教新聞』に掲載された先生の『ヨーロッパ心の旅』についての筆者の読書案内である。）

本書はまさに著者の心の旅の記録である。なぜなら、それは、ヨーロッパの旅が、同時に、著者自身の精神史―求道の旅―の回顧となり、自然と人生、信仰の、また現代の諸問題への省察となっているからである。更に他面、本書は、家族全体の、美しい、心暖める旅行記でもある。

若き著者を、生死の問題で捉え、回心へ導く手引きとなったのは、ドストイエフスキーであり、キェルケゴールであった。そのドストイエフスキーの墓前で、著者は「改めてこの遠いロシアの作家によってどれだけ深く人生に眼を開かれたことか」と回想する。この短い言葉の中に、著者自身の精神史の深い思い出が凝集されている。

著者がドストイエフスキーの中に見たものは三つにまとめられるようである。第一は、かれが近代精神の秘めているニヒリズムを抉《えぐ》り出して批判し、それからの脱却の道を、近代的理性の立場を越えた逆説的なキリストの救いに見いだしていること。第二は、その救いが既に捉えられてしまったものとしてではなく、虚無に崩壊するか信じて救われるかという岐路に立たされる人間の中で探求されている点。第三は、ドストイエフスキーの自然観である。そこでは、自然がロゴスによって成立していて、木にも草にも動物にもキリストが伴っている感動がこめられているのである。これはまた聖フランシスについての著者の理解でもある。「フランシスの自然との合一の根源にキリストの十字架を思い通して、その傷痕がかれの身にあらわれるまでになったキリストとの合一があり、それは決して美的ではなく、宗教的である。」と著者は記しているのである。

これら三つの著者の思想的根源は、イギリスにおけるワーズワースの墓前で、デンマークにおけるキェルケゴールの史跡の訪問において、トルストイのヤースナヤ・ポリヤーナへの旅においても異なるトーンで表明されている。それとともに評者には、大英博物館のミイラを前にしての著者の感慨が印象的であった。それは仏教の伝統の中で育ったキリスト者の心情の真摯な告白であるからである。

その他、本書は、日本人の民族的利己主義が健全な民族主義を喪失し、戦後の平和主義が観念的独善的で、そのために健全な国民意識を育てなかったこと、愛国心に含まれる献身や犠牲が評価されない日本の現状への著者の憂いを諸国の旅の中で語っている。

戦後日本の読書界に、『読書の伴侶』、『信仰の伴侶』、『近代日本とキリスト教』等多数の共同討議、編書を通して新風を送った著者は今、関西学院理事長・院長、キリスト教学校教育同盟理事長、私立大学連盟常務理事等々、教育行政家として活躍しておられる。

しかし、先生は何よりも鋭い洞察力を持った強靭で柔軟な思想家、繊細な詩情を有する芸術家でもあられることを、本書は改めてわれわれに示している。

久山先生と仁川教会

茂　洋
（神戸女学院大学名誉教授）

仁川教会（日本基督教団）は、今年（二〇一三年）創立五十周年を迎えました。最初は、仁川町五丁目の「くるみ幼稚園」で、一九六三年（昭和三十八）の六月に、幼稚園の園児たちの宗教教育と、聖日礼拝のために、幼稚園関係者と新しい教会のために同意した学生たちと私たちで始めました。勿論はじめは、「教会」ではなくて、「日本基督教団仁川伝道所」でした。日曜日最初に園児を含めて全員で礼拝を捧げ、その後園児は保育へ、それ以外の人たちは一般成人の礼拝を持ちました。その中には、当時神戸女学院大学音楽学部の学生であった筒井滋子さん（後の山内一郎先生の奥さん）も熱心に奉仕して下さいました。

数年経って、久山先生が、この小さな伝道所に参加して下さることとなりました。先生はその事を、「若い学生があつまって、開拓伝道の意気に燃えて活動しているその新鮮さに惹かれた。――丁度そこに仁川伝道所ができたので、私は暫く通ってみた上で、転籍したのである。そして小林宏君（関西学院中高部部長）とも相談し、行動を共にしたのである」と、「仁川教会十周年誌」に記しておられます。事実一九六八年（昭和四十三）に仁川伝道所に転入会されました。先生の大きな身体で、幼稚園の小さな椅子に座っておられたのが、とても印象的でした。

礼拝を中心にしたこの教会の歩みのために、久山先生は表になったり、裏になったりしながら、真心こめて支えて下さいました。礼拝や講演を担当したり、若い教会の歩みに力強い前向きな指示をして下さっていました。ところが、幼稚園では日曜保育への批判などもあって、一九七二年（昭和四十七）三月をもって、日曜保育を打ち切り、そのため教会側は礼拝の場を失う事となりました。そこで関西音楽研究所を所長の張先生のご好意でお借りして、仁川伝道所の礼拝を続け、新しい教会の場を求めました。幸いにも仁川高丸の小高い丘に土地を見つけ、教会員の有志と見に行きました。久山先生も来られ、よく言えば自然に恵まれた、でも実際は草茫茫の丘でしたが、自然愛好家の先生は、それを見た途端、「これはよい」と積極的な発言をされて、最終的には教会の総会で購入決定しました。勿論それから土地購入のための募金、教会堂建設のための借金、教会堂の設計、宗教法人格取得のための手続きなどの大仕事が続いた事は当然のことでした。

そこで教会堂の設計は、大阪市大教授の浅野清先生と院生の多湖氏に、施工は久山先生が妙高で使っておられる金沢工務店に依頼し、同年六月に竣工しましたが、入口から丘へ上がる通路が出来なかったのを見て、先生はさっそく丹波から石をトラックで運ばせて、道を造らせ、六月十一日の献堂式に間に合わせて下さいました。この日は、創立九周年の記念日でもありました。

その頃の事を、先生は、「この教会の若々しい信仰の迫真力が、今の日本の教会の失っているそういう生きた信仰の回復にまで道を開いて、新しい会堂が聖なる光をかがやかすことができるように祈る」と記して下さっています。

その後、この「仁川伝道所」は、宗教法人格を取得し、正式に「日本基督教団仁川教会」となったのは、同年十月十三日でした。そして四年後会堂建築のための借財を返済、一九七九年には長尾山霊園に教会墓地を作り、一九八二年には教会堂に二階を増築、一九八五年にはパイプオルガンを設置しました。このように教会としては、様々な条件は順次整えられましたが、どうしてもこの教会は礼拝を中心にしてきましたし、今もその点を守ってきています。きっと久山先生も、それに同意して下さっていた事でしょう。どのような事があっても、主なる神の前に謙虚に跪き、神の栄光を受け入れる信仰生活です。

先生は、その上にいつも前に向かって歩まれました。先生の言葉を借りれば、「私は生来積極的なことが好きな性分で、いつも貘のように夢を食って生きている人間と人に揶揄される」けれども、その信仰の歩みも留まる事なく、前向きに歩まれました。

礼拝堂に座って、どこの窓からも自然が見えるようにしたいと言って、北側のブロック塀との狭い空間に、先生お好みの竹をいれられました。しかし二回も枯れてしまいましたが、最後やっと三回目で根付いて、今もその竹の列は緑豊かになっています。

先生は最後の頃に、もみじを一本寄付したいと申し入れられました。階段を上がり、教会堂の見える正面にそのもみじが紅葉して、いまみごとな色にその輝きを見せています。

久山康先生の思い出　出会い

工藥誠之助
（ハンブルグ市名誉代表）

関西学院大学入学の一九五六年、英語を学びたい自由に喋りたいとの一念でＥＳＳクラブに入部した。当初はクラブの部屋での会話は全て英語で話さねばならない苦痛の連続であったが、いつの日かそれが楽しみに変わっていった。日常の会話やディスカッションでのマナーや微妙な表現の熟語などは冬・夏の合宿時に先輩から教わった。

そんな日々に溶け込んでいた一九五七年十二月、ＥＳＳも所属している文化総部の経理問題が浮上した。ＥＳＳから同総部の委員会や総会に参加していた私は今後の対応策の検討を重ねて漸くその活動の方向が示され、一九五八年二月に新役員の選挙結果、新総部長の重責を仰せつかった。当時文化総部の顧問は小宮孝教授であったが、同時期に院長に就任された為、文化総部の新顧問に久山康教授が就任された。これが商学部の私が、文学部の久山先生からご指導を受けるご縁となった。

私は文化総部の新体制／新方針を全学に知らしめるべく何か新しい考えを打ち出し、全員の参加意識を訴えたかった。

一　文化週間

今までの行き方から脱皮して、学院生に広く文化への関心を呼び起こすとともに今まで文化総部の各部の活動や研究発表が対外的にのみ走りがちであったのを全学院生にもっとアッピールさせようとするものである。

この期間中には学院内でできるかぎり多くの研究発表の場をもち全学的にそれらの活動内容を披露して全学に多様な文化活動に関心を持ってもらおうとした。

この文化週間の開催を顧問の久山先生に提案したところ、それは面白いと大枠で了解頂いた。文化総部の傘下の各部も趣旨に賛同してくれて積極的な参画意欲が醸成されていった。プログラムの河上丈太郎氏や亀井勝一郎氏の招聘や清荒神での富岡鉄斎展の開催に就いては久山先生にご尽力頂いた。

最終の参加者は、何れも予想を上回る盛況であった。例えば富岡鉄斎展は当初二十人ほどの観覧者が予想されていたが八十人も押しかけた。また、連日の講演会、辻久子の演奏会も中央講堂が満席の盛況だった、と学院生の関心の高さを表しているなど当時の学院新聞が報じていた。

関西学院大学文化週間

近代日本の歩んで来た道

June 2(月) ～ 7(土)
場所 関西学院中央講堂

日		10 30 ～	1.00 ～	3.00 ～	6.00 ～
2	月	講演会 猪木正道 (大学主催)	演劇公演会 「笛」 劇団エチュード		
3	火	邦楽 古典芸能研究部	演奏会 辻久子 VIOLIN RECITAL		
4	水		鑑賞会 富岡鉄斎展 於 清荒神		
5	木	講演会 亀井勝一郎	演劇公演会 夜の来訪者 演劇研究部		
6	金	討論会 講演会 国際問題研究部 社会問題研究部	講演会 河上丈太郎	講演会 田畑忍 (法学会主催)	演奏会 PIANO RECITAL 右近たい子 於 大阪産経会館
7	土		弁論大会 同志社 関学新入戦…講演部 英語暗誦大会 新入生対象……英語研究部		音楽会 於 宝塚大劇場

現代社会主義の諸問題　京大教授　猪木正道　(大学主催)
現代人の課題　評論家　亀井勝一郎
社会党最高顧問　河上丈太郎
戦後の日米関係　同志社大教授　田畑忍　(法学会主催)

辻久子 VIOLIN RECITAL

ピアノ伴奏　松井康裕

Ⅰ　ソナタ 第四番 へ長調 …………… ヘンデル
Ⅱ　ヴァイオリン協奏曲 ホ短調 作品64 …………… メンデルスゾーン
Ⅲ　(イ) 太陽への讃歌 …………… リムスキーコルサコフ
　(ロ) 竹取物語 …………… 貴島康一
　(ハ) タイース冥想曲 …………… マスネー
　(ニ) 中国の太鼓 …………… クライスラー
Ⅳ　チゴイネルワイゼン 作品20ノ1 …………… サラサーテ

二 十一月の文化祭

落成早々の大阪中の島のフェスティバルホールで十一月二日の開催を計画した。プログラムの内容は同窓代表として今東光氏の講演があり、古武彌正教授夫人のバイオリン演奏や文化総部傘下のグリークラブ他に加え応援団のブラスバンドの賛助演奏までが出場しての盛沢山であった。

　この大ホールでの開催に就いては、果たして会場が埋まるのかと心配をされていた久山先生であったが結果収支プラスとなり、安堵して頂いた。収益のプラス分の一部を新月会館側の池に白鳥の雛五羽を学院に寄贈したのも懐かしい思い出である。その白鳥たちも今はいないが。

三　クレセント

　クレセント創刊号は一九七七年十二月発行で、昭和初年の甲山を背景に一面農地の上ケ原が描かれている絵が表紙を飾っている。丁度そんな風景の中で、大学設立を目指し原田の森から移転を決断されたのでしょう。創刊号に相応しい貴重な絵である。この創刊号に、ドイツにいた私のところに寄稿依頼の書状を編集部から受けた。編集方針も知らず、アウトバーンとマイスター制度が支えるドイツの合理精神や、ドイツ人と日本人との考えの違いを書かせてもらった。これがご縁で、その後毎号送って貰ってきた。

　今回そのすべての号を閲覧してみると、その内容が多岐に亘ること、時を得たテーマが選択されていること、筆者の人選などなど感心の連続であった。

　私は常々甲山を背景にした図書館と中央芝生の美しさを得意がってきたが、キャンパスのいたるところに咲き競う四季折々の花々の美しさ、季節を感じさせる樹々の変化、それらが建物と織り成す調和にすっかり魅了された。自然と人間の営みを熟知した知る人の叡智を感じる清水茂氏他の撮影者に敬意を表したい。

四 千刈セミナーハウス

一九七八年十月十四日に開館した千刈セミナーハウスは二〇〇五年十月二十一日にその二十七年に亘る活動を終了した由である。開館に当たり当時の関西学院理事長・院長は次の様な言葉を捧げられた。

……私たちがこのセミナーハウスを設立いたしました根本の理念は、この大自然の懐において、静かに自然に対し、自己に対し、そして自然と自己の根源である神に出遭うということでございます。

……この祈りの上に、さらに具体的な四つの目的をもって設立されました。

第一は小集団教育の場を作る

第二は個々の先生方に研究の場を提供するだけでなく、学会開催の場として活用され、学院の研究活動の進展に役立っものでありたい

第三は生涯教育の場としての活用

第四は国際交流の場としての活用

これらの目的は達成出来たからの閉館なのだろうか?

エドウィン・O・ライシャワー元駐日米大使は一九七九年六月二十九・三十日に、三木武夫元首相は一九八一年一月二十四・二十五日に、ジミー・カーター元米大統領は一九八一年九月六・七日に千刈セミナーハウスを訪れている。

また、一九八一年十月七日には商学部開設三十周年記念行事が取り行われた。

一九八〇年代の後半には年間利用者も一万七千人前後まで増えたが、その後は減少傾向だったようだが。付記すると、セミナーハウスはもとより千刈地域全体の土地確保構想は粟野頼之祐先生（元文学部教授）の気宇雄大な夢であり、その実現に努力されたと記されている。（クレセント十九号）

原田の森から上ケ原に移転を決断する時、クレセント創刊号表紙にある広大な農地をすっぽり確保していればその後の上ケ原キャンパスも変わったであろう。

時代が代わり、三田キャンパス確保の際、学内で諸説紛糾したと聞いていたが、久山先生はこの前の轍を踏まぬとの強い決意で、未来を予測、想定をした土地確保を進言されたのだろうが夢物語と理解されたのか紛争に巻き込まれることになったのではないか歴史が審判するであろうが、会社経営は長期戦略がなければ国際競争に生き残れないのだが。

五　ドイツでお迎えした久山先生

一九八二年だったのだろうか、学院の先生方他有志の方を含め四十数人がハンブルグに来られたことがあった。ハンブルグ大学を訪問した後、市内周遊港湾施設を見学後ハンブルグと同じハンザ同盟の町リューベックを訪ねた。文豪トマス・マン生誕の地で、ブッデンブロークハウスを外から見、ブクスフーデのパイプオルガンを聴きにバッハが足繁く通ったマリエン教会でパイプオルガンの演奏を聴いた。夜はシファーゲゼルシャフト（船員組合の家）の庭で夕食をともにした。確か、カレイのバター焼き料理に白ワインとビールだったと記憶している。町も家も人々の装いも歴史を感じる町だったと皆さんに喜んで頂いた。

久山先生がハンブルグに来られたのはずっと前の一九七三年七月五日だった。長い車の旅の途中なので些かお体を心配していたが先生はお元気でわざわざ会社に訪ねてくださった。当時は旅程の詳細を認識していなかったが、後刻頂いた本『ヨーロッパ心の旅』を拝見すると相当きついスケジュールであった。先生のお好きに目指した旅なのだろう、全くお疲れを感じられなかった。公園内での夕食会も喜んでいただいた。頂いた本には、こんな歌が添えてあった。

西独に君ありて　日本の盛名を馳せゐることの　われはうれしき

一九八六・四・八　久山　康

追憶　久山　康先生——生涯の大恩人

大越俊夫
（一般社団法人パーセー実践哲学研究所理事長）

母校の文学部・英文科（博士課程）を卒業して、四十四年経ちます。卒業後は、母校と直接かかわることなく、遠い所に身を置いていましたので、この「追想」を記すのに、少々、相応しくないのではと案じながら筆をすすめています。

幸いにも、久山先生の御長男の敦氏とは同期生であり、その関係で御自宅や国際日本研究所に出入りを許されていたので、その若き日を想い起こしながら、そして、その頃の久山先生のお姿を想いながら、つづってみたいと思います。

久山先生が主催されていた「土曜会」にも、末席を汚しておりました。あの日「土曜会」の最後の勉強会の日も、久山先生は、とてもとてもお元気で、溌剌とされていました。勉強を終え、例にならって、取り寄せたお寿司を皆でいただき、まさに談論風発というよりも、久山先生を囲んだ大家族の食後の団欒といった風でした。私は、この雰囲気が大好きでした。私の右横に山内一郎先生が座っておられ、そのすぐ右側に久山先生です。

私が持参した洋菓子を右手でしっかり握られ、笑顔で実に美味しそうに頬張っておられました。いまもその先生の横顔は、はっきりと憶えています。

その先生が、まさかその二日後に天に召されるとは……。悲しい悲しい出来事ですが、これも神のご計画であるならば受け入れるしかありません。こうして、この世的には、久山先生は、私たちの前から消えられたのです。久山康先生は、私の生涯の大恩人であります。久山先生のご支援がなくては、私や私の家族の今の幸せはありません。大学院を終える直前、私は苦悩の只中にあり、痩せ細り、大きな風呂敷に原稿用紙千五百枚を携えて、学院本部の理事長室に久山先生を訪ねました。丁度、昼食前だったこともあり、カツ丼を取って下さり、その間、事情を聞いて下さいました。私は、どうしても、この原稿を元に、本を出したかったのです。恩師の東山正芳先生（文学部長・アメリカ文学）のお言葉添えもあり、ご長男の友人ということもあって、久山先生は時間を割いて下さったのです。その数日後に久山先生からお電話をいただきました。近々、奈良に行くから「そこで会おう」ということです。私は、結婚を機に奈良に居を移していました。約束の日に、奈良公園の中にある奈良ホテルのロビーに久山先生を訪ねました。

「なかなか力作だよ。ほれ、推薦文だ。出版の道もつけた。大変だろうが、道を貫きなさい。」嬉しくて嬉しくて、レストランで何をいただいたのか、同窓会専務理事の小原完三先生だけは覚えているのですが、他に誰がおられたのか定かでありません。こうして、処女作『独房論』が世に出ることになったのです。その帯に、「自由と平和の時代の底に開けている虚無の闇を貫いて、暁明を告げる鶏の声が待望されるが、この純潔で逞しい若い魂の模索と実践には、それが感じられる。新しい世代がここに誕生しようとしている。貴い青春の記録である。関西学院長　久山　康」と刻まれています。

私は、この一冊を支えに、不登校生のための私塾「師友塾」を興しました。爾来、四十三年になります。この一冊がなければ、途中、道を見失っていたと思います。「Mastery for Service」と久山康先生。母校と大恩人を光として、残された日々を生きたいと思います。

学徒、久山先生のこと

伊志峰正廣
㈱クロスコム代表取締役

一九五八年（昭和三十三年）学院から甲東園行きのバスの中で、たまたま先生と乗り合わせた。その時先生から一冊の小冊子を手渡された。須田剋太画伯の無骨な表紙絵の『兄弟』という冊子であった。発行所は「基督教学徒兄弟団」とあった。学徒兄弟団とはなんと古めかしいことかと思った。学徒、兄弟、そこには先生の意図が明確に刻みこまれているように思えた。須田剋太画伯の描く一本の線には力にあふれテコでも動かない一徹さがあった。先生にもまたゆるぎない一徹さがあった。

あるとき仁川の先生のお宅によばれスキヤキのご馳走にあずかった。食前の祈りがあり先生自らが鍋奉行をされた。私の生涯の中で忘れ難い食事のひとときであった。先生の居間には先生の恩師である西田幾多郎先生の短歌の掛け軸が三本かけられてあった。「善なる生き方」を示す西田哲学こそ先生の思索の源であったように思う瞬間であった。

先生は戦後間もない頃「基督教学徒兄弟団」をたちあげ数々の名著を通して混迷のさなかにあった日本の若者に勇気をふるいたたせた。数々の著作の表題に先生の思索の変遷をたどることができる。先生の著作は今も私の枕頭にあって先生の謦咳に触れる思いで折りにふれ開いている。

学院創立九十周年にはハーバードのライシャワー博士をお招きしてランバスレクチャーが行われた。豊かな自然の中、三田のセミナーハウスでライシャワー先生の講演を聴くことができた。私は幸運にもライシャワー夫人と隣り合わせの席であった。ハル夫人は「私の先祖はここ三田なのよ」といわれた。先生はつねづね「自然こそ人間の師である」といわれていた。「一本の樹木は三人の教授に勝る」先生の口癖であった。三人の教授の中に先生ご自身も含まれての述懐であったことはいうまでもない。学院はいま四季折々の樹木に囲まれて美しい学舎となっている。先生の尽力によるものであることを知る人は少ない。

ランバス先生が神戸港を見おろす原田の森を西日本伝道の拠点と定められたように、久山先生は二十一世紀に向けて国際的な文化交流の拠点を三田の地に求められた。国際日本研究所のまなざしの先には「国際文化交流センター」としての三田キャンパスの建設があった。新時代をめざす若者の人間形成の場として自然に恵まれた三田の地が不可欠であった。しかし先覚者のビジョンはえてして我々凡人には理解の域をこえたものとしか思えない。口さがない人は「久山は不動産屋か」と陰口をたたいた。先生の先見性は、かならずやその正しさが歴史の波濤の中で証明されることであろう。

学院の樹々の間を歩むと先生の力のこもった静かな声がきこえてくる。（若者よ、思索せよ）（かくして時代の潮流を読め）と。先生は行動する哲学者であった。「学徒」の思索と情熱をもってその生涯を走り抜けた。

慈父の如き哲人であった。

"Late Chancellor Yasushi Kuyama: A Dynamic Leader of Christian Education"

Ken Yamada
（元北米合同メソジスト教会高等教育局副総主事）

Ken Yamada, former Associate General Secretary of the General Board of Higher Education and Ministry of the United Methodist Church.

In the preface of the first publication series in 1975 published by Kwansei Gakuin entitled "What is University: Universities in the World; Universities in Japan; and Kwansei Gakuin," late Chancellor Yasushi Kuyama of Kwansei Gakuin states “As we celebrate the 85th anniversary and facing the centennial, Kwansei Gakuin is encountering the unprecedented challenge and responsibility for institutional prosperity and advancement. We are at the beginning period of a significant change of the world and we must go through an evolutional change reflecting this new reality. The global age is here and education and academic research must be planned and delivered in this global context… we, as a Christian schools, must have a clear purpose to live for others which enables us to establish the self-identity. Kwansei Gakuin’s motto “Mastery for Service” has truth of the Christian spirit, care, and love.” Forty years ago in 1975, Kuyama already saw that the global age was just around the corner and had a clear sense of direction what Christian schools had to do in dealing with this new reality.Kwansei Gakuin University, under the leadership of Kuyama, began to plan and implement the programs reflecting the global reality, and help broaden the curriculum and knowledge base. The partnership with Southern Methodist University in the United States was such an example that enabled Kwansei Gakuin University students and faculty to have cross cultural global experiences. It was also a significant effort for Kwansei Gakuin to produce the film “*From Pearl River to the End of the World*” as the Kwansei Gakuin’s centennial celebration, reaffirming the founding purpose and mission “Mastery for Service” and the founder Bishop Walter R. Lambuth of the Methodist Episcopal Church, South.

At this same period, the General Board of Higher Education and Ministry of the United Methodist Church in Nashville, Tennessee, under the leadership of General Secretary Thomas F. Trotter, was also initiating the Pacific Rim Project, which was an effort for the Board’s programs to internationalize and connect Methodist-related schools, colleges, universities, and theological schools in the Pacific Region; including Asia, Pacific Islands, and South America. The Board dispatched the first delegation, headed by Chancellor Melvin Eggers of Syracuse University in 1979, to the newly opened People's Republic of China. The delegation stopped over and visited Aoyama Gakuin University in Japan. The Board further advanced the project and sent delegations to Malaysia, Philippines, Korea, and the South Pacific islands of Tonga, Fiji, and Western and American Samoa. Kuyama and Trotter created a new dynamic movement of Methodist educational enterprise across the Pacific region.

In 1980, Kuyama and Trotter met in Nashville, Tennessee, and shared their common vision that Methodist educational institutions had to aim to increase access to Christian education and develop high quality graduates who understand the global reality and work toward world peace through Reconciliation, Justice for Equality, and Service for Others. Kuyarna and Trotter initiated a series of conferences involving presidents and headmasters of Methodist schools, colleges, universities, and theological schools in Japan and the United States in 1980's. Through these conferences, numerous student and faculty exchange programs were created among the participating institutions. At the 1985 U. S. and Japan Conference in Nashville, Tennessee, the Conference discussed establishing an international school and an academic research institute at Scarrett College, which was known to be the training school of Methodist missionaries bound for Asia and South America. Unfortunately, this idea was not realized; however, out of the discussion, Kwansei Gakuin High School and the University School of Nashville formed the partnership. In 1986, Scarrett College conferred an honorary doctorate degree upon Kuyama in recognition of his outstanding leadership. Kuyama's dynamic and outstanding leadership given to Kwansei Gakuin and Methodist educational enterprises cannot be discussed without mentioning the fact that Kuyama had an extraordinary supporter, Rev. Dr. Ichiro Yamauchi. Without his indiscriminate support and assistance, the history of Kwansei Gakuin and

Methodist educational enterprise might have been different.

In recognizing the 20th anniversary death of Chancellor Yasushi Kuyama, the international movement created and delivered by Kuyama and Trotter continues today. Over 800 Methodist-related schools, colleges, universities, and theological schools in the five continents-Africa, Asia, Europe, South America, and North America under the International Association of Methodist-Related Schools, Colleges, Universities, and Theological Schools (IAMSCU), are now linked. A total of nearly one million students are enrolled and being nurtured in the Methodist heritage and principle, and they contribute toward world peace. It is a symbolic and substantive fact that the 2014 International Conference of IAMSCU will be held at Hiroshima Jogakuin University in Japan. It is a celebrating event for Methodist Education and its network; but most importantly, it is the recognition and appreciation of legacy of late Chancellor Yasushi Kuyama and Dr. Thomas F. Trotter.

自然愛好会のこと

藤田隆治
（社会福祉法人三田谷治療教育院監事）

久山先生には本当にお世話になりました。土曜会、自然愛好会、国際日本研究所、妙高高原村と色々な場面で、私の人生に大きな影響を受けました。文学部の哲学の授業で、〝土曜会〟のことを知り、読書好きだったので入会しました。例会に何度も参加し、合宿で清里や屋島へ行きました。夏目漱石、椎名隣三、ドストエフスキーなどの本を皆で読み合いました。

関西学院のキャンパスは緑でおおわれ、美しい自然に恵まれた所にあります。正門から花壇、中央芝生、時計台、そしてうまい具合に丸い甲山、その後に六甲の山脈が望まれます。キャンパスの美しさに、入学を決めた者も多くいました。文学部の三名の女子学生が、関学内に花壇を作りたいという希望を持っていました。久山先生にその話が伝わり、「大学生なので花を植えるだけでなく、自然を豊かに生き考える会をつくれば」と助言がありました。土曜会の例会でメンバーに「誰か興味のある者はいないか」と問われ、私が手を挙げて、新しい会を作ることになりました。先生と骨子を相談し、三名の学生と会員募集のためのポスターを各学部に張り、自然愛好会の活動がはじまりました。関西学院の施設課がキャンパスの花壇、樹木など校庭の管理をしていました。その一部を学生が担うという事で、文学部別館裏に道具置場兼クラブハウスとして、小さなプレハブを建てていただき、活動の拠点として始まりました。募集に各学部より二十五名程が集まりました。地方出身者が多く、未だ学校の雰囲気や、友人に馴染めなかった者が自然愛好会という名前にひかれ、入会したケースが多かったように思います。

発会後はじめての野外活動として、神戸森林植物園に二十名程で出かけ、久山先生も同行して下さいました。ご自元園長の河原巌氏を先生に紹介していただき、後に関西学院の樹木の名前や由来を教えていただきました。ご自宅を訪れ、ご一緒に六甲山麓を歩いたりもしました。

会の活動としてまず文学部本館裏に花壇をつくることになりました。深く掘り、肥料を入れ、石を並べ花壇らしく、バラのアーチをつくりました。中央にはボタン、そして矢車草、カワラナデシコ、マリーゴールドなど植えた覚えがあります。後にそこはバラ園になりました。学院内に憩いの場が出来ました。これらは楽しい作業でした。正門の花壇も任され、どのようにデザインするか、花の咲く時期、色の配色、高さなどを配慮し、皆で相談したものでした。きれいに咲いたときは喜び合いました。土を掘り、馬術部より馬フンをリヤカーに積み運びました。目立つ場所での作業で、横を通る知人から「何をしているのだ」といわれました。関学の雰囲気とは違うが、我々は誇りを持ってやっていました。逆に時代の先端をいく事をやっているという自負もありました。図書館と社会学部の間の空地にダリヤ園、ボタン園、法学部の別館の中庭の円型花壇と範囲を拡げていきました。

新月池の白鳥が子供を毎年生むも、野犬にやられたりで、無事に育ったことがありませんでした。その年も三羽の赤ちゃんが生まれました。久山先生より自然愛好会で見守りをしてくれないかとの依頼があり、どうするか検討、受けることにしました。当番を決め空いている時間、交代で見守りつづけ、その結果成鳥まで無事育つことができました。アヒルのガー公が自然愛好会のマスコットになりました。学院内で時々大きな声を出すこともありましたが、文学部前の小さな池に、皆に愛嬌をふりまいて歩いていき、大喜びで泳ぎ水浴びをしていました。お正月にもエサをやりに行ったり、大変なこともありましたが、二―三年皆にかわいがられていました。結局野犬にやられてしまいました。関学の校内にリスが遊んでいればと、子供のような夢の話を久山先生から持ちかけられました。リス小屋を建て、リスを十匹程手に入れ子供を増やす計画を進めました。少し増えたある日脱走劇があり、急に具体化してしまう状況になってしまいました。しばらくの間校内でリスの姿を見うけられましたが、いつの日か確認できなくなってしまいました。

大学祭の時は模擬店で植木市を出店し、久山先生に紹介していただいた宝塚の山本の業者から、たくさんの樹木や、観葉植物、サボテン等仕入れました。多くの方に好評で、よく売れ単価も高いので、模擬店の中で一番の売り上げでした。配達も引き受け大変でしたが、楽しい忙しさでした。後日その利益で一泊の無料合宿などしたものです。展示会も開き、関西学院の樹木調べや、白鳥の見守りの報告などしました。

甲山が身近にあるので、時間の空いている者でよく登りました。甲山について多方面から研究し、〝甲山〟という本を出し、市の図書館においてもらいました。六甲山にもよくハイキングに行き、高山植物園にも行きました。箕面の勝尾寺で探鳥会をしたりと、山登りにも何度も行きました。

夏の合宿は一番大きな行事で、一年目は知多半島の内海で海を楽しみ、次の日は御岳山（三千六十七メートル）の登山を楽しみました。次の年は八ヶ岳の赤岳（二千八百九十九メートル）へ、ハプニングもありましたが、六十五名ものメンバーで登頂しました。次の年は大山、次の次は飯縄山と山に行くことが定着しました。この山行の経験で生涯の趣味として登山を楽しんでいる人も多くいます。私も現役の山岳会員です。

国際日本研究所の二階で、久山先生をお迎えしクリスマス会をしました。食事をつくりパーティもしました。キャンドルサービスで関学を廻った事もあります。

五十年前の昔のアルバムを引っぱり出し、想い出しました。自然愛好会という名刺に魅力を感じ、学生時代を一緒に過ごした仲間がたくさんいます。ＯＢのメンバーも三百名以上いると思います。会員同士で結婚した者もいます。ずっと人生の友として続いている者もいます。今も時々同窓会や同期会を開いたりと交流を続けています。久山先生は自然愛好家の顧問として影になり日なたになり応援して下さいました。妙高高原村の一角に、自分たちで建てた山小屋「あるがままあん」、四十七年たちましたが、今も健在です。自然愛好会のメンバーの協力や利用がありました。今も仲間が時々集まっています。本当に久山先生に感謝でいっぱいです。

久山先生の思い出

中條順子
（元関西学院職員）

戦後、父田中彰寛が関西学院に復職して校内住宅に住んでいたころ、私は神戸女学院専門部に通っていました。父は理工科でドイツ語を教えていました。校内の教師住宅にはいろんな学部の先生方が家族連れで住んでおられました。電話もテレビもない時代で夜は本を読むとか人を訪ねておしゃべりするなどして過ごしていたわけです。文学部事務長の岡島さんが我が家へ麻雀パイを持ち込んで時折メンバーを揃えてゲームをしていました。その中にいつしか久山先生の姿もあり、西尾康三先生も一緒でした。そんなときゲームはしばしばお喋りに中断されて一向に進みませんでした。久山先生の達者な語り口に懸命に応対しようとする西尾先生の熱弁はいささか時間を要したものでした。それが楽しみの一つだったのでしょう。のんびりした時代の思い出です。あるとき、久山夫人が敦君を連れてこられ、敦君にピアノを弾かせ、私たちに聞かせてくださいました。どういういきさつがあったのかわかりませんがおそらく久山先生の差し金でしょう。ご家族を限りなく慈しまれた先生の一面を見る思いです。

戦後の時代若者は知的な刺激をもとめ、人生についての模索をしていました。久山先生はよく講演会を企画され、文学とキリスト教に関するシリーズもよく取り上げられたと記憶しています。そういう会には神戸女学院の学生もやって来ていて私の友人も熱心に聴きに来ました。私もお供して久山先生の爽やかな弁舌に引き込まれました。少しハイトーンの、ときどき同じ言葉を繰り返される語り口を覚えています。

戦後上ケ原キャンパスの東側は大きな空地になっていて「アメリカ学園建設予定地」という看板が立っていました。それが売りに出され、人の噂によれば関西学院に買ってほしいと申し込んだが断られたというのでした。のちに三田キャンパス購入の話が持ち上がった時これを思い出し、あの時久山先生なら即決で買われただろうと思いました。当時の責任者は黒字財政をしっかり守る方だとか。三田の地を購入されたとき学内には反対の声も大きかったのを覚えていますが、結局は今の発展の基礎となったわけで、久山先生の決断力はその根底に未来に対する夢とロマンがあったからこそと気づかされます。

キリスト者として、教員として学内伝道への情熱は宗教活動委員会メンバーとしての活動によって示されました。文学や哲学関係の講演会シリーズ、読書会を継続して行うなど飽くことを知らない働きでした。また朝早くキャンパスの一隅で、心通わせる二、三人で祈りの時を持っておられたことは知る人ぞ知るの行いでした。そうかとおもえば誰かと楽しく会話をされていて、いたずらっぽく相手をけなしたあとちょっと横を向いて傍らの人に笑いながら肩をすくめるしぐさを見せる軽妙さも備えておられました。きっとけなされた当の相手も憎めなかったでしょう。

現在関学会館に飾られている壺を見ると千刈のセミナーハウスを思い出します。先生は泊りがけで研修や会議をする場として建設に情熱を注がれたのでした。豊かな自然の中で思索し議論をする素晴らしい環境を研究者や学生に提供されたのです。その中に日本の庶民の美意識のような備前の壺などがさりげなく置かれていました。先生の名言を思い出します。「一本の樹木は数人の教師に勝る」。上ケ原のキャンパスにも竹林がうっそうと茂っていますが、これも先生の仕業です。ある宣教師夫人がうちの庭まで竹がはびこって暗くなったと嘆いておられましたが先生もそこまではお気づきではなかったのでしょう。もう先生も宣教師夫人もこの世におられません。

久山先生の院長時代、突如として私は国際交流センター準備室の担当職員として指名され、院長室の一隅にある小部屋（もとは秘書室か物置のような）のデスク一つ置いた所に移りました。宗教センター開設以来二十三年住み慣れた部署からの転身で戸惑いましたが仕事に仕える姿勢に変わりはないと思い、協力なさる先生方のお手伝いをし、最初の仕事がインドネシア、サテイア・ワチャナ大学との交流セミナーの開催でした。これはリームズ先生の熱い思いによって実現し、今に至り大きな成果を得たものです。そしてかねてから国際交流に関心の深かった久山先生の決断なしにはできなかったことでしょう。のちにアメリカＳＭＵとの交換留学プログラムが実現する見通しが付くようになって宣教師館一番の〝ベーツ館〟が国際交流センターとなり、新任職員二人が配され藤田允氏が事務長としてこられました。留学生のホームステイのための家庭を高等部の父兄に呼びかけて家庭訪問し、お願いをして廻ったり留学生のためのお茶会をしたり教職員の方々の協力を仰いだり、たくさんの仕事がありました。そのような積み上げの上にいまの盛んな国際交流が展開されたと思うと久山先生の決断の大きさを改めて深く感じさせられます。

久山先生の白熱講義

倉田和四生
（関西学院大学名誉教授）

私は昭和二十六年四月に関西学院大学文学部社会学科に入学したが、一般教養課程の「哲学」の担当者が久山助教授であった。久山先生の講義は熱誠火をはくかの如く迫力に満ちたもので、学生の人気は高く、いつも満員で立見が出る程であった。やたらに私語が多くなったりするとその学生に教室からでるように厳しく促され、教室にはたえず緊張感がただよっていた。堂々たる体躯の運動部の猛者達が神妙に聴き入っているのが奇妙に写った。

講義の内容は普通の哲学入門などに見られる概念用語の説明ではなく、夏目漱石の「それから」、「道草」、「心」などの作品を素材にして「人間の生と死」についてつきつめて考えるという講義であった。そして夏休みには夏目漱石の作品についてのレポートが課された。そこで私は毎日のように学校の図書館に通ってレポートを書いて提出した。確か「草枕」をとりあげて、これは他の作品に比べてもペダンチックで知識をひけらかしているところが多く、人間の悲劇性をつきつめて探究したものになっていない、といった大変生意気なことを書いて提出した。自分の思ったことを率直に書いたので欠点であっても悔いはないという気持であった。ところがしばらくしてこのレポートに評点がついて返却された。私のレポートの評点は八十五点で「なかなか面白い」と書かれていた。この評点は私が期待したよりもかなり高かったので素直に喜んだ。

ところで一年生の頃は長崎の鎮西高校から進学した哲学科の友人と行動することが多く、哲学科には外にも優秀な学生がいて、魅惑的な学科に見えた。そこで社会学科から哲学科に移るのもいいかなと邪なことを考えたりした。そんな時、長崎の鎮西高校から来ている友人で久山先生の講義を受講している人物にあったので、久山先生のレポートの評価点のことを聞いてみた。すると友人は九十五点だったと答えたのでこれには仰天した。友人の話によると自分は高校三年の時、結核の療養に当たったからその深刻な事情を書いたからだろうとのことであった。そこでこの話には素直に納得した。そんなわけで哲学科への転科の意欲も消滅した。久山先生の「哲学」は私にとって忘れ難い思い出である。

追憶　久山先生

佐々木徹
（追手門学院大学名誉教授）

一　叙勲受章記念の祝辞

遠い昔、この世の褒賞は、月桂樹や花の飾りであらわされたと聞いております。木の葉や草花といった、はかない存在が学問や芸術のしるしとされたのは、そのいのちの奥に、それらを司る神々が看取されたからでしょう。言いかえれば、芸術といい、学問といっても、所詮、いつかは消えてゆく人間のわざを、木の葉や草花を創造した神々の力によって嘉したのでありましょう。

久山先生との初めての出会いは、私が大学二年、哲学の講義のときでしたが、今でも印象に残っているのは、「すべては過ぎてゆく、人生は一度かぎり」という、その講義の基調音でした。先生は当時四十代半ばでしたが、旧制松山高校のときにお父様を亡くされ、ご自身も結核の病いに冒されるという体験から得た、それはひとつの動かしがたい真実だったのだと思われます。

先生の訳されたものにキェルケゴールの『野の百合、空の鳥』があります。マタイ伝第六章による講話ですが、そこでは、小鳥や草花を師として、その沈黙と従順を学ぶことが説かれています。与えられたいのちを素直に全うする小鳥や草花に、キェルケゴールは神の永遠を見ていると言えるでしょう。

若き日にご自身の主体的な問題を通して、キェルケゴールやドストエフスキーに出会われた久山先生が、今後ますますお元気で、一〇〇〇年、二〇〇〇年単位の、いわば永遠に触れたお仕事をなさることを祈念して、お祝いの言葉とさせていただきます。

（『兄弟』三八八号、一九九〇）

二　折々の思い出

人生の歩みは、定められた階梯に従って、整然と運ばれるといったものではない。予想もしない衝撃によって、大きく右左と揺れ動き、時に足を踏みはずし、深く傷つくこともある。とりわけ十代の、身も心も不確かな季節には、自分の心身そのものが一つの衝撃であり、謎である。

自分というものを見定めないままに、不本意な形で大学に進んだ私は、経済学部に籍を置きながらも、社会科学の枠内に自分を見出すことができず、充たされない日々を送っていた。しかもその不満は、学部や大学を変えても根本的には解決できない性格のもので、もともと文学部に進みたかったのに、家庭の事情で断念したという言い訳が成り立たないことも、よく承知していた。文学は教えられるものではなく自分ひとりでやるものだという若い自負もあった。要するに、自分自身を生かす突破口を見出しかねていたのである。

そんなときに、久山先生の哲学の講義を聴いた。堂々たる体躯、響く声、巧みな話術は、他の一般教養の授業に抜きん出ていたが、それよりも私を惹きつけたのは、その根底にある人間認識であった。のちになって、それは先生が旧制高校の多感な時代にお父さまを亡くされ、みずからも結核を患い死と直面した、という具体的な事実に裏づけられていることを知ったが、先生の言葉の端々に、生きて在ることの孤独を経験した者のみのもつ真実が感じられた。

授業のあとの説明で、先生が土曜会という読書会を主宰しておられることを知った。そのころは宗教センターの一室を借りて行なわれていた例会に何度か出席したが、もともと大勢の集まりになじみにくい私の足は遠のきがちだった。しかし、二年の終り、春の旅行に誘われ、逡巡ののち参加したことが、私と土曜会との関係を決定的なものにした。

会の運営は三年生が中心で、二年生はそれを引き継ぐことになっていたが、当時、二年生の男子は私を含めて二人しかいず、旅行の最後の夜、運営の役を先生や先輩から言い渡されてしまったのである。三年生になると、例会のほか、月刊誌『途上』の発行、新入生歓迎会や夏合宿、春の旅行の企画と、責任ある仕事も多く、もはや引くに引けなくなってしまった。むしろ、いい先輩や同級生、後輩に恵まれ、大学よりも土曜会へ出かけるのが目的の毎日となっていった。

三年の秋に、国際日本研究所が設立され、土曜会もその一室を与えられた。例会が終わったあとも、研究所に泊まりこんで語り明かし、時に酒を飲み歌をうたい、文字どおり青春を謳歌した。私のなかの不満は、活動の場を与えられ親しい者に囲まれることによって、いつのまにか解消していった。とくに久山先生が実力以上に私を評価して下さったことが大きな励ましとなった。自己を発見するためには、自己以外の存在が必要である。自分一人では突破できなかった隘路を、久山先生や友人たちとの出会いによって、切り拓くことができたのである。明るく広い野に出てみれば、昨日の悩みは嘘のようで、二十歳の凪は爽やかで快かった。

同じ年の秋から冬にかけて、私は決定的な経験をした。突然あらわれた後輩の一人が私の心の奥まで、信じられない人なつっこさで侵入し、私のすべてを占領した。人間関係において節度と自制を失うことのなかった私は、初め驚き、夢中になり、そして盲目となった。今の私なら、適当な距離をとる保身の術も心得ている。しかし、当時の私は全くの無防備であった。友情と呼ぶにはひたむきで、熱度が高く、恋というには目的も策略もない、その関係にひたすら溺れていった。けれども、それがそのまま続くわけはなく、相手は、飛びこんできたときと同じ無邪気さで飛び去った。ひと言も断わることなく、大学を退めたのである。

すべての責めを自分に課して、私は心身ともに疲弊した。友人が心配してかけてくれた電話の受話器をもつ手がふるえてとまらなかった。医者の家に下宿している同級生は、「薬を持ってくるから何も聞かずに飲むか」と言ってくれた。考えこんでいて、電車を乗り過ごすことも少なくなかった。むろん、眠りは浅く、二、三時間で眼が覚めた。

思い余って、久山先生のお宅を訪ねた。三方を書棚に囲まれた暗い書斎で、先生は持参した日記をていねいに時間をかけて読まれた。私は裸になる恥ずかしさと安堵と、そして一抹の悔いを感じていた。後輩との一体感が破られたように思われたからである。しかし先生は、忠告めいたことはひと言もいわず、あるべき人間関係について淡々と語られただけであった。

四年生になった私は、ますます土曜会の活動に熱心になった。土曜会に没頭して、将来のことも就職のことも眼中にない私を心配して、経済学部のゼミの田中金司先生が声をかけて下さった。先生の推薦もあって、私は六月のうちに銀行に内定した。そのあとも、夏合宿その他、土曜会中心の学生生活であったが、この充実した楽しい日々が、就職後の銀行生活との落差を際立たせた。入社した途端、自分自身の甘さを思い知らされた。一日一日が苦痛の連続だった。久山先生のお宅を訪れ、またもやふがいない私をお見せすることになった。「こんなになるなら、初めから自分を見定めておくべきだったのですが」と言う私に、先生は「若いときには経験によって初めてわかることもある」とおっしゃって、その場で電話をかけ、文学部大学院への進学要件を問い合わせて下さった。

田中先生は、私の今後を思って、銀行をやめることには反対だった。その学識とお人柄を尊敬してゼミを選んだ私には、先生を裏切る形になるのがつらかった。母は、私の心境を理解しながらも、平凡な幸福を望んでいた。銀行の支店長はもちろん反対で、退職願いに判を捺さないと言った。久山先生は一日、銀行に出向いて、支店長に会って下さった。「経済界の人としては話のわかる支店長だよ。もう少しがまんをしたら」という先生の言葉だったが、私の方は余裕がなかった。半年たち、一年たったら、もう退められなくなる、という思いが強かった。私は無断で会社を休むという強行手段に出た。行方不明になった私にたいする捜索命令が久山先生から土曜会の者に出た。早稲田の友人の下宿に身を寄せていた私は一週間ほどして帰ってきた。周囲を騒がせた私にたいして、久山先生からは何の叱責もなく、「お母さんが本当に心配しておられたよ」とだけ言われた。

爾来、二十数年間、土曜会の夏合宿、春の旅行と、先生のお供をした。久山先生は私にとって、国際日本研究所理事長でも関西学院院長でもなく、つねに久山先生であった。

（『兄弟』四三八号、一九九五）

三　追悼の言葉

久山先生が卒然として逝かれてのち、季節はめぐり、早や四カ月がたとうとしております。いま、新緑のときに、改めて先生の残されたこと、語られたことの一つ一つを振り返ってみるとき、その底に一すじに見えてくるものがあります。それは、死をみつめ、死を忘れない精神の姿です。

先生の最後の著書は『人間を見る経験』と題されておりました。そこで述べられているのは、すでに鬼籍に入った人たちの人生であり思想でありますが、先生の関心は、その人たちが生のなかで、いかに死の問題と直面したかにありました。あらゆるものを一瞬のうちに虚無と化す死の存在に鈍感な人生や思想は取るに足らない、という断固たる姿勢は、先生の多くの文章からも感じ取ることができます。たとえば初期の随想集『自然と人生』のなかでは、現代において死をみつめるということがいかに困難かが指摘され、死を忘れた人生は、いかに豊饒《ほうじょう》かつ華やかに見えていても、その底には滅びゆくものの空しさがある、と書かれています。

「死をみつめる」ということは、先生の場合、抽象的に考えられたのではなく、具体的な体験に根ざしておりました。旧制の松山高校に入学し、柔道部に入り、寮生活を始めたばかりの先生は、まさに青春の只中にあったと思われますが、二カ月後に喀血、肺結核と診断され休学を余儀なくされる。さらに二年後、郷里のお父様が亡くなられる。それまで前途に希望をいだき、身体を鍛えていた青年のこころは、深い孤独と虚無感にひたされたと想像されます。暗い廊下の洗面所で洗面器いっぱいに吐血したときの恐れ、昨日まで元気でいた肉親が物のように動かなくなったことの衝撃について、しみじみと語られたこともありました。そのころ、先生は古今東西の思想や文学の書を読まれました。そして、結局、解決は宗教以外にないという思いをもって、京都の大学に進まれたのです。

大学には進まれたものの、卒業と同時に戦場が待っているような時代でした。昭和十六年の春、大学を卒業された先生は、病いのため軍隊生活は免れましたが、その年の十二月には太平洋戦争が勃発、日本の空いっぱいに暗雲がたちこめ、国民の誰もが明日のいのちを保証されない状況でした。

そんな中、先生は病身でありながら、勤め先の聖和女子学院の数少ない男子教員として、防空壕や防火池を学生たちとともに泥んこになって作られた。そのときのことを回想して、先生は、「私はその池にひそかに水蓮を植えておくことを忘れなかった」と書いておられます。いのちの瀬戸際にあっても、いやむしろそのような状況だからこそ、生あるものを慈しみ、育てようとされたのだと思います。

先生は草花や野鳥に詳しく、そして本当に愛しておられました。関西学院にも数多くの木を植えられ、また千刈に大きな野鳥園を作りたいという夢も、もっておられました。先生は、キェルケゴールの『野の百合、空の鳥を見よ』という講話を翻訳され、またドストエフスキーの「一本の木の傍らを通り過ぎて、どうして幸せにならないことがあろうか」という言葉をよく引用されました。

空襲のつづいた日の夜、夢に、咲き匂う無数の花を見て目覚め、ノートに「この美しい自然との交わりを深めるためだけにでも生きていたい」としるされました。そして「いのち生きて紅の薔薇培《つちか》はんと念うこころのいま残りける」という歌を作っておられます。

先生は、大学時代に洗礼を受けてクリスチャンになられましたが、信仰に関しては、門の向こう側に立って招かれるというようなことは一度もなく、むしろ、先生ご自身、門のこちら側にいて、後進の一人一人を見守り、ともに生きて在ることを喜びとされているようでした。時に眼光鋭く、人生の真実に無感覚な生き方を批判する一方、小さな自然や若いいのちに潜む可能性を信じ、大切にされました。この世で花や木の自然と出会い、縁あって人と出会う、これにすぐる幸せはないということを、いつも私たちに示して下さったように思います。

ここに、久山先生の教えを受けた者の一人として、先生の生涯をつらぬく一すじの流れを振り返りつつ、私の追悼の言葉といたします。

(一九九五年四月二十二日、関西学院における追悼式にて)

久山康先生と土曜会

花田 司
(元関西学院職員)

久山先生に初めて会ったのは、一九七一年四月関西学院大学文学部に入学して、受講した一般教養科目の「哲学」の授業だった。

高校生の頃、時代的背景もあり生意気にも文学や哲学、思想などに興味を持ち、いろんな本を読んだりしていたので、入学して迷わず「哲学」を履修した。久山先生は、高校生の頃まで柔道をしていたと後日知ったが、大柄のなんとなく怖い感じのする先生であった。授業が終わって、「土曜会というクラブがある。毎週土曜日に作品を読んで研究会を行っております。今年度は三島由起夫と武田泰淳を読んでいますが、興味がある方は参加してください」と言って教室を出られた。

高校時代から、小説を読み耽っていた私は、大学に入学したら迷わず「文芸部」に入るつもりだった。「哲学」を受講して少したった日、関西学院大学の所謂「銀座通り」という通りを歩いていると、旧法学部別館の角のところに、土曜会という看板を掲げて「途上」という名前のガリ版刷りの雑誌と「夏目漱石」「芥川龍之介」「ヘルマン・ヘッセ」「ドストエフスキー」と書かれた冊子を机の上に置いたまま、別に新入生を勧誘する風でもなく、女子学生が本を読んでいた。「これ貰ってもいいですか?」と聞くと、「こっちはいいですよ。これは四百円です」と「夏目漱石」と書かれた冊子を指し、「途上」の四月号を手渡してくれた。

その雑誌は、一頁が四百字詰めの二段組になっており、四十頁程のもので、毎月そのような雑誌を発行しているとのことであった。それ以外に「夏目漱石」や「ドストエフスキー」のように、毎年一人の作家を選んで、学生が書いた作家論や作品論を纏めた「年刊誌」という雑誌を発行していると言っていた。その時「すごいクラブだな」と思った。文芸部には、結局一度も足を踏み入れなかった。文芸部は、恐らくそれぞれの自作作品の合評会が中心で、それも左翼的な文学論ばかりの議論の場だろう、大学ではそんなことはしたくないと思っていたからだ。

土曜会は、少し変わっていて、大学の公認団体ではありながら、久山先生が理事長をしていた財団法人国際日本研究所の学生グループの研究会の形をとり、大学の近くにあった研究所のなかに部室があった。「土曜会は久山康先生を中心に、古今東西の優れた書物を通して、偉大な作家・思想家の精神に触れ、個人の魂の豊かな成長と人格形成を目ざし、温かい人間関係を育み、学生生活を充実させようとする読書会である」と「土曜会二十周年誌」に記され、昭和三十三年に名前を「土曜会」としたとある。毎週あらかじめ決められていた一つの作品を読んで、数グループに分かれて作品について討論をし、その後全体会でそれぞれのグループからの発表があり質疑応答の後、久山先生がコメントをし、作家や作品について解説するという運営方法であった。その他は、前述した「途上」という月刊機関誌の製作を二年生が担当し、提出された作家論や作品論、小説、エッセイなどをガリ版刷りで作る。三年生は会全体の運営をし、年一回その年の研究の総まとめとして「学生の読書第〇〇集　〇〇〇研究」という雑誌を編集発行。勿論普通のクラブのように合宿などもあったが、夏は国際日本研究所のセミナーハウスがある信州で必ず行われた。部室は畳敷きの十畳位の部屋で、ガリ版用の輪転機があり、驚いたことに五、六人分の布団まであった。そこで、毎日遅くまで、作家論や作品論、文学論や哲学論などを議論していた。ここは、まさしく自分がいる場所であるという気持ちになり、迷わず入部した。当時、会員は多くて、各学年に十人程いた。部室で夜遅くまで話をしていたら、近くに住んでおられた先生が窓から覗かれ、早く帰るようにと言われたことなど、懐かしく思い出す。

土曜会は、単なる学生の読書クラブではなく、当初、久山先生のお宅で家庭集会のような形で運営されていたらしいことからも分かるように、久山先生を人生の師として尊敬し、先生を中心とした、いわばいい意味での「久山教団」のようであった。しかし、それは閉ざされた関西学院大学の学生団体ではなく、久山先生を慕う他大学の学生や社会人も会員として一緒に活動していた。久山先生は、しっかり読書することと文章を書くことを、私たちに強く勧めた。

こうして、土曜会の四年間は私にとっての学生時代そのものであり、青春そのものであった。卒業後一旦民間の企業に就職したがすぐ退職、縁あって久山先生が当時理事長・院長をしていた母校関西学院に事務職員として戻り、「関西学院通信　クレセント」の創刊から編集業務を担当した。

久山先生は、一九九四年十二月三十日突然亡くなられた。元旦には、先生からのいつもと変わらない年賀状が届いた。翌一月三日関西学院教会で告別式。冷たい雨が降っていた。そして一月十七日阪神・淡路大震災。

関西学院大学における学生のクラブとしての土曜会の顧問は、久山先生の退職後私が引き継いだのだが、その後学生会員が少なくなり、とうとう廃部となった。私は土曜会を存続させられなかった。久山先生に申し訳なく思うが、前述したように、土曜会は、ある意味では「久山教団」だったということでは、久山先生とともに無くなったのも自然かな、と今は思っている。

十月二十九日、同じ土曜会のメンバーだった妻と、四十一年ぶりに八ヶ岳山麓の清里・清泉寮を訪ねた。大学一年生の初めての夏合宿の場所だった。当時観光客などは少なく、静かな場所だった。清泉寮の入り口付近から眺める景色は、当時とそんなには変わっていないと思ったが、今は観光客が多く訪れる名所となっている。久山先生や土曜会のことを、つい昨日のことのように思い出しながら、清里から帰阪した。

（二〇一三年十一月二十一日記）

久山康先生の思い出

森　哲郎
（京都産業大学文化学部教授）

久山先生のことを思う時、そのお名前からの連想もあるのでしょうが、いつも「大きい山に接していると、どれだけ大きいか分からない」という西田幾多郎の言葉、その師、北条時敬について語った、この言葉を想起せずにおれません。大学入学の基礎ゼミでの指導教官だった久山先生との出会いは、その後に拝受した計り知れない学問的影響の大きさのみならず、今から思い起こせば、学問以前の生き方・感じ方まで含めて、私の生涯の基盤を用意して下さるような稀有な出来事だったと思われます。

金沢大学付属高校（旧制は第四高等学校）二年生の頃に、キェルケゴールの著作に触れ、大学は、武藤一雄先生のおられる京都大学文学部を目指して受験しましたが失敗、浪人までして二度目に受験した時は、大学紛争にて東大入試が中止された年で、受験に落第したこと自体が信じられない失意のどん底で、関西学院大学文学部哲学科へ入学しました。かなり屈折した生意気な新入生であった筈ですが、久山ゼミの同級生と、まさに久山先生の御指導によって、ひん曲がった歪んだ性根を糾し、崇高な哲学や宗教の不思議な次元へと誘われることとなりました。

大学一年生の基礎ゼミでは、実に多くの文学や哲学のテキスト、漱石、西田、ドストエフスキーなどを読まされた記憶がありますが、これも久山先生の力量によって、新入生の我々に勧め、解きほぐして下さった御蔭で多くの作品に触れることができました。私は久山先生が顧問の読書の「土曜会」には入会しませんでしたが、土曜会の読書量の多さには驚いていました。久山ゼミの前期レポートは漱石の『こころ』、後期レポートはドストエフスキーの『地下生活者の手記』に関して何か書いて提出しました。既にキェルケゴールの影響を受けていたので、ドストエフスキーの文学作品をキェルケゴールの哲学で解明できそうだという「手法」を素人ながら書いたような記憶があります。久山先生は、このレポートを過分に評価して下さり国際日本研究所の雑誌『兄弟』に掲載して下さいました。自分の書いたものが活字になることは、勿論生まれて初めての事であり驚喜しましたが、今から想えば、これが現在の仕事の、遙か昔の出立点だったようにも思われます。

二回生の基礎ゼミをおそらく久山先生は担当せず、先生の御指導を仰ぐのは三回生と四回生の哲学科の久山ゼミに所属してからです。

久山先生は、国際日本研究所の活動として、京大の西谷啓治先生を囲んで、京大の弟子筋の諸先生方が、毎年八月に妙高高原のセミナーハウスに集まる数日の研究合宿のセミナーを開催されました。今から思っても信じられないことですが、そこへ二回生の私を特別に招待して下さいました。かの『兄弟』掲載の「原稿料」だという言い方で、旅費と宿泊費まで下さったのです。この妙高高原のセミナーにて、かの憧れの京大の先生方、とりわけキェルケゴールの存在と重なる武藤一雄先生、ハイデッガーの辻村公一先生、「十牛図」の上田先生と共に、すぐ近くに坐して西谷先生の「お話」（ご講演）を聴く機会が与えられたのです。各先生方の研究発表もあり、休憩時間中には、憧れの武藤先生から話しかけられて舞い上がった気持ちを今でもよく覚えています。久山先生が大学院生も呼ばないのに、なぜ私だけをセミナーへ招いて下さったのか今でも不思議な感じがいたします。京大受験に失敗したのに、逆にこのセミナーの御蔭で、その後も含めて京大の先生方に親しく接する機会が久山先生の御蔭で与えられたのでした。

哲学科の演習では忘れられないことばかりです。久山先生は、たとえ学部の学生達の前でも信じられないほど正直で、例えば禅のことなど、ご自身の専門以外の質問にたいして、「それは知らない、今度西谷先生に聞いてみます」と率直に言われるので、学問的な誠実さに深い感銘をうけることもしばしばでした。外国語の講読演習には、キェルケゴールの講話『野の百合、空の鳥』のヒルシュ版ドイツ語テキストが使用されました。久山先生は、既にシュレンプ版のドイツ語テキストを邦訳していて『キルケゴール著作集』（白水社）に収集されていました。ドイツ語の苦手な学生は和訳をあてられると、久山先生の邦訳を用いているのに、自分がいかにも今苦心して和訳しているかのように見せると、先生は苦笑いをして、「それは僕の訳だろう。しかしテキストが全く別だ」と面白そうなご様子でした。しかしドイツ語が難解な箇所になると、「森君どうですか」と言われることが毎度で、その時に答えられないことが残念でなりませんでした。当時、聖書のギリシャ語をドイツ人のギュンター先生に習っていましたので、外人館のギュンター先生宅を訪ねて難解なドイツ語箇所を質問したことがあります。その時「さっき同じ箇所を久山先生が質問に来られましたよ」と言われ、久山先生でも分からないことがあるのだということ、そしてそれ以上に率直に質問できる先生の熱心な研究姿勢に驚くとともに、何か同じ道、同じ世界へ入ることを許されていることの深い感動を覚えました。

卒業論文には、「キェルケゴールのクリマクス書における実存伝達」というテーマで勉強しましたが、かなり大部な量になり、卒論提出の前夜、一人では清書が間に合わず、平生からドイツ語試験で手助けしていた応援団が五、六名、清書を手分けして分担してくれることになり、ようやく提出締め切りに間に合った次第です。しかし応援団には縁の薄い哲学の用語、清書も大変だったろうと思います。キェルケゴールの仮名著者「クリマクス」がすべて「クリスマス」と清書されてしまい、卒論試問では、「君とあろうものが何たることか？」と叱られたこと懐かしく思い出されます。ゼミ旅行では、雪の妙高高原だったと思いますが、先生と直に向かいあって将棋をしたこと、「もっと攻めないか」と迫られたことも、何か昨日のような感じがします。

関学を卒業の後、京大の大学院へ進み、憧れの武藤一雄先生にご指導を仰ぐことができました。京大の大学院生の頃、西宮の国際日本文化研究所にて、定期的に西谷啓治先生の「道元」に関する講話がなされました。高齢の西谷先生を京都吉田のお宅までお送りするように久山先生から命じられ、西谷先生と阪急電車で仁川から河原町までご一緒する機会がしばしばありました。西谷先生の道元の講話の中に、時としてキェルケゴールの名前が出るときは、胸も躍る想いで傾聴するのですが、やはり未熟で理解が及びません。帰りの阪急電車の中で修論の構想などキェルケゴールのこと、自分の知識を自慢げに語るのですが、西谷先生は、じっと聴いておられて最後に、「で、それで？（君の問いは？）」と一言、それで当方はもう何も言えなくなってしまいます。今から思うにつけても、未熟すぎて先生に質問する力もなかったのだと痛感する次第です。

京大の大学院博士課程の後に、これも久山先生が関学のランバス留学の制度を作り、その最初の留学生としてドイツのチュービンゲン大学へ送り出して下さいました。留学の後は関西学院大学で非常勤として「哲学」を教えることになりました。ドイツの指導教授のD・イェーニッヒ先生はハイデッガー晩年のお弟子さんですが、帰国直前にご自宅へ私を招き、「哲学を本当に教えるのか？　たとえ百人の学生がいたとしても頂点の一人のみを相手に講義しなさい」という励ましの言葉を戴きました。そのせいもあり、所謂「教養の大講義の哲学」を担当しましたが、かなり気張った「難解な講義」だったようで、或る時、「理事長室」に呼び出され、「君といえども大学一年生の時からすべて分かっていたわけではないだろう。相手のために、ひとのためにならなくてどうするのだ」と諭されたこと、懐かしく、有難く、その後の三十年の教師稼業をも振り返るにつけ、久山先生には感謝の言葉もありません。帰国後の余りにも高慢な私の態度もあり、関学にはその後の縁はありませんでしたが、その後京大の助手を上田先生、水垣先生、長谷先生のもとで勤めることができ、その後は京都産業大学の世界問題研究所へ到り、現在、文化学部に所属しております。

留学から帰国後は、西宮の海晴寺専門僧堂にて春見文勝老師や目下の師匠阿部宗徹無底窟老師（静岡臨済寺僧堂師家）にも出会うことができ、曲がりなりにも禅の世界にもご縁があり素人ながら禅思想や、シェリング、ハイデッガーなどドイツ哲学、また西田幾多郎、西谷啓治先生、上田閑照先生などの京都学派の「宗教／哲学」などの勉強をしております。キェルケゴールからは少し離れたかもしれませんが、もう一度、キェルケゴールも含めて、また東洋の宗教思想も含めた「宗教／哲学」を構築したいと念願しておりますが、その源泉はすべて久山先生から教えて戴いたことに基づいています。「始《はじめ》は芳草《ほうそう》に随《したが》って去り、又落下《またらっか》を逐《お》うて回《かえ》る」。

久山康先生の思い出

平松一夫
（関西学院大学名誉教授）

巨人、久山康先生。久山先生は身体が大きいだけでなく、思想、信仰、実行力、さまざまな点でまさに巨人であり、そびえ立つ山の如くであった。懐が深く、頂は高い。一個人が久山先生を語ろうとしてもとても語り尽くせないことを皆が知っている。だからこそ多くの方々が集い、久山先生を回顧しようとするのだと思う。

久山先生については、哲学、思想、信仰といった人間の本源にとどまらず、学院の自然、土曜会、美術品、ランバスレクチャー、国際交流、ランバス留学、学院経営、そして神戸三田キャンパスに至るまで、驚くほど多くのキーワードを思いつく。ここでは、私自身が久山先生と接した中で忘れられない、いくつかの事柄に触れることとする。

私は商学部、久山先生は文学部で「芝生のこっちとあっち」であったし、年代も離れていたが、久山先生は学生時代から私に親しくお声をかけてくださった。それは、一つにはご子息・敦君と私が中学部から同級生ということもあったであろう。また教員と学生という違いはあったにせよ、一九六〇年代後半の学園紛争の時に、全共闘の活動から関西学院を守るという同じ方向で活動したということもあったと思う。

大学で会計学を専攻した私は、まだ若かったある時、関学が生んだ会計学の巨人である青木倫太郎先生のことを久山先生と話したことがある。久山先生は「平松君、関学には青木先生という立派な会計学者がいらっしゃるが、早稲田にいけば青木先生のような方が二人も三人もいらっしゃるんだよ。」と話された。これには驚いた。実際、その当時の早稲田大学には青木茂男、染谷恭次郎、新井清光という三人の著名な会計学者がおられた。まさか久山先生がこれらの先生方をご存知であったとは思わないし、象徴的な話であったとは思うが、その後、私自身はこれら三人の早稲田大学の先生方にずいぶんお世話になった。久山先生がおっしゃったとおり、関学は素晴らしいが、日本はさらに広いことを痛感した。

久山先生が理事長・院長として入学式などで祝辞を述べられるのを私はよく聞いた。久山先生は、その都度、これからの国際性の必要性を説いておられたように思う。私が直接これと関わることになるのはランバス留学においてである。久山先生が創設されたランバス留学の第一期生として、私は一九七七年から二年間、シアトルにあるワシントン大学に留学する機会を与えられた。若い研究者にとってこれは得がたい経験であった。私はワシントン大学で、地元で最も敬愛されていた希有な人格者ローラー先生のお世話になりながら、国際会計の権威ミューラー先生の指導を受けることができた。世界会計学会の会長に就任した私は、いまもこの時のミューラー先生の人脈により支えられている。現在でこそ国を挙げてグローバル人材の育成が叫ばれているが、当時からそのことを指摘し実現させた久山先生の先見性と実行力には驚くばかりである。

その久山先生に対して、私が、理事長・院長からの退任を迫る日が来るとは思いもよらないことであった。それは『関学ジャーナル』第二〇六号（二〇〇六・十二・一）に掲載したことであるが、一九八九年の関西学院創立百周年を目前に控え、神戸三田キャンパス（北摂土地）問題で関学が揺れていた時のことである。私はすでに教員になっていたが、学内は不協和音で対立構造が顕著となっており、このままでは関学は百周年すら迎えられないと思われた。理事長・院長と学長が同時に辞任していただくしか打開策はないと考えた私は、税理士のM君と二人で、まず学長のご自宅を訪ね、学長を辞していただかないと関学の明日はないと申し出た。そのすぐ後、理事長・院長だった久山康先生のご自宅を訪ね、辞していただきたいと申し入れた。

久山先生は最初「平松君、君までが辞めろというのか」と一蹴された。迫力があり怖かったので、その時は逃げるように久山邸を後にした。しかし、再度M君と恐る恐るお願いに上がった時には意外にも静かな口調で「辞めることにしたよ」とおっしゃった。お二人が辞任された後、トヨタ自動車販売の社長・会長を歴任された加藤誠之氏が理事長に、宮田満雄先生が院長に、柘植一雄先生が学長にそれぞれ就任され、関西学院は百周年を迎えることとなった。関西学院全体の状況を見る中で、職に留まるよりも辞することの方が学院のためになると判断して辞任を決意された当時の理事長・院長と学長のお二人に、私は今も敬意を払っている。

時を経て、二〇一三年十一月八日、神戸三田キャンパスで関西学院理事会が開催された。理事会が神戸三田キャンパスで開催されたのはキャンパス開設十八年にして初めてのことであったと聞く。

久山先生の思い出

重松正己
（関西学院職員）

久山先生が亡くなられて二十年がたち、自分が、初めてお会いした時の先生の年齢になっていることに今更ながらのように驚いています。この二十年間、関西学院職員として働く中でも、いつも先生に導かれ、高い目標をいただいて仕事をしてきた気がするからです。

そういえば、数年前岡山県の旧閑谷学校を訪ねた時にも、久山先生のことを思い出していました。閑谷学校創立時に当時の藩主池田光政は「学校は永世に発展すべし」と考え、学校に領地を設けて財政基盤とし、開学後は学田や学林を運営して藩財政から独立させたといいます。藩主の交代などで、藩が短期的な視点に陥った際には学校運営が縮小されやすいことを見越しての措置であり、教育事業が長い時間をかけてその成果を出すには、実際的な財政基盤が必要であったという話を聞いた時のことです。

初めて久山先生にお会いした時、先生は私にとっては哲学者、そして哲学教授であり、土曜会では読書を通じて先人の思想に誘ってくださる恩師、教育者でした。先生のものごとに対する深淵な思索は、当時自分探しに四苦八苦していた私のような者にとっては、ほとんどその内容を理解できるものではなく、ただただ畏れ多く話をお聞きするだけで、もちろん、直接に面と向かってはまともにお話もさせていただけない、近寄ろうとしても近寄りがたい存在でした。国際日本研究所の運営や、妙高の開発などのお話も聞いていたはずですが、当時の私にとっては遠い物語でした。

一方で、大学卒業後しばらくして自分が関西学院職員となってから数十年間私が接してきた久山先生は、教育者である院長の役割と、関西学院経営の責任を持たれる理事長の役割とをお持ちでした。院長としての先生の言動は私が学生の頃に接したままだったのですが、理事長としてのお仕事は、当初私には馴染みが少なかった筈です。しかし、私には少しの違和感もありませんでした。一職員として末端の仕事をこなしながらも、先生のもとで大きな目標に繋がる仕事をご一緒にさせていただいている気でおりました。先生の経営者としての一つ一つのふるまいが、先生の思想や世界観に基づいた、文字通り教育の実践のための経営活動であることを知っていたからなのだと思います。

関谷学校の話を聞いた時に、久山先生のことを思い出したのもこの一点だったのでしょう。長期的な教育の理念と信念があるからこそ、それをたゆまず実現させることこそが経営であり、経営の責任とは理念の実践そのものだということだと改めて理解したのです。

今、久山先生のことを思い出す時、様々な具体的な経験をさせていただいたことに気が付きます。海外視察旅行では欧州米国を巡り世界レベルで教育事業を見ることを教えていただきました。その時、「留学をしてはどうかね」と言っていただいた言葉を、当時の私は現実的なものと受け取れなかったのですが、今となっては、申し訳なく思い出します。

全学院の事務のトータルシステムの構築という仕事もさせていただきました。当時としては夢のような事業で、事務処理のために数億円という投資は、久山理事長にとって大きな決断だったはずです。もし失敗した時のことを考えていたら、担当した私たちメンバーはこの仕事に挑戦できなかった大きさだったと思います。今は、私自身がこうしたシステム投資について責任を持って提案する立場になっているので実感するのですが、臆することなく夢を実現させようという思いの強さこそが、久山先生の経営の核だったと理解できるのです。

また、久山先生が亡くなられた後の二〇〇一年前後に、事務の担当者として神戸三田キャンパスに理学部を移転し、学科増設して理工学部とする仕事に携わることがありました。この時は、久山先生が残された三田の土地で、今までにない関西学院の新しい教育と研究の場を創るのだという使命を感じ、文字通り久山先生が描かれた夢を実現させる仕事のお手伝いさせていただいている気持ちでした。いつも思い出していたのは、一九九四年頃に造成前の三田新キャンパス予定の地に連れて行っていただいた時のことです。そこには何もない広大な山が連なっているだけで、はるか遠くの山の麓までが敷地だと聞かされて、私達はただ眺めるだけでした。久山先生は、「この土地があれば次の百年に向けて何でも創れるね。」と話されたのですが、当時の私は、上ケ原キャンパスの三倍近い広大な敷地にただ圧倒され、果たして私達がこれだけの土地を生かせるような大学像を描き、具体的な教育と研究の場を創造できるのか、足がすくむような気持ちでした。ところが、久山先生は、目を細めながら、「あそこの平らな箇所が丁度グランドになる。奥のほうには学生寮、教職員寮を建てられる。学部の建物はこのあたりに並べられる。」と説明されたのです。具体的なイメージに裏打ちされたビジョンこそが夢を実現させると教えていただきました。この時の先生のことを思い出しながら、神戸三田キャンパス二期整備の仕事をしたものでした。

その他にも、数え上げればきりがありませんが、こうして、関西学院という場を通して描かれた久山先生の思いを、いつも自分の中で照らし合わせながら関西学院職員として仕事をしてきたような気がします。同時に、関西学院という場を通して自分自身の役割を問いかけ続け、微弱ながらもその役割を果たす場を与えられていたのだと思います。

久山康先生の思い出

高坂史朗
（大阪市立大学名誉教授）

一　追悼

漱石の『心』の一節につぎのような箇所がある。「私は心のうちで、父と先生を比較して見た。…私は父が私の本当の父であり、先生が又いふ迄もなく、あかの他人であるといふ明白な事実を、ことさらに眼の前に並べて見て、始めて大きな真理でも発見したかの如く驚いた。」

大学二年の春この一節を読みながら、私にとって久山先生が、血縁的・肉体的なつながりの父とは違った、精神的な意味での父と思えるだろうか、と自問したことを覚えている。そして、答えを出すのをその時ためらった。この問いを発したのは精神的な父を、その頃欲したからというよりも、久山先生が偶然にも私の父と同じ歳にすぎなかったから、かもしれない。

＊

西宮の仁川ぞいを歩くたびに、昭和四十四年の初夏の陽射しの中を、久山先生の家を訪ねて歩いていく自分の姿を見つけだす。十九歳の大学に入りたての若僧の後姿を見つめながら、今の自分が歩いていくのである。

大学一年の私は久山先生に非常によく叱られる学生であった。大学紛争がもはや終わろうとしていた。それでも私は全共闘シンパであった。問題意識だけが豊富で、そのジャーナリスティックな時代感性を、他者への批判にしか向けることができず、ラディカルな「否定」に明け暮れていた。大学批判、社会批判と矛盾するかのように、久山先生に対する尊敬は増していった。他の授業はサボっても久山先生の授業だけは遅れてでも聞きにいった。私が遅れて入ってくるのを先生は苦々しい表情で見ていたと、のちにある友人から聞いた。私の方は、講義に感銘を受けて目頭が熱くなることも一度や二度ではなかった。

「自分の発言を後で顧みて恥ずかしい思いをしないかどうか。よく考えなさい。」「人への批判の刃を自分に返してみなさい。自己否定という次元が君には理解できていない。」「君のようなタイプの者は一つの問題をじっくり温めていくことはできない。何に関心があるのか知らないが、たとえば三木清なら三木清を十年間じっと読み続け、自分を深める努力をしないとものにはならない。もちろん私は三木などだめだと思うが…。」ゼミで、読書会「土曜会」で、久山先生は激しく私を叱責された。私は土曜会を辞め、大学にも行かなくなった。大学に行かなくなったのは久山先生のせいではなく、それ以前に私の心の中で大学は瓦解してしまっていた。一年生の終わり頃、ある工場で働く日々を送っていた、いつ退学届を出そうかと考えながら。ある友人が電話をしてきた。「Nが学校を辞めて、郷里に帰った」と。Nとは、私と同じ久山ゼミで、同じように土曜会に入り、同じように久山先生を慕い、私と違って、三木清の全集をすべて揃え、ゼミでも、土曜会でも「深い」模範的な発言をなし、私が叱責される代わりにいつも褒められていた人物である。彼が辞めたと聞いたとき、私はもう逃げ出すまいと決心した。当時、私は二十歳であった。

あれから二十五年経っている。西田幾多郎の作品を十数年間黙って読み続けた。修士論文を持っていった。褒めて貰えなかった。三十四歳のときはじめて本を出版する機会を得、本のタイトルを『西田幾多郎研究』としたいと相談に行った。叱られた。七年前、ドイツのテュービンゲン大学のJapanologieのゼミで『善の研究』を読んでほしいと頼まれ、指導を仰ごうと報告に行った。「君がドイツ人に西田先生の作品を解説できるだけの思想的な力を持っているのかね。……私なら辞退する。」と、いつまで経っても褒めていただけない。それでも、留学の記念に新しい共同訳の『聖書』をいただいた。その『聖書』の表紙裏にはつぎのように書いてくださった。

既にわれ生くるにあらず　基督我にありて生くるなり
　「ガラテヤ人への手紙」二ノ二〇
身心脱落、脱落身心
　道元「正法眼蔵」

＊

大学二年の頃、三宮の古本屋で西谷啓治著『世界観と国家観』を見つけた。昭和十七年に発行されたその黄ばんだ本には一枚の名刺がはさんであり、そこには「東京帝国大学工学部電気工学科学生　渡邊肇」とあった。さらに本の表紙裏に贈呈の献辞が書かれてあった。

「新しき世界観と国家理念の確立のために歴史の転換しつつある二六〇三年新春に当りこの書を愛する兄上に

捧ぐ　愚弟渡邊信夫」〔編者注　皇記二六〇三年は西暦一九四三年（昭和十八年）である。〕

高校時代から大学にかけて「高坂、西谷、高山ら西田哲学右派は…」といった批判の文章しか読んでいなかった私には久山先生が西谷啓治先生を尊敬しておられる意味がわからなかった。それでも西谷先生の『ニヒリズム』『宗教とは何か』をわからないなりに読み漁りだした。ところで、この書を手にしたとき、私はこの「渡邊信夫」なる人物は戦争に駆り立てられ、とっくの昔に戦死してしまっているものだと思っていた。したがって、この献辞は私にとって「きけわだつみの声」であり、西谷啓治『世界観と国家観』は大東亜戦争への思想的プロパガンダにすぎなかった。たとえ国際日本研究所で西谷先生の「正法眼蔵講話」を聞き、その思想的深さに感銘を受けながらも、である。

大学院の時、久山先生から渡辺信夫著『カルヴァンとともに』を国際日本研究所の一冊として発行するので校正するようにと仰せつかった。校正しながら私はつぎの箇所にであってはっとした。「わたしの戦争体験については、この場所で語る必要はない。が、その体験がそれ以後のわたしの人生に強力に作用するものとなったように、わたしのカルヴァン研究も、戦争体験者的発想の枠の中でしかいとなまれないようになった。ということは、戦争の間に与えられた課題としての、生と死の問題、社会や国家の問題、戦争と平和の問題、戦争罪責の問題などをいつも考えていなければならなかったということだけではない。戦争を経験することによって、考うべき題材がふえたというよりは、考え方が変わってしまった。思考の中に戦争の傷痕が刻み込まれて、取りのけられなくなったのである。」ひょっとして、西谷先生の本に献辞を書きつけた「渡邊信夫」とこの『カルヴァンとともに』の著者、渡辺信夫は同一人物ではなかろうか。幾度かその渡辺信夫氏が研究所を訪れる機会があった。しかし、結局、氏と会う機会、そして同一人物かどうかを確認する機会はなかった。いやむしろ、私のほうが避けたのかもしれない。私にとっては理念的な人物として「渡邊信夫」をそのままにしておきたかったのだろう。

一九九四年十二月三十日、久山先生は亡くなられた。その葬儀の日、弔辞を読む渡辺信夫牧師を見つめながら、私は漱石のつぎの一節を思い起こしていた。「私は今自分で自分の心臓を破つて、其血をあなたの顔に浴びせかけやうとしているのです。私の鼓動が停つた時、あなたの胸に新らしい命が宿ることが出来るなら満足です。」

私は久山康先生の遺志を受け継ぎたいと思った。

二　遺品　京都大学時代のノート

久山先生が亡くなられてすぐに阪神・淡路大震災が起こった。多くの方が被災に遭われ、関西学院もかなりの被害を受けた。大学近くの久山家も被害を受けられた。震災後、数カ月経ったある日、山内先生から電話をいただいた。久山先生の奥様が一人で暮らされている家の震災の片付けをしてほしい、と。おそらく寛子夫人は自分のところはあとにして他のところへ、とご辞退されるだろうが、君なら強引に家の中に入っていけるだろう、と。そこで私は関西学院の哲学科の学生を数人組織して、寛子奥様の辞退の制止を振り切って、一気に散乱する本をまとめ、本棚を立ち上げ、何とか形を整えて山内先生の要請に応えた。その帰宅時に奥様が「あなたに必要なものがあれば持って帰ってください」と言ってくださった。そのときはいくら何でも火事場泥棒のようなので辞退したが、その十年後奥様のご厚意でご蔵書からいく冊かを記念に譲っていただいた。その引き取り作業の時、震災の片付けの時から気になっていた風呂敷包みを開けさせていただいた。そこにはいくつかの原稿と久山先生の京都大学時代のノートが数冊あった。奥様に報告し、解読・吟味のため預からせていただいた。ノートは八冊あった。

1「片山正直講師　罪ト死ノ問題　哲学科久山康」
2「片山正直講師　罪と死の問題　京大哲学科久山康」
3「　　　　久山康」（無記名ではなく表題に白紙が貼ってある）
4「天野貞祐博士論述　自由意志ノ問題　久山康」
5「Note　西田哲亭　久山康」
6「西谷啓治教授　宗教ニ於ケル合理的ナモノト非合理的ナルモノ　哲学科三回生 Y.Kuyama」
7「高山岩男助教授講述 歴史の一回性と普遍性　京大哲学科　久山康」
8「Note der Jaspers Philosophie Y. Kuyama」

久山先生は昭和十一年に京都大学に入学されたが、「哲学科に入学はしたものの、もともと哲学という学問を修めて社会に出ようという考えはなかったので、人生への不安な気持ちの中で落着きもなく、関心をひく哲学書や文学書、神学書などを乱読していた。授業も田辺先生の講義は普通講義、特殊講義、演習とすべてに出席したが、他の先生の講義は余り熱心に出席しなかった。」（『人間を見る経験』）卒業も本来は昭和十三年であるはずなのだが、久山先生は「生きる基本となるものを求め混迷と焦燥の中で四年以上の歳月」を過ごし、五年在学の後、昭和十六年一月に「人間の有限性と無限性」という卒業論文を提出している。したがって三回生は昭和十三年度、十四年度、十五年度と三度である。このノートのタイトルを京都大学の哲学雑誌『哲学研究』記載の講義項目に照応させた。『哲学研究』にはつぎのようにある。

講義題目

京都帝国大学文学部哲学科　昭和十四年度

哲学

普通　田辺教授　哲学概論

特殊　田辺教授　実存哲学対現実哲学

同　高山助教授　歴史の一回性と普遍性

同　下村講師　数理哲学の根本問題

演習　田辺元　Hegel: Phänomenologie des Geistes.

Der Geist.（前学年の続き）

西洋哲学史

（略）

倫理学

普通　天野教授　倫理学概論

特殊　天野教授　カント及びカント以後に於ける意志　自由の問題

宗教学

普通　西谷助教授　宗教学概論

特殊　片山講師　宗教的共同体

また十五年度は西谷啓治は宗教学の特殊講義で「宗教に於ける非合理性と合理性」を、さらに十六年度は「理性の立場と実存の立場」という講義を行っている。したがって「高山」「天野」ノートが昭和十四年度、「片山」ノートが十四年度と十五年度、そして「西谷」ノートが十五年度と十六年度であると推察できる。あとの三冊は自己研究のためと研究会のノートであろう。先の「他の先生の講義はあまり熱心に出席しなかった」という記述は残されたノートを見る限り、レトリックにすぎない。とりわけ留年生の時は、非常に熱心で勤勉な学生であったようだ。また、そのノートはおそらく別のメモ用紙かに一旦書き留めてそれから清書したであろうもので、整然と整った字が並んでいる。いずれにしろこれらの多くの内容は当時の京都大学の哲学科の雰囲気を語る重要な資料でもある。この中から西谷啓治の講義ノートを開いてみよう。

西谷啓治の講義ノート

西谷啓治教授
　宗教ニ於ケル合理的ナモノト非合理的ナルモノ
　京大　哲学科三回生
　Y. Kuyama

冒頭に日付はなく二頁目に五月十日、四頁目五月十七日、七頁目五月三十一日、十頁目六月七日、十三頁六月十四日、十六頁六月二十一日、十八頁で前期終了である。そして白紙を挟んで、後期が始まるが、ただし、一日飛ぶとして、十九頁から十月四日、

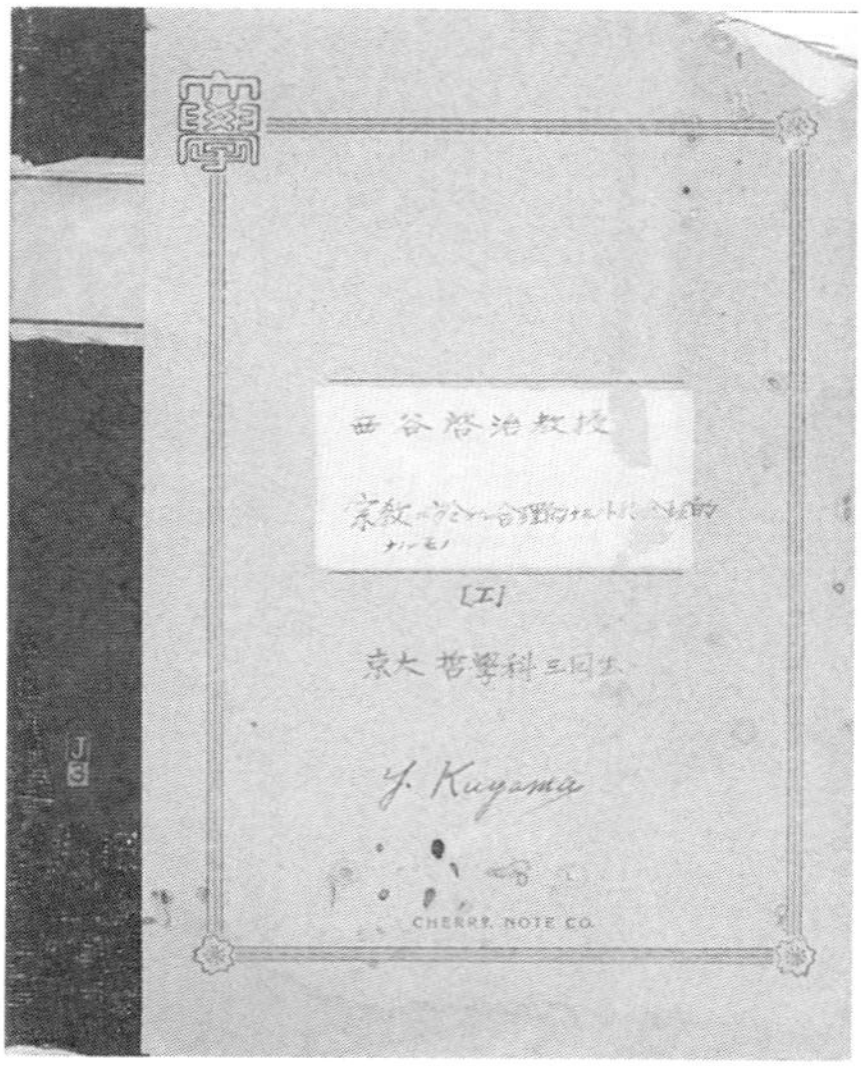

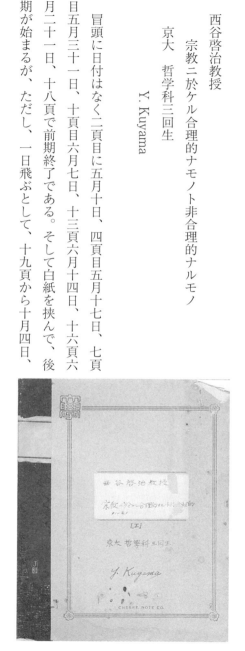

二十一頁十月十一日、二十四頁十月二十五日、二十七頁十一月八日であるが、一日飛ぶ、そして二十九頁で終了している。京都大学は今でも授業をしない大学だが前期七講時、後期七講時の授業しかしていない。

そのノートには五月九日の日付で新たな講義録が始まっている。翌年度十六年度の講義ノートでタイトルは「実存ノ立場ト理性ノ立場」とある。西谷啓治助教授の宗教学での特殊講義にあたる。

久山先生はこのノートに「西谷啓治教授」と貼り紙をして使用しているが、もともとはこの下に「Note marxistischer ***」とあり背文字も「マルクス」とある。おそらく昭和十四年以前にマルクス主義を研究しようとノートを作ったのであろうか。久山先生が思い出として、兄の友人に岩田義道がおり「弾圧の激しかった昭和の初頭には、果物箱に詰めた岩田義道さんのマルクス主義関係の書物を二箱分預かっていた」と語っている。岩田は昭和七年にすでに獄死している。ただ、久山先生が本格的にマルキストになろうとされたとは思えないが、しかしそのノートを西谷先生の講義ノートに転用するのが何かの暗合で興味深い。

宗教に於ける合理性と非合理性

Religion, Geschichtlichkeit ヨリ来ル Positivität. Irrationalität ト Rel. ノ含ム普遍的ナモノトハ解キ難イ問題ヲ投ゲカケル。

R. ヲ人間一般ノ本質ニ根ザスモノトシテ　a priori トシテ歴史的 Positivität ヲ除イテ絶対者ヲ考ヘル。併シカヽル das Absolutes ハ歴史ニ於テ offenbaren サレタ Gott トハ比較スレバ観念的デアリ、人間ガ考ヘルト云フ点ガ附纏フ。

モシソコニ今日非合理性ヲ強調シ Positivität ヲ竟ニ*ルノハ正当ト云ヘルガ、今一度合理性ハ考ヘラレネバナラヌ。非合理性ハ単ニ凡テノ合理性ヲ否定スル事ニアリ、却テ立枯レニナル傾ガアル。合理主義ガ何故起ツタカヲ考ヘル事ニヨツテモソレハ判ル。Kant, Hegel, Schleiermacher ノ出タノハ一方ニ十八世紀ノ自然主義ト他方ソレニ対シテ ** 的教会ノ Orthodox ノ信仰ヲ考ヘネバ分カラナイ。

E. Brunner ノ unser Glaube

Brunner ノ云フニハ　ボルテールハ現代デハ Bibel ハ読マレナクナッタト云ハレルガソノボルテールノ家ハ今日聖書学＊　Bibel ハ広ク読マレテヰル。

ソレハ Bibel ノ中デ Gott ガ読マレテヰルカラデアルト云フ。併シ Bibel ガ読マレルノハ Bibel ノ権威ニアル事＊承認サレルガ併シ他面ボルテールニ反対的 Kant, Fichte, Hegel 等ノ力ガ又 Bibel ノ廣布ニ加ハッテヰル Dialektischer Theolog ハ Reformator ニ ** ニトスルガ簡単ニ Luther ヤ Calvin ニ特 *** 困難デアル Luther ノ中ニモ ** 分ケラレル面ガアル。（人間中心的ナ近代ノ特色ヲ現代ノ人ハ採用出来ル）（例ヘバ地獄トカ最後ノ審判 Urschöpfer ハ重要ナ意味ヲ持ツ）Religion, Kern ハ絶対的他者デアルトシテモ周辺モ根本的デナケレバ Rel. ハ生キテ来ナイ。R. ガ生キテユクニハ時々刻々歴史的ナルモノト触レネバナラヌ。ソノタメニハ Rationalismus ノ立場デノ Umdeutung ガ

必要トナル

（Jungste Tage モ現在デハ歴史ノ中デハ考ヘラレヌ）Brunner ハ人類ヲ神ガ造ラレタ＊何百万年カ＊ガ Naturforscher ノ事デ Glaube ハ関セヌト云フガ然ハ云ヘヌ。

この書き留められたノートの内容の重要な概念は見ての通り、ほぼドイツ語である。これは西谷の講義がそのようになされたからであろう。判読できない文字も多々あるが三十頁近くのこのノートをいつか翻刻したいと思っている。

三　久山康先生の授業

基礎演習（一年）

昭和四十四年（一九六九）に私の大学生活は始まった。始まったといっても大学紛争のまっただ中で入学式も大阪の厚生年金記念会館で機動隊の警護の中で行われた。実際の授業は七月からだったろうか。その入学式には学長・学部長のセレモニーの他、久山康先生の特別講演もあった。入学時には、といってももう六月も近かったように思うが、あらかじめアンケートで基礎演習の希望を出して私は「ニヒリズム」というテーマに惹かれて久山先生のゼミを第一希望にした。ニヒリズムなどというテーマを選んだ四十数名のゼミ生は今から考えればずいぶんクセのある面々だった。妻高坂純子や畏友森哲郎君などもいたので個性的と形容し直すべきだろう。のちに久山先生がよくあんなテーマにしたものだと苦笑されていたが、夏目漱石の『心』や芥川龍之介の『地獄変』、太宰治の『人間失格』トルストイの『懺悔』さらにドストエフスキー『罪と罰』などをむさぼり読み、議論したことを覚えている。その中の何名かは久山先生の主宰する読書会「土曜会」にも参加し一週間に三作の本を読み続けた。一年間に百冊以上読んでいたことになる。余談であるが土曜会では年間のテーマを決め夏目漱石やドストエフスキーの主要な作品を一年間に読み通すことを行った。大学紛争のさなか、あるいは紛争終息後、私も多くの学生たちも精神的な渇望に餓えていたのである。ただ二十歳そこいらの生意気な学生は激しい議論というよりも無遠慮な批判を繰り返した。しかし久山先生は一歩も引かず、きちっと批判し返された。

「哲学」（一年）一般教養の「哲学」は第五別館の大教室で行われた。最初数回全共闘の学生が授業前に集会をし、延長して授業妨害もあったが久山先生はしばらく待っておられ、学生もしばらくして引きあげた。保守派として一歩も引かない久山先生には全共闘も攻めあぐねたようである。王子競技場で関西学院の紛争解決の「解放集会」が開かれた。久山先生は小寺学長代理らと競技場の中の最前列に座っていた。そこへヘルメット・ゲバ棒の学生たちがなだれ込んできた。先生方も棒で追い回されたのだが、先生は「おわえ回されて逃げ惑うのもみともない（武士らしくない）ので座っていたら迫ってきた。とくに外人部隊（他大学の学生）がいてもう少しで殴られそうになった。すると制止する者がいて助かったのだが、ヘルメットに覆面だから誰だかわからないがきっと教えた学生だろうな、と述懐されていた。余談だが「日本国憲法」の授業を土井たか子（のちの社会党委員長）がもっており、そこにも全共闘が押し寄せた。土井先生が議論に臨み全共闘の面々をことごとく論破したことを覚えている。久山先生の「哲学」の授業は「日常性の立場」「科学の立場」「哲学の立場」と展開され、さらにキルケゴールの「宗教的実存」へ話が至ったと思う。ただ私自身はこの頃自分の生きる道を失っていた。

「日本思想史」（二年）大学二年の時「日本思想史」の授業をとった。私にとっては崩れた自分の生き方を立て直せるかの「試金石」だった。朝一時間目の授業に、文学部別館の教室の一番前の真ん中に座った。先生はテキストとして『近代日本の文学と宗教』を指定し、その中のいくつかを講義されたが、そこにはない話しの方が多かった。唐木順三の『現代史の試み』の芥川の死と小林多喜二の死の狭間に生きること。京大時代に北白川の下宿近くで西田幾多郎がいつも散歩している姿を見、声をかけたくても声がかけられなかった。ところがある夜、久山先生の夢に西田が出て、「筆を」と言って、自分の庵に『春微庵』という名前をもらったこと、高山岩男先生にそれを話すと、そのような名前は西田先生ぐらいしか思いつかない、君は寝ているときの方が聡明なのか、とからかわれた。あるいは西谷先生が西田先生が存命の時なら書いてもらう口添えをしたのに、と楽しそうに話される。また、久山先生の師である田辺元の怖ろしかったことや生き様、有名な死に際の「ひとあしおさきにごめんこうむります」という言葉。あるいは橋本鑑牧師の実存的な生き方など、私の心の隅々に染み渡ってゆく授業だった。ある日突然久山先生が授業を止められた。学生は私語でも注意されるのかと沈黙し、訝しく先生を見つめた。先生はにこっと微笑んで「聞いてごらん。小鳥が鳴いています」と。そしてアシジのフランシスの『小鳥の説教』の話しをされた。私はとめどなく涙があふれ出た。

いま私は関西学院大学で「日本思想史」の授業を担当させていただいている。私はいつも久山康先生のあの授業に恥じない授業ができているか、と自らに問うている。

「哲学演習Ⅰ」（三年）ゼミに参加した人数は七名だった。私たちの前年が学科ごとに募集していたのを文学部として入学し、三年の時に希望選択で哲学科に入った。もう一方の大月先生のゼミが八名で私たちが七名である。森、池田、犬飼、田中、村沢、林（高坂）そして兼子（兼子氏は商学部を卒業し編入生であるが、父君の逝去で途中中退した。その後和泉書院の社長となられた）名前を全部覚えているほどに結びつきが強い。演習のテーマは「西田幾多郎」だった。ただ西谷啓治編『西田幾多郎』現代日本思想大系筑摩書房の私の本には線を何重にも引き、書き込みだらけでぼろぼろになっている。「場所的論理と宗教的世界観」の所には「夏休み四百字七枚以上」と宿題の記載がある。このレポートがどうしても書けず年度末に久山先生に「君は出していないよ。もう成績をつけたのだから約束事はきちっとしなさい」と叱られた。池田君が西田の『善の研究』のデカルトの直観の引用箇所とデカルトの『方法序説』を対照させ良い発表をしたのを覚えている。

「哲学講読」（三年）キルケゴールのキリスト教講話『野の百合・空の鳥』をドイツ語で読んだ。『聖書』のマタイによる福音書の「このゆえに我汝らに告ぐ、何を食い、何を飲まんと生命のことを思い煩い、何を着んと体のことを思い煩うな。生命は糧にまさり、体は衣に勝るならずや。空の鳥を見よ、播かず、刈らず、倉に収めず、然るに汝らの天の父は、これを養いたもう。汝らは之よりも遥かに優るる者ならずや。汝らの中たれか思い煩いて身の長一尺を加え得んや。またなにゆえ衣のことを思い煩うや。野の百合はいかにして育つかを思え、労せず、紡がざるなり。されど我なんじらに告ぐ、栄華を極めたるソロモンだに、その服装この花の一つにも及ばざりき。今日ありて明日、炉に投げ入れらるる野の草をも神はかく装い給えば、まして汝らをや、ああ信仰うすき者よ。さらば何を食い、何を飲み、何を着んとて思い煩うな。是みな異邦人の切に求むるところなり。汝らの天の父は、すべてこれらの物の汝らに必要なるを知り給うなり。まず神の国と神の義とを求めよ、さらばすべてこれらの物は汝らに加えらるべし。このゆえに明日のことを思い煩うな、明日は明日みずから思い煩わん。一日の苦労は一日にて足れり。」という美しいこの聖書の箇所からキルケゴールが二編の講話を草したものである。一年二年の不勉強がたたってドイツ語も四苦八苦であった私は、それでも懸命に予習していったが、「哲学講読だからと言ってそんなに難しく訳さなくて良いよ」と先生にからかわれる日々だった。森君や妻純子や独文の学生も出ていたが、ある日ずいぶん化粧の濃い年齢の上の女性が入ってこられ、「これは久山先生の授業か」と聞く。今頃は社会人学生も多いのだが、その頃はあり得ないことだった。久山先生もなんだかにこにこされ授業のあとその方と雑談されていた。先輩の佐々木徹さんに聞くと「僕も久山先生になんだか水商売の方みたいですね、と聞くと本当に三宮でスナックのママさんをやっており、八年生で何とか卒業したいとか。」

後日私の結婚の折久山先生に仲人をお願いした。久山先生はその折「二人の結婚には私も責任があるので文学部に頼んで二人の成績を見せてもらった。史朗君のは置いといて、純子さんの成績は群を抜いており、誰か百点をつけている。誰がこんな点をつけたかとみると私だった。滅多につけたことがない点なのだが、ただ米倉充君（キリスト教概論）も百点をつけているので納得した、と。

「哲学演習Ⅱ」（四年）は卒論指導だった。さらに単位に関係なく「哲学講読」（四年）を続けて受講した。大学院では久山先生は一科目「哲学特殊講義」をもたれていたが、その修士課程の時に学院長に就任され哲学科の授業ももたれなくなった。

久山康先生の導きを受けて

高坂純子
（関西学院大学非常勤講師）

私は久山先生から学問としての「哲学」よりも人間が生きるということへの問いとしての「哲学」を学んだ。

学園紛争が全国的に広がっていた昭和四十四年の四月、私は関西学院大学文学部に入学した。キャンパスが封鎖され、七月になってからようやく前期授業開始という異例事態となったこの年、関学の入学式は大阪厚生年金会館大ホールで行われた。当時の文学部入学生は三回生になってから専門課程に進むシステムになっていて、一回生、二回生のときは各人の希望に応じて「基礎ゼミ」という名称の演習クラスに配属された。この「基礎ゼミ」というのは、各学科の先生方がそれぞれテーマを設けて開講しておられたものである。そのとき私が所属したのが哲学科教授久山康先生の「基礎ゼミ」で、テーマは「ニヒリズム」だった。入学式ではこの「基礎ゼミ」ごとに新入生を着席させていたようで、そこで初めて私は久山康先生と出会った。

久山先生の第一印象はけっして強烈なものではなかった。今思うに、それは会場となっていた大ホール特有の照明のせいだったのかもしれない。しかし「毎週土曜日に読書会を開いているので、興味があればぜひ来なさい」という先生の言葉が、なぜか私の心の中にストレートに飛び込んできた。早速次の土曜日、私はその読書会に足を運んだ。それが「土曜会」である。それから私は毎週土曜日になると、「土曜会」の例会にせっせと通うようになった。大学の前期授業はいっこうに始まる気配がなかったが、私の学生生活は「土曜会」とともに順調にスタートを切ったのである。

「土曜会」の部室は「国際日本研究所」の一室にあった。久山先生を語るにあたり、この「国際日本研究所」について少し詳しく述べたいと思う。「国際日本研究所」は昭和三十八年に久山先生が設立された研究機関で、西宮市仁川五ケ山町五番二十四号にあった。関学の正門を出てすぐ左に曲がり、その先にある坂を下ると出る南北に走る細い道を左折、甲山の方に向かって数分歩いたところにその建物はあった。それは間口が五―六間で奥行きのある敷地の上に建つ、瀟洒な洋風建築の建物だった。「土曜会」に所属したことによって、私は学部・大学院を合わせせほぼ十年間この「国際日本研究所」に足しげく出入りすることになった。私にとって、そこは学生時代の思い出のほとんどすべてが詰まっている場所となった。

「国際日本研究所」は不思議な空間だった。通りから見て左手に表門、右手に通用門があった。その間にはカイヅカイブキの植え込み。二枚の木の門扉がついた表門を入るとすぐ正面玄関だった。上部にガラスの小窓がついた重量感のある二枚扉、その扉を開けて中へ入ると真正面には二階へと続く階段、立派な木の手すりがついた階段で、階段室は吹き抜けになっていた。そして玄関脇すぐ右手には、十数畳ほどの広い洋室があった。玄関ホールも洋室も焦げ茶色の木材と漆喰壁でつくられていて、足を踏み入れるとその重厚感あふれる造作に圧倒された。一階洋室の通りに面した窓際に事務机が向かい合わせに二つ、部屋の奥三面には背の高い本棚、そして本棚に囲まれるようにして応接セットが置かれていた。冬になるといつも部屋のまん中にアラジンの丸型石油ストーブが登場した。「国際日本研究所」の訪問客はまずこの部屋に通された。ここはいわば応接室として使われていた部屋でもあったわけだ。隣にあった「土曜会」の部室からそっと様子を窺っていると、その部屋にはいつもいろいろな人が出入りしていた。久山先生が親しくされていた方々、それも大学関係者ばかりではなく、いろいろな分野で仕事をされていた方が来られていたように思う。いったい何人の人たちがその応接椅子に腰をかけたことだろうか。私にはその人たちの名前を全部挙げることができない。またこの部屋は久山先生の仕事場でもあったように記憶している。先生は「国際日本研究所」の枠組みの中で「基督教学徒兄弟団」という団体を主宰し、月刊誌『兄弟』を発行しておられた。それはB６版サイズの雑誌で、先生が編集兼発行人をつとめておられたものである。先生はいつもこの部屋で『兄弟』誌に載せる原稿の校正作業をされていた。「校正」の何たるかもよくわかっていなかった学生時代、何かの折りに脇で拝見していると、先生は驚くほどたくさんの朱筆を加えておられた。今あらためて『兄弟』誌を開くと、久山先生はご自分の寄稿文の他に、身辺雑記、編集後記、それから裏表紙掲載の折節の歌（先生が月ごとに短歌や俳句を四首選んで解説を加えられたもの）を毎月欠かさず執筆されておられた。そのエネルギーにはただ驚くばかりである。

この洋室の奥には片開きの扉が二つ、部屋の角をつくるような形で隣り合っていた。そのひとつは台所に、もうひとつは廊下に通じていた。部屋の造作で面白く感じたのは、この洋室と台所を隔てる壁に小窓が取り付けられていたことである。それは高さ三十センチメートルぐらいだったろうか、木の引き戸で開閉できるようになっていて、台所側には腰の高さほどの食器棚があり、それがカウンターの役目を果していた。そこに小窓があるのは、ここにかつて喫茶店があったからだと教えてくれたのは誰だったのか。この小窓は「国際日本研究所」の時代に使用されることはなかったが、六畳あまりの台所の方は何か行事があるごとに大活躍をした。そこにはかつて喫茶店だった面影を残している吊り戸棚とカウンター下の食器棚、そしておそらく久山先生が後で購入されたと思われる食器棚があって、たくさんの洋食器や和食器が並べられていた。久山先生がご自身で選び購入された食器も多いと聞く。先生は焼き物にも非常に造詣が深く、よく日本各地の窯元の話もされていた。そう言えば毎年信州で開催される「土曜会」恒例の夏合宿でのこと、先生が偶然町で見つけた骨董店で備前焼の大きな壺を買われたこともあった。食器の良し悪しなど気にもとめなかった学生時代、研究所の綺麗な紅茶茶碗を吊り戸棚のフックにかけるとき思わず緊張したことが懐かしく思い出される。その他、台所の隅には九十センチ四方のテーブル、小ぶりの冷蔵庫、その横の吊り戸棚下には古い木製の机が置かれていた。コンロと流しはL字型になっていて、流しのある方が庭に面していた。窓からは庭のまん中にある大きなイチジクの木が見えた。イチジクの実のなる頃、みんなでとって食べたこともある。「土曜会」の例会があるときには、私たち学生もこの台所でお茶を入れたり、クリスマス会などの折りにはパーティーの準備をしたりした。また「土曜会」は関学の学園祭で「おでん屋」を出店する伝統があって、毎年学園祭シーズンになると朝早くから夜遅くまでここでその下ごしらえをさせてもらったものである。

台所から見えるイチジクの木の向こうには、新しい二階建ての建物があった。「国際日本研究所」の時代に建築されたものらしく、そこには教室仕様の部屋が一階にふたつ、二階にふたつあった。広さはみな同じだったと思う。この建物で開講されていたのが久山先生発案の外国人のための日本語教室である。まだ外国人を対象とした日本語教育というものがほとんど取り沙汰されることのなかった時代、将来の国際化を見据えてその必要性を説き、実践されていた久山先生の先見の明には感嘆するばかりである。学生時代、ここで日本語を習っていたアメリカ人女性のご自宅でベビーシッターのアルバイトをさせてもらったこともある。お母さんが日本語を勉強している間、私は三人のおちびさんの遊び相手をした。

台所の北側にはこれも後から増築されたと思われる和室が二部屋隣接していて、管理人をされていた毛利さんという年配の女性が住んでおられた。割烹着のよく似合う、小柄で優しい方だった。毛利さんのあと管理人をされていたのが黒澤さん、やはり年輩の方で、料理のお上手な華のある方だった。その後、いつ頃からだったか、関学の保健館窓口で働いておられた神田美津子さんが御主人とともにこの和室の住人となった。美津子さんは笑顔の素敵な明るい方でいつも私たちをあたたかく迎えて下さった。私はこの三人の女性からお茶の入れ方、出し方に始まり、料理の盛り付け方、客人への声のかけ方にいたるまで、裏方の作法というべきものをいろいろと教わったように思う。

さて、ここでもう一度「国際日本研究所」の正面玄関に戻ってみたい。真正面にある階段を二階へ上ると、階段は上部で右に折れ、広い洋室にじかに続いていた。そこは研究所で一番広い部屋だった。正面にあたる漆喰壁には洋風の暖炉が造りつけられていた。かつて喫茶店だった名残をとどめる造作の部屋だった。東と北の二方向に窓が開いていて、開放感のある広い空間だった。窓には観音開きになった洋風の木製雨戸がついていた。部屋の隅にはオルガンが一台、讃美歌の伴奏用である。それから暖炉の右横にはガラス戸つきの本棚もあった。二階のこの部屋こそが研究機関「国際日本研究所」の表舞台となったところである。数多くの講演会が開催され、研究会や読書会が定期的に行われた。その中でも京都大学名誉教授西谷啓治先生の連続講演会「正法眼蔵」は特筆すべきものだろう。毎回、西谷先生の講義を聞くために集まったおおぜいの人たちで部屋がいっぱいになった。毎年十二月、「国際日本研究所」のクリスマス集会が開かれたのもこの部屋である。そして何か会合があったときには、その参加者で食事を共にするのが常だった。そういうとき折り畳み式の長い机とパイプ椅子がところせましと並べられた。久山先生の定位置は暖炉の前で、先生の感謝の祈りとともに賑やかな食事会が始まった。いろいろなご馳走をいただいたが、その中でも「すき焼き」は忘れることができないもののひとつである。久山先生はお酒もよく飲まれたが、甘いものも大好物でいらっしゃって、「すき焼き」となると通常より多くの砂糖で味つけするのを好まれた。あるとき別鍋で「すき焼き」を召しあがっていたどなたかが、「久山さんとこの鍋は、ぜんざいみたいだなあ」と茶化しておられたことがとても懐かしい。一九九四年十二月のクリスマス集会、それは久山先生が亡くなられる数日前のことだったが、そのときもここで久山先生流儀の「すき焼き」を頂戴した。甘くてとても美味しかった。

もうひとつ「国際日本研究所」の二階には七畳ほどの洋室があった。東と南の二方向に窓が開いていて、やはり窓には観音開きになった洋風の木製雨戸がついていた。窓の向こうに関学キャンパスの緑が見える、落ち着いた雰囲気の部屋だった。そこは「国際日本研究所」の事務室として使用されていたように記憶している。私が「土曜会」に入部したときは、そこで平井さんという背の高い初老の男性と、井上さん、笛吹さん（現在土屋さん）という優しい二人の女性が事務をとられていた。

「国際日本研究所」の話を正面玄関から始めてしまったが、本当のことを言えばこの正面玄関は閉じられていることの方が多かった。と言うのも、私たち学生はもとより、久山先生も、そしてほとんどの人たちが通用門を通って出入りしていたからである。だから通用門の木戸はたいてい開けっぱなしになっていた。通用門から裏玄関までは短いアプローチがあった。裏玄関は半畳ほどの空間で、入って左手に背の高い棚があって、たくさんのスリッパが用意されていた。おおぜいの人が集まると裏玄関は脱いだ靴でいっぱいになり、スリッパが足らないこともよくあった。裏玄関で靴を脱ぎ、そのまま短い廊下を進むと一階洋室と台所のドアに至る。「土曜会」の部室は洋室の手前、左手にあった。ここでなぜか思い出されるのが、廊下右手の壁にかかっていた大きな鏡である。縦は人の背丈ほど、横幅は一メートルくらいあっただろうか。なぜこんなに大きな鏡がそこにあったのか。建物の建築当初からあったことも考えられるのだが、いずれにせよそこに鏡があることで空間に広がり感じられた。そしてその鏡のある廊下は「土曜会」の部室の前で折り返すようにして、二階へ上る階段となっていた。踊り場の窓から陽の光が射しこむ明るい階段ホールだった。階段を上ると、先に述べた二階の事務室と洋室の前に出た。したがって「国際日本研究所」は二箇所に階段をもつ建物だったわけだ。おそらくこれも以前喫茶店だった建物ということで説明ができるのだろう。また裏玄関を入ってすぐ右にも短い廊下があって、左にトイレと浴室、右に物置だったのか、一畳ほどの畳敷きのスペース、そして廊下つきあたりに四・五畳ほどの和室があった。それは庭に面して障子窓をもつ明るい和室で、小さめの床の間が茶室のような趣を醸し出していた。冬には掘り炬燵もしつらえられた。洋風建築だった建物の中にこのような純和風の部屋があったことはとても面白い。この和室は学生の私たちにとって、みだりに入ってはならない「特別室」だった。

ところで肝心の「土曜会」の部室の方だが、こちらは通りに面した七畳ほどの部屋で、東と南の二方向に窓が開いていた。畳の部屋だったが、入ったところに廊下と同じ造作の板敷き部分があったので、洋室を和室に変更したものではなかったかと推測する。「土曜会」の部室は、どこの大学のキャンパスでも見かけられる部室と同様に、いつも学生のたまり場となっていた。「土曜会」の主な活動は毎週土曜日に部室に集まって、読んできた課題図書について部員同士で話し合い、そのあと久山先生のお話を伺うというものだった。この全体討議のときは「国際日本研究所」の二階の広い洋室を使わせてもらった。「土曜会」では毎年作家をひとり取り上げて、その作品を読み進めていくのだが、おかげで大学在学中に夏目漱石、ドストエフスキー、芥川龍之介などの作品はほとんど読むことができた。このときに読んだ数多くの書物は、今でも私の心の糧となっている。

また「土曜会」では毎月『途上』という雑誌も発行していた。各部員が読んだ作品について書いた文章を載せる同人誌である。鉄筆で原紙を切り、謄写版で刷り、ホッチキスでとめてつくった。だから部室入り口の棚の上にはよく使いこんだ謄写版が置かれていた。表紙を飾る『途上』という文字には、久山先生直筆の書が用いられた。それにしても「途上」とは、何と深い意味をもつ言葉であろうか。そのことに気づいたのは、卒業してずっと後になってからである。さらに「土曜会」では『途上』とは別に一年に一回「年刊誌」も発行していた。一年間の活動の総括と言うべき雑誌で、こちらはペーパーバックとはいえ印刷所で活字を組んでもらい立派な本となった。振り返るとまともな文章も書けていなかった自分を恥ずかしく思うが、本を読み、稚拙ながらも自分の考えをまとめることで、大きく育ててもらったように思う。

「土曜会」でもみんなと一緒に食事をする機会が多かった。新入生歓迎会や夏合宿、クリスマス会などがあると、いわゆる学生コンパをしょっちゅう楽しんだ。このコンパもまた久山先生の感謝の祈りとともに始まって、佳境にはいるとみんなで歌を歌った。土曜会の「歌集」なる小冊子が存在し、みんなでそれを片手に大声で歌った。久山先生はいつも率先して大きな声で歌を歌われていた。このガリ版刷りの手作り歌集には「琵琶湖周航歌」や「湖畔の宿」など久山先生が学生時代だった頃の愛唱歌が多く収録されていた。だから入部したての頃は知らない歌も多かったわけだが、そのうちそういった一世代前の歌もすっかり身についてしまった。みんなで歌ったあのときの一体感と高揚感は学生時代の忘れられない思い出である。

こうして振り返ってみると、どれほど多くのことを久山先生から教わったことかわからない。大学の授業では久山先生の「基礎ゼミ」「日本思想史」「哲学購読」を受講、「土曜会」では毎週作家や作品について先生のお話を伺った。「国際日本研究所」主催の講演会、研究会も、必ず先生のお話から始まった。その他、事あるごとに久山先生のお話を伺う機会に恵まれてきたように思う。先生のお話にはいつも「学問的な知識」の伝達だけではない、生き生きとした魅力があった。闇の中で焚かれた一本の松明のような力強さがあった。それは導きの松明だったのかもしれない。久山先生がご自宅に次いで多くの時間を過ごされた「国際日本研究所」、その建物はもう存在しない。西宮市仁川五ケ山町五番二十四号は二軒の家が建つ住宅地となっている。「国際日本研究所」という研究機関は過去のものとなってしまった。しかし久山先生のすべてが凝縮した「国際日本研究所」は、その不思議な空間に身を置いた者の心の中で今も色褪せることなく生き続けているような気がする。

久山先生から学んだこと、そして……

古森　勲
（元関西学院職員）

文化総部傘下の写真部から文総本部に派遣されたことがきっかけになり、久山康教授を知ることができました。文総本部の顧問だったからです。それまでは北アルプスの三千メートル級の雄大な山の自然の撮影に登ったり、石炭から石油にエネルギー転換で錆びれる筑豊炭田の姿の撮影、壱岐・対馬の国境の島の生活、交通事故の危険をにおわすワンチャンスを求めて大阪の都心に出かけるなど部活に励んでいました。本部派遣が本格化した二年の終わりごろからは、部活の合間に本部活動をしていたので久山先生の姿をみることが少なかったのですが、敬虔なクリスチャンであることがわかり、ときにジャーナリストの姿が見えたり、またエコノミストのような印象を受けたこともありました。硬そうに見えましたが、会話を交わすと気さくで柔らかさが感じられました。久山先生は革新的な活動をされる方なんだと思いました。

一　自然保護運動の先駆け

入学前のことですが、西宮市が甲山にロープウェーを建設するという計画を学院と周辺住民との共闘で撤回させた自然保全運動があったことを同窓会史誌の編集で知りました。この運動推進の中心的人物が久山先生だったと聞いたとき意外さを感じました。学院内や地域へ働きかけ、敷島紡績社長の室賀国威氏に「甲山を守る会」の委員長になってもらい、久山先生が副委員長を務められ、市民、学院の教職員と学生が一体となって計画の撤回運動を展開、計画を撤回させ、甲山の自然破壊を防いだのです。久山先生は「甲山の緑は関学や付近の住宅地域の宝ですからね。これを観光開発ブームで汚してしまうことは見過ごしできないように思われたのです」と語っていました（『大学とは何か』のシンポジウムから）。このような市民運動は、その後全国へ広がった自然破壊を食い止める運動の先駆けとなりました。

二　自然が持つ教育効果は計れない

さらに久山先生の自然環境を守る思いの深さで忘れられないことがもう一つあります。母校通信三十一号に掲載された「上ケ原かいわい」欄の随筆「木・鳥・花・草・人　恵まれた学院の自然環境」です。

そのころ私は、新聞学の講師で同総会専務理事だった坂本遼先生の声がかかり母校通信の取材、執筆を手伝っていました。そんなとき久山先生の随筆の出稿があったのです。関学の上ケ原キャンパスは、全国の大学キャンパスの中で最も美しいと評判でした。久山先生の随筆はこの〝学院の森〟に棲む鳥や虫の生息の追跡、木や草花の植栽ぶりが丁寧な文章でやさしく描かれていました。久山先生は自宅が学院から近いこともあって観察が夜明け前から暗くなるまで続けられていたのでしょう。

さらにキャンパスの自然を美しく維持していくために学生に働きかけ、自然愛好会を結成されました。また、学院の美しい自然を維持・発展させるため同窓生へ協力の呼びかけをされていました。先生が自然を語るときよく口にされた「自然は人間の与えないものを与える」の言葉がある。さらに「自然が人間に与える教育的効果は計り知れない」と教育的な効果の視点からも取り上げてありました。

三　緑の雲海 文化祭を盛り上げる

学院創立七十五周年の一九六四年（昭和三十九年）は、東海道新幹線が開通し、東京オリンピックが開かれました。日本国民にとって平和を実感した年だったと思います。この明るい雰囲気の中で愛好会の学生たちは日本一美しい学園を確固たるものにしたいと献木運動を起こし学生、教職員、同窓生を挙げて運動が始まりました。献木運動が学外に広がるなかで文化総部は、秋に催す文化祭の開催準備に入りました。文化総部はこの創立七十五周年をさらに盛り上げようと大阪・中之島のフェスティバルホールで開催する文化祭を昼と夜の二回公演と決めました。二回公演は初めて。どう盛り上げるか。文化総部本部の編集部長をしていた私にとってはプログラム編集に工夫が求められました。

あれこれ思案するなかで、文総本部の窓から時計台の方角を見ると旧学生会館三階の高さぐらいまで伸びた木々の緑が雲海のように見えました。その雲海を時計塔が突き抜けるように勢いよく伸び出していました。その風景から文総顧問の久山教授がよく口にされる「自然」と「緑」が頭を過ぎった。このキャンパスの自然の風景をプログラム編集の基調とすることにしました。それからの編集作業は速かった。神戸・原田の森から上ケ原キャンパスまでの豊かな緑を湛えたキャンパスの風景写真を含め三十一枚組み込みました。

四 新人記者は自然相手の記事目立つ

このように自然が醸し出す新鮮なさわやかさがしみこんだキャンパスで学び、卒業し、新聞記者として初任地の高知へ赴任しました。自然が豊かな南国土佐は自然や緑が生み出す話題は多かった。

足摺岬では越年草の「エンドウの花」が真冬に満開に咲き、パイナップルは甘ずっぱいかおりを漂わせながら収穫され、足摺の暖かさとセットされ、ニュースとして都会へ送られていきました。室戸岬の傍の馬路村は杉の産地だが今は村名の頭に「ごっくん」をつけた柚子ジュースを特産に育て上げ、今や中元の人気商品になっています。高知での自然活用の圧巻は「土佐の森林から人材を」の掛け声で始まった「明治百年記念教育の森」の造成事業だった。五年間で千五百ヘクタールの山林に杉やヒノキを植林し、五十年後に伐採し収益を人材育成の基金に充てることになっていた。明治維新の先導者・坂本竜馬を生んだ土佐らしい森づくりである。地方の自然はそのままに取材するだけでさわやかな記事になりました。

一方、都会の自然は保護と破壊がせめぎあっていました。甲山のロープウェー建設も久山先生たちが気づかなかったら甲山周辺は破壊のるつぼと化していただろう。岸和田市の葛城山系で天然記念物のブナ林が山道拡張工事で荒れたまま放置されていました。堺市の浜寺公園では公害批判を恐れた大阪府が枯れた松を切り倒して、浜寺の松を守る会の市民が枯れた原因調査を要求する騒ぎになっていました。奈良公園では水澄む『雪消沢』が観光客のゴミ投入でドブ池になって、清掃しても収まらない観光客のマナーの悪さに春日大社も困り果てていました。

自筆記事のスクラップをみると自然に関わる記事が目立っていました。

五　先生への不義理が後悔に

在学中、先生の好意に不義理をしたことで後悔してしていることがあります。

久山教授は、随筆にも書かれているように学院の自然環境の整備に力を入れておられました。学生に働きかけて自然愛好会をつくってキャンパスの空き地を花壇に変え、季節の花を咲かせ学院訪問者をなごませてくれました。あるときその手入れに久山教授が加わっておられ、たまたま通りかかった私が立ち止まって作業をみていたら、「君も入らんかね」と声を掛けられました。活動には加わらずじまいになってしまいました。もうひとつは、先生に声をかけられて土曜会の集まりに顔を出したことがあります。その時は夏目漱石がテーマでした。ぼくは、漱石は好きな作家でしたが、参加していたみなさんは漱石の作品をいろいろ読んでいました。わたしは「坊っちゃん」しか読んでいなかったので、それっきりで参加しませんでした。久山先生が「あんなに本を読まんものが新聞記者になれるか！と叱っていましたよ」と後輩が教えてくれました。土曜会への出席を促されたようでしたが、足が向きませんでした。

先生への不義理はいっぱいありますが、このふたつの不義理はいまだに忘れられません。特に土曜会は、記者になっていただけに続けておけばよかったのにと後悔しています。ただ、新米記者が初任地・高知の雰囲気を嗅ぎ取る目的で手に取ったのが司馬遼太郎さんの「竜馬がゆく」でした。そのころベストセラーでした。この読書がのち私が司馬さんに引き寄せられ、取材につながりました。「二十世紀からの伝言」という朝日新聞の世紀末企画の連載で「日露戦争」を担当したとき中国取材の直前に司馬さんの「坂の上の雲」を読み急ぎました。職業が読書をさせてくれました。

六 大学紛争には不満

さて記者になってから久山先生を訪ねたことは少ないですが、あります。

ひとつは婚約者と一緒に結婚式へ先生の出席のお願いに自宅を伺いました。関学では大学紛争が激しくなっていたときだったので出席は難しいだろうなとあきらめていました。ところが先生は、式、披露宴とも「出席させてもらうよ」との返事。うれしかった。でもそのあと全国で荒れていた大学紛争報道への苦情のような要望を聞くことになり複雑でした。母校の事案だっただけに辛かった。特に関学は東大と並んで機動隊の導入があり、第五別館屋上での機動隊と全共闘学生が繰り広げた激しい攻防戦写真も載っていました。その報道ぶりが関学側には「マスコミは学生に同調している」ようにとらえられていたことでした。説明したいこともありましたが、記者側に取材力不足があるなあと思いつつも、私にとって関学は取材現場でなかったので黙って聞いていましたが、関学側から現場の取材記者とのコミュニケーションをもっと強くしたらいいのになと思っていました。

私が担当した関西の国立大学では、セクトが角材で殴り合いをしたこともあってキャンパスは一時荒れましたが、全共闘が大学本部などを封鎖して本部や校舎に籠るようになったので鎮静化しました。しかし、封鎖が長くなったので旧文部省から紛争の〝重症校〟に指定されました。それでも記者側と大学執行部や全共闘の学生とのコミュニケーションはあり、取材は続けられました。ただ私は記者になってまだ三年目。若かったので学生とのコミュニケーションはとりやすかった私に久山先生は「記者という仕事であることを忘れず、取材は慎重にやりなさいよ」と諭されました。

七　娘誕生の報告日に三田あり

こんな会い方もありました。子供の七・五・三を祝って芦屋神社にお参りしました。その帰り道、関学に寄って中央芝生で遊ばせていたのです。そこへ秘書課（と思う）の方が来られて「院長がお呼びですよ」と言われるのです。そう言われても、約束していないし、家族と一緒だし。そんなことよりわが一家が関学に来ていることがなぜ分かったのだろうか。戸惑いました。でも結婚式出席のお礼をしたあとすぐ高松へ転勤になり、その地で娘二人が誕生し、その報告はまだでした。先生は理事長・院長に就任されたばかりでお忙しいと思ったのですが、せっかく見つけてもらったお礼と娘ふたりの紹介もしたく、その方について行きました。久しぶりに会った先生の表情は、親父感覚そのままでした。しばらく雑談をしていたのですが、先生が「ちょっとコレを見てくれんか」と三田市の地図や兵庫県が構想していた北摂三田ニュータウン開発予定図面などが広げてあった。

「ここ（上ケ原）が狭くなった。二十一世紀には関学をいま以上に羽ばたかせたい。そのために、用地を探している」と久山先生は話し始められました。かつて大阪市政担当のとき大阪都市圏のニュータウン開発の新事情を記事にすることがあったので、詳しくはないけれど三田市のニュータウン造成計画はよく知っていました。理事長として国際とか芸術などの学部を例示されて、二十一世紀を引っ張る大学の姿を描いて、いま関学は何をすべきかを構想しておられるようでした。この話を聞いたとき卒業生としてはうれしかった。二十一世紀をリードするような大学になればマスコミから注目される。先生に「その構想を早く実現させ、関学を良い大学にしてください」とお礼のあいさつをしてその日は失礼し帰りました。関西の大学を束ねてリードできる大学に関学がなることを期待しながら取材担当の大阪へ帰る車を走らせていました。

その後、社会部での担当する取材先が変わったり、地方支局ではデスクや支局長の転勤を繰り返し、新人記者の養成に取り組み、このときはさらに昭和天皇崩御報道に追われ、私にとって関学の用地問題にかかわれるゆとりはありませんでした。そんなあわただしいなかで一九八八年（昭和六十三年）十一月十八日付けの各紙に久山理事長と当時学長だった武田建教授が翌年三月末で同時退陣することを明らかにした記者会見の記事が載っていました。両トップの退陣で北摂三田の土地購入問題で起きた学内対立の解消を図るという内容でした。

「対立？　なんで」。正直、驚きました。理由は何なんだ。関学で何が起きたのだろうか。久山先生が経営を下りられたあとの関学の二十一世紀はどうなるのだろう。

久山先生は自著『人間を見る経験』に京大入学時の気持ちを次のように書いています。「京大の哲学科に入学したものの、哲学を学問として研究しようというより籍を置いて人生の方途を考えようというのが目的だった。それで、もし新しい人生の道を見出すことができたなら、経済学部にでも再入学しようと思っていたのである」。理事長を十五年務めているあいだに関学をよくしたい、羽ばたかせたいという気持ちが高じて上ケ原キャンパスだけでは狭いので。周辺で用地探しをされた。しかし、高かったり、売却を断られたりしたそうで、兵庫県が造成している三田に目を向けられたのだった。

◇　◇　◇

賛否の対立で決着に十年もかかっていた北摂三田の用地は、後任の加藤理事長のもとで関西学院の入手が決まり、キャンパスづくりは法人と大学が協力して始まった。加藤理事長の後継理事長となった武田建理事長は、北摂三田の新しいキャンパスに関学の創立地となった神戸・原田の森の雰囲気をよみがえらせたいという強い思いがあった。創立者ランバスが世界市民的な活動をしていたことから創立当初から英語教育を重視していた。この教育姿勢から別名「英語の関学」とも呼ばれた。武田理事長は、三田も原田の森の教育をよみがえらせる整備を進め、総合政策、理工学部は独自の英語教育プログラム、理工学部が英語の実践プログラムでこの二学部はそれぞれ英語教育の実践プログラム英語力のある世界市民を育てている。

北摂三田のキャンパスは、「神戸三田キャンパス」と名付けられ、久山先生が構想に描いた近い内容で落ち着きつつある。

かねてより久山先生は、このようにおっしゃっていた。

「私は穏やかな学院の体質とはだいぶ違う体質なので、学院に迷惑をかけてはいけないと思って、別に国際日本研究所を創設して、親しい友人や学生と研究を続けていたのですが、三十年近く学院の御世話になっているので、無責任のそしりを受けてもいけないと思って、神様から召集令状でも来たような思いで任に就いたのですが、学院内外の大勢の方が非常に熱心に助けてくださるので、それに力づけられてやっているところです。」

『母校通信』三十一号の「上ケ原かいわい」の締めくくりで学生、教職員、同窓が一体となるメッセージを残されています。

「私は、学院の自然環境を整えるということは、決してぜいたくなどうでもよい二義的なことではなく、教育ということの基本的な営みの一つであると思っているのである。学院の自然はほんとうに美しい。それは神の重大な恵みであるが、その意味を自覚して、その美しさをさらに増し加えてゆくこと、そしてその自然を神の光の中で讃えることを学ぶこと、それは私たちに課せられたことである。学生も教師も同窓の方々も、そのために協力して下さるよう祈る。」

これからのキャンパスづくりについて久山先生は、関西にとどまるだけではなく、日本から世界へ広がる大学に成長することを期待された。

久山先生の声

宅間紘一
（元関西学院高等部教諭）

私は学生時代、久山康先生が主宰されていた読書会「土曜会」で、ドストエフスキーや漱石など古今東西の古典を読む訓練を受けました。人との出会いと書物との出会いがセットになった贅沢な時間を頂きました。のちに関西学院院長に就かれた先生の命を受け、三十二年間、高等部で「読書科」という特設教科を担うことになりますが、土曜会での学びが高等部において読書教育を進める上の原動力となりました。

土曜会では、年度ごとに研究対象とする作家を決めます。作品をほぼ書かれた順に読んでゆきます。年度末に会員全員が作家論か、作品論を書いて研究誌を発行します。

ほぼ毎週土曜日に集まって、作品ごとに読書会をします。三十数名の学生がグループに分かれて討議したあと、全体討議で各分団が話し合った結果を報告します。最後に先生がまとめのお話をされます。これは作品についての「久山先生の講義」と言うべきものです。先生は、しばしば本文の大事なところを朗々と読みあげられます。私は、先生の語りをひそかに「久山節」と呼んでいました。今もはっきりと先生の声が耳に残っています。例えば、ドストエフスキーの『白痴』の冒頭部分です。主人公ムイシキン公爵が、「一種不思議な神経病」の治療を終えて、スイスからペテルブルグに帰る列車の中で、たまたま同席した人物からの無作法な質問に答える場面です。

> 相手の物語を聞きながら、色の黒い方は幾度かにやりと笑ったが、ことに彼が「どうだね、療ったかね？」ときいたのに対して、亜麻色髪のほう（ムイシキン）が「いや、療らなかったですよ」と答えたときなどは、手放しで笑いだした。（米川正夫訳、かっこ内および圏点は、引用者）

悪意に満ちたからかいにも、ムイシキンは、まったく傷ついた風はなく、まっすぐに答えるのです。久山先生は、「いや、療らなかったですよ」の箇所を何度か読み上げられました。その時の先生の笑顔は忘れられません。ムイシキンという「聖なる愚人」を見上げるような表情でした。もう一つ挙げます。椎名麟三の代表作『美しい女』です。主人公、木村末男が電車を運転する次の場面です。

> 私は、その運転手と代わってハンドルを持った。忽ち私と車との間には、秘密な同感が生れていた。車は、相変わらず、どした、どした、といいつづけながら海の縁を走った。（圏点は、引用者）

「どした、どした」という久山先生の声から、私は、木村末男という人間が、すっかりわかったような気がしました。先生の朗読には、ムイシキンと同じように、先生の主人公への深い愛情を感じ取ることができました。椎名さんには、久山先生が親しくされていたことから、土曜会の夏合宿にお越しいただくことが出来ました。私が大学一年生の時です。椎名文学をめぐって、泊まり込んで話し合う学生の輪の中に作家ご自身が入ってきて下さったのです。「ほんとうの、ほんとうの自由」と噛みしめるように語られる椎名さんの姿が忘れられません。ドストエフスキーに導かれ、イエス・キリストに出会われるまでの精神史をご自身から直に聴かせていただけたのです。

同じように、親しくその肉声に接することが出来たのが、西谷啓治先生です。久山先生が再三、土曜会のために恩師である西谷先生のお話を聴く機会を設けて下さったのです。西谷先生の何がすごいのか、当時はうまく説明できませんでしたが、深い知恵が語られていることは、直観的にわかりました。先生の『宗教とは何か』（創文社）は、私にとって、最も大切な書物のひとつとなりました。定年によって、高等部での勤めを終え、古稀を迎えた今も、久山先生、椎名さん、西谷先生の著作を再読しています。言葉を追うと、先生方の声が聞こえてきます。ありがたいことです。

読書の本質は、出会いです。まずは、書物の中から作者の声を聴きとりますが、それがやがて自分の声として聴けるようになります。書物の中に「私」を見つけるのです。これが、久山先生から伝授された読書論です。このことは、西谷先生の著作でも確かめることができます。先生は、その著『西田幾多郎』（筑摩書房）の中で、恩師の著作『思索と体験』に出会ったときの喜びを次のように書かれています。

それまで私の読んだ如何なるもの、私の接した如何なる人にも増して、親しく感ぜられたというというだけではない、もっと質的に違った、あたかもそれらが私自身の魂の内面から出たものであるかのような感じを受けた。……誰でも本当に自分自身であるということはそう容易に出来ることではなく、それが出来ない間は、他の人が自分自身よりも自分に近いということはあり得ることである。若い時にそういう、自分自身よりも自分に近いような人に出会いうるということは、人生における最も大きな恵みであり幸福である。

（圏点は、引用者）

最後に、書き留めておきたいことがあります。「土曜会愛唱歌集」のことです。合宿などで斉唱するための歌集です。曲目は、ほとんど先生の好みで決められますが、唄い続けるうちに、いつのまにか学生自身の愛唱歌になってゆきます。合宿の最終日には夜更けまで、延々と唄います。「しめ」の歌は決まっています。「月の砂漠」です。「つ～きの～さばくを～」としみじみ唄われる先生は、ほんとうに幸福そうでした。

直接、私にかけて下さった言葉を含め、久山先生の声は私の中で生き続けています。

落暉にそまりて

岡田勝明

（姫路獨協大学教授）

一　今、久山康先生を思う

大学入学時にすでに、久山康先生のお名前は知っていた。関学高等部入学以来、週一冊以上は本を読破するという目標を立てていて、『読書の伴侶』を読書の一つの指針としていたからであった。しかし「土曜会」という読書会を、久山先生が指導されていることは知らなかった。高等部同窓であった友人が、その経緯は忘れたが、「土曜会」への参加を誘ってくれたのだった。その友人は、五十歳すぎに自死してしまって今はいない。

先生に対して、土曜会入会当初から、ご逝去まで、仰ぎ見る、という感じがいつもあった。先生の、深みのあるやさしさはあったが、険しい眼にさらされている思いに、今もある。

お正月の二日に甲山に登り、山上で礼拝を行ったのち、研究所でお正月を祝う会にいつからか参加させていただいていた。甲山での先生は、胸の内をあけすけにしているようで、ふだんの厳しい目つきは、山上に吹く風を受けてすずやかであった。

久山先生とのお正月の会の最後となったさいに、研究所の二階で、たまたま私と二人、空席を挟んで並んで座っているところが写っている写真が残されている。先生の死後その写真は、ずっと書斎の本棚にたてかけている。坐っておられる先生の姿は、私にとっては出会った時のいつもの先生である、つまり老人というわけではない。お話をされるときに時々見せる、「空」を見つめておられるような目を、写真の先生も見せておられる。

その写真を見ていると、ご本を小脇に抱えながら、先生が口笛を吹いて歩いておられた姿を思い出す。ところで西谷啓治先生は、旧制の第三高等学校の講師をしておられたとき、西田幾多郎先生に呼び出されて叱られたことがあった、と書き残しておられる。呼び出された理由の一つは、授業の合間に教官室でも廊下でも知らず知らずに口笛を吹いていて、それが軽率である、つまり社会で生きるにはそれなりの作法があると注意されたのであった。若き西谷先生を思わせてくれて、むしろその逸話はどこかほほえみを誘う。

ところで、西田幾多郎は激しく怒りを発することがあったそうだが、お弟子さんたちが叱られたことはほとんどなかった。にもかかわらず西谷先生が叱られたわけだが、そのさい「何か言おうにも言葉が口の奥へ引っ込んで行くような感じ」であったそうで、叱る声も低く、一言注意しておく、という程度のものであった。激しい叱責ではなかったゆえに、かえって西谷先生にはこたえたようである。私も久山先生に、激しく叱られた思い出がない。ただ「君もわかっているだろうが、知的に取り組むだけではだめだ」という意味のことを、何かのおり二人きりになった時にお示しくださったことがある。

それはともかく、口笛を愛するというような、お二人に意外な共通性があった。その共通性は、久山先生にとっての西谷先生の存在の意味に血が通う思いをもたらしてくれる。久山先生が結核による激しい喀血を経験されたことは周知だが、西谷先生も結核を患らわれたことがあった。

久山先生の語り方は、胸に声を響かせながら息を吐くという感じのものであった。話の途中で時おり、胸の容量を確かめるように、「あーあー」と言われることもあった。西谷先生の場合には、少し声が高くなることもあって、丹田から頭頂に声が抜ける感じがあった。その発声ぶりは、西谷先生の案外の激しさを示しているかもしれない。発声の仕方には相異があるにしても、腹から胸に、また頭に、声を響かせるというところに、結核によって死の淵を見た経験を吹き抜けて行ったようすがが、滲み出ていたのではなかっただろうか。

二　虚無に響く

久山先生がなぜキリスト教徒になられたのかを、率直におうかがいしたことがある。それは、西田幾多郎に由来する、ということを言われた。もっと詳しくお話があるかと次の言葉を待ったが、それ以上に語ろうとされなかった。その問いはやはり先生の内面に深くかかわることで、そう簡単に人に語れることではなかったのであろう。「いかにしてキリスト教徒となりしか」と他者に語り始めるときが、先生が死の問題に決着をつけられた時となったのかもしれない。

ともかく一見したところでは、久山先生は、傲岸強引、他をかえりみず、というイメージで一般にはとらえられていたであろう。純朴な祈りの生活を愛しておられたと思うが、謙遜謙虚というクリスチャンのイメージとは、どこかすぐに先生のもっておられた感じと結びつかないこともあって、お聞きしたのであった。

西田哲学を学んで気がついたのだが、後期西田は、ドストエフスキーの小説に「絶対矛盾的自己同一」の真骨頂を見ていたのである。西田哲学のキリスト教理解は深く、またその本質に通うものがある。他方西谷先生は、ドストエフスキーはもちろんだが、西田哲学に出会う前に、ことに夏目漱石に深く共感されていた。土曜会では毎年年間作家を決めて、年ごとに一人の作家の作品を読破する、という方針を貫いてきた。ただし四年毎に、漱石とドストエフスキーを年間作家とするという決まりであった。したがって、四年間のうち必ず漱石とドストエフスキーは読むことになる。思えば漱石とドストエフスキーは、久山先生にとっては、西谷先生と西田幾多郎に参入するものであったのだろう。

さて久山先生には講演記録に、「西田哲学と現代」がある。その講演に、久山先生の哲学の一端が凝縮されているると言ってよいであろう。その講演で先生は、冒頭に、西田の「思想を語る」のではなく、「どうして西田先生の思想に惹かれているか」を語ろうと思う、と述べている。もし久山先生なりの哲学を言うとすれば、このような取り組み方に、その本質があったと思う。

西田哲学への関心の発端は、突然の大喀血で一年間休学を余儀なくされ、復学後も再び喀血、しかもその病中にご父君を失ったという人生経験にあった。先生はこの人生経験を語ることに、あくことがなかった。何度お聞きしても、その当時の経験の臨場感が漂っていた。

自分自身が死の前に立つということだけでも、言うまでもなく大問題である。しかし同時に父の死の内に自己の死も重なるということは、もっと根本的な虚無の開けに遭遇せしめられる出来事であった。親は自分を生んだいのちの根源だからである。自分が死んでも、なお大地の上のことである。ところが親の死と自己の死とが同時になるところでは、自己の死もその上に成り立っていたその大地そのものが深層崩壊していくのである。

久山先生はその底知れぬ虚無感に共鳴し、しかもその虚無をいやすものを求めて読書されていった。読書も思想も哲学も、先生の虚無感に応えるものでなければ意味がなかった。モンテーニュ、ゲーテ、三木清、トルストイなどが読まれ、さらに大学でドストエフスキーやキルケゴールの読書がなされていったが、西田幾多郎はちょうどそのころやはりこの両者について取り上げた論文を発表していた。西田は、先に述べたようにドストエフスキーの小説に、自己の哲学の論理の核心となった「絶対矛盾的自己同一」の具体例を見ていた。またキルケゴールのうちに、宗教の機微の真相を捉えていた。そのような道筋が、西田幾多郎を通してキリスト教へと先生を導いたのであろう。

鈴木大拙は、「西田はすこぶる情に厚い暖かな心を持っていた。……この暖かい心が動いていればこそ、彼の智も意も絶えざる燃料の補給を得たのだと、余は信じている。彼の論理には何かしら血が通っている」(「わが友・西田幾多郎」) と述べている。西田論文が難解窮まるにもかかわらず、ひとびとの関心を惹いてやまないのは、分からないなりに「何かしら血が通っている」ところにふれてくるからであろう。おそらく直観的に先生は、自己の虚無感に血が通うようなものを西田から受け取っておられた。したがって西田の次の歌が、久山先生の西田理解によく共鳴したのである、「愛宕山入る日の如くあかあかと燃やし尽くさん残れる命」。

この歌は、先生の虚無感をも赤々と日の光に染めてしまうものであった、と思う。最も深くこの歌を受け止めた哲学者の一人は、まぎれもなく久山先生であったろう。

三　哲学と人生

「西田哲学と現代」の最後を先生は、次のように締めくくっておられる。「新しい世界的な時代の到来は、同時に人間の魂の危機をもたらしながら、しかもそれの克服を、諸宗教の出逢いの中で行おうとしているように見えます。その来るべき時代に対して、西田哲学は一つの大きな道標をたてているのではないかと思うのであります。」

基督教学徒兄弟団を結成し、国際日本研究所を創立された久山先生は、妙高高原村を設立され、さらに五十九歳にして関西学院院長・理事長として活躍された。死を前にしてこの世のすべてが虚無に化すという経験をされながら、虚無的なこの世の事柄に全身かかわる人生を、還暦後におくられたことに、ある種の違和感を有つ人も多いであろう。しかし先生は、右の引用にあるように、「人間の魂の危機にありながら、しかもそれを克服しようとする」事柄を実社会において実行しようと考えられたのであろう。

西田の「燃やし尽くさん残れる命」という歌は、最晩年の歌のような印象を与えるが、西田五十三歳の作である。五十九歳に「燃やし尽くさん」と決意することは、すでに西田から見れば「遅い」と言われるかもしれない。ただそのいのちを、研究に差し向けるのではなく、学校行政等を中心にしたものに向けたところには相異があるにしても、志は変わらなかったのではないだろうか。

先にも述べたように、「思想の研究」よりも、自らの虚無に共鳴・共振するものに「惹かれる」ところに立とうとされる姿勢が、もともとの先生の資質と呼応して、社会的な事業へと向かうことを押し進めたのではなかったか。その生き方も、先生なりの「哲学と人生」であったと思いたい。

自己と等身大の虚無を生きられたところに、先生の悲哀と救いもあった。

ゴッドファーザー　久山先生を想う

神田孝一
（関西学院職員）

私が学生時代の時に、久山先生は、五十歳代であったように思う。私は、もう既に六十歳を超え、現在六十二歳である。五十代の久山先生がなされた様々のことを思うと、私の人生においては一体何をしてきたのかと考え反省させられる。久山先生は、僕らに読書会を通じて大きな影響を与えてこられた。久山先生の存在感は、身体も大きかったが、精神的に圧倒的なものであった。

土曜日の読書会は、ドストエフスキーや漱石の作品を読んでの参加だけに、参加するにも読了するハードルがあったが、参加して、自分の感想や意見をどのように述べるかということでもハードルが高かった。その当時の私にとって、大きなプレッシャーであったが、これが私個人が成長する大きなエネルギーにもなっていた。

つらい参加ではあったが、結果的には毎回の例会は、本当に充実した時間を過ごすこととなった。他の学生の感想や、久山先生のご意見や説明、また、若き佐々木先生のきちんとしたお話も心に沁み透ってくるものであった。

クリスマスの祝会も現在ではありえないような純粋で青年のこころを満たす集まりであった。キリスト教のこともよくわからなかったが、久山先生から学んでいったように思う。そして夏合宿、信州。関西育ちの私にはあまり縁のなかった信州各地に案内いただき、高原の素晴らしさを味わい、連日の読書会は熱心に行なわれた。

久山先生は、まさにわれらの「ゴッドファーザー」であった。すべてを包み、われらを導く父であった。優しくあり、厳しくもあり、未熟な精神を育てていただくものであった。

そして私個人のことであるが、久山先生を通じて西谷啓治先生に出会えた幸福がある。「善の研究」など西田幾多郎先生の著作を読んで傾倒していた私に、直系の西谷啓治先生の講演会や講座を拝聴し、また、佐々木先生のご好意で、ご自宅でお話を聞く機会もいただけたことである。その後、禅に親しみ、西谷啓治先生のご著作を読むことによって、私の根底を解き明かすところを切り開いていただいた。「己事究明」は、今も私の歩む根本道であるが、そのコアは西谷啓治先生のご著作を読むことと禅の修行になっている。

久山先生が与えてくださったもの

磯辺淳子
（関西学院職員）

一九七六年四月、文学部の「日本思想史」という科目名に惹かれて受講したことが久山先生との出会いだった。中学生のころから、いわゆる文学少女だったが、高校時代に入るとプロレタリア文学などにも手を伸ばし、文学を通して「思想」というものに、少し触れていていたことが「日本思想史」履修の動機だった気がする。

月曜日か火曜日だったと思うが、五限目に「日本思想史」の教室へ行くと土曜会という団体を案内するチラシが机の上にあった。チラシには、学生時代は自らの心の深淵をのぞきこみ、抜け出すことのできないニヒリズムにとらわれる経験が必要だと書かれていた。そして、そこから這い出てきたときに外発的ではない内発的な自我をもった人間になっているのだというような意味の文章が記されていた。授業の最後には久山先生が、土曜会は読書会で、夏目漱石とドストエフスキーの作品を読むことで思索を深めてもらうことを目的としている、というようなことを話してくださった。

他の課外活動グループからの誘いを受けるなかで、土曜会に入会することを決心したのは、それから二カ月ほど経ってからだったと記憶している。今、こうして関西学院の一員として働かせていただいていること、そして、誰かほかの人の役に立てる人間になりたいと思うようになったのは、ただ偏に久山先生との出会いと土曜会での読書があったからだと思う。これまでの歳月を振り返ると、もし関西学院に入学していなかったとしたら、東京の大学に進学していたとしたら、価値観や自分の人生そのものが、今とはずいぶんと異なっていたのではないかと思う。

さて久山先生は、当時、すでに学院の理事長・院長に就任されていて、一般学生からはずいぶんと遠い存在だった。「日本思想史」の教室が、一人の教師と学生という関係性が成立する唯一の場所だったのではないだろうか。先生は、時々夕方に、土曜会の部室に顔を見せてくださったが、「学生と接する機会を失いたくないので、事務室に頼んで、授業を一つだけ持たせてもらっているんだよ」と、われわれ学生に話してくださっていた。そして、四季の移り変わりの美しさを学生や教職員が感じ取ることのできるキャンパスにしたいと何度も語って聞かせてくださった。

土曜会では、チラシに書かれていたとおりに、四年間で夏目漱石とドストエフスキーの主だった作品全部を読破することが決められていた。記憶は定かではないが、入会したときはドストエフスキーの年にあたっていて、『罪と罰』『白痴』『悪霊』『カラマーゾフの兄弟』などの作品は、当時の私にはかなり難解に感じた。土曜日午後から始まる例会では、三年生や二年生の先輩方が侃侃諤諤の議論を闘わせていても、何が論点なのか、議論の筋さえ見えていないことがあった。二年生になると夏目漱石の作品を取り上げることになり、『三四郎』『それから』『門』『行人』など、次々に読破していった。文学部入学時は心理学を専攻する気でいたが、漱石作品の読解経験は日本文学科への進路変更へとつながった。

土曜会の部室は、上ケ原キャンパスを出てすぐの国際日本研究所という建物のなかにあった。畳敷き八畳ぐらいの部室で、土曜日以外の日でもそこへ行くと誰かが居て、とりとめのない話をしながら夕方になると下宿生を中心に、甲東園へ繰り出したものだった。久山先生が望まれた青春時代の過ごし方とは相当違ったかもしれないが、損得や駆け引きなどとはまったく無縁の純粋な友情をはぐくんだ私の青春時代だった。

忘れられない思い出に社会人の先輩がたとの交流がある。多忙な久山先生の代わりに、普段の例会には、他大学で教鞭をとっておられた佐々木徹先生が、助言者として出席してくださっていた。佐々木先生はもちろん土曜会の会員。関学経済学部を優秀な成績で卒業され、バンカーとして将来を嘱望されて入行されたにもかかわらず退職。文学研究科に進んで、研究者になられた方だった。久山先生と同じように人間愛にあふれた方で、地方出身の箱入り娘にも、都会出身の同級生と同様に近しく接していただいた。久山先生が、もう少しお若く、しかも学院の要職に就いておられなかったら、きっと佐々木先生のように学生たちに接してくださるのだろうと、当時、思っていた。また夏になると例年、信州へ出かけて合宿を行っていたが、ここには個性的なＯＢＯＧの方がたにたくさんご参加いただいた。土曜会は学部生だけの読書会ではなく、大学卒業後も時間が許せば出席することができたからだ。生涯を通じて研鑽することを勧めていた久山先生の方針が、土曜会をこうした開かれた場所にしていたのだと、いまさらながらに思う。

人生の成熟期に入った今、久山先生が与えてくださった土曜会を通しての出会いや読書経験が、自分の生き方の根本に深く影響を与えていたのだと思うと、久山先生への感謝の気持ちで胸がいっぱいになる。

あとがき

五人の編集委員が久山康先生の「追悼文集」の刊行を思いたってから、かれこれ五年ほどの歳月が流れている。最初に大きな枠組みを構想し、いろいろな視点から吟味したうえで、これを五人が分担してとりかかったが、比較的早く書き終えた人もあったが、諸方面から資料を集めたうえで諸般の事情を熟慮するため時を費やし、完成が少しおそくなった人もいた。

ともあれここに全体の原稿が出揃って刊行にこぎつげることが出来たことはまことに慶賀の至りである。全協力者の努力に深く感謝したい。

ここで各委員の担当の主な分野と論述のすすめ方について述べておきたい。

（一）編集委員のチームリーダーである山内一郎さんが最初に全体の構想の案を提示していただき、それを皆で相談して確定した後、作業にとりかかったが、山内さん自身は「序文」、「理事長・院長就任のあいさつ」、「キリスト者」、「独創的研究」などを担当、まず「序文」として「はじめに」と「序」を書いていただいた。

次に第二部の一章において、久山さんの「理事長・院長就任時のあいさつ」と「インタビュー」を集めて提示し、第三は第一部一章の最初に「キリスト者久山先生」と「創立者ランバスの再発見」そして、第四は第三部二章に久山先生の「国際日本研究所の創設と活動」という最重要なテーマについて執筆していただいた。

山内さんは久山さんにいつも寄り添っていたので久山さんの活動の全容をほゞ的確に理解されたので、それらの知識を縦横に駆使して本書の完成を終始にわたって指導された。

しかし、平成二十八年十二月十五日、山内さんの健康状態に配慮して、倉田和四生を委員長代理に任じ、募金活動を開始するべく、委員長の山内さんを補佐し、編集の責任を負うことにしました。

（二）萬成博さんは組織論の知識を駆使して多方面にわたって活躍された。それは第一に学生紛争の問題、第二に統治組織の確立、第三に学院運営の企画遂行機能の創成、第四に財政危機の克服、第五に久山さんの「ランバス留学基金と記念講座」、第六に「上ケ原における第三の創造」の実現を担当している。

まず第一は学生紛争の解決の問題である。萬成さんはかねてから学生運動を広い視野で研究しており、『兄弟』誌に多数の論文を発表していた。久山さんはそれらの資料を十分に検討した上で関西学院大学の学生運動を検証した。その結果「学長代行提案」は関西学院の建学の精神に反したところがあり、学院の教育政策を逸脱するところもあったから、提案内容の多くは実施不可能であったという事実を明示している。

第二に久山さんは学院の統治機構を改革し、ガバナンスの回復をはかった。理事会の定員を十三名から二十五名に倍増し、学院同窓の経営者、関西財界の指導者を理事会に迎えてその活性化をはかった。また理事会の執行機能を強化するため、事務職の幹部を総務部長、財務部長に任用した。

第三に理事長の職能を強化するため、学院経営の戦略部局の長として常務理事を充て、そのもとに企画・調査・広報・国際交流の部門を新設し、学院経営の担当部門とした。企画課は学院の各部局からのべ七十四名の専門家を集め、大シンポジュームを一九七四・五年の夏に開催して『大学とは何か――世界の大学・日本の大学・関西学院』（一九七五）、『私学財政と学院のあゆみ』（一九七五）、『国際交流と大学』（一九七七）の三部作を刊行した。こうして関西学院の企画部門の機能は飛躍的に強化され、めざましい実績を生み出した。

第四に久山さんは最悪の状態にあった財政危機と格闘するため、私大連盟の理事者として国庫助成の増額をねがって総理大臣田中角栄および奥野文部大臣に面接して国庫助成の増加を直接要請した。その後これら、私学助成の増加、物価スライド制による学費値上げの施行などの好運に恵まれて、見事に財政危機を克服した実状を石田三郎さんと協力しながら明らかにした。

第五に萬成さんは久山さんが実施した「ランバス留学基金の創設」と「ランバス記念講座」というすばらしい試みについて明示してくれた。

第六に上ケ原における第三の創造として、一九七七年の「総合体育館」の建設からはじまって、一九八九年の「高等部校舎礼拝堂」に至る十四棟のすばらしい建造物を完成することによって、上ケ原における第三の創造を実現した事実を明示された。

これらはすべて関西学院の百二十年の歴史の中の最大の危機をいかに克服したかについて歴史的証言となるものであろう。

（三）小林昭雄さんは、少し遅れて作業にとりかかったが、広くデータ収集に努めてこれらを十分に駆使し、実証的な態度を貫いてすぐれた論稿を完成した。

テーマの一つは「千刈キャンプ場の整備とセミナーハウス」で、他は「三田キャンパスの建設と二十一世紀への展望」である。

まず第一のテーマについて述べると、久山さんは学院の責任者に就任されると、千刈に始められていたキャンプ場の整備をどう進めるかという課題に直面した。久山さんはもともと卓越した自然観を持ち、自然の中の教育を理想としていたから、キャンプ場を含めて千刈地区に新しく「キャンパス」を創設すべく全力を投入した。ダムを新設して用水を確保し、キャンプを増改築し、すぐれたキャンプセンター等を作り、セミナーハウスも新築した。これが第一のテーマの取組である。

ところが暫くすると「キャンパス」の創設は排水処理のために不可能であることが明確になった。久山さんの千刈キャンパスは行きづまった。

そんな時、県から三田のニュータウンの開発用地の一部を関西学院に譲渡してもよいとのニュースが入ってきた。久山さんは神の恵みと感謝し、理事会で慎重に検討し、併せて各部署の責任者にも詳しく説明した上で、理事会で県の用地十万坪を購入することを決定した。ところが学長は、これに反対して辞任した。さらに後任の学長も「上ケ原一拠点主義」をかかげて反対をつづけた。こうして理事会と学長（および大学評議会）との対立抗争が始まった。これが第二のテーマである。途中で理事長と学長が同時に辞任したが、大学側は購入した三田の用地にキャンパスを開発することに反対した。

小林さんはこの困難な抗争を丹念にたどって論証している。この小林さんの緻密な検証は、関西学院の百二十年の歴史の中で最も熾烈な抗争を解決し、飛躍的な発展を遂げるに至った足どりを明らかにした歴史的ドキュメントであるといえよう。

（四）森川甫さんは、視力の低下という身体的なハンディを負いながら、重要な貢献をしてくださった。第一は、久山先生によってすすめられた「自然教育による学院の美化」活動がなされていた事実を明示し、「自然愛好会」の活動の貢献を明らかにしてくれた。

第二は、久山さんが学内経営組織の活性化をはかるために、企画・広報などの委員会を創って討議を盛んに実施して、そこから生まれたアイデアを現実に具体化していったが、森川さんは最初からの委員として活動した経験を説明してくれ、企画経営の活性化に協力された事実を記述している。

第三に、森川さんは第三代館長を勤めて活躍したが、特筆すべき事実は、自ら企画して「アジアカルバン学会」をこのセミナーハウスで開催したことである。

（五）倉田和四生は、昭和五十八年秋から平成元年まで院長代理を勤めて、久山先生の近くにいながら、十分に支えることが出来なかったとの悔恨に悩まされていた。ところがふと思い立って十年ほど前から、久山先生が昭和二十一年結成された「基督教学徒兄弟団」の機関誌『兄弟』を一、二年ほどかけてその内容を分類してみると、改めて久山さんへの尊敬と愛着を覚えるようになった。それが本誌を作りたいと思い立った原因の一つであった。

これが第三部一章に掲載した「兄弟誌にみる久山先生の実践活動」である。

第二のテーマは第一部一章にのせた久山先生の「日本近代化と伝統」についてまとめたものである。この久山さんの研究は数多い近代化論のなかでもまことに独創的な業績であると思う。

第三は、第一部二章にのせた「久山先生の師と親友」であるが、これは久山先生自身が書かれたものを倉田が整理したものである。

（六）真鍋一史さんは、久山先生のためにいろいろの労苦をになってくださっているが、数年前に関西学院の定年を迎えて、青山学院の要職につかれたので、多忙のため編集作業の実務にはあまり関われなかったので、四部の追悼文のみを掲載した。しかし離れていても、いつも心通わせ、有益なアドバイスを寄せてくれる大切な編集委員である。

（七）石田三郎先生には関西学院が極端な財政危機に陥っていた状態から、学費値上げによって次第に危機を克服していく過程を明確に示していただいたことに心から感謝しています。

（八）三人の協力者の貢献

さらに前記五人の編集委員の活動を大いに助けてくれたのは、大河内敏弘さん、川崎啓一さん、神田孝一さんの三人である。

大河内さんは、早い段階で「クレセント」と「甲山を守る会」の原稿を寄せてくれた。心から感謝している。

川崎さんは、いつも編集上きわめて適切なアドバイスをしてくれ、様々な訂正などもすべて川崎さんが実施してくれた。編集者としての最大の貢献者だと感謝している。

神田さんは、事務的な仕事の外、話し合いではいつも貴重な意見をいただいた。また記録をつくっていただいたのは有難かった。

三人の援助について深く感謝している。

倉田　和四生

刊行・編集委員会・委員　略歴

※編集委員の略歴は、二〇一七年三月三十一日現在のものとする。
また、〔 〕は久山院長・理事長在職時代（一九七四―一九八九）の役職位および経歴。

山内　一郎（やまうち　いちろう）
関西学院大学名誉教授〔院長補佐、院長代理、キリスト教教育研究室長、学院評議員・同理事〕

萬成　博（まんなり　ひろし）
関西学院大学名誉教授〔社会学部教授、社会学部長、学院評議員・同理事〕

小林　昭雄（こばやし　てるお）
関西学院大学名誉教授〔理学部教授、学院評議員・同理事、宗教総主事、キャンプ場所長〕

倉田　和四生（くらた　わしお）
関西学院大学名誉教授〔社会学部教授、社会学部長、学院評議員・同理事、院長代理〕

森川　甫（もりかわ　はじめ）
関西学院大学名誉教授〔社会学部教授、院長補佐〕

真鍋　一史（まなべ　かずふみ）
関西学院大学名誉教授〔社会学部教授、院長補佐〕

実務協力者

川崎 啓一（かわさき けいいち）

元関西学院職員

神田 孝一（かんだ こういち）

関西学院職員〔土曜会員〕

久山康先生　その思想と実践

2017年5月10日初版第一刷発行

編　者　『久山康先生　その思想と実践』刊行・編集委員会

発行者　田中きく代
発行所　関西学院大学出版会
所在地　〒662-0891
　　　　兵庫県西宮市上ケ原一番町1-155
電　話　0798-53-7002

印　刷　株式会社クイックス

Printed in Japan by Kwansei Gakuin University Press
ISBN 978-4-86283-239-9

理 コトワリ

五〇〇点刊行記念

関西学院大学出版会の総刊行数が五〇〇点となりました。
草創期とこれまでの歩みを歴代理事長が綴ります。

KOTOWARI
No.75
2025

1997–2025

関西学院大学出版会
KWANSEI GAKUIN UNIVERSITY PRESS

自著を語る

未来の教育を語ろう

關谷《せきや》　武司《たけし》
関西学院大学教授

著者は現在六四歳になります。思えば、自身が大学に入学した頃に、パーソナル・コンピューター（ＰＣ）というものが世に現れ、最初はソフトウェアもほとんどなく、研究室にあるただの箱のような扱いでした。それが、毎年毎年数倍の革新的な能力アップを遂げ、あっという間に、ＰＣなくしては、研究だけでなく、あらゆるオフィス業務が考えられない状況が出現しました。その後のインターネットの充実は、さらに便利な社会をもたらし、近年はクラウドやバーチャルという空間まで生み出しました。そして、数年前から、ついに人工知能（ＡＩ）の実用化が始まり、人間の能力を超える存在にならんとしつつあります。ここまでの激的な変化が、わずか人間一代の時間軸の中で起こってきたわけです。

もはや、それまでの仕事の進め方は完全に時代遅れとなり、昨年まであった業務ポストがなくなり、人間の役割が問い直されるまでに至りました。この影響は、すでに学びの場、学校や大学にも及んでいます。

これまで生徒に対してスマホートフォンの使用を制限していた中学や高等学校では、タブレットが導入され、ＡＩを使う生徒の姿に教師が戸惑う光景が見られるようになりました。教室で、ＡＩなどの先進科学技術を利用しながら、子どもたちに、何を、どのように学ばせるべきなのか。これは避けて通れない目の前のことで、教育者はいま、その解を求められています。しかし、学校現場は日々の業務に忙殺されており、立ち止まって現状を見直し、高い視点に立って将来を見据えて考える、そんな時間的余裕などはとてもありません。ただただ、「これでいいわけはない」「今後に向けてどのような教育があるべきか」

など、焦燥感だけが募る毎日。

この書籍は、そのような状況にたまりかねた著者が、仲間うちの教育関係者に訴えかけて円卓会議を開いた、そのときに話された内容を記録したものです。まずは、僭越ながら著者が基調講演をおこない、続いて小学校から高等学校までの現場の先生方、そして教育委員会の指導主事の先生方にグループ討議をしていただきました。それぞれの教育現場における課題や懸念、今後やるべき取り組みやアイデアの提示を自由に話し合い、互いに共有しました。そして、それを受けて、大学の異なるご専門の先生方から、大学としていかなる変革が必要となるか、コメントを頂戴しました。実に有益なご示唆をいただくことができました。

では、私たちはどのような一歩を歩み出すべきなのでしょうか。社会の変化は非常に早い。

そこで、小学校から高等学校までの学校教育に多大な影響を及ぼしている大学教育に着目しました。それはまた、輩出する卒業生を通して社会に対しても大きな影響を及ぼす存在です。

一九七〇年にＯＥＣＤの教育調査団から、まるでレジャーランドの如くという評価を受けてから半世紀以上が経ちました。もはや、このまま変わらずにはいられない大学教育に関して、大胆かつ具体的に、これからの日本に求められる理想としての大学の姿を提示してみました。遠いぼんやりした次世紀の大学ではなく、シンギュラリティが到来しているかもしれない、二〇五〇年を具体的にイメージしたとき、どういう教育理念で、どのようなカリキュラムを、どのような教授法で実施するのか。いま現在の制約をすべて取り払い、自らが主体的に動ける人材を生み出すために、妥協を廃して考えた具体的なアイデアを提示する。この奇抜な挑戦をやってみました。

このような大学がもし本当に出現したなら、社会にどのようなインパクトを及ぼすでしょうか。消滅しつつある、けれど本来は資源豊かな地方に設立されたら、どれほどの効果を生み出すでしょうか。その影響が共鳴しだせば、日本全体の教育を変えていくことにもつながるのではないでしょうか。

そんな希望を乗せて、この書籍を世に出させていただきました。批判も含め、大いに議論が弾む、その礎となることを願っています。

関西学院大学出版会の誕生と私

荻野《おぎの》　昌弘《まさひろ》
関西学院理事長

一九九五年は、阪神・淡路大震災が起こった年である。関西学院大学も、教職員・学生の犠牲者が出て、授業も一時中断した。この年の秋、大学生協書籍部の谷川恭生さん、岡見精夫さんと神戸三田キャンパスを見学しに行った。新しいキャンパスに総合政策学部が創設されたのは、震災が起こった一九九五年の四月のことである。震災という不幸にもかかわらず、神戸三田キャンパスの新入生は、活き活きとしているように見えた。

その後、三田市ということで、三田屋でステーキを食べた。その時に、私が、そろそろ、単著を出版したいと話して、具体的な出版社名も挙げたところ、谷川さんがそれよりもいい出版社があると切り出した。それは、関西学院大学生活協同組合出版会のことで、たしかに蔵内数太著作集全五巻を出版している。生協の出版会を基に、本格的な大学出版会を作っていけばいいという話だった。

震災は数多くの建築物を倒壊させた。それは、不幸なできごとであったが、そこから新たな再建、復興計画が生まれる。何か新しいものを生み出したいという気運が生まれてくる。私は、谷川さんの新たな出版会創設計画に大きな魅力を感じ、積極的にそれを推進したいという気持ちになった。

そこで、まず、出版会設立に賛同する教員を各学部から集め、設立準備有志の会を作った。岡本仁宏（法）、田和正孝（文）、田村和彦（経＝当時）、広瀬憲三（商）、浅野考平（理＝当時）の各先生が参加し、委員会がまず設立された。また、経済学部の山本栄一先生から、おりに触れ、アドバイスをもらうことになった。

出版会を設立するうえで決めなければならないのは、まずその法人格をどのようにするかだが、これは、財団法人を目指す任意団体にすることにした。そして、何よりの懸案事項は、出版資金をどのように調達するかという点だった。あるときに、たしか当時、学院常任理事だった、私と同じ社会学部の髙坂健次先生から山口恭平常務に会いにいけばいいと言われ、単身、常務の執務室に伺った。山口常務に出版会設立計画をお話し、資金を融通してもらいたい旨お願いした。山口さんは、社会学部の事務長を経験されており、そのときが一番楽しかったという話をされ、その後に、一言「出版会設立の件、承りました」と言われた。事実上、出版会の設立が決まった瞬間だった。

その後、書籍の取次会社と交渉するため、何度か東京に足を運んだ。そのとき、谷川さんと共に同行していたのが、今日まで、出版会の運営を担ってきた田中直哉さんである。東京出張の折には、よく酒を飲む機会があったが、取次会社の紹介で、高齢の女性が、一人で自宅の応接間で営むカラオケバーで、バラのリキュールを飲んだのが、印象に残っている。

取次会社との契約を無事済ませ、社会学部教授の宮原浩二郎編集長の下、編集委員会が発足し、震災から三年後の一九九八年に、最初の出版物が刊行された。

ところで、当初の私の単著を出版したいという目的はどうなったのか。出版会設立準備の傍ら、執筆にも勤しみ、第一回の刊行物の一冊に『資本主義と他者』を含めることがかなった。新たな出版会で刊行したにもかかわらず、書評紙にも取り上げられ、また、読売新聞が、出版記念シンポジウムに関する記事を書いてくれた。当時大学院生で、その後研究者になった方々から私の本を読んだという話を聞くことがあるので、それなりの反響を得ることができたのではないか。書店で『資本主義と他者』を手にとり、読了後すぐに連絡をくれたのが、当時大阪大学大学院の院生だった、山泰幸人間福祉学部長である。また、いち早く、論文に引用してくれたのが、今井信雄社会学部教授(当時、神戸大学の院生)で、今井論文は後に、日本社会学会奨励賞を受賞する。出版会の立ち上げが、新たなつながりを生み出していることは、私にとって大きな喜びであり、出版会が、今後も知的ネットワークを築いていくことを期待したい。

『資本主義と他者』1998年

資本主義を可能にしたものは？　他者の表象をめぐる闘争から生まれる、新たな社会秩序の形成を、近世思想、文学、美術等の資料をもとに分析する

草創期をふり返って

宮原《みやはら》　浩二郎《こうじろう》
関西学院大学名誉教授

関西学院大学出版会の刊行書が累計で五〇〇点に到達した。ホームページで確認すると、設立当初の一〇年間は毎年一〇点前後、その後は毎年二〇点前後のペースで刊行実績を積み重ねてきたことがわかる。あらためて今回の「五〇〇」という大台達成を喜びたい。

草創期の出版企画や運営体制づくりに関わった初代編集長として当時をふり返ると、何よりもまず出版会立ち上げの実務を担った谷川恭生氏の面影が浮かんでくる。当時の谷川さんは関学生協書籍部の「マスター」として、関学内外の多くの大学教員や研究者を知的ネットワークに巻き込みながら、学術書を中心に本の編集、出版、流通、販売の仕組みや課題を深く研究し、全国の書店や出版社、取次会社に多彩な人脈を築いていた。谷川さんに連れられて、東京の大手取次会社を訪問した帰りの新幹線で、ウィスキーのミニボトルをあけながら夢中で語り合い、気がつくともう新大阪に着いていたのをなつかしく思い出す。

数年後に病を得た谷川さんが実際に手にとることができた新刊書は当初の五〇点ほどだったはずである。今や格段に充実した刊行書のラインアップに喜び、深く安堵してくれているにちがいない。それはまた、谷川さんの知識経験や文化遺伝子を引き継いだ、田中直哉氏はじめ事務局・編集スタッフによる献身と創意工夫の賜物でもあるのだから。

草創期の出版会はまず著者を学内の教員・研究者に求め「関学の」学術発信拠点としての定着を図る一方、学外の大学教員・研究者にも広く開かれた形を目指していた。そのためすでに初期の新刊書のなかに関学教員の著作に混じって学外の大学教員・研究者による著作も見受けられる。その後も「学内を中心としながら、学外の著者にも広く開かれている」という当初の方針は今日まで維持され、それが刊行書籍の増加や多様性の確保にも少なからず貢献してきたように思う。

他方、新刊学術書の専門分野別の構成はこの三〇年弱の間に大きく変わってきている。たとえば出版会初期の五年間と最近五年間の新刊書の「ジャンル」を見比べていくと、現在では当初よりも全体的に幅広く多様化していることがわかる。「社会・環境・復興」（災害復興研究を含むユニークな「ジャンル」）や「経済・経営」は現在まで依然として多いが、いずれも新刊書全体に占める比重は低下し、「法律・政治」「福祉」「宗教・キリスト教」「関西学院」「エッセイその他」にくわえて、当初は見られなかった「言語」や「自然科学」のような新たな「ジャンル」が加わっている。何よりも目立つ近年の傾向は、「哲学・思想」や「文学・芸術」のシェアが顕著に低下する一方、「教育・心理」や「国際」、「地理・歴史」のシェアが大きく上昇していることである。

こうした「ジャンル」構成の変化には、この間の関西学院大学の学部増設（人間福祉、国際、教育の新学部、理系の学部増設など）がそのまま反映されている面がある。ただ、その背景には関学だけではなく日本の大学の研究教育をめぐる状況の変化もあるにちがいない。思い返せば、関西学院大学出版会の源流の一つに、かつて谷川さんが関学生協書籍部で編集していた書評誌『みくわんせい』（一九八八―九二年）がある。それは当時の「ポストモダニズム」の雰囲気に感応し、最新の哲学書や思想書の魅力を伝えることを通して、専門の研究者や大学院生だけでなく広く読書好きの一般学生の期待に応えようとする試みでもあった。出版会草創期の新刊書にみる「哲学・思想」や「文学・芸術」のシェアの大きさとその近年の低下には、そうした一般学生・読者ニーズの変化という背景もあるように思う。

関西学院大学出版会も着実に「歴史」を刻んできたことにあらためて気づかされる。これから二、三十年後、刊行書「一〇〇〇点」達成の頃には、どんな「ジャンル」構成になっているだろうか、今から想像するのも楽しみである。

『みくわんせい』
創刊準備号、1986年

この書評誌を介して集った人たちによって関西学院大学出版会が設立された

関西学院大学出版会への私信

田中《たなか》　きく代《よ》
関西学院大学名誉教授

私は出版会設立時の発起人ではありませんでしたが、初代理事長の荻野昌弘さん、初代編集長の宮原浩二郎さんから設立のお話をいただいて、気持ちが高まりワクワクしたことを覚えています。発起人の方々の熱い思いに感銘を受けてのことで、「田中さん、研究発進の出版部局を持たないと大学と言えないよね」という誘いに、もちろん「そうよね!!」と即答しました。皆さんの良い本をつくりたいという理想も高く、何度も会合がもたれました。ことに『理』の責任者であった生協の書籍におられた谷川恭生さんのご尽力は並々ならないものであったと感謝しております。谷川さんを除けば、皆さん本屋さんの出版にはさほど経験がなく、苦労も多かったのですが、苦労よりも新しいものを生み出すことに嬉々としていたように思います。

私は、設立から今日まで、理事として編集委員として関わらせていただき、一時期には理事長の要職に就くことにもなりましたが、荻野さん、宮原さん、山本栄一先生、田村和彦さん、大東和重さん、前川裕さん、田中直哉さん、戸坂美果さんと、指を折りながら思い返し、多くの編集部の方々のおかげで、やってくることができたと実感しています。五〇〇冊記念を機に、まずは感謝を申し上げ、いくつか関西学院大学出版会の「いいとこ」を宣伝しておきたいと思います。

「関学出版会の『いいとこ』は何?」と聞かれると、本がとても「温かい」と答えます。出版会の出版目録を見ていると、それぞれの本が出来上がった時の記憶が蘇ってきますが、どの本も微笑んでいます。教員と編集担当者が率先して一致協力して運営に関わっていることが、妥協しないで良い本をつくろうとすることからくる真剣な取り組みとなっているのです。出版会の本は丁寧につくられ皆さんの心が込められているのです。

　また、本をつくる喜びも付け加えておきます。毎月の編集委員会では、新しい企画にいつもドキドキしています。私事ですが、私は歴史学の研究者の道を歩んできましたが、同時にどこかでいつか本屋さんをやりたいという気持ちがあったことは否定できません。関学出版会では、自らの本をつくる時など特にそうですが、企画から装丁まですべてに自分で直接に関わることができるのですよ。こんな嬉しいことがありますか。

　皆でつくるということでは、夏の拡大編集委員会の合宿も思い出されます。毎夏、有馬温泉の「小宿とうじ」で実施されてきましたが、そこでは編集方針について議論するだけではなく、毎回「私の本棚」「思い出の本」「旅に持っていく本」などなどの議題が提示されました。自分の好きな本を本好きの他者に「押しつけ?」、本好きの他者から「押しつけられる?」楽しみを得る機会が持てたことも私の財産となりました。夕食後には皆で集まって、学生時代のように深夜まで喧々諤々の時間を過ごしてきたことも楽しい思い出です。今後もずっと続けていけたらと思っています。

　記念事業としては、設立二〇周年の一連の企画がありましたが、記念シンポジウム「いま、ことばを立ち上げること」では、田村さんのご尽力で、「ことばの立ち上げ」に関わられた諸氏にお話しいただき、本づくりの大切さを再確認することができました。今でも「投壜通信」という「ことば」がビンビン響いてきます。文字化される「ことば」に内包される心、誰かに届けたい「ことば」のことを、本づくりの人間は忘れてはいけないと実感したものです。

　インターネットが広がり、本を読まない人が増えている現状で、今後の出版界も変革を求められていくでしょうが、大学出版会としては、学生に「ことば」を伝える義務があります。ネット化を余儀なくされ「ことば」を伝えるにも印刷物ではなくなることも増えるでしょう。だが、学生に学びの「知」を長く蓄積し生涯の糧としていただくには、やはり「本棚の本」が大切だと思います。出版会の役割は重いですね。

『いま、ことばを立ち上げること』
K.G.りぶれっとNo. 50、2019年
2018年に開催した関西学院大学出版会設立20周年記念シンポジウムの講演録

ふたつの追悼集

田村《たむら》　和彦《かずひこ》
関西学院大学名誉教授

荻野昌弘さんの原稿で、一九九五年の阪神淡路の震災が出版会誕生の一つのきっかけだったことを思い出した。今から三〇年前になる。ぼく自身は一九九〇年に関西学院大学に移籍して間もなくだった。震災との直接のつながりは思いつかないが、新たな出発に向けての思いが大学に満ちていたことは確かである。

ぼく自身と出版会とのかかわりは、当時関学生協書籍部にいた谷川恭生さんに直接声をかけられたことから始まる。谷川さんの関西学院大学出版会発足にかけた情熱については、本誌で他の方々も触れているとおりである。残念ながら、出版会がどうやら軌道に乗り始めた二〇〇四年にわずか四九歳で急逝した谷川さんには、翌年に当出版会が出した追悼文集『時（カイロス）の絆』に学内外の多くの方々が思いを寄せている。出版会についていえば、前身には発足の十年近く前から谷川さんが発行していた書評誌『みくわんせい』があったことも忘れえない。『みくわんせい』のバックナンバーの書影は前記追悼集に収録されている。出版会を立ちあげて以来発行されてきたこの小冊子『理』にしても、最初は彼が構想する大学発の総合雑誌の前身となるべきものだったと記憶している。「理」を「ことわり」と読むことにこだわったのも彼である。谷川さんのアイデアは尽きることなく広がり、何度かの出版会主催のシンポジウムも行われた。そんななか、出版会が発足してからもいつもは外野のにぎわわせ役を決めこんでいたぼくに、谷川さんから研究室に突然電話が入り、「編集長になりませんか」という依頼があった。なんとも闇雲な頼みで、答えあぐねているうちにいつの間にやら引き受けることになってしまった。その後編集長として十数年、その後は出版会理事長として谷川さんが蒔いた種から育った出版会の活動を、不十分ながら引き継いできた。

関学出版会を語るうえでもう一人忘れえないのが山本栄一氏で

ある。山本さんは阪神淡路の震災の折、ちょうど経済学部の学部長で、ぼく自身もそこに所属していた。学部運営にかかわる面倒なやり取りに辟易していたぼくだが、震災の直後に山本さんが学部活性化のために経済学部の教員のための紀要刊行費を削って、代わりに学部生を巻きこんで情報発信と活動報告を行う経済学部広報誌『エコノフォーラム』を公刊するアイデアを出したときには、それに全面的に乗り、編集役まで買って出た。それをきっかけに学部行政以外のつき合いが深まるなかで、なんとも型破りで自由闊達な山本さんの人柄にほれ込むことになった。

発足間もない関学出版会についても、学部の枠を越えて、教員ばかりか事務職にまで関学随一の広い人脈を持つ山本さんの「拡散力」と「交渉力」が大いに頼みになった。一九九九年に関学出版会の二代目の理事長に就かれた山本さんは、毎月の編集会議にも、当時千刈のセミナーハウスで行なわれていた夏の合宿にも必ず出席なさった。堅苦しい会議の場は山本さんの一見脈絡のないおしゃべりをきっかけに、どんな話題に対しても、誰に対しても開かれた、くつろいだ自由な議論の場になった。本の編集・出版という作業は、著者だけでなく、編集者・校閲者も巻きこんで、まったくの門外漢や未来の読者までを想定した、実に楽しい仕事になった。山本さんは二〇〇八年の定年後も引き続き出版会理事長を引き受けてくださったが、二〇一一年に七一歳で亡くなられた。没後、関学出版会は上方落語が大好きだった山本さんを偲んで『賑わいの交点』という追悼文集を発刊している。

出版会発足二八年、刊行点数五〇〇点を記念するにあたって特にお二人の名前を挙げるのは、お二人のたぐいまれな個性とアイデアが今なお引き継がれていると感じるからである。二つの追悼集のタイトルをつけたのは実はぼくだった。いま、それを久しぶりに紐解いていると関西学院大学出版会の草創期の熱気と、それを継続させた人的交流の広さと暖かさとが伝わってくる。

『時（カイロス）の絆』
谷川恭生追悼文集、
2005年（私家版）

21名の追悼寄稿文と、
谷川氏の講義ノート・
『みくわんせい』の軌跡
を収録

『賑わいの交点』
山本栄一先生追悼文集、
2012年（私家版）

39名の追悼寄稿文と、
山本先生の著作目録・
年譜・俳句など

連載

スワヒリ詩人列伝

第8回　政権の御用詩人、マティアス・ムニャンパラの矛盾

小野田風子

スワヒリ語詩、それは東アフリカ海岸地方の風土とイスラム的伝統に強く結びついた世界である。そのなかで、内陸部出身のキリスト教徒として初めてシャーバン・ロバート（本連載第2回〔『理』59号〕参照）に次ぐ大詩人として認められたのが、今回の詩人、マティアス・ムニャンパラ（Mathias Mnyampala, 1917-1969）である。

ムニャンパラは一九一七年、タンガニーカ（後のタンザニア）中央部のドドマで、ゴゴ民族の牛飼いの家庭に生まれる。幼いころから家畜の世話をしつつ、カトリック教会で読み書きを身につけた。政府系の学校で法律を学び、一九三六年から亡くなるまで教師や税務署員、判事など様々な職に就きながら文筆活動を行った。これまでに詩集やゴゴの民族誌、民話など十八点の著作が出版されている（Kyamba 2016）。

詩人としてのムニャンパラの最も重要な功績とされているのは、「ンゴンジェラ」（ngonjera）[注1]という詩形式の発明である。独立後のタンザニアは、初代大統領ジュリウス・ニェレレの強い指導力の下、社会主義を標榜し、「ウジャマー」（Ujamaa）と呼ばれる独自の社会主義政策を推進した。ニェレレは当時のスワヒリ語詩人たちに政策の普及への協力を要請し、詩人たちはＵＫＵＴＡ（Usanifu wa Kiswahili na Ushairi Tanzania）という文学団体を結成した。ＵＫＵＴＡの代表として政権の御用詩人を引き受けたムニャンパラが、非識字の人々に社会主義の理念を伝えるのに最適な形式として創り出したのが、ンゴンジェラである。これは、詩の中の二人以上の登場人物が政治的なトピックについて議論を交わすという質疑応答形式の詩である。ムニャンパラがまとめた詩集『ＵＫＵＴＡのンゴンジェラ』（*Ngonjera za Ukuta I & II*, 1971, 1972）はタンザニア中の成人教育の場で正式な出版前から活用され、地元紙には類似の詩が多数掲載された。

ムニャンパラの詩はすべて韻と音節数の規則を完璧に守った定型詩である。ンゴンジェラ以外の詩では、言葉の選択に細心の注意が払われ、表現の洗練が追求されている。詩の内容は良い生き方を諭す教訓的なものや、物事の性質や本質を解説するものが目立つ。詩のタイトルも、「世の中」「団結」「嫉妬」「死」など一語が多く、詩の形式で書かれた辞書のようでさえある。美徳や悪徳、無力さといった人間に共通する性質を扱う一方、差別や植民地主義への明確な非難も見られ、人類の平等や普遍性について

書いた詩人と大まかに評価できよう。

一方、ムニャンパラのンゴンジェラは、それ以外の詩と比べて深みや洗練に欠けると言われる。ムニャンパラは「庶民の良心」であることを放棄し、「政権の拡声器」に成り下がったとも批判されている（Ndulute 1985: 154）。知識人が無知な者を啓蒙するというンゴンジェラの基本的な性質上、確かにそこには、人間や物事の単純化や、善悪の決めつけ、庶民の軽視が見られる。人間の共通性や普遍性に焦点を当てるヒューマニズムも失われている。表現の推敲の跡もあまり見られず、政権のスローガンをただ詩の形式に当てはめただけのようである。以下より、ムニャンパラのンゴンジェラが収められている『ＵＫＵＴＡのンゴンジェラＩ』と、一般的な詩が収められている『ムニャンパラ詩集』（*Diwani ya Mnyampala*, 1965）、そして『詩の教え』（*Waadhi wa Ushairi*, 1965）から、実際にいくつか詩を見てみよう。

『ＵＫＵＴＡのンゴンジェラＩ』内の「愚かさは我らが敵」では、「愚か者」が以下のように発言する。「みんな私をバカだと言う　学のない奴と／私が通るとみんなであざけり　友達でさえ私を笑う／悪口ばかり浴びせられ　言葉数さえ減ってきた／さあ、確かなことを教えてくれ　私のどこがバカなんだ?」それに対し、「助言者」は、「君は本当にバカだな　そう言われるのももっともだ／だって君は無知だ　教育されていないのだから／君は幼子、背負われた子どもだ／教育を欠いているからこそ　君はバカなのだ」と切り捨てる。その後のやり取りが続けられ、最後には「愚か者」が、「やっと理解した　私の欠陥を／勉強に邁進し　愚かさから抜け出そう／そして味わおう　読書の楽しみを／確かに私は　バカだったのだ」と改心する（Mnyampala 1970: 14-15）。

一方、『詩の教え』内の詩「愚か者こそが教師である」では、「愚か者」についての認識に大きな違いがある。詩人は、「愚か者はこし器のようなもの　知覚を清めることができる／愚か者こそが、賢者を教える教師なのである」（Mnyampala 1965b: 55）と、ンゴンジェラとは異なる思慮深さを見せる。また、上記のンゴンジェラに見られる教育至上主義は、『詩の教え』内の別の詩「高貴さ」とも矛盾する。

> たとえば人の服装や金の装身具／あるいは大学教育や宗教の知識に驚かされることはあっても／それが人に高貴さをもたらすわけではない　そういったものに惑わされるな／服は高貴さとは無縁だ　高貴さとは信心なのだ
> 高貴さとは信心である　読書習慣とは関係ない／スルタンであることや、ローマ人やアラブ人であることでもない／それは心の中にある信心　慈悲深き神を知ること／騒乱は高貴さには似合わない　高貴さとは信心なのだ（Mnyampala 1965b: 24）

同様の矛盾は、社会主義政策の根幹であったウジャマー村についての詩にも見出せる。一九六〇年代末から七〇年代にかけて、平等と農業の効率化を目的として、人工的な村における集団農業の実施が試みられた。『UKUTAのンゴンジェラ』内の詩「ウジャマー村」では、政治家が定職のない都市の若者に、村に移住し農業に精を出すよう諭す。若者は「彼らが言うのだ　私たちは町を出ないといけないと／ウジャマー村というが　何の利益があるんだ？」と疑問を投げかけ、「この私がどんな利益を上げられるだろう？／体には力はなく　何も収穫することなどできない」、「なぜ一緒に暮らさないといけないのか　どういう義務なのか？／せっかくの成果を無駄にして　もっと貧しくなるだろう」と移住政策の有効性を疑問視し、「私はここの馴染みだ　私の人生は町にある／私はここで丸々肥えて　いつも喜びの中にある／もし村に住んだなら　骨と皮だけになってしまう」と懸念する。それに対し政治家は、「町を出ることは重要だ　共に村へ移住しよう／恩恵を共に得て　勝者の人生を歩もう」、「みんなで一緒に住むことは　国にとって大変意義のあること／例えば橋を作って洪水を防ぐことができる／一緒に耕すのも有益だ　経済的成果を上げられる」とお決まりのスローガンを並べるだけである。にもかかわらず若者は最終的に、「鋭い言葉で　説得してくれてありがとう／怠け癖を捨て　鍬の柄を握ろう／そして雑草を抜いて　村に参加しよう／ウジャマー村には　確かに利益がある」と心変わりをするのである（Mnyampala 1970: 38-39）。

この詩は、その書かれた目的とは裏腹に、若者の懸念の妥当性と、政治家の理想主義の非現実性とを強く印象づける。以下の詩を書いたときのムニャンパラ自身も、この印象に賛同してくれるはずである。『ムニャンパラ詩集』内の詩「農民の苦労」では、農業の困難さが写実的かつ切実につづられる。

はるか昔から　農業には困難がつきもの／まずは原野を開墾し　枯草を山ほど燃やす／草にまみれ　一日中働きづめだ／農民の苦労には　忍耐が不可欠

忍耐こそが不可欠　心変わりは許されぬ／毎日夜明け前に目を覚まし／すぐに手に取るのは鍬　あるいは鍬の残骸／農民の苦労には　忍耐が不可欠

森を耕しキビを植え　草原を耕しモロコシを植え／たとえ一段落しても　いびきをかいて眠るなかれ／動物が畑にやってきて　作物を食い荒らす／農民の苦労には　忍耐が不可欠（三連略）

いつ休めるのか　いつこの辛苦が終わるのか／イノシシやサルに　怯えて暮らす苦しみが？／収穫の稼ぎを得る前から　疑念が膨らむばかり／農民の苦労には　忍耐が不可欠

キビがよく実ると　私はひたすら無事を祈る／すべての枝が花をつける時　私の疑いは晴れていく／そして鳥たちが舞い

降りて　私のキビを狙い打ち／農民の苦労には　忍耐が不可欠（一連略）
農民は衰弱し　憐れみを掻き立てる／その顔はやせ衰え　見る影もない／すべての困難は終わり、農民はついに収穫する　みずからの終焉を／農民の苦労には　忍耐が不可欠
(Mnyampala 1965a: 53-54)

ウジャマー村への移住政策は遅々として進まず、一九七〇年代に入ると武力を用いた強制移住が始まる。しかしムニャンパラはタンザニア政治が暴力性を帯びる前、一九六九年に亡くなった。『詩の教え』内の「政治」という詩には、「国民に無理強いするのは、政府のやることではない」という一節がある(Mnyampala 1965b: 5)。ムニャンパラがもう少し長く生き、社会主義政策の失敗を目の当たりにしていたなら、「政権の拡声器」か「庶民の良心」か、どちらの役割を守っただろうか。

ムニャンパラは、時の政権であれ、身近なコミュニティであれ、そこから期待された役割を忠実に演じきった詩人と言えるだろう。そのような詩人を前にしたとき、われわれはつい、詩人自身の思いはどこにあるのかと問いたくなる。しかしスワヒリ語詩において重要なのは個人の思いではなく、詩がその時代や社会において良い影響を与え得るかどうかである。社会情勢が変われば詩の内容も変わる。よって本稿のように、詩人の主張が一貫していないことを指摘するのは野暮なのだろう。

社会主義政策は失敗に終わったが、ンゴンジェラは現在でも教育的娯楽として広く親しまれている。特に教育現場では、子どもたちが保護者等の前で教育的成果を発表するための形式として重宝されている。自由詩の詩人ケジラハビ（本連載第6回〔『理』71号〕参照）は、ムニャンパラの功績を以下のように称えた。「都会の人も田舎の人もあなたの前に腰を下ろす／そしてあなたは彼らを楽しませ、一人一人の聴衆を／ンゴンジェラの詩人へと変えた！」(Kezilahabi 1974: 40)。

（大阪大学　おのだ・ふうこ）

注1　ゴゴ語で「一緒に行くこと」を意味するという(Kyamba 2022: 135)。

参考文献

Kezilahabi, E. (1974) *Kichomi*, Heineman Educational Books.
Kyamba, Anna N. (2022) "Mchango wa Mathias Mnyampala katika Maendeleo ya Ushairi wa Kiswahili", *Kioo cha Lugha* 20(1): 130-149.
Kyamba, Anna Nicholaus (2016) "Muundo wa Mashairi katika *Diwani ya Mnyampala* (1965) na Nafasi Yake katika Kuibua Maudhui" *Kioo cha Lugha* Juz. 14: 94-109.
Mnyampala, Mathias (1965a) *Diwani ya Mnyampala*, Kenya Literature Bureau.
——— (1965b) *Waadhi wa Ushairi*, East African Literature Bureau.
——— (1970) *Ngonjera za UKUTA Kitabu cha Kwanza*, Oxford University Press.
Ndulute, C. L. (1985) "Politics in a Poetic Garb: The Literary Fortunes of Mathias Mnyampala", *Kiswahili* Vol. 52 (1-2): 143-162.

【4～7月の新刊】

『未来の教育を語ろう』
關谷 武司［編著］
A5判 一九四頁 二五三〇円

【近刊】 ＊タイトルは仮題

『宅建業法に基づく重要事項説明Q&A 100』
弁護士法人 村上・新村法律事務所［監修］

『教会暦によるキリスト教入門』
前川 裕［著］

『ローマ・ギリシア世界・東方』
ファーガス・ミラー古代史論集
ファーガス・ミラー［著］
藤井 崇／増永理考［監訳］

KGりぶれっと60
『学生たちは挑戦する』
開発途上国におけるユースボランティアの20年
村田 俊一［編著］
関西学院大学国際連携機構［編］

【好評既刊】

『ポスト「社会」の時代』
社会の市場化と個人の企業化のゆくえ
田中 耕一［著］
A5判 一八六頁 二七五〇円

『カントと啓蒙の時代』
河村 克俊［著］
A5判 二二六頁 四九五〇円

『学生の自律性を育てる授業』
自己評価を活かした教授法の開発
岩田 貴帆［著］
A5判 二〇〇頁 四四〇〇円

『破壊の社会学』
社会の再生のために
荻野 昌弘／足立 重和／山 泰幸［編著］
A5判 五六八頁 九二四〇円

KGりぶれっと59
『基礎演習ハンドブック 第三版』
さぁ、大学での学びをはじめよう！
関西学院大学総合政策学部［編］
A5判 一四〇頁 一三二〇円

※価格はすべて税込表示です。

好評既刊

絵本で読み解く 保育内容 言葉

齋木 喜美子［編著］

絵本を各章の核として構成したテキスト。児童文化についての知識を深め、将来質の高い保育を立案・実践するための基礎を学ぶ。

B5判 214頁 2420円（税込）

スタッフ通信

弊会の刊行点数が五百点に到達した。九七年の設立から二八年かかったことになる。設立当初はまさかこんな日が来るとは思っていなかった。ちなみに東京大学出版会の五百点目は一九六二年（設立一一年目）、京都大学学術出版会は二〇〇九年（二〇年目）、名古屋大学出版会は二〇〇四年（二三年目）とのこと。特集に執筆いただいた草創期からの教員理事長をはじめ、歴代編集長・編集委員の方々、そしてこれまで支えていただいたすべての皆様に感謝申し上げるとともに、つぎの千点にむけてバトンを渡してゆければと思う。（田）

コトワリ No. 75 2025年7月発行
〈非売品・ご自由にお持ちください〉

知の創造空間から発信する
K.G. University Press
関西学院大学出版会
〒662-0891 兵庫県西宮市上ケ原一番町1-155
電話0798-53-7002 FAX0798-53-5870
http://www.kgup.jp/ mail kwansei-up@kgup.jp